KARIN SCHNEIDER
PALÄOGRAPHIE / HANDSCHRIFTENKUNDE

SAMMLUNG KURZER GRAMMATIKEN GERMANISCHER DIALEKTE

BEGRÜNDET VON WILHELM BRAUNE

HERAUSGEBEN VON
THOMAS KLEIN UND INGO REIFFENSTEIN

B. ERGÄNZUNGSREIHE NR. 8

KARIN SCHNEIDER
PALÄOGRAPHIE / HANDSCHRIFTENKUNDE

KARIN SCHNEIDER

PALÄOGRAPHIE UND HANDSCHRIFTENKUNDE FÜR GERMANISTEN

EINE EINFÜHRUNG

3., durchgesehene Auflage

DE GRUYTER

ISBN 978-3-11-033704-4
e-ISBN 978-3-11-033867-6
ISSN 0344-6654

Library of Congress Cataloging-in-Publication Data

A CIP catalog record for this book has been applied for at the Library of Congress.

Bibliografische Information der Deutschen Nationalbibliothek

Die Deutsche Nationalbibliothek verzeichnet diese Publikation in der Deutschen Nationalbibliografie; detaillierte bibliografische Daten sind im Internet über http://dnb.dnb.de abrufbar.

© 2014 Walter de Gruyter GmbH, Berlin/Boston
Satz: epline, Kirchheim unter Teck
Druck: Hubert & Co. GmbH & Co. KG, Göttingen
∞ Gedruckt auf säurefreiem Papier
Printed in Germany
www.degruyter.com

INHALT

Abgekürzt zitierte Literatur............................. IX
Vorwort zur 2. Auflage................................. XIII
Vorwort zur 3. Auflage................................. XIII

Einleitung.. 1
  1. Stellenwert der mittelalterlichen Handschrift in der
     Geschichte der Germanistik 3
  2. Wichtige Sammlungen deutscher mittelalterlicher
     Handschriften und der Stand ihrer Erschließung 6

I. Paläographie....................................... 13
  1. Allgemeines 13
  2. Karolingische Minuskel 19
    2.1 Frühkarolingische Minuskel 22
    2.2 Karolingische Minuskel des 10.–11. Jahrhunderts..... 23
    2.3 Schrägovaler Stil, 11.–12. Jahrhundert............. 26
    2.4 Glossenschriften 28
  3. Gotische Schriften................................ 28
    3.1 Allgemeines 28
    3.2 Karolingisch-gotische Übergangsschriften........... 31
    3.3 Frühgotische Minuskel (1. Hälfte des 13. Jahrhunderts) 33
    3.4 Textualis/Textura............................. 38
       2. Hälfte des 13. Jahrhunderts 42 – 1. Hälfte des
       14. Jahrhunderts 45 – 2. Hälfte des 14. Jahrhun-
       derts 50 – Textualis im 15. Jahrhundert 53
    3.5 Kursiven..................................... 56
       Allgemeines 56 – Halbkursive Übergangsschriften 58 –
       Ältere Form der gotischen Kursive 60 – Jüngere Form
       der gotischen Kursive 63
    3.6 Bastarda...................................... 66
    3.7 Schriften in der Zeit des Frühdrucks............... 80
       Fraktur 80 – Humanistische und italianisierende
       Schriften 81 – Kurrentschrift 84
  4. Abkürzungen.................................... 86
  5. Interpunktion 91
  6. Weitere Zeichen.................................. 93
  7. Diphthong- und Umlautschreibungen 94
  8. Akzente 95
  9. Musikalische Notation 96
  10. Zahlen 97

11. Geheimschriften	99
12. Unterscheidung und Identifizierung von Schreiberhänden	100
II. Handschriftenkunde	**103**
1. Allgemeines	103
2. Beschreibstoffe	105
2.1 Pergament	105
Palimpsest 109	
2.2 Papier	110
Wasserzeichen 112	
2.3 Tinte	118
2.4 Schreibgeräte	119
3. Lagen	120
3.1 Lagenstärken	120
3.2 Lagenzählung	123
3.3 Reklamanten	124
3.4 Lagenfoliierung	125
3.5 Lagenbestimmung	125
4. Seiteneinteilung	128
4.1 Liniierung	128
4.2 Spalten	133
4.3 Aufzeichnung von Versen	134
4.4 Interlineare Aufzeichnung	138
4.5 Text und Glosse	139
5. Textexterne Zusätze der Schreiber	139
5.1 Invokationsformeln	139
5.2 Kolophone	141
5.3 Datierung	144
Schreibtempo 147	
5.4 Bezeichnung freigebliebener Seiten	148
5.5 Korrekturen	148
6. Buchschmuck	151
7. Orientierungshilfen für den Leser	160
7.1 Foliierung	160
7.2 Register	163
7.3 Seitentitel	165
7.4 Blattweiser	166
7.5 Randnotizen	166
8. Einband	167
8.1 Holzdeckelband	168
8.2 Metallteile	170
8.3 Stempelverzierung	172
8.4 Koperteinbände	175

8.5	Hüllen- und Beutelbücher	176
8.6	Faltbücher	177
8.7	Lesezeichen	178
8.8	Zusammengebundene Faszikel	178
8.9	Einbandmakulatur	181

Fragmente aus deutschen Pergamenthandschriften 186

9. Andere Überlieferungsträger ... 189
   9.1 Rollen ... 189
   9.2 Einzelblätter ... 191
   9.3 Tafeln ... 192
   9.4 Wachstafeln ... 192

III. Provenienzen ... 193
  1. Handschriften in Privatbesitz ... 194
    1.1 Auftraggeber ... 194
    1.2 Exlibris ... 195
    1.3 Wappen ... 195
    1.4 Urkundenmakulatur ... 196
    1.5 Besitzereinträge ... 197
    1.6 Stammbucheinträge ... 198
    1.7 Nachträge ... 199
    1.8 Federproben ... 201
    1.9 Sammlungen deutschsprachiger Handschriften in mittelalterlichen Privatbibliotheken ... 202
  2. Handschriften im Erstbesitz von Klöstern und geistlichen Institutionen ... 204
    2.1 Bibliotheksvermerke ... 204
    2.2 Signaturen ... 204
    2.3 Weitere Provenienzhinweise ... 208
    2.4 Heiligenfeste ... 210
  3. Handschriftenwanderungen ... 212

Personen-, Orts- und Sachregister ... 218
Handschriftenregister ... 240

ABGEKÜRZT ZITIERTE LITERATUR

Becker	Peter Jörg Becker, Handschriften und Frühdrucke mittelhochdeutscher Epen, Wiesbaden 1977
Bischoff	Bernhard Bischoff, Paläographie des römischen Altertums und des abendländischen Mittelalters (Grundlagen der Germanistik 24), 2. Aufl., Berlin 1986
Boyle	Leonard E. Boyle OP., Medieval latin paleography. A bibliographical introduction (Toronto medieval bibliographies 8), Toronto 1984; italienische Version, erweitert bis 1998, Rom 1999
Bozzolo-Ornato	Carla Bozzolo et Ezio Ornato, Pour une histoire du livre manuscrit au moyen âge. Trois essais de codicologie quantitative, Paris 1980
Crous-Kirchner	Ernst Crous und Joachim Kirchner, Die gotischen Schriftarten, Leipzig 1928
Dat. Hss. Frankfurt/M.	Die datierten Handschriften der Stadt- und Universitätsbibliothek Frankfurt am Main, bearb. von Gerhardt Powitz (Datierte Handschriften in Bibliotheken der Bundesrepublik Deutschland 1), Stuttgart 1984
Dat. Hss. München I	Die datierten Handschriften der Bayerischen Staatsbibliothek München, Teil I: Die deutschen Handschriften bis 1450, bearb. von Karin Schneider (Datierte Handschriften in Bibliotheken der Bundesrepublik Deutschland 4), Stuttgart 1994
Dat. Hss. Österreich	Katalog der datierten Handschriften in lateinischer Schrift in Österreich, hg. von Franz Unterkircher (Österreichische Akademie der Wissenschaften, Kommission für Schrift- und Buchwesen des Mittelalters), Bd. 1 ff., Wien 1969 ff.
Dat. Hss. Schweiz	Katalog der datierten Handschriften in der Schweiz in lateinischer Schrift vom Anfang des Mittelalters bis 1550, bearb. von Beat Matthias von Scarpatetti u. a., Bd. 1–3, Dietikon/Zürich 1977–1991
Derolez	Albert Derolez, The palaeography of gothic manuscript books. From the twelfth to the early sixteenth century, Cambridge 2003
Dt. Hss.	Deutsche Handschriften 1100–1400. Oxforder Kolloqium 1985, hg. von Volker Honemann und Nigel F. Palmer, Tübingen 1988
Gazette	Gazette du livre médiéval
Gumbert, Utrechter Kartäuser	Johan Peter Gumbert, Die Utrechter Kartäuser und ihre Bücher im frühen 15. Jahrhundert, Leiden 1974
Heinemeyer	Walter Heinemeyer, Studien zur Geschichte der gotischen Urkundenschrift (Archiv für Diplomatik, Beiheft 4), Köln/Wien 1982
Jakobi-Mirwald	Christine Jakobi-Mirwald, Buchmalerei. Ihre Terminologie in der Kunstgeschichte, vollständig überarb. und erweiterte Neuaufl., Berlin 1997
Kirchner, Handschriftenpraxis	Joachim Kirchner, Germanistische Handschriftenpraxis, 2. Aufl., München 1967
Lemaire	Jacques Lemaire, Introduction à la codicologie (Université catholique de Louvain, Publications de l'Institut d'études

	médiévales. Textes, études, congrès 9), Louvain la Neuve 1989
Löffler-Milde	Karl Löffler, Einführung in die Handschriftenkunde, neu bearb. von Wolfgang Milde (Bibliothek des Buchwesens 11), Stuttgart 1997
Mazal	Otto Mazal, Lehrbuch der Handschriftenkunde (Elemente des Buch- und Bibliothekswesens 10), Wiesbaden 1986
Mazal, Buchkunst der Gotik	Otto Mazal, Buchkunst der Gotik (Buchkunst im Wandel der Zeit 1), Graz 1975
Mazal, 14. Jh.	Otto Mazal, Beobachtungen zu österreichischen Buchschriften des 14.Jahrhunderts, in: Codices manuscripti 16 (1992), S. 1–26
MBK	Mittelalterliche Bibliothekskataloge Deutschlands und der Schweiz, Bd. 1 ff., München 1918 ff.
MIÖG	Mitteilungen des Instituts für österreichische Geschichtsforschung
Mise en page	Mise en page et mise en texte du livre manuscrit, ed. par Henri-Jean Martin et Jean Vezin, Paris 1990
MTU	Münchener Texte und Untersuchungen
Neddermeyer	Uwe Neddermeyer, Von der Handschrift zum gedruckten Buch. Schriftlichkeit und Leseinteresse im Mittelalter und in der frühen Neuzeit. Quantitative und qualitative Aspekte. Bd. 1 Text, Bd. 2 Anlagen (Buchwissenschaftliche Beiträge aus dem Deutschen Bucharchiv München Bd. 61), Wiesbaden 1998
Nomenclature	Nomenclature des écritures livresques du IXe au XVe siècle (Colloques internationaux du centre national de recherche scientifique, Sciences humaines IV), Paris 1954
Paläographie 1981	Paläographie 1981. Colloquium des Comité International de Paléographie, München 1981, hg. von Gabriel Silagi (Münchener Beiträge zur Mediävistik und Renaissance-Forschung 32), München 1982
PBB	Beiträge zur Geschichte der deutschen Sprache und Literatur
Petzet-Glauning	Erich Petzet und Otto Glauning, Deutsche Schrifttafeln des IX. bis XVI. Jahrhunderts aus Handschriften der Bayerischen Staatsbibliothek München, München/Leipzig 1910–1930, Nachdr. Hildesheim 1975
Powitz, Handschriften und frühe Drucke	Gerhardt Powitz, Handschriften und frühe Drucke. Ausgewählte Aufsätze zur mittelalterlichen Buch- und Bibliotheksgeschichte (Frankfurter Bibliotheksschriften 12), Frankfurt/M. 2005
Rationalisierung der Buchherstellung	Rationalisierung der Buchherstellung in Mittelalter und Frühneuzeit. Ergebnisse eines buchgeschichtlichen Seminars, Wolfenbüttel 1990, hg. von Peter Rück und Martin Boghardt (Elementa diplomatica 2), Marburg 1994
Rockinger	Ludwig Rockinger, Zum baierischen Schriftwesen im Mittelalter, München 1874
Schneider, Got. Schriften	Karin Schneider, Gotische Schriften in deutscher Sprache, I: Vom späten 12. Jahrhundert bis um 1300; II: Die oberdeutschen Schriften von 1300 bis 1350, Wiesbaden 1987/2009
Der Schreiber im Mittelalter	Martin J. Schubert (Hg.), Der Schreiber im Mittelalter (Das Mittelalter. Zeitschrift des Mediävistenverbandes 7,2), 2002

Spilling, Schreibkünste	Herrad Spilling, Schreibkünste des späten Mittelalters, in: Codices manuscripti 4 (1978), S. 97–119
Steinmann 1979	Martin Steinmann, Textualis formata, in: Archiv für Diplomatik 25 (1979), S. 301–327
Steinmann 2004	Martin Steinmann, Aus der Forschung zur gotischen Schrift in den letzten fünfzig Jahren. Ergebnisse und offene Fragen, in: Archiv für Diplomatik 50 (2004), S. 399–415
Vezin, La réalisation matérielle	Jean Vezin, La réalisation matérielle des manuscrits latins pendant le haut moyen âge, in: Codicologica 2 (Litterae textuales 6), Leiden 1978, S. 15–51
²VL	Die deutsche Literatur des Mittelalters. Verfasserlexikon, 2.völlig neu bearb. Aufl. hg. von Kurt Ruh u. a., Bd. 1 ff., Berlin 1978 ff.
Wattenbach	Wilhelm Wattenbach, Das Schriftwesen im Mittelalter, 3. verm. Auflage, Leipzig 1896
Wolf	Jürgen Wolf, Buch und Text. Literatur- und kulturhistorische Untersuchungen zur volkssprachigen Schriftlichkeit im 12. und 13.Jahrhundert (Hermaea NF 115), Tübingen 2008
ZfB	Zentralblatt für Bibliothekswesen
ZfdA	Zeitschrift für deutsches Altertum und deutsche Literatur

VORWORT ZUR 2. AUFLAGE

Mit der Überarbeitung der ‚Paläographie und Handschriftenkunde für Germanisten' für diese zweite Auflage wird der vor rund zehn Jahren zuerst erschienene Text dem heutigen wissenschaftlichen Stand angepaßt und soll damit auch über die Ergebnisse aktueller Handschriftenforschung informieren. Aufbau und Gliederung sind unverändert geblieben und auch der Text selbst bis auf wenige Stellen mit der Erstauflage identisch; doch ergab sich vereinzelt Gelegenheit zu auf neuen Erkenntnissen beruhenden Änderungen oder Korrekturen z. B. von Handschriftendaten, oder zu eingefügten Hinweisen etwa auf die derzeitige Forschung zur Schriftlichkeit in mittelalterlichen Frauenklöstern. Daß die seit 1999 erschienene paläographische und handschriftenkundliche Literatur zitiert und z. T. ausgewertet wurde, versteht sich von selbst. Den elektronischen Entwicklungen, deren heutiger Einsatz als viel benutztes Arbeitsinstrument auch für die Handschriftenforschung vor zehn Jahren noch kaum absehbar war, wurde versucht Rechnung zu tragen mit der Nennung der wichtigsten Internetportale und Datenbanken zu verschiedenen Gebieten vor allem der Handschriftenerschließung und Kodikologie.

Herrsching, im Juni 2009   Karin Schneider

VORWORT ZUR 3. AUFLAGE

Für diese dritte, durchgesehene Auflage ist der Text der zweiten, seinerzeit überarbeiteten Auflage bis auf ganz wenige Korrekturen unverändert geblieben. Neue, seit 2009 erschienene Literatur ist nicht mehr eingearbeitet worden.

Herrsching, im November 2013   Karin Schneider

EINLEITUNG

Daß es keine spezielle Paläographie und Handschriftenkunde deutschsprachiger mittelalterlicher Codices gibt, muß kaum eigens betont werden. Bis ins späte Mittelalter hinein war Latein die Grundlage alles Schriftwesens und die Sprache der überwiegenden Mehrheit der überlieferten Texte. Wer im Mittelalter mit der Buchproduktion befaßt war, wer schreiben konnte – Kleriker, Kanzlisten, aber auch die laikalen Berufsschreiber der späteren Zeit – hatte diese Fähigkeit auf der Basis der lateinischen Sprache erworben und schrieb in erster Linie lateinische Texte nieder, daneben anfangs nur am Rande und mühsam auch solche in der Volkssprache. Lateinunkundige, nur in deutscher Sprache Schreibende waren noch im Spätmittelalter eine Minderheit; es waren im 15. Jahrhundert in erster Linie die Frauen, vor allem in den Klöstern, daneben interessierte Laien. Die Themen der vorliegenden Einführung betreffen gleichermaßen das lateinische wie das deutschsprachige Schriftwesen des Mittelalters, die zitierte Forschungsliteratur gewann ihre Ergebnisse fast ausschließlich aus der Arbeit mit lateinischen Codices.

Eine ‚Handschriftenpraxis für Germanisten' war 1950, als Joachim Kirchner einen schmalen Band unter diesem Titel veröffentlichte, noch ein wirkliches Desiderat. Das galt mit einigen Einschränkungen auch noch 1967, als das Büchlein in 2. Auflage erschien. Seither hat diese Publikation, zusammen mit den ‚Gotischen Schriftarten', die Kirchner gemeinschaftlich mit Ernst Crous schon 1928 herausgebracht hatte, über nahezu ein halbes Jahrhundert manchem Anfänger als Einstieg in den Umgang mit mittelalterlichen deutschen Handschriften gedient. Die eigentliche Paläographie und Handschriftenkunde deutschsprachiger Manuskripte des 12.–15. Jahrhunderts nahmen in Kirchners ‚Handschriftenpraxis' auf 28 Seiten den geringsten Raum ein; die dort zitierte weiterführende Literatur war auf wenige Titel beschränkt.

Die Situation auf dem Gebiet der Handschriftenkunde und Paläographie stellt sich heute ganz anders dar. Die wissenschaftliche Erschließung von bisher unbekanntem oder ungenügend erforschtem handschriftlichem Quellenmaterial ist in den letzten Jahrzehnten sehr viel weiter vorangekommen, und die neue Forschung auf allen mit der mittelalterlichen Handschrift zusammenhängenden Gebieten ist speziell in jüngster Zeit zu einer Flut von Publikationen angewachsen. Das Interesse an handschriftenkundlichen Fragen hat sich auf früher weniger beachtete Aspekte ausgedehnt, und vor allem der spätmittelalterliche Codex ist zum Forschungsobjekt geworden.

Es geht heute in einer handschriftenkundlichen Einführung für Germanisten vor allem darum, aus der Fülle neuer Forschungsergebnisse nach Möglichkeit übersichtlich zusammenzustellen, was für das lateinische Schriftwesen erarbeitet wurde, jedoch für beide Bereiche, den lateinischen wie den volkssprachigen, von Belang ist. Die einzelnen paläographischen und kodikologischen Aspekte werden im folgenden an Beispielen deutschsprachiger Handschriften erörtert und gegebenenfalls deren spezielle Probleme aufgezeigt. Da die vorliegende Publikation nach jahrzehntelanger Arbeit mit spätmittelalterlichen deutschsprachigen Handschriften entstanden ist, sollten hier auch praktische Erfahrungen weitergegeben werden. Die Schwerpunkte liegen dabei auf Fragen, die dem handschriftenbenutzenden Anfänger erfahrungsgemäß Schwierigkeiten bereiten.

Die starke Ausweitung der handschriftenkundlichen Forschung machte eine Beschränkung auf wenige Hauptgebiete notwendig. Neben der Einführung in die Paläographie und Kodikologie wurde die aktuelle Frage nach Provenienz und Geschichte der Handschriften berücksichtigt. Andere eigenständige Fachgebiete, deren Kenntnis für die Beurteilung mancher Handschrift ebenso notwendig wäre, mußten hier ausgeklammert bleiben; sie haben ihre eigene einführende wie spezialisierende Literatur, auch ist der Anfänger gut beraten, in solchen Fällen die Expertise des Fachgelehrten einzuholen. Dazu gehören in erster Linie die Kunstgeschichte zur Beurteilung der Buchmalerei und die Notationskunde zur Einordnung der musikalischen Aufzeichnungen. Vor allem mußte auf eine auch nur schematische Darstellung der regionalen deutschen Schreibsprachen und der sprachlichen Veränderungen im Lauf des Mittelalters völlig verzichtet werden, deren Kenntnis zur regionalen Einordnung deutschsprachiger Handschriften Voraussetzung ist. Daß im folgenden fast ausschließlich die äußeren Aspekte einer Handschrift dargestellt werden, darf nicht den Blick auf deren Inhalt, den Text selbst verstellen, der das Wesentliche jeder mittelalterlichen Handschrift ist und den sie in mehr oder weniger korrekter, umgeänderter und neuen Gebrauchsfunktionen angepaßter Form überliefert.

Die zeitliche Obergrenze für die noch mittelalterliche Handschrift liegt im frühen 16. Jahrhundert; in dieser Zeit entstanden weiterhin späte Exemplare des mittelalterlichen Buchtyps, während sich gleichzeitig durch den Buchdruck die Buchproduktion grundlegend gewandelt hatte.

1. Stellenwert der mittelalterlichen Handschrift in der Geschichte der Germanistik

Bis auf wenige altdeutsche Texte, die einzelne Gelehrte des 18. Jahrhunderts im Druck veröffentlichten,[1] lag ein großer Teil der deutschen mittelalterlichen Literatur in dieser Zeit noch unbekannt in den Handschriften, die in Bibliotheken und Sammlungen erhalten geblieben waren. Sie wurden seit dem frühen 19. Jahrhundert als Textquellen wieder aktuell, als sich die germanische Sprach- und Literaturgeschichte als Wissenschaft etablierte.[2] Das Hauptaugenmerk der frühen Germanistik konzentrierte sich zunächst auf Editionen der bedeutendsten Dichtungen, vor allem der althochdeutschen Denkmäler und der Epen und Lieder der mittelhochdeutschen Blütezeit. Bahnbrechend wirkten auf diesem Gebiet Editoren wie F. H. von der Hagen, K. Lachmann und die Brüder Grimm. Sie gingen wieder auf die Handschriften als Quellen zurück, durchsuchten auf ausgedehnten Handschriftenreisen die Bibliotheken nach Manuskripten mit noch unbekannten Texten und sondierten die Überlieferung für ihre Ausgaben, die zum Teil bis heute gültig geblieben sind. Eine intensive Abschreibetätigkeit aus den Handschriften setzte in den Bibliotheken ein, entweder von den reisenden Gelehrten selbst oder von gewerblichen Abschreibern besorgt; viele solcher Abschriften des 19. Jahrhunderts aus Gelehrtennachlässen stehen heute, unter die Codices eingereiht, in den Bibliotheken.

Weder das Entziffern selbst noch das Datieren und Erkennen der wesentlichen kodikologischen Fakten machte diesen frühen Herausgebern zu Anfang des 19. Jahrhunderts Schwierigkeiten. Mit dem Blick für das Wesentliche machte sich z. B. K. Lachmann 1824 auf seiner Handschriftenreise in München Notizen zur Wolframhandschrift Cgm 19, die er dort kollationierte: er notierte kurz, aber zutreffend die Verteilung der Hände, die Lagenstärken, die Zeilenzahl und auch die Provenienz; diese Angaben sind wörtlich, mit nur geringen Umstellungen, als Handschriftenbeschreibung in seine Wolfram-Ausgabe eingegangen.[3]

---

[1] Vor allem die althochdeutschen Texte in J. Schilters ‚Thesaurus antiquitatum Teutonicorum‘, Ulm 1726–28; J. J. Bodmers erste Bekanntgabe des Nibelungenlieds 1757 und der Abdruck aus der Manessischen Liederhandschrift durch J. J. Bodmer und J. J. Breitinger ‚Sammlung von Minnesingern‘ in zwei Teilen, Zürich 1758 und 1759; C. H. Myllers Druck des ‚Parcival. Ein Ritter-Gedicht ... von Wolfram von Eschilbach‘, Berlin 1784, nach der St. Galler Handschrift 857.

[2] Eine Wissenschaft etabliert sich: 1810–1870, hg. von J. Janota (Texte zur Wissenschaftsgeschichte der Germanistik 3), Tübingen 1980.

[3] Abbildung aus Lachmanns Reisenotizen bei U. Ulzen, Wolfram von Eschenbach: Parzival (Litterae 34), Göppingen 1974, S. 60–66; abgedr. von K. Lachmann (Hg.), Wolfram von Eschenbach, 7. Ausg. bearb. von E. Hartl, Berlin 1952, S. XIII f.

Dennoch hatte die Handschrift nicht nur in der Frühzeit der Germanistik, sondern bis in die Nachkriegszeit unseres Jahrhunderts hinein einen anderen Stellenwert als heute. Der Unterschied liegt wohl darin, daß man früher mehr oder weniger vom gedruckten Buch ausging und in dem mittelalterlichen Codex ausschließlich das sah, was er natürlich in erster Linie ist: die Abschrift eines Textes. Man wertete die Handschrift überwiegend als Träger von Textvarianten, unter denen sich – nach der Lachmannschen Methode – möglicherweise die einzig authentische, auf den Autor zurückgehende Lesart auffinden ließ, die in dem postulierten Autograph des Dichters gestanden hätte und die durch Textkritik wiedergewonnen werden sollte. Man sah hinter dem einzelnen Codex den Originaltext und seinen Autor, interessierte sich jedoch weniger für diese spezielle Handschrift selbst, ihren Schreiber, Leser und Besitzer, kaum für die Umstände, die zu ihrer Herstellung und zur Veränderung des Textes, den sie bot, geführt hatten. Noch bis in die Nachkriegszeit änderte sich diese Einstellung der Altgermanistik zur Handschrift nur wenig. Zahlreiche Editionen mittelalterlicher deutscher Texte kamen ohne persönlichen Kontakt des Herausgebers mit den Überlieferungsträgern zustande; im Zeitalter der Fotografie nahmen Fotokopien oder der Mikrofilm am Bildschirm die Stelle der älteren handschriftlichen Abschriften ein, rudimentäre Grunddaten zum Codex vermittelten meist die älteren Handschriftenkataloge.

Eine neue Betrachtungsweise der mittelalterlichen Literaturgeschichte ändert seit einigen Jahrzehnten grundlegend den Stellenwert der mittelalterlichen Handschriften. Die neue Sichtweise hängt zusammen mit der allmählichen Erschließung eines Bereichs, dem der größte Teil der erhaltenen spätmittelalterlichen Handschriften angehört und der für die Germanistik des 19. Jahrhunderts so gut wie uninteressant war: der geistlichen Prosa in theologischer Übersetzungsliteratur, seelsorgerischem und Erbauungsschrifttum sowie der Fachprosa, einem Schrifttum, das überwiegend in einfachen Papiercodices des späteren 14. und des 15. Jahrhunderts in großer Anzahl und sehr häufig anonym überliefert ist. Mit Ausnahme der Hauptwerke der deutschen Mystik, der älteren Predigtliteratur und der Bibelübersetzungen hatte sich die Germanistik bis in die Nachkriegszeit hinein kaum mit diesem doch am reichsten überlieferten Schrifttum befaßt. Bahnbrechend waren erst die Arbeiten von Wolfgang Stammler und Kurt Ruh, der Fachprosa verschafften vor allem die Publikationen von Gerhard Eis und Gundolf Keil ihren Platz in der Literaturgeschichte.

Die weitgehend instabil in verschiedenen Redaktionen und Gebrauchsfassungen überlieferten Texte dieser Bereiche ließen kaum mehr die Erstellung der kritischen Edition eines einzigen Originaltextes nach der alten Methode zu, sondern erforderten zunächst einen Überblick über die jeweiligen Eigenarten ihrer verschiedenen Ausformungen und der sie überliefernden Handschriften. Überlieferungsrepertorien einzelner Werke und ganzer Gattungen, wie sie zuerst Wieland Schmidt zu Ottos von Passau ‚24 Ältesten‘[4] und Kurt Ruh für ‚Bonaventura deutsch‘[5] erstellt hatten, liegen inzwischen für viele weitere Teilbereiche vor. An die Handschriften selbst, deren Text und Zweck nicht mit dem des ursprünglichen Autors identisch sein muß,[6] werden neue Fragestellungen herangetragen, die zuvor als weniger wichtig erachtet worden waren.

1973 setzte sich die ‚Würzburger Forschergruppe für Prosa des deutschen Mittelalters‘ unter K. Ruh eine neue Wertung dieses Literaturbereichs durch den überlieferungsgeschichtlichen Ansatz zum Ziel und formulierte diesen programmatisch in mehreren Publikationen.[7] Die Handschrift rückt mit dieser neuen Betrachtungsweise vom blossen Überlieferungsträger eines ursprünglichen Autorentextes auf zu einem ‚historischen Objekt‘[8] einmaliger Art, das eine bestimmte Ausformung eines Textes durch einen bestimmten Schreiber für ein spezielles Publikum überliefert.[9] Es wird daher wichtig, den geographischen und zeitlichen Entstehungsraum einer Handschrift genau zu erfassen, mit Hilfe aller Besitzer-, Leser- und Benutzerspuren das Publikum dieses speziellen Buchs soziologisch auszuwerten, die Textfassung in dieser Handschrift auf ihre Eigenart, ihre Veränderungen und ihre Mitüberlieferung zu überprüfen und damit ihre Gebrauchsfunktion zu erkennen. An dieser Sichtweise orientieren sich die Überlieferungsrepertorien und Texteditionen der germanistischen Reihen ‚Münchener Texte und Untersuchungen‘, ‚Texte und Textgeschichte‘ und ‚Kleine deutsche Prosadenkmäler des Mittelalters‘.

---

[4] Palaestra 212, Leipzig 1938.
[5] Bibliotheca germanica 7, Bern 1956.
[6] Vgl. H. Fromm, Die mittelalterliche Handschrift und die Wissenschaften vom Mittelalter, in: Staatsbibliothek Preußischer Kulturbesitz, Mitteilungen 8, 1976, S. 35–62, hier: S. 49f.
[7] K. Grubmüller, P. Johanek, K. Kunze, K. Matzel, K. Ruh, G. Steer, Spätmittelalterliche Prosaforschung, in: Jahrbuch für internationale Germanistik 5 (1973), S. 156–176; K. Ruh, Überlieferungsgeschichte mittelalterlicher Texte als methodischer Ansatz zu einer erweiterten Konzeption von Literaturgeschichte, in: Überlieferungsgeschichtliche Prosaforschung, hg. von K. Ruh (Texte und Textgeschichte 19), Tübingen 1985, S. 262–272; G. Steer, Gebrauchsfunktionale Text- und Überlieferungsanalyse, ebd. S. 5–36; W. Williams-Krapp, Die überlieferungsgeschichtliche Methode. Rückblick und Ausblick, in: Internationales Archiv für Sozialgeschichte der deutschen Literatur 25 (2000), S. 1–21.
[8] I. Glier, Schatzkammer, Steinbruch, historisches Objekt, in: Grundlagen des Verstehens mittelalterlicher Literatur. Literarische Texte und ihr historischer Erkenntniswert, hg. von G. Hahn und H. Ragotzky, Stuttgart 1992, S. 1–16, hier: S. 21f.
[9] G. Steer, Hugo Ripelin von Straßburg (Texte und Textgeschichte 2), Tübingen 1981, S. 36.

Parallel dazu belegen die international zunehmenden Publikationen zur Kodikologie, daß die mittelalterliche Handschrift an sich, mehr als einmaliges, aus der Vergangenheit überkommenes archäologisches Objekt denn als Textzeuge, eine neue Aufmerksamkeit erfährt.

2. Wichtige Sammlungen deutscher mittelalterlicher Handschriften und der Stand ihrer Erschließung

Wer sich mit der handschriftlichen Überlieferung eines mittelalterlichen Textes befaßt, wird mit den Aufbewahrungsorten der Codices in Verbindung zu treten oder doch gegebenenfalls ihre Kataloge zu benutzen haben. Die umfangreichsten Sammlungen deutscher mittelalterlicher Handschriften werden in der Staatsbibliothek zu Berlin Preußischer Kulturbesitz aufbewahrt (mit ca. 2.300 Codices),[10] in der Bayerischen Staatsbibliothek zu München (ca. 1.500 Handschriften) und in der Nationalbibliothek zu Wien (ca. 1000 Handschriften), gefolgt von den deutschen Palatini der Universitätsbibliothek Heidelberg (454 mittelalterliche Handschriften), den deutschen ehemals Donaueschinger Handschriften der Fürstlich Fürstenbergischen Bibliothek, die jetzt in der Badischen Landesbibliothek zu Karlsruhe konsultiert werden können,[11] und zahlreichen kleineren entweder geschlossen aufgestellten oder unter die lateinischen Codices eingereihten Beständen deutscher Handschriften, die hier nicht im einzelnen aufgezählt werden sollen. Manche Bibliotheken haben ihre deutschen Handschriften unter eigener Signatur als Sonderfonds aufgestellt, die geläufigsten Signaturen sind die der Staatsbibliothek zu Berlin: mgf, mgq, mgo (manuscriptum germanicum, gefolgt vom Format f:folio, q:quart, o:oktav;[12] der Bayerischen Staatsbibliothek München: Cgm (Codex germanicus monacensis) und Clm (Codex latinus monacensis); der Universität Heidelberg: cpg (Codex palatinus germanicus). Andere Bibliotheken, z. B. die Nationalbibliothek Wien, haben ihre Handschriftenbestände nicht nach Sprachen getrennt und die wesentlich geringere Anzahl deutschsprachiger Handschriften vereinzelt oder gruppenweise zwischen die große Masse der lateinischen Codices eingereiht.

---

[10] Diese und die folgenden Zahlenangaben überwiegend aus: T. Brandis und J. Nöther, Handbuch der Handschriftenbestände in der BRD, Teil 1, Berlin 1992 (nur für die alten Bundesländer).

[11] F. Heinzer, Die neuen Standorte der ehemals Donaueschinger Handschriftensammlung, in: Scriptorium 49 (1995), S. 312–319.

[12] Die Nachkriegserwerbungen haben die Signatur ‚Hdschr.'. Zur Aufstellung der deutschen Berliner Handschriften vgl. auch P. J. Becker, Die deutschen Handschriften der Staatsbibliothek Preußischer Kulturbesitz Berlin bis zum Jahre 1400. Ein Überblick, in: Dt. Hss. S. 330–341, hier: S. 330–334.

Inventarisierung und Erschließung von Handschriftensammlungen hat unter verschiedenen Gesichtspunkten und in unterschiedlicher Ausführlichkeit stattgefunden, seit es solche Sammlungen gibt, angefangen bei den mittelalterlichen Bibliothekskatalogen. Solange die Handschrift die einzige Buchform war, genügte zum Inventarisieren und Auffinden ein kurzes Verzeichnis. Auch in späterer Zeit, als in manchen großen Bibliotheken wie München oder Wien gewaltige Massen von Handschriften als Säkularisationsgut zusammengekommen waren, wurden zunächst kurzgefaßte Verzeichnisse erstellt, teils handschriftlich in Repertorien oder Karteien zum internen Gebrauch, teils aber auch in gedruckter Form, die vielfach heute noch für Teilbestände die einzige Informationsquelle bilden. Es sind darunter bewunderswerte Leistungen einzelner Gelehrter wie die Handschriftenkataloge der Bayerischen Staatsbibliothek von Johann Andreas Schmeller, die nach seinem Tod in leicht überarbeiteter Form ab 1858 im Druck erschienen.[13] Viele dieser alten Verzeichnisse, die zunächst der Wissenschaft den ersten Überblick über das Vorhandene ermöglichen sollten, sind nachfolgend durch moderne ausführliche Kataloge ersetzt worden, andere vermitteln bis heute die einzige Übersicht über wichtige Bestände, wie Hermann Degerings Verzeichnis der deutschen Berliner Handschriften von 1925.[14] Auch in neuester Zeit werden noch Kurzverzeichnisse größerer teils unerschlossener Bestände publiziert.[15]

Die Erschließung deutschsprachiger mittelalterlicher Handschriftenbestände als Grundvoraussetzung für eine Übersicht über das überlieferte Schrifttum war für die Germanistik seit ihrer Begründung ein vorrangiges Anliegen. Waren auch zunächst nur die Texte – und unter ihnen in erster Linie die Versdichtung des hohen Mittelalters – von Interesse, so wurde nach und nach die Handschrift selbst zunehmend zum historischen Studienobjekt; mit dem Aufkommen von Textkritik, Paläographie und Handschriftenkunde entwickelte sich der Handschriftenkatalog vom einfachen Verzeichnis zum wissenschaftlichen Hilfsmittel, das bisher unbeachtete Aspekte des Codex erschloß. Solche großenteils noch heute gültigen Kataloge rein deutscher Handschriftenbestände entstanden seit der 2. Hälfte des 19. Jahrhunderts: dem erwähnten Schmellerschen Katalog von Cgm 1–5154 der Bayeri-

---

[13] K. Halm u. a., Catalogus codicum latinorum Bibliothecae regiae Monacensis secundum A. Schmelleri indices III–IV, ab 1858; Die deutschen Handschriften der K. Hof- und Staatsbibliothek zu München nach J. A. Schmellers kürzerem Verzeichnis: Cgm 1–5154, München 1866.

[14] H. Degering, Kurzes Verzeichnis der germanischen Handschriften der Preußischen Staatsbibliothek, Bd. 1–3, Leipzig 1925–32, Nachdr. Graz 1970.

[15] Handschriftencensus Rheinland, hg. von G. Gattermann, Bd. 1–3, Wiesbaden 1993; Handschriftencensus Westfalen, bearb. von U. Hinz (Schriften der Universitäts- und Landesbibliothek Münster 18), Wiesbaden 1999.

schen Staatsbibliothek von 1866 folgten Kataloge deutscher mittelalterlicher Handschriften von Heidelberg, Karlsruhe, Basel, Prag, Straßburg und Köln. Bedeutende deutsche Bestände sind auch in den älteren lateinisch-deutschen Katalogen von Donaueschingen und in dem großen vielbändigen Wolfenbütteler Katalog enthalten. Überregionale Erschließungsarbeiten wie die Zusammenstellung der mittelniederdeutschen Handschriften durch Conrad Borchling[16] oder die Übersicht über die deutschsprachigen Handschriften in englischen Bibliotheken von Robert Priebsch[17] reichen ebenfalls noch ins Ende des 19. Jahrhunderts zurück.[18]

1903 beschloß die Deutsche Kommission der Berliner Akademie der Wissenschaften die Erstellung eines Handschriftenarchivs, in dem sämtliche erhaltenen Codices mit deutschen Texten aufgenommen und beschrieben werden sollten.[19] In der Folge kamen, von unterschiedlichsten Bearbeitern angefertigt, bis zum 2. Weltkrieg aus rund 600 Bibliotheken des In- und Auslands fast 20.000 Handschriftenbeschreibungen in der Berliner Akademie zusammen; sie blieben bedauerlicherweise ungedruckt, nur in einigen Fällen bildeten sie die Grundlage ausführlicher Publikationen wie für den Wiener Katalog von Hermann Menhardt.[20] Die handschriftlichen Register gingen im Krieg verloren; nach dem Krieg hatte das Archiv seinen Standort in Ostberlin und war auf Anfragen zugänglich. Das gesammelte Material wird heute von der Berlin-Brandenburgischen Akademie der Wissenschaften verwaltet, weiter ausgewertet und ist teilweise im Internet zugänglich.[21]

In der Nachkriegszeit kam die Handschriftenerschließung, die moderne wissenschaftliche Ansprüche befriedigen kann, an vielen Bibliotheken wieder in Gang. Seit 1960 veranlaßte und förderte die Deutsche Forschungsgemeinschaft die Katalogisierung der abendländischen

---

[16] C. Borchling, Mittelniederdeutsche Handschriften in Norddeutschland und den Niederlanden, 1.–4. Reisebericht (Nachrichten der Kgl. Gesellschaft der Wissenschaften zu Göttingen, Geschäftl. Mitteilungen, H. 1–4), Göttingen 1898–1913.

[17] R. Priebsch, Deutsche Handschriften in England, Bd. 1–2, Erlangen 1896–1901, Nachdr. Hildesheim 1979.

[18] Zu diesen älteren Katalogen vgl. Kirchner, Handschriftenpraxis S. 49–77.

[19] T. Brandis, Das Handschriftenarchiv der Deutschen Kommission der Akademie der Wissenschaften zu Berlin, in: ZfdA 123 (1994), S. 119–129.

[20] H. Menhardt, Verzeichnis der altdeutschen literarischen Handschriften der Österreichischen Nationalbibliothek (Deutsche Akademie die Wissenschaften zu Berlin, Veröffentlichungen des Instituts für deutsche Sprache und Literatur 13), Berlin 1960/61.

[21] J. Wolf, Handschriftenarchiv online, in: ZfdA 131 (2002), S. 547–550; ders., Handschriftenarchiv online, in: Deutsche Texte des Mittelalters zwischen Handschriftennähe und Rekonstruktion, hg. von M. J. Schubert (Beihefte zu Editio 23), Tübingen 2005, S. 325–328.

Handschriften zunächst der westdeutschen Bibliotheken, heute in ganz Deutschland. Moderne Kataloge, die sich in ihrer äußeren Gestalt und dem Umfang ihrer Ermittlungen mehr oder weniger eng an bestimmte Richtlinien anlehnen,[22] liegen mittlerweile für zahlreiche lateinische und deutsche Handschriftenbestände vor. In neuen Katalogen sind bisher die deutschen Handschriften in Augsburg, Darmstadt, Dessau, Frankfurt/M., Freiburg/Br., Halle, Heidelberg, Jena, Königsberg, Leipzig, München, Nürnberg und Trier erschlossen.[23] Entsprechende Initiativen führten in Österreich zur Erarbeitung moderner Handschriftenkataloge;[24] Kataloge deutschsprachiger Handschriften entstanden für Salzburg, in der Schweiz für die Bodmeriana in Cologny, in Schweden für Stockholm, ferner für die deutschen Codices in ungarischen Bibliotheken. Darüber hinaus sind moderne Beschreibungen einzelner deutschsprachiger Handschriften in den Katalogen lateinischer Bestände enthalten, die hier nicht sämtlich aufgezählt werden können.

Wo für Spezialkataloge deutscher Handschriften die volkssprachigen Codices aus dem gemischt aufgestellten Bestand herausgezogen wurden, ergab sich das Problem, auch die gemischtsprachigen lateinisch-deutschen Handschriften adäquat zu erschließen. Das führte zu verschiedenen Lösungen: einerseits der völligen Ausklammerung der lateinischen Mitüberlieferung, die in eigenen Katalogen erschlossen wird, andererseits der heute überwiegend praktizierten Methode, die lateinischen Texte nur kurz zu verzeichnen oder aber sämtliche Texte

---

[22] Richtlinien Handschriftenkatalogisierung, 5. Aufl. 1992. Zum Unternehmen W. Schmidt, Zur Katalogisierung abendländischer Handschriften in Deutschland, in: ZfB 16 (1969), S. 201–216; K. Dachs, Handschriftenkatalogisierung in Bayern. Geschichte, Stand und Aufgaben, in: Bibliotheksforum Bayern 9 (1981), S. 15–29. – Neben dem ausführlichen Modell wurden in jüngster Zeit auch Kurzkataloge erstellt (für Ottobeuren von H. Hauke 1974, für kleinere Sammlungen in Niedersachsen 1991/1993), die nur die kodikologischen Grunddaten und kaum Initien mitteilen.

[23] Übersicht über die erschienenen Handschriftenkataloge online in der Datenbank ‚Manuscripta mediaevalia' (http://www.manuscripta-mediaevalia.de), die auch Handschriftenbeschreibungen in digitalisierten Katalogen und vollständig digital reproduzierte Handschriften verschiedener Bibliotheken bietet; vgl. dazu R. Giel, ‚Manuscripta mediaevalia'. Handschriften aus deutschen Bibliotheken im Internet, in: Gazette 39 (2001), S. 34–40; C. Bracht, Manuscripta mediaevalia. Ergebnisse der Handschriftenkatalogisierung im Internet, in: Gazette 47 (2005), S. 39–42. Über neue Handschriftendatenbanken und Digitalisate informieren laufend z. B. die ZfdA (unter: Mittelalter-Philologie im Internet), oder international die Gazette (unter: Sur internet). – Neu erschienene Kataloge werden u. a. systematisch rezensiert in: Germanistik; Scriptorium (Bulletin codicologique) und von A. Mentzel-Reuters, Literaturbericht Handschriftenkataloge, in: Deutsches Archiv 51 (1995), S. 169–194; 53 (1997), S. 179–203; 54 (1998), S. 583–611; 57 (2001), S. 555–601; 60 (2004), S. 201–231.

[24] Handschriftenbeschreibung in Österreich, hg. von O. Mazal (Österreichische Akademie der Wissenschaften, phil.-hist. Kl., Denkschriften 122), Wien 1975, darin S. 133–158 Richtlinien und Terminologie.

in einem Codex gleichwertig zu beschreiben, die auch ursprünglich eine Einheit gebildet hatten.[25] Die letztere Methode vermittelt dem Katalogbenutzer auf einen Blick und nicht in zwei verschiedenen Katalogbänden Klarheit über die Mitüberlieferung seines Textes und damit Aufschlüsse über dessen Gebrauchsfunktion; sie läßt ihn auch erkennen, ob der ihn interessierende deutsche Text eventuell als Einzelfaszikel dem lateinischen Teil einer Handschrift beigebunden, von Nachtragshänden in einen lateinischen Codex eingetragen oder aber gleichzeitig und gleichgewichtig abwechselnd mit den lateinischen Texten aufgezeichnet wurde.

Der Zugriff auf die Register dieser zahlreichen Handschriftenkataloge wurde mit Hilfe der modernen Technik durch Erstellung eines Gesamtindex vereinfacht, der in einer Mikroficheausgabe auf dem Stand von 1999 zugänglich ist;[26] seit 1999 wurde er nicht weiter ausgebaut, sein Inhalt ist inzwischen in der Datenbank ‚Manuscripta mediaevalia' aufgegangen,[27] die umfassende Informationen über Handschriften bietet. Auch zu österreichischen Handschriftenbeständen sind Auskünfte im Internet abrufbar.[28]

Speziell für die germanistische Überlieferungsforschung sind die ‚Marburger Repertorien' im Internet in den letzten Jahren zu einem unentbehrlichen Arbeitsinstrument geworden.[29] Sie bieten eine Bestandsaufnahme der Überlieferung deutschsprachiger Texte und Repertorien deutscher Handschriften des 13. und 14. Jahrhunderts mit ihren Daten, einschlägiger Literatur und gegebenenfalls Hinweisen auf Abbildungen oder Digitalisate und werden laufend aktualisiert.

Doch werden auch diese modernen Hilfsmittel zur Erschließung mittelalterlicher Handschriften vorerst keinen Gesamtüberblick über das erhaltene Material möglich machen. Sie vereinfachen lediglich den Zugriff auf die bereits erschlossenen Fakten; die Menge des dort

---

[25] Vgl. dazu G. Kornrumpf, Handschriftenkataloge und Überlieferungsgeschichte, in: Beiträge zur Überlieferung und Beschreibung deutscher Texte des Mittelalters, hg. von I. Reiffenstein (Göppinger Arbeiten zur Germanistik 402), Göppingen 1983, S. 1–23, hier: S. 11; B. Schnell, Überlegungen zur Katalogisierung der deutschen mittelalterlichen Handschriften, in: Zusammenhänge, Einflüsse, Wirkungen. Kongressakten zum 1. Symposium des Mediävistenverbandes in Tübingen 1984, hg. von J. O. Fichte u. a., Berlin 1986, S. 438–450.

[26] Gesamtindex mittelalterlicher Handschriftenkataloge. Kumulation der Register der seit 1945 in der BRD erschienenen Handschriftenkataloge, Mikroficheausgabe, bearb. von B. Michael und R. Willhardt, 2. Aufl. Wiesbaden 2000.

[27] Anm. 23.

[28] C. Glassner, Österreichische Handschriften im Internet, in: ZfdA 129 (2000), S. 202–209.

[29] www.marburger-repertorien.de. Vgl. J. Heinzle, K. Klein, Die Marburger Repertorien zur Überlieferung der deutschen Literatur des Mittelalters, in: ZfdA 130 (2001), S. 245 f.; J. Heinzle, M. Bauer, K. Klein, D. Könitz, Zum aktuellen Stand der ‚Marburger Repertorien', in: ZfdA 137 (2008), S. 134–136.

gesammelt greifbaren Materials darf aber nicht darüber hinwegtäuschen, daß auch zum gegenwärtigen Zeitpunkt große Bestände erhaltener mittelalterlicher Codices jedenfalls unzureichend in Kurzverzeichnissen oder veralteten Katalogen erschlossen sind.[30] In nächster Zeit wird sich dieser Zustand kaum wesentlich ändern. Auch wo moderne Kataloge vorliegen, ist es zur Klärung mancher Fragen notwendig, die Handschrift selbst einzusehen und unter Umständen Aspekte aufzudecken, die dem Katalogbearbeiter entgangen sein mögen, dem wissenschaftlichen Benutzer aber wichtig sind. Erforderlich ist die Einsicht in den Codex in jedem Fall, wenn nur alte oder Kurzkataloge, handschriftliche Repertorien oder Karteien rudimentäre Auskunft geben. Ohne Kenntnisse von Paläographie und Handschriftenkunde dürfte es kaum möglich sein, die Angaben der Kataloge zu verifizieren und darüber hinaus zu eigenen Ergebnissen zu kommen.

---

[30] Genaue Zahlen aller erhaltenen mittelalterlichen Handschriften lassen sich nicht angeben; die in deutschen Bibliotheken vorhandenen Codices werden auf ca. 60.000 hochgerechnet, vgl. H. Leskien, Handschriftendatenbank-Überlegungen im Rahmen des DFG-Förderprogramms Handschriftenkatalogisierung, in: ZfB Sonderheft 63 (1996), S. 262–272, hier: S. 265f.

I. PALÄOGRAPHIE

1. Allgemeines

Die Entzifferung und Transkription deutscher handschriftlicher Texte dürfte auch dem ungeübten Germanisten bis auf wenige Ausnahmen nur geringe Schwierigkeiten bereiten, während lateinische Codices meist größere paläographische Kenntnisse erfordern. Solche Kenntnisse sind aber jedenfalls dann unerläßlich, wenn es darum geht, die Schrift eines Überlieferungsträgers zu definieren und zeitlich annähernd einzuordnen. Schriften verändern und entwickeln sich im Lauf der Zeit, ähnlich den sich wandelnden Ausdrucksformen der bildenden Kunst und Architektur, und bilden unterschiedliche Formen aus; verschiedene Schriftarten entstehen für unterschiedliche Zwecke, lassen sich in ihren Entwicklungsphasen und Blütezeiten nachvollziehen und werden schließlich von neuen Erscheinungen unterlaufen und letztlich abgelöst. Diese lebendige Entwicklung der Schrift in ihren Einzelheiten an den überlieferten Schriftdenkmälern nachzuvollziehen ist eine der Aufgaben der Paläographie. Sie bedient sich dazu in erster Linie der vergleichenden Methode, die Zusammengehöriges erkennt und ordnet; fest datierte oder datierbare und nach Möglichkeit lokalisierbare Schriftstücke, die vor allem im frühen und hohen Mittelalter relativ selten sind, dienen als Datierungsgerüst, in das undatierte Handschriften eingeordnet werden können, wenn gemeinsame Merkmale erkannt worden sind. Die Veränderungen bestimmter Formen in ihrer zeitlichen Abfolge helfen die Wandlungen der Schrift zu erkennen und ihre Geschichte darzustellen. Die Eigenheiten lokalisierter Handschriften vor allem der älteren Zeit können hilfreich sein, um bestimmte regionale Stilarten, gegebenenfalls Zugehörigkeit zu einem Skriptorium herauszuarbeiten. Mit paläographischen Mitteln gelingt nicht nur die Datierung eines einzelnen Schriftdenkmals, sondern in manchen Fällen auch die zeitliche Einordnung eines undatierten Literaturdenkmals, dem durch seinen ältesten Textzeugen ein Terminus post quem non gesetzt wird.

Der Forschungsschwerpunkt der Paläographie lag bis vor wenigen Jahrzehnten ganz überwiegend auf dem frühen und hohen Mittelalter. Die in relativ überschaubarer Anzahl erhaltenen älteren Schriftdenkmäler sind in einer Vielzahl wissenschaftlicher Untersuchungen schon seit längerer Zeit bearbeitet und eingeordnet; die paläographischen Handbücher, die eine Gesamtdarstellung des mittelalterlichen Schriftwesens geben, räumen durchweg der verhältnismäßig gut durchleuchteten älteren Schriftgeschichte von der Antike bis zu den karolingischen Schriften die größte Beachtung ein. Starke Betonung der vorkarolingischen Schriften gegenüber dem späteren Mittelalter findet sich u. a. in K. Löfflers Einführung in die Handschriftenkunde,[1] in H. Foersters Abriß der lateinischen Paläographie,[2] in O. Mazals Lehrbuch der Handschriftenkunde, ebenso wie in den Lezioni di paleografia von G. Battelli[3] oder der Paléographie du moyen âge von J. Stiennon.[4] Auch B. Bischoffs Paläographie, ein Standardwerk, widmet den Schriften des 13.-15. Jahrhunderts nur ein Viertel des Raums, den die Darstellung der älteren Schriften einnimmt. Alle diese Handbücher befassen sich mit dem lateinischen Schriftwesen und erwähnen volkssprachige Handschriften nur am Rande. Auch die großen älteren Tafelwerke wie die Monumenta palaeographica von A. Chroust oder die Schrifttafeln von W. Arndt und M. Tangl[5] enthalten zahlreiche Abbildungen von Schriften, mit denen der Germanist kaum zu arbeiten haben wird; gleiches gilt für den kurzgefaßten instruktiven Überblick über die hauptsächlichen Entwicklungslinien des gesamten mittelalterlichen Schriftwesens in Darstellung und Abbildung von M. P. Brown.[6]

Es ist aber eine bekannte Tatsache, daß die Masse der erhaltenen spätmittelalterlichen Handschriften des 13., 14. und vor allem des 15. Jahrhunderts die älteren Codices bei weitem überwiegt; nach vorsichtiger Schätzung machen allein die Handschriften des 15. Jahrhunderts um oder über 60% aller überhaupt überlieferten mittelalterlichen Codices aus.[7] Die paläographische Erschließung der Schriften des 14.-15. Jahrhunderts steht auch heute noch in umgekehrtem Verhältnis zu dem in großer Menge erhaltenen Material, das gesamthaft bisher kaum übersichtlich in den Griff zu bekommen war. Doch werden neuerdings

---

[1] Löffler-Milde S. 75–120; Löffler bezeichnete die Schriften des 15. Jahrhunderts zudem als ‚wenig schön', ‚unerfreulich' und als ‚Schrecken des Handschriftenbearbeiters' (S. 105).

[2] H. Foerster, Abriß der lateinischen Paläographie, 3.überarb. und um ein Zusatzkapitel ‚Die Schriften der Neuzeit' erweiterte Aufl. von Th. Frenz (Bibliothek des Buchwesens 15), Stuttgart 2004.

[3] Citta del Vaticano ³1949, Nachdr. 1991.

[4] Paris 1973.

[5] Berlin ⁴1904, Nachdr. Hildesheim 1976.

[6] M. P. Brown, A Guide to western historical scripts from antiquity to 1600, London 1990.

[7] Nach T. Brandis, Die Handschrift zwischen Mittelalter und Neuzeit, in: Gutenberg-Jahrbuch 1997, S. 27–57, hier:S. 31. Bei den datierten Handschriften driften die Proportionen noch weiter auseinander: 15% aus dem 8.–13. Jahrhundert stehen 85% des 14.–15. Jahrhunderts gegenüber, vgl. B. M. von Scarpatetti in: Les manuscrits datés, premier bilan et perspectives, Paris 1985, S. 60. Daß ca. 70% aller erhaltenen literarischen Handschriften dem 15. Jahrhundert entstammen, konstatiere A. Wendehorst, Wer konnte im Mittelalter lesen und schreiben? in: Schulen und Studium im sozialen Wandel des hohen und späten Mittelalters, hg. von J. Fried (Vorträge und Forschungen 30), Sigmaringen 1986, S. 9–33, hier: S. 31. Vgl. dazu Neddermeyer S. 190 f. mit Tab. 6, S. 217–223 mit Tab. 15–16.

zunehmend einzelne Gruppen und Zeitabschnitte auch des spätmittelalterlichen Schriftwesens bearbeitet und dargestellt. Hier sind die Arbeiten von C. Wehmer und J. Kirchner, in neuester Zeit von P. Spunar, J. P. Gumbert, O. Mazal, M. Steinmann, W. Oeser und A. Derolez zu nennen.[8] Stärkeres Interesse haben die humanistischen Schriften erfahren, mit denen sich die neuere Paläographie intensiver beschäftigt hat; vom erhaltenen Material her einigermaßen überschaubar und sowohl zeitlich als auch vom Personenkreis der Schreiber und Rezipienten her eingegrenzt, ist dieser Abschnitt der Schriftgeschichte leichter zu fassen.

Obwohl die Paläographie deutschsprachiger Handschriften kaum isoliert vom lateinischen Schriftwesen dargestellt werden kann, benötigt der Germanist Hilfsmittel, die ihn über spezielle Probleme der volkssprachigen Schriftlichkeit orientieren. In J. Kirchners ‚Germanistischer Handschriftenpraxis' ist der Darstellung der Schriftentwicklung ein sehr knapper Raum gewidmet.[9] Studienmaterial zu deutschen Handschriften ist dagegen in einer Reihe von Tafelwerken geboten, an deren Anfang die ausführlichen ‚Deutschen Schrifttafeln aus Handschriften der Bayerischen Staatsbibliothek' von E. Petzet und O. Glauning stehen; sie bringen zu den Abbildungen auch fundierte Schriftanalysen, die in chronologischer Abfolge eine Art Leitfaden durch die deutsche Schriftgeschichte darstellen können. Abbildungen aus deutschsprachigen Handschriften stellte G. Eis bald nach dem Krieg in einem Bändchen zusammen.[10] Von großem Nutzen vor allem für paläographische Arbeiten zum 14. und 15. Jahrhundert ist das internationale Unternehmen der Kataloge datierter Handschriften, die seit 1953 in zahlreichen Bänden vorliegen; Abbildungen deutschsprachiger Handschriften enthält vor allem der erste Teilband der Bayerischen Staatsbibliothek, verstreut sind deutsche Handschriften in den österreichischen und schweizer Katalogbänden und in Band 5 der französischen Reihe der Manuscrits datés zu finden, der die Straßburger und Kolmarer Bestände auswertet.[11] Da der Brauch des Datierens von Handschriften erst im Spätmittelalter verbreiteter wird und im 15. Jahrhundert seinen Höhepunkt erreicht, sind diese Tafelwerke für das frühe und hohe Mittelalter wenig ergiebig, liefern aber dem Spät-

---

[8] Zu diesen und weiteren Spezialuntersuchungen vgl. unten bei den entsprechenden Schriftepochen. Bibliographien zur Paläographie allgemein: F. C. Dahlmann-G. Waitz, Quellenkunde der deutschen Geschichte, Bd. I, [10]Stuttgart 1969, Abschn. 14; Boyle; Jakobi-Mirwald S. 231.
[9] S. 16–24, behandelt werden kurz nur die gotischen Schriften vom Ende des 12. Jahrhunderts an.
[10] G. Eis, Altdeutsche Handschriften, München 1949.
[11] Catalogue des manuscrits en écriture latine portant des indications de date, de lieu ou de copiste, T. 5, Est de la France, bearb. von M. Garand u. a., Paris 1965.

mittelalter-Paläographen eine Fülle gesammelten und vorgeordneten Materials, dessen Auswertung bereits begonnen hat. Bekannt und von großem Nutzen ist auch die germanistische Reihe ‚Litterae'[12] mit Abbildungen zur gesamten handschriftlichen Überlieferung einzelner deutschsprachiger mittelalterlicher Autoren oder Werke und mit Faksimilia wichtiger deutscher Handschriften.[13]

Ebensowenig wie das lateinische Schriftwesen können die Urkunden-, Kanzlei- und Geschäftsschriften als Komplementärbereich zu den gleichzeitigen Buchschriften ausgeklammert werden. Die Grundtendenzen der Schriftentwicklung stimmen in beiden Bereichen überein, und besonders im Spätmittelalter und im volkssprachigen Schrifttum nähern sich Buch- und Urkundenschriften stark aneinander an, beeinflussen sich gegenseitig und sind gelegentlich identisch. Vor allem die älteren Tafelwerke von Chroust, Arndt-Tangl und Foerster[14] enthalten nebeneinander Beispiele von Urkunden- wie Buchschriften. Eine grundlegende Darstellung der Urkundenschriften von der Mitte des 12. Jahrhunderts bis um 1500 verfaßte W. Heinemeyer.[15] Untersuchungen von Schriften einzelner Kanzleien werden im folgenden berücksichtigt, wenn sie für das deutschsprachige Schriftwesen von Wichtigkeit sind.

Obwohl es nicht an Versuchen fehlte, eine einheitliche paläographische Terminologie zu erstellen, konnten über die Bezeichnung der Grundschriftarten hinaus bisher nicht für alle Bereiche verbindliche Lösungen gefunden werden. Das Problem stellt sich weniger für die relativ einheitlichen frühen und karolingischen Schriftarten; doch vor allem zur Benennung der spätmittelalterlichen Schriften, die in ihrer Vielfalt verschiedenster Mischtypen und regionaler wie individueller Ausprägungen nur schwer in ein System zu bringen sind, wird eine Vielzahl von Termini angeboten und verwendet.[16] Der Trend in der modernen paläographischen Literatur geht dabei in die Richtung feinerer Differenzierung.

---

[12] Litterae. Göppinger Beiträge zur Textgeschichte, hg. von U. Müller u. a., Göppingen 1971 ff.

[13] Zu Faksimilia vgl. auch H. Zotter, Bibliographie faksimilierter Handschriften, Graz ²1994.

[14] H. Foerster, Mittelalterliche Buch- und Urkundenschriften auf 50 Tafeln, Bern 1946.

[15] Vgl. auch die Übersicht über die Urkundenschriften von den Anfängen bis in die Neuzeit von F. Beck in: Die archivalischen Quellen, hg. v. F. Beck und E. Henning, Weimar 1994, S. 163–206.

[16] Übersicht vgl. E. Overgaauw, Die Nomenklatur der gotischen Schriftarten bei der Katalogisierung von spätmittelalterlichen Handschriften, in: Codices manuscripti 17 (1994), S. 100–106; H. Spilling, Paläographische Perspektiven und terminologische Streiflichter, in: The history of written culture in the Carpato-Danubian region I, hg. von H. Patkova, P. Spunar u. a. (Latin paleography network 1), 2003, S. 189–198.

1. Allgemeines

1953 referierten beim ersten internationalen Colloquium über lateinische Paläographie in Paris drei Spezialisten über die Nomenklaturen abendländischer mittelalterlicher Schriften: B. Bischoff über die Buchschriften des 9.–13. Jahrhunderts, G. I. Lieftinck über die gotischen Buchschriften und G. Battelli über die humanistischen Schriften; die Publikation dieser drei Vorträge ist ein wichtiges und grundlegendes Handbuch geblieben.[17] Lieftinck stellte hier sein für die Leidener Handschriften entwickeltes System vor,[18] die Grundschriftarten des Spätmittelalters weiter zu differenzieren und zwar nach ihrem Sorgfältigkeitsgrad. Er setzte drei kalligraphische Stilhierarchien an: ein sehr hohes kalligraphisches Niveau, bezeichnet mit dem Zusatz (littera ...) ‚formata', einen mittleren Sorgfältigkeitsgrad, der als ‚libraria' bezeichnet wird, und ein unteres Niveau für eilige und wenig sorgfältige Schriften, ‚currens' genannt. Das Lieftincksche System wurde in der Folgezeit von J. P. Gumbert weiter verfolgt, verbessert und durch ein zusätzliches System ergänzt;[19] auch A. Derolez verwendet es variiert und in erweiterter Form. Die auf diesem Nomenklatursystem basierenden Termini spätmittelalterlicher Schriften sind seither in zahlreiche moderne Handschriftenkataloge eingegangen, teils in der von Lieftinck aufgestellten Bedeutung, teils aber auch in neuen Formulierungen, ohne daß die vielfältigen Schriftbezeichnungen eine durchgehende Verbindlichkeit im Gebrauch erlangt hätten. Weitere Initiativen, die paläographische Nomenklatur international zu normieren, blieben ohne Ergebnis, da fast jedes Land und jede Sprache ein eigenes Vokabular mit oft abweichender Bedeutung für die unterschiedlichen nationalen Schriftarten hat.[20] Bei der nachfolgenden Darstellung der Grundschriftarten werden die in der Literatur gebräuchlichen unterschiedlichen Termini jeweils aufgeführt.[21]

Eine Anleitung zum genauen Datieren oder gar Lokalisieren undatierter Schriften kann im folgenden ebensowenig vermittelt werden, wie dies die bisher erschienenen kurzen paläographischen Übersichten vermochten. Die Paläographie ist keine exakte Wissenschaft; Schriften kommen nicht schlagartig und innerhalb eng zu fassender Zeiträume

---

[17] B. Bischoff, La nomenclature des écritures livresques du IXe au XIIIe siècle, in: Nomenclature S. 7–14; M. G. Lieftinck, La nomenclature de l'écriture livresque de la période dite gothique, ebd. S. 15–32; G. Battelli, Nomenclature des écritures humanistiques, ebd. S. 35–44.

[18] In praktischer Anwendung nochmals in: Manuscrits datés conservés dans les Pays-Bas, T. 1: Les manuscrits d'origine étrangère, Amsterdam 1964. Zu Lieftincks System vgl. Steinmann 2004, S. 403–405.

[19] Vgl. Manuscrits datés conservés dans les Pays-Bas, T.2: Les manuscrits d'origine néerlandaise (XIVe-XVIe siècle), Leiden 1988, Textband S. 22–35.

[20] Vgl. dazu F. Gasparri, Pour une terminologie des écritures latines: doctrines et méthodes, in: Codices manuscripti 2 (1976), S. 16–25; dies., La terminologie des écritures, in: Paläographie 1981, S. 31–37.

[21] Knappe Zusammenstellungen der mittelalterlichen Schriftarten u. a. auch von J. Autenrieth, Paläographische Nomenklatur im Rahmen der Handschriftenkatalogisierung, in: Zur Katalogisierung mittelalterlicher und neuzeitlicher Handschriften, hg. C. Köttelwesch (ZfB Beiheft), Frankfurt/M. 1963, S. 98–104, und von O. Mazal in: Handschriftenbeschreibung in Österreich (Österreichische Akademie der Wissenschaften, phil.-hist. Kl., Denkschriften 122), Wien 1975, S. 142f.

in und außer Gebrauch, menschliche Imponderabilien wie konservative, vielleicht altersbedingte Einstellung des Schreibers und andere individuelle Eigenheiten, ein abgelegener Schreibort oder fremde, z. B. herkunftsbedingte Beeinflussungen liegen immer im Bereich des Möglichen. Wenn ein Codex, der sonst keine Anhaltspunkte zur Datierung aufweist, lediglich aufgrund seiner Schrift auf ein halbes oder Vierteljahrhundert, jedenfalls aber auf den Zeitraum einer Generation festgelegt werden kann, ist dies ein optimales Ergebnis der paläographischen Überprüfung.[22] Erfahrung im Einordnen von mittelalterlichen Schriften ist nur durch Übung zu erlangen; dazu hilft der ständige Vergleich möglichst vieler Schriften miteinander, die heute in zahlreichen Tafelwerken, besonders für das Spätmittelalter, leicht zugänglich sind. Der nachfolgende Überblick, der keinen Anspruch auf Originalität erheben kann, möchte dazu helfen, die vor allem in deutschsprachigen Handschriften verwendeten Schriftarten zu erkennen und eine bestimmte Schrift in die in großen Zügen dargestellte Entwicklung einzuordnen. Aufgeführt werden dabei die zeitbedingten, zum Datieren brauchbaren Kriterien; sie sind von den individuellen Formen getrennt zu sehen, die zur Unterscheidung einzelner Hände dienen.

Die mittelalterlichen Schriften lassen sich generell auf zwei Grundtypen zurückführen: die kalligraphische, geformte Schrift,[23] in der jeder Buchstabe aus einzelnen Federstrichen bewußt zusammengesetzt, ‚konstruiert' wird, und die kursive Schrift, die fließend und zusammenhängend geschrieben wird. Die geformte Schrift ist überindividuell und bildet bestimmte Regeln und Normen aus, die jeweils für bestimmte Epochen und Regionen Gültigkeit haben und die von ihren Schreibern erlernt werden müssen. Die kursive Schrift dagegen läßt mehr Variantenreichtum zu, durch die Dynamik des kursiven Schreibens fließt auch Individuelles in sie ein. Während des Früh- und Hochmittelalters waren die Anwendungsbereiche getrennt: die geformte Schrift wurde als Buchschrift, die kursive als Geschäfts-, Bedarfs- und individuelle Notizenschrift verwendet, in hochstilisierter Sonderform als Kanzlei- und Urkundenschrift; beide Bereiche, Buch- und Geschäftsschrift, be-

---

[22] G. Powitz, Datieren und Lokalisieren nach der Schrift, in: Bibliothek und Wissenschaft 10 (1976), S. 124–136; ders., Was vermag Paläographie? in: Powitz, Handschriften und frühe Drucke S. 9–41.

[23] Auch ‚formierte Schrift', ‚littera formata', ‚gesetzte Schrift' (écriture posée); die Nomenklatur ist auch hierfür uneinheitlich. Vgl. dazu C. Wehmer, Die Namen der gotischen Buchschriften, in: ZfB 49 (1932), S. 11–34, 169–176, 222–234, hier: S. 222–225. Zu den fundamentalen Unterschieden zwischen den beiden Grundtypen vgl. auch Steinmann 1979, S. 312; P. Rück, Ligatur und Isolierung: Bemerkungen zum kursiven Schreiben im Mittelalter, in: Elementa diplomatica, Fachgebiet historische Hilfswissenschaften 9 (2000), S. 97–111; E. Casamassima, Tradizione corsiva e tradizione libraria nella scrittura latina del medio evo, Rom 1988.

einflußten sich nur gelegentlich. Im Spätmittelalter, besonders im 14. Jahrhundert, kommt es zu gegenseitiger Beeinflussung und Durchdringung bis hin zur Vermischung und Auflösung der vorherigen Trennung. Neben den Schriften, die einen dieser Grundtypen in reiner Form repräsentieren, wenn auch auf unterschiedlichem Stilniveau, mehr oder weniger sorgfältig und auch durch regionale oder individuelle Eigentümlichkeiten abgewandelt, existierten zahlreiche Misch- und Übergangsformen aus diesen beiden Grundschriften.

2. Karolingische Minuskel

Schrifttum in althochdeutscher Sprache setzt spärlich gegen Ende des 8. Jahrhunderts ein; die ältesten erhaltenen volkssprachigen Denkmäler sind in karolingischer Minuskel aufgezeichnet.[24] Die Bezeichnung ‚Minuskel' besagt, daß für diese Schrift Kleinbuchstaben verwendet wurden im Gegensatz zu den spätantiken und frühmittelalterlichen Majuskelschriften Capitalis und Unziale, die nach dem 8. Jahrhundert fast nur noch als Auszeichnungsschriften gebraucht wurden. Daneben waren in vorkarolingischer Zeit auch schon Minuskelschriften in Gebrauch gewesen wie die lokal unterschiedlichen merowingischen Kursiven, deren zahlreiche Ligaturen[25] in der frühkarolingischen Minuskel noch weiterwirkten, oder die insularen Schriften, die von den irischen und angelsächsischen Missionaren auf dem Kontinent eingeführt wurden und manche Klosterskriptorien wie Fulda, Hersfeld oder Mainz noch eine Zeitlang beeinflußten, auch in einigen deutschen Denkmälern zu erkennen sind.[26]

Die karolingische Minuskel wurde als neue, klare und einheitliche Schrift in ihren Anfängen während der Regierungszeit Karls d. Gr. entwickelt und steht in direktem Zusammenhang mit den damaligen Reformen im lateinisch-kirchlichen Kulturbereich.[27] In der Hofschule wirkten Gelehrte, Schriftsteller und Schreibkünstler zusammen,

---

[24] Vgl. Bischoff S. 143–162, weitere Literatur S. 320–324; ders., Die karolingische Minuskel, in: Karl d. Gr., Werk und Wirkung, Aachen 1965, S. 207–210, wieder abgedr. in: B. Bischoff, Mittelalterliche Studien 3, Stuttgart 1981, S. 1–4; Mazal S. 107–112, 270–272; Löffler-Milde S. 90–100; Boyle Nr. 916–1090 S. 140–170; Derolez S. 47–55.

[25] D. h. Verbindungen bzw. Zusammenschreibungen zweier benachbarter Buchstaben; die Ligaturen dieser Schriften waren auf bestimmte von den Schreibern eingeübte Buchstabengruppen begrenzt.

[26] Zu den vorkarolingischen Schriften vgl. Bischoff S. 71–142, 319f.; Mazal S. 80–107, 267–270; Löffler-Milde S. 81–90; Boyle Nr. 600–915 S. 90–140.

[27] B. Bischoff, Panorama der Handschriftenüberlieferung aus der Zeit Karls d. Gr., in: Karl d. Gr., Lebenswerk und Nachleben, Bd. 2, Düsseldorf 1965, S. 233–254; wieder abgedr. in: B. Bischoff, Mittelalterliche Studien 3, Stuttgart 1981, S. 5–38.

Prachtcodices wurden geschaffen, die Buchmalerei nahm einen großen neuen Aufschwung; in den Rahmen dieser kulturellen Blütezeit gehörte, nach einer langen Periode der Schriftverwilderung und Schriftenvielfalt, die neue klare einheitliche Buchschrift, in der die unverbundenen Buchstaben feste, in den Grundzügen unverändert bleibende Formen hatten. Weder unter Karl d. Gr. noch unter seinen Nachfolgern setzte sich diese Schrift im ganzen Reich einheitlich durch, sondern verbreitete sich erst allmählich, wobei sie vielerorts lokale Sonderformen übernahm. Da als Schreiborte bis ins 12. Jahrhundert hinein überwiegend nur die Skriptorien bestimmter Klöster oder anderer geistlicher, z. B. bischöflicher Zentren in Frage kamen und fast jedes dieser Schreibzentren seinen eigenen Stil der karolingischen Minuskel pflegte, kann der Spezialist die Codices des 9.–11. Jahrhunderts nach ihren leicht differierenden Schriftmerkmalen den diversen Skriptorien zuordnen und ihre gegenseitige Beeinflussung erkennen. B. Bischoff stellte neben zahlreichen Spezialuntersuchungen zu einzelnen Skriptorien ein Verzeichnis der Produktion der bayerischen und österreichischen Schreibschulen im 8. und 9. Jahrhundert auf und hinterließ einen unvollendeten Gesamtkatalog der festländischen Handschriften des 9. Jahrhunderts, dessen Manuskript derzeit für den Druck bearbeitet wird.[28] Die Skriptorien der Schweizer Klöster erschloß A. Bruckner,[29] die ottonischen und frühsalischen Schreibschulen des 10. und 11. Jahrhunderts H. Hoffmann.[30] Die bisher bekannt gewordenen Handschriften und Fragmente des 8. Jahrhunderts lassen sich in dem großen Tafelwerk ‚Codices latini antiquiores' in Abbildung und Beschreibung überblicken.[31]

---

[28] B. Bischoff, Die südostdeutschen Schreibschulen und Bibliotheken in der Karolingerzeit, Bd. 1 Die bayerischen Diözesen, Leipzig 1940,²Wiesbaden 1974, Bd. 2 Die vorwiegend österreichischen Diözesen, Wiesbaden 1980; ders., Kalligraphie in Bayern, 8.–12. Jahrhundert, Wiesbaden 1981; ders, Karolingische Handschriften. Katalog der festländischen Handschriften des 9. Jahrhunderts, I: Aachen-Lambach, Wiesbaden 1998; II: Laon-Paderborn, aus dem Nachlaß hg. von B. Ebersperger, Wiesbaden 2004; III: Paris-Zwickau, in Vorbereitung.
[29] A. Bruckner, Scriptoria medii aevi helvetica, Bd. 1–14, Genf 1935–78, mit zahlreichen Abbildungen aus dem gesamten Mittelalter.
[30] H. Hoffmann, Buchkunst und Königtum im ottonischen und frühsalischen Reich, Text- und Tafelband (Schriften der Monumenta Germaniae Historica 30,1–2), Stuttgart 1986.
[31] E. A. Lowe, Codices latini antiquiores, Bd. 1–11 und Suppl., Oxford 1934–71, ²Oxford 1972, gängige Abkürzung: CLA; Addenda von B. Bischoff und V. Brown in: Mediaeval Studies 47 (1985), S. 317–366. Ein entsprechendes Corpus von Faksimileausgaben sämtlicher lateinischer Urkunden bis zum Jahr 800 liegt vor in: Chartae latinae antiquiores, hg. von A. Bruckner und R. Marichal, Bd. I – derzeit XLVIII, Lausanne/Zürich 1954–1998; 2. Series: 9. Jahrhundert, hg. von G. Cavallo und G. Nicolaj, Bd. I. ff.

2. Karolingische Minuskel

Die handschriftliche Überlieferung althochdeutscher Texte des späten 8. und des 9. Jahrhunderts in karolingischer Minuskel ist zunächst quantitativ sehr bescheiden. Am Anfang stehen einzelne deutsche Glossen und lateinisch-deutsche Glossare; die rein deutschen kleinen Sprachdenkmäler, zumeist aus dem Bereich der kirchlichen Gebrauchsprosa, oder die nur wenige Verse umfassenden Stabreimgedichte wie das Wessobrunner Schöpfungsgedicht, das Muspilli oder das Hildebrandslied, sind sämtlich in lateinischen Codices oft auf leergebliebenen Seiten mitüberliefert. Eigenständige völlig deutschsprachige Codices kommen mit den größeren Dichtungen, dem Heliand, Otfrieds Evangelienbuch und mit den auch im 10. und 11. Jahrhundert noch viel überlieferten Psalmen- und Boethius-Übersetzungen Notkers auf, zu Ende des 11. Jahrhunderts setzt die reiche Überlieferung von Willirams Hoheliedbearbeitung ein. Nach der Mitte des 12. Jahrhunderts entstehen Handschriften deutschsprachiger weltlicher Dichtung wie der Kaiserchronik und, gegen 1200, frühhöfische Epik wie das Rolandslied in eigenen deutschen Codices, auch Sammelhandschriften kleinerer geistlicher Dichtungen.[32] Die althochdeutschen Denkmäler wurden von B. Bischoff datiert und zumeist bestimmten Skriptorien zugeordnet,[33] einschlägige Abbildungen sind in H. Fischers Schrifttafeln[34] und für die Münchner Handschriften bei Petzet-Glauning[35] zu konsultieren. Ein Verzeichnis aller erhaltenen deutschsprachigen Handschriften des 11. und 12. Jahrhunderts erstellte E. Hellgardt.[36]

Daß die Schreiber auch der deutschen Texte bis ins 13. Jahrhundert hinein Geistliche, vor allem Mönche, vereinzelt auch Nonnen waren, ist bekannt. Es gibt nur sehr wenige Belege für schreibende Laien oder auch für geistliche Lohnschreiber,[37] die erst im 12. Jahrhundert häufiger werden.

Die karolingische Minuskel ist eine kalligraphische, geformte Buchschrift, d. h. jeder Buchstabe wird aus einzelnen Federzügen zusammengesetzt, und die Buchstaben eines Wortes stehen überwiegend unverbunden nebeneinander; eine Ausnahme bilden die Ligaturen, stets zusammenhängend geschriebene Buchstabengruppen wie nt, rt, die anfänglich aus den früheren Kursivschriften übernommen wurden und von denen sich eine Zeitlang die nt- und ct-Ligatur, auf längere Dauer aber die or-, st- und et-Ligatur gehalten haben. Die Strichbreite bleibt im wesentlichen gleichmäßig, es gibt also kaum Wechsel zwischen starken und feinen Federzügen. Die Buchstabenformen sind gerundet.

---

[32] Hellgardt (Anm. 36) S. 38–45; Wolf S. 81 f.
[33] B. Bischoff, Paläographische Fragen deutscher Denkmäler der Karolingerzeit, in: Frühmittelalterliche Studien 5 (1971), S. 101–134, wieder abgedr. in B. Bischoff, Mittelalterliche Studien 3, Stuttgart 1981, S. 73–111.
[34] H. Fischer, Schrifttafeln zum althochdeutschen Lesebuch, Tübingen 1966.
[35] Abt.1, Tafel I–XV.
[36] E. Hellgardt, Die deutschsprachigen Handschriften im 11. und 12. Jahrhundert. Bestand und Charakteristik im chronologischen Aufriß, in: Dt. Hss. S. 35–81 mit vorläufigem Katalog (276 Handschriften); ein vervollständigtes Verzeichnis in Vorbereitung.
[37] Die wenigen abendländischen Belege zählt H. Hoffmann (Anm. 30) S. 46–59 auf und interpretiert sie.

2.1. Frühkarolingische Minuskel

Die karolingische Minuskel war eine außerordentlich langlebige Schriftart, die über vier Jahrhunderte als einzige Buchschrift in Gebrauch blieb; mit stark verlängerten und verschnörkelten Ober- und Unterlängen war sie als ‚Diplomatische Minuskel' auch in den großen Kanzleien als Urkundenschrift üblich. Der Grundcharakter und das Formenrepertoire dieser Schriftart blieb im großen ganzen während der Jahrhunderte fast konstant, doch erfuhr sie im Lauf der Zeit Veränderungen und Entwicklungen sowohl im Gesamtaspekt als in der Schreibung einzelner Buchstaben.

In den frühkarolingischen Minuskelschriften der ersten Hälfte des 9. Jahrhunderts, hier am Beispiel der ‚Exhortatio ad plebem christianam' aus Clm 6244, bald nach 805 in einem südbayerischen Skriptorium geschrieben (Abb. 1)[38] fällt die noch nicht deutlich durchgeführte Abtrennung der einzelnen Wörter untereinander auf; die Länge der Oberschäfte (d, h, l, k) beträgt oft mehr als die doppelte Mittelzone, ihr charakteristisches Merkmal ist auch die nach oben zunehmende Verdickung. Alte Ligaturen, aus den früheren Kursiven beibehalten, werden in der Frühphase der karolingischen Minuskel noch häufig verwendet, üblich sind noch die aneinandergebundenen Formen von nt, rt, ct; im deutschen Text der Abbildung 1 ist die &-Ligatur (Z. 1 *Hlos&*) verwendet, die sich bis heute als Zeichen für ‚et', ‚und' gehalten hat; sie wurde zwar im späteren Mittelalter nicht gebraucht, sondern durch ein 7-förmiges Abkürzungszeichen ersetzt; die &-Ligatur wurde aber von den Humanisten mit den karolingischen Schriften wieder aufgegriffen und ging auch in die Drucktype Antiqua ein. Auch die st-Ligatur (Z. 1 *liupostun*) hielt sich während des gesamten Mittelalters. Die Schäfte von f, langem ſ und r sind leicht unter die Zeile verlängert; neben dem neueren geschlossenen a mit schrägem Schaft (Z. 1 *rihtida*) wird noch das alte aus 2 c gebildete a verwendet (Z. 2 *galaupa*). Von d und s ist nur die Form mit geradem Schaft bekannt, der h-Bogen und die Schlußschäfte von m und n enden kurz und gerundet auf der Zeile, der g-Bogen ist unten offen; w wird durch zwei unverbundene u ausgedrückt (Z. 5 *iuuerera*).

In einigen frühen althochdeutschen Denkmälern wie dem Hildebrandslied und dem Wessobrunner Schöpfungsgedicht weist die sporadische Verwendung einzelner Runenzeichen auf Einfluß aus der insularen Schrift, die in verschiedenen von angelsächsischen Missionaren

---

[38] Bl. 144v–146r, jeweils lateinischer Text und deutsche Übersetzung auf gegenüberliegenden Seiten. Zur Datierung und Lokalisierung vgl. Bischoff, Paläographische Fragen (Anm. 33) S. 124.

gegründeten Klosterskriptorien im späten 8. und frühen 9. Jahrhundert verbreitet war.[39]

2.2. Karolingische Minuskel des 10.–11. Jahrhunderts

Die voll ausgebildete karolingische Minuskel dieser beiden Jahrhunderte weist gegenüber der Frühform ein zunehmend engeres und schmaleres Schriftbild auf; klare Lesbarkeit wird durch übersichtliche Trennung der einzelnen Wörter, durch Verzicht auf die meisten alten Ligaturen und durch Verwendung einheitlicher Buchstabenformen erreicht. Die Oberlängen verlieren die keulenförmigen Verdickungen und werden stetig, bis ins 12. Jahrhundert hinein, kürzer.[40] Das alte cc-a wird zugunsten des geschlossenen a aufgegeben, dessen Schaft aus der Schräglage allmählich aufgerichtet wird; an neuen Buchstabenformen kommen rundes d aus der Unzialschrift und rundes s, zunächst am Wortende auf; der untere g-Bogen schließt sich, w wird durch zwei mehr oder weniger zusammengeschobene v wiedergegeben. Die genaue Datierung einer Schrift des 10. und 11. Jahrhunderts ist trotz der Beachtung solcher Kriterien für den ungeübten Laien schwierig, da die voll ausgebildete karolingische Minuskel über einen langen Zeitraum in Gebrauch war, ohne ihren Grundaspekt auf überwiegend hohem kalligraphischem Niveau zu verändern.[41]

Am Beispiel einer Schriftprobe des deutschen Gebets von Otloh von St. Emmeram[42] im autographen Clm 14490, 161v–163r (Abb. 2), entstanden bald nach 1067, werden die Veränderungen gegenüber der Frühphase der karolingischen Minuskel deutlich: die Wörter sind klar voneinander getrennt, die Oberschäfte kürzer und nicht mehr verdickt, sie beginnen gerade, leicht abgeschrägt oder mit kleinen Anstrichen von links her (Z. 13 *durh*); von den alten Ligaturen sind mit Aus-

---

[39] Bischoff S. 122–129; U. Schwab, Die Sternrune im Wessobrunner Gebet, Amsterdam 1973, mit Abb.
[40] Darauf machte N. Daniel aufmerksam in: Handschriften des 10. Jahrhunderts aus der Freisinger Dombibliothek (Münchener Beiträge zur Mediävistik und Renaissance-Forschung 11), München 1973.
[41] Vgl. dazu G. Powitz, Datieren und Lokalisieren (Anm. 22) S. 129; J. Autenrieth, Probleme der Lokalisierung und Datierung von spätkarolingischen Schriften, in: Codicologica 4, Leiden 1978, S. 67–74; Bischoff warnt S. 164 Anm. 80 davor, für die Datierung ausschließlich die als typisch geltenden Buchstabenveränderungen zu benutzen.
[42] Zu Otloh vgl. B. Bischoff, Literarisches und künstlerisches Leben in St. Emmeram (Regensburg) während des frühen und hohen Mittelalters, in: ders., Mittelalterliche Studien 2, Stuttgart 1967, S. 77–115, hier: S. 90; H. Hoffmann (Anm. 30) S. 53, 74, 81f.; B. K. Vollmann, Otloh von St. Emmeram, in: ²VL 11, 2003, 1116–1152; vgl. auch H. Hoffmann, Autographen des frühen Mittelalters, in: Deutsches Archiv 57 (2001), S. 1–62.

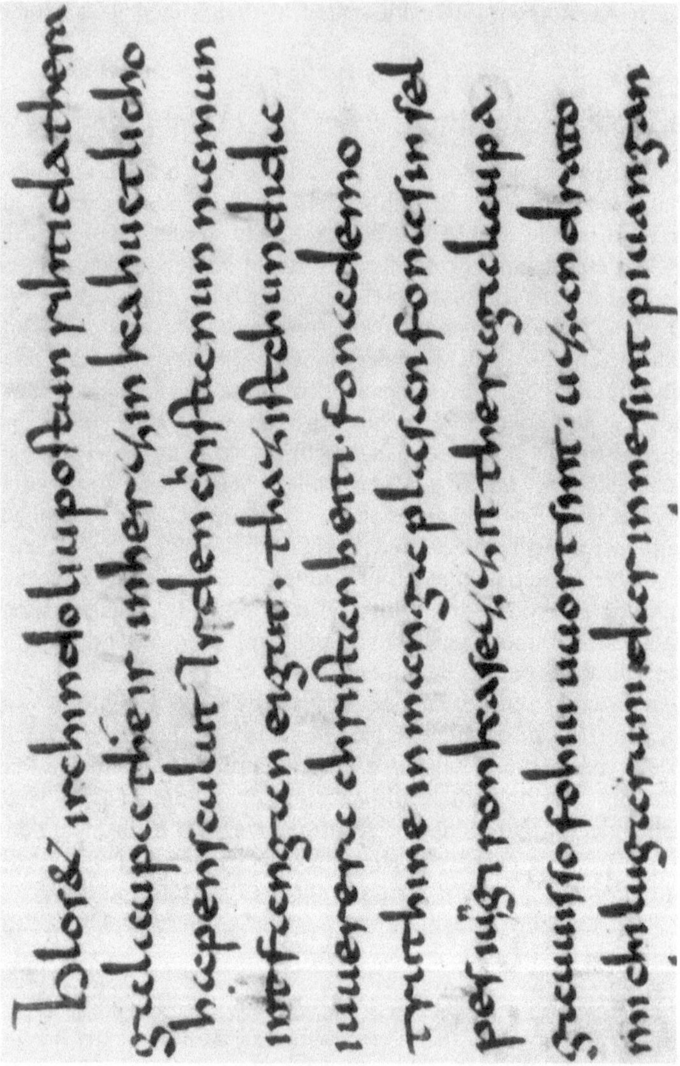

Abb. 1: Frühkarolingische Minuskel. Exhortatio ad plebem christianam. Clm 6244, Bl. 145r. Südbayern, bald nach 805

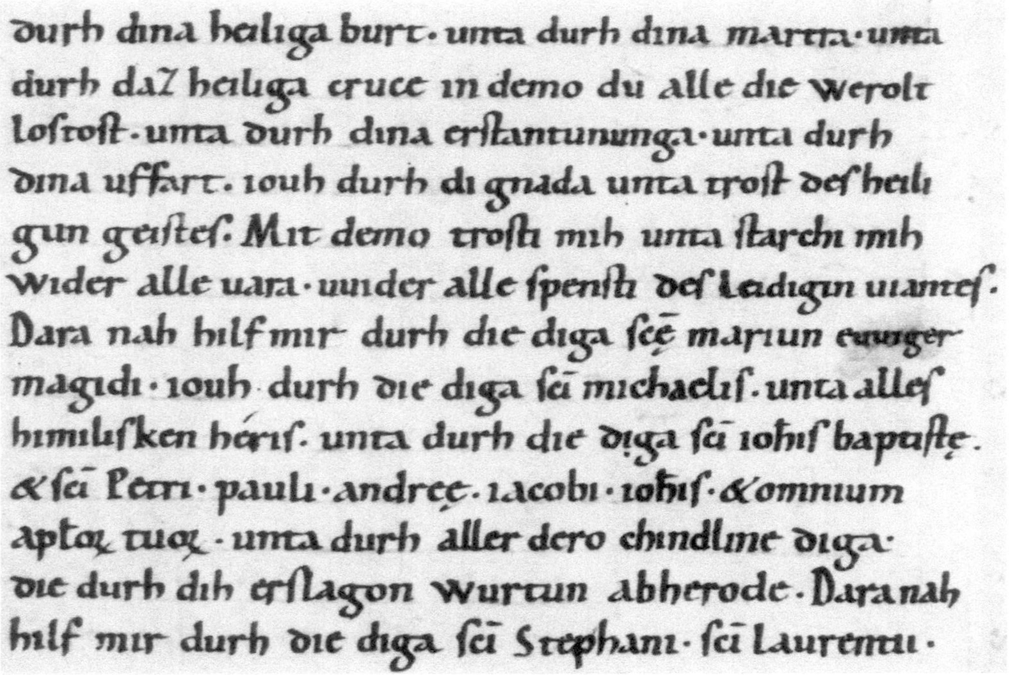

durh dina haliga burt· unta durh dina martra· unta
durh daz haliga cruce in demo du alle die werolt
loftroſt· unta durh dina erſtantununga· unta durh
dina uffart· iouh durh di gnada unta troſt deſ heili
gun geiſteſ. Mit demo troſti mih unta ſtarch mih
wider alle uara· wider alle ſpenſti deſ leidigun uiantes.
Dara nah hilf mir durh die diga ſcē mariun euuiger
magidi· iouh durh die diga ſcī michaeliſ· unta alleſ
himiliſken hēriſ. unta durh die diga ſcī iohiſ bapſtē.
& ſcī petri· pauli· andreę· iacobi· iohiſ· & omnium
apto̅ tuo̅. unta durh aller dero chindilme diga·
die durh dih erſlagon wurtun abherode· Dara nah
hilf mir durh die diga ſcī ſtephani· ſcī laurentii·

Abb. 2: Karolingische Minuskel. Otlohs Gebet. Clm 14490, Bl. 162r. Regensburg, nach 1067. Schreiber: Otloh von St. Emmeram

nahme weniger Relikte nur & und st übriggeblieben, cc-a wird nicht mehr verwendet. An neuen Buchstabenformen sind das runde d neben dem d mit aufrechtem Schaft, das runde s zunächst in Auslautstellung und anlautendes v statt u eingeführt worden, w wird zunehmend aus 2 v zusammengestellt. Der Schaft von a richtet sich aus der Schräglage auf, der untere g-Bogen schließt sich zunehmend, die Schäfte von f, s und r sind leicht unter der Zeile nach links umgebogen. i und die Schlußschäfte von m und n erhalten häufig einen kleinen spitzwinklig angesetzten oder horizontal auf der Zeile verlaufenden Schlußstrich (Z. 12 *wurtun*, Z. 13 *Stephani*). Zu beachten ist auch die Schreibung des alten lateinischen ae als sog. e-caudata mit einem kleinen Haken unter dem einfachen e (Z. 9 *baptistę*, Z. 10 *Andreę*), die seit dem 10. Jahrhundert zunehmend gebraucht wird.

2.3. Schrägovaler Stil, 11.–12. Jahrhundert

In dieser sehr gleichmäßigen und harmonischen kalligraphischen Schrift Otlohs ist bereits ein neuer Schreibstil der karolingischen Minuskel zu erkennen, der wegen seiner leicht rechtsschrägen Richtung als ‚schrägovaler Stil' bezeichnet wird; o wird bei dieser Schreibweise aus einem Kreis zu einem schrägstehenden Oval.[43] Dieser Stil kam in der 1. Hälfte des 11. Jahrhunderts vor allem in Bayern und Österreich auf und hielt sich dort teilweise bis ins frühe 13. Jahrhundert; seine volle Ausprägung erfuhr er im 12. Jahrhundert, wie Abb. 3 einer völlig gleichmäßigen kalligraphischen spätkarolingischen Minuskel aus der zweiten Jahrhunderthälfte zeigt. Der Schreiber der ‚Wessobrunner Beichte' verwendete noch einige alte Ligaturen wie nt (Z. 4 *gestent*) und im lateinischen Text die ligierte Endung -us mit hochgestelltem s sowie die &-Ligatur, die im letzten Jahrhundertviertel zunehmend durch die 7-förmige Abbreviatur ersetzt wird; vereinzelt erscheint rundes d neben der aufrechten Form, w hat eine bereits ziemlich zusammengeschobene Form. Z ist wie ein h mit einem bogenförmigen Anschwung gestaltet (Z. 4 *zem*, Z. 7 *daz*, Z. 8 *antlazze*); dieses ‚h-z' ist eine vor allem in Süddeutschland gebräuchliche alte Form, die sich noch bis ins 13. Jahrhundert hielt. Neu kommen im 4. Jahrhundertviertel auch einzelne Striche auf dem i auf, vorerst nur als Unterscheidungszeichen dieses Buchstaben zwischen gleichgestalteten Kurzschäften.

---

[43] Bischoff S. 162, 178; ders., Kalligraphie (Anm. 28) S. 34–38.

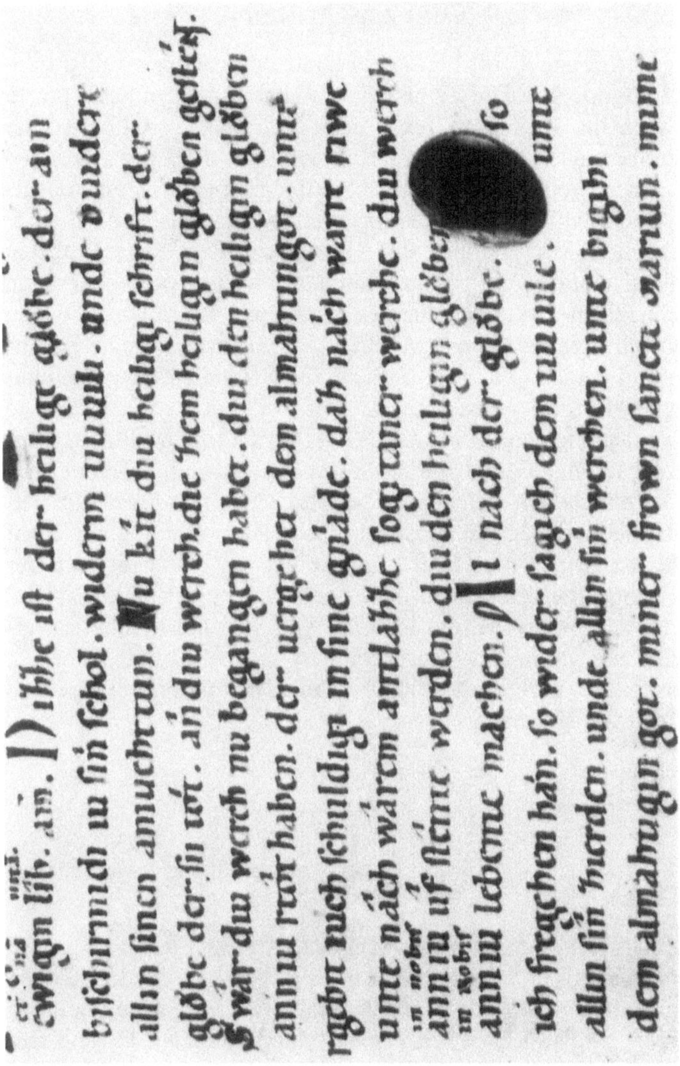

2. Karolingische Minuskel

Abb. 3: Spätkarolingische Minuskel, schrägovaler Stil. Wessobrunner Glaube und Beichte. Cgm 5248/5. Bayern, 2. Hälfte des 12. Jahrhunderts

2.4. Glossenschriften

Neben der karolingischen Minuskel in mehr oder weniger kalligraphischer Ausprägung war eine kleinere, leicht abgewandelten Schriftart in Gebrauch, in der sekundäre Texte, etwa Marginalien, Glossen oder auch Schreibersubskriptionen vom Haupttext abgehoben wurden und die bei gleichen, wenn auch vereinfachten Buchstabenformen stark verlängerte Oberschäfte und Unterlängen aufweist. Solche nach ihrer hauptsächlichen Verwendung als ‚Glossenschriften'[44] bezeichneten Schriften auf einfacherem kalligraphischem Niveau waren stark von den gleichzeitigen Urkundenschriften beeinflußt, doch fehlen diesen Gebrauchsschriften die kalligraphischen Verschnörkelungen an Schaftanfängen und -enden, die die eigentliche für Urkunden verwendete diplomatische Minuskel kennzeichnen.[45]

Die spätkarolingische Minuskel des 11. und 12. Jahrhunderts wird heute häufig terminologisch von ihren früheren Ausprägungen der tatsächlich karolingischen Zeit durch die Bezeichnung ‚romanische Minuskel' abgesetzt, die an die kunsthistorische Periodisierung angelehnt ist;[46] dabei ist zu beachten, daß es sich nicht um eine neue, von der karolingischen Minuskel verschiedene Schriftart handelt. Die langlebige karolingische Minuskel, die im Lauf von vier Jahrhunderten verständlicherweise variierende Ausprägungen und einige neue Formen entwickelt hatte, wurde tatsächlich erst durch den Gotisierungsprozeß entscheidend transformiert.

3. Gotische Schriften

3.1. Allgemeines

Die karolingische Minuskel wurde in einem längeren Übergangsprozeß von der neuen gotisierenden Schreibweise erfaßt und verändert. Zuerst im anglonormannischen Raum, in England, Nordfrankreich und auch auf heutigem belgischem Gebiet kamen schon im späten 11. und frühen 12. Jahrhundert erste Veränderungen der karolingischen Minuskel

---

[44] Vgl. Bischoff, Nomenclature S. 8 und Abb. 2.
[45] H. Foerster, Urkundenlehre in Abbildungen, Bern 1951; W. Koch, Die Schrift der Reichskanzlei im 12. Jahrhundert (Österreichische Akademie der Wissenschaften, phil.-hist. Kl., Denkschriften 134), Wien 1979.
[46] Verwendet wird er z. B. von Mazal S. 110–112; ders., Buchkunst der Romanik, Graz 1978, S. 26–30; Stiennon (Anm. 4) S. 99f., u. ö. Gegen Einführung dieser neuen Termini sprach sich Bischoff aus in: Nomenclature S. 9–13; vgl. aber dazu P. Spunar, Sur les questions de la terminologie paléographique des écritures livresques du 9e au 16e siècle, in: Eunomia 1 (1957), S. 35–40, hier: S. 36 f.

in Richtung auf eine frühe Gotisierung auf.[47] Es dauerte fast ein halbes Jahrhundert, bis die neuen Schriften vom Westen her auch auf deutschsprachiges, zuerst auf das rheinische Gebiet übergriffen; von der Mitte des 12. Jahrhunderts an wurden sie innerhalb des deutschen Raums mit einem gewissen Zeitgefälle von Westen nach Osten weitergegeben.

Die wesentlichen Veränderungen und die Hauptmerkmale der gotischen Buchschriften sind mehrfach dargestellt worden.[48] Das Schriftbild wird durch zunehmende Engerstellung der Schäfte, durch Streckung und eine stärkere Betonung der Vertikalen verändert; der Hauptakzent verlagert sich auf die senkrechten starken Schäfte, denen die horizontalen und diagonalen Nebenlinien als feinere Haarstriche untergeordnet werden. Es ist dies eine Entwicklung, deren Anfänge schon in der spätkarolingischen Minuskel zunehmend zu erkennen sind.

Das zweite wichtige Element ist die Brechung. Bögen und Halbbögen werden nicht mehr rund in einem einzigen Zug geschrieben, sondern aus Einzelstrichen winklig zusammengesetzt; das betrifft die Rundungen der Buchstaben c, e und o und die Bogenteile von a, b, d, h, p, q und s, die oberen Bögen von m und n, die unteren von u. Zur Bogenbrechung tritt die etwas komplexere Schaftbrechung auf der Zeile: die geraden Schäfte von h, i, k, l, m und n, die in der karolingischen Minuskel teilweise gerade oder abgeschrägte Endungen hatten, teilweise einen spitzwinklig oder horizontal angesetzten Fußstrich trugen, wurden nun häufig stumpfwinklig nach rechts unten umgebrochen. Die einfache Umbrechung entwickelt sich weiter zur doppelten Brechung (vollständig durchgeführt in Abb. 11): ein oberer Bogen wird nicht nur im Scheitelpunkt aus zwei Federstrichen spitz zusammengesetzt, sondern auch der zweite schräge Abstrich wird seinerseits winklig an den nachfolgenden Schaft angesetzt und der breite Schaft selbst anschließend leicht nach innen eingewölbt oder geschwungen, wodurch der spitze Winkel der Brechungsstelle schärfer hervortritt. Der rechte schräge Dachstrich erhält so die Form eines auf die Spitze gestellten Rhombus oder Quadrangels mit mehr oder weniger betont ausgezogenen Spitzen. Das gleiche Phänomen erscheint bei der vollgotisierten Buchschrift auf höchstem kalligraphischem Niveau auch an den Schaftenden auf der Fußlinie.[49] So-

---

[47] Zu Ursprung und Geschichte der Bezeichnung ‚gotisch' vgl. Wehmer (Anm. 23) S. 11–32.
[48] Crous-Kirchner S. 8–11; Bischoff S. 171–174; ders., Nomenclature S. 11–14; Mazal, Buchkunst der Gotik, S. 29–34; Stiennon (Anm. 4) S. 107–110; J. Kirchner, Scriptura gothica libraria, München/Wien 1966, S. 9 und Tafeln; Schneider, Got. Schriften I, S. 9–20; weitere Literatur bei Boyle Nr. 1091–1108, S. 170–172.
[49] Mit Abbildungen anschaulich erklärt von Bischoff S. 174f. mit Abb. 25; Steinmann 1979 S. 313, 321; Steinmann 2004 S. 401–403; Derolez S. 59; weniger klar wird die doppelte Brechung von J. Kirchner beschrieben, Handschriftenpraxis S. 18–21 und von Crous-Kirchner S. 11.

wohl die Brechung wie auch die Differenzierung starker und feiner Striche wurden durch eine breitere, linksschräg zugeschnittene Feder ermöglicht.[50]

Einfache Umbrechungen sind schon frühzeitig vereinzelt in der spätkarolingischen Minuskel festzustellen, noch bevor überhaupt von Gotisierung der Schrift gesprochen werden kann.[51] Zunehmend ist aber die Tendenz zu erkennen, sämtliche Schaftenden auf der Zeile völlig gleich zu gestalten. Wichtig und zu beachten ist die entsprechende Veränderung der Schäfte von f, langem ſ und r, die bisher mehr oder weniger unter die Zeile verlängert und häufig nach links umgebogen waren (Abb. 3) und die nun im Zuge der Gleichgestaltung wie die Kurzschäfte umgebrochen auf der Zeile enden. Feine diagonale Haarstriche schaffen Verbindungen zwischen den Buchstaben eines Wortes. Die Schaftanfänge der meisten Buchstaben können durch eine identische Brechung die gleiche Gestaltung wie die Schaftenden erhalten.

Als neues Schriftelement kommt mit immer engerer Zusammenbindung der Buchstaben eines Wortes etwas später die Bogenverbindung auf. Wilhelm Meyer machte als Erster auf dieses Phänomen der gotischen Schriften aufmerksam[52] und formulierte die Regel, wonach zwei benachbarte, einander zugekehrte Bögen miteinander verschmelzen. Allerdings wird diese vielzitierte, in ihrer tatsächlichen Anwendung aber überschätzte Regel nur in voll ausgeprägten gotischen Buchschriften auf höchstem kalligraphischem Niveau vollständig befolgt und durchgeführt, gilt aber nicht für die quantitativ bei weitem überwiegenden mittleren und einfacheren Schriften, deren Schreiber solche Regeln als zu zeitaufwendig individuell handhaben oder ganz ignorieren. Früheste Verbindungen gehen zunächst die Buchstabengruppen de (neben der alten de-Ligatur) und do ein, jedoch kaum vor den zwanziger Jahren des 13. Jahrhunderts; weitere Verbindungen folgen zögernd nach.

Schriften, die vollständige Gotisierung mit einfacher oder doppelter Schaftbrechung und regelmäßigen Bogenverbindungen mit letzter Konsequenz durchführen, wurden für durchschnittliche deutschsprachige Codices selten verwendet. Hier waren zwar Bogenbrechungen allgemein üblich, doch wurden zumeist die Schaftenden sehr viel einfacher gestaltet. Der Grad der Gotisierung hing von der kalligraphischen Stilebene ab, die für eine Handschrift gewählt wurde. Unterschiedliche

---

[50] Schneider, Got. Schriften I, S. 11f. und Anm. 3 mit weiterer Literatur; Derolez S. 69.
[51] Vgl. dazu N. F. Palmer, Von der Paläographie zur Literaturwissenschaft, in: PBB 113 (1991), S. 212–250, hier: S. 227–232 mit Abb.
[52] W. Meyer, Die Buchstaben-Verbindungen der sogenannten gothischen Schrift (Abhandlungen der K. Gesellschaft der Wissenschaften zu Göttingen, phil.-hist. Kl. NF 1 Nr. 6), Berlin 1897, bes. S. 3–17, 22–25; vgl. auch Bischoff S. 176f.; Schneider, Got. Schriften I, S. 72; Derolez S. 77f.

Stilhöhen von kalligraphischen über einfachere Gebrauchsschriften bis hin zu eiligen Glossenschriften waren schon in der karolingischen Minuskel üblich gewesen;[53] mit zunehmender Gotisierung unterscheiden sich die einzelnen Stilebenen immer stärker voneinander, und es wird deshalb zunehmend wichtiger, bei der Beurteilung einer Schrift auf ihr kalligraphisches Niveau zu achten; nur Schriften gleicher Stilebene können überhaupt miteinander verglichen werden.

3.2. Karolingisch-gotische Übergangsschriften

Das Aufkommen der neuen gotisierenden Schreibweise bedeutete keinen Bruch mit der karolingischen Minuskel, sondern vollzog sich in einem langsamen Weiterentwicklungsprozeß. Zwischen den beiden deutlich ausgeprägten Schriftarten sind, im deutschen Raum etwa zwischen dem letzten Viertel des 12. und dem 1. des 13. Jahrhunderts, Übergangsschriften verwendet worden,[54] für die in der paläographischen Literatur unterschiedliche Bezeichnungen vorgeschlagen und gebraucht werden: die schon für die spätkarolingische Schrift gebrauchte ‚romanische Minuskel' wurde teilweise auch auf den Übergangsbereich ausgedehnt,[55] eindeutiger ist die Bezeichnung ‚Carolino-gotica'[56] oder ‚Praegothica'.[57] In dieser Schriftperiode fallen die Niveauunterschiede noch nicht wesentlich ins Gewicht, gotisierte Formen werden in unterschiedlicher Häufung neben den hergebrachten der karolingischen Minuskel verwendet. Zu dem insgesamt durch die Brechung härteren, gestreckteren und enger zusammengeschobenen Schriftbild und der neuen Unterscheidung zwischen starken und feinen Strichen sind neu aufkommende Buchstabenformen zu beachten. Einige erscheinen in Cgm 39 der Predigtsammlung ‚Speculum ecclesiae' (Abb. 4) aus dem letzten Viertel des 12. Jahrhunderts. Hier sind die Bogenteile etwa an c, e, o, b, g, h, p und vereinzelt von m und n schon spitzbogig und, als wichtige Neuerung, die Schaftenden von f, langem ſ und r auf der Zeile endend meist nach rechts umgebrochen, obwohl in dieser Übergangs-

---

[53] Vgl. Bischoff S. 161 mit weiterer Literatur; ders., Kalligraphie (Anm. 28) S. 8.
[54] Abbildungen solcher Übergangsschriften u. a. aus den Skriptorien von Engelberg und Einsiedeln in Dat. Hss. Schweiz II, Abb. 18–19; aus deutschsprachigen Handschriften bei Petzet-Glauning Taf. XVIb–XX, XXII, XXIV, XXXIa; Schneider, Got. Schriften I, Abb. 1–29, und S. 9–70 mit weiterer Literatur.
[55] Z. B. bei Bruckner, Scriptoria 8 (Anm. 29), Genf 1950, S. 49–51; vgl. Schneider, Got. Schriften I, S. 12f.
[56] J. Kirchner, Scriptura gothica libraria (Anm. 48); Mazal S. 112; ‚Romano-Gotica' bei P. Spunar, Sur la terminologie (Anm. 46) S. 38; ‚Karolingisch-gotische Mischschrift' bei O. Mazal in: Handschriftenbeschreibung in Österreich (S. 9 Anm. 24) S. 143.
[57] Derolez S. 56–71 mit Tafel 3–14.

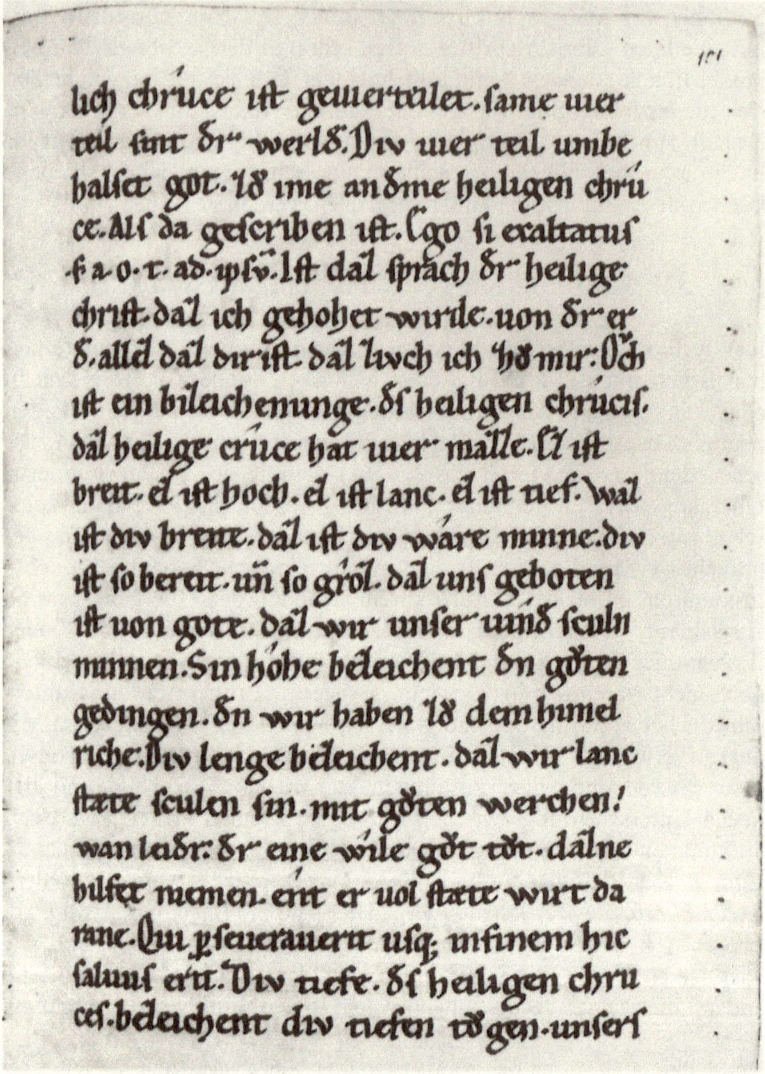

lich chruce ist geuiertrilet. same uier
teil sint dr werlo. Div uier teil umbe
halset got. ist ime an dme heiligen chrú
ce. Als da gescriben ist. Ego si exaltatus
f a o. t. ad ipsv. Ist dal sprach dr heilige
crist. dal ich gehohet wirde. uon dr er
š. alled dal dir ist. dal lwch ich hə mir. Och
ist ein bileichenunge. ds heligen chrucis.
dal heilige cruce hat uier malle. Ez ist
breit. ez ist hoch. ez ist lanc. ez ist tief. Wal
ist div breite. dal ist div ware minne. div
ist so bereit. un so grol. dal uns geboten
ist uon gote. dal wir unser uinõ suln
minnen. Sin hohe beleichent dn goten
gedingen. dn wir haben is dem himel
riche. Div lenge beleichent. dal wir lanc
state sculen sin. mit goten werchen!
wan ladr: dr eine wile got tot. dalne
hilfet niemen. ent er uol state wurt da
rane. Qui pseuerauerit usq; infinem hic
saluus erit. Div tiefe. ds heiligen chru
ces. beleichent div tiefen tõgen. unsers

Abb. 4: Karolingisch-gotische Übergangsschrift. Speculum ecclesiae. Cgm 39, Bl. 101r. Westliches Bayern, 4. Viertel des 12. Jahrhunderts

schrift daneben auch die unter die Zeile leicht nach links verlängerten alten Formen vorkommen. Der g-Unterbogen wird enger an den oberen angeschlossen (Z. 3 *got*), der h-Bogen wird allmählich unter die Zeile verlängert. r erhält auf der Fahne einen Zierstrich (Z. 21 *erit*). Z hat im vorliegenden Schriftbeispiel eine halbhohe Form, die gleichzeitig neben dem h-z im süddeutschen Raum üblich war. Die alte ae-Ligatur, die in lateinischen Texten zugunsten der e-caudata (s. oben) aufgegeben worden war, wird in deutschen Texten des 12. und 13. Jahrhunderts für den a-Umlaut verwendet (Z. 17 *staete*); in der 2. Hälfte des 12. Jahrhunderts kam die de-Ligatur auf, in der das e an den Oberschaft des runden d angehängt wird (Z. 2 *der, werlde* u.ö.).

3.3. Frühgotische Minuskel (1. Hälfte des 13. Jahrhunderts)

Noch nicht vollständig gotisierte Buchschriften,[58] die an konservativen runden Formen länger festhielten, waren vor allem im süddeutschen Raum teilweise bis zur Jahrhundertmitte und darüber hinaus üblich, während im allgemeinen westdeutsche Schriften die Gotisierung eher und stärker durchführten. Die Anwendung der gotischen Schriftmerkmale hängt aber nicht nur vom Schreibort und seinen Gewohnheiten, sondern auch vom Schriftniveau ab, das für einen bestimmten Text entsprechend seiner Stellung in der Wertehierarchie gewählt wird; deutsche weltliche Dichtung wird zumeist, auch in illuminierten Handschriften, in einfacherer Schrift aufgezeichnet als lateinische Texte oder volkssprachiges geistliches Schrifttum.

Die Schreiber waren auch in der ersten Jahrhunderthälfte immer noch überwiegend Ordensleute und Weltgeistliche, doch ist für manche deutschsprachigen Codices mit urkundennahen Schriften die Entstehung im Bereich von Kanzleien eventuell klerikaler Zentren zu vermuten, die allerdings nicht genau zu fassen sind[59]. Gegen Mitte des 13. Jahrhunderts läßt sich die Existenz einzelner Handschriftenwerkstätten anhand ihrer Produktion erschließen, wenn auch nicht eindeutig belegen.

---

[58] Literatur vgl. Schneider, Got. Schriften I, S. 71–162 mit Abb. 30–89; Petzet-Glauning Taf. XXI, XXIII, XXV, XXXIb–XXXIV; nach ihrem Buchschmuck lokalisierte und datierte Handschriften mit Abbildungen bei E. Klemm, Die illuminierten Handschriften des 13. Jahrhunderts deutscher Herkunft in der Bayerischen Staatsbibliothek (Katalog der illuminierten Handschriften der Bayerischen Staatsbibliothek in München 4), Wiesbaden 1998.

[59] C. Bertelsmeier-Kierst, Von der vocalité zur schriftgestützten Kommunikation, in: Präsenz des Mittelalters in seinen Handschriften, hg. von H.-J. Schiewer und K. Stackmann, Tübingen 2002, S. 49–63, hier: S. 60 zu den Schreibzentren deutscher Literatur; Wolf S. 69 f. u.ö.

Die Herstellung deutschsprachiger Handschriften nimmt mit Einsetzen der früh- und hochhöfischen Epik in der ersten Jahrhunderthälfte sprunghaft zu. Die meisten aus dieser Zeitspanne erhaltenen Codices sind allerdings nur fragmentarisch auf uns gekommen. Nach den frühen weltlichen volkssprachigen Handschriften des Rolandslieds, des ‚König Rother', des ‚Grafen Rudolf', der Kaiserchronik, von Veldekes und Eilharts Versromanen setzt noch vor der Jahrhundertmitte die reiche Überlieferung vor allem von Wolframs ‚Parzival' und ‚Willehalm' ein, daneben die Epen Hartmanns von Aue, Gottfrieds von Straßburg und das Nibelungenlied. Geistliche Dichtung ist in einer Reihe von Verslegenden, z. B. Wernhers ‚Maria' überliefert; ältere geistliche Gedichte des 11. und 12. Jahrhunderts werden in dieser Zeit in großen Sammelhandschriften wie der Vorauer oder der Millstätter weiter tradiert. Die deutschsprachige Prosa bleibt noch überwiegend auf Predigten und kleinere katechetische Texte beschränkt.

In der frühgotischen Minuskel ist neben zunehmender Engerstellung der Schäfte und Betonung der Vertikalen auch die schon in der karolingischen Minuskel beginnende Tendenz zur starken Aufwertung der Mittelzone erkennbar, wie Abb. 5 aus der Rothschen Predigtsammlung in Cgm 5256 zeigt. Diese Schrift auf gutem kalligraphischem Niveau hat meist einfache Umbrechungen der Schäfte auf der Zeile, daneben vereinzelt aber auch noch die älteren unter die Zeile verlängerten f und langen ſ (unterschiedliche Formen des langen ſ in *gesiget* auf Z. 6 und 7); Bogenverbindungen sind in dieser Schrift noch nicht vollzogen, auch nicht zwischen d und e. Die Schaftanfänge sind überwiegend gegabelt, die Gabelung ist hier häufig zu Dreieckform zusammengezogen; die Langschäfte können auch mit kleinen Anschwüngen von links her beginnen (Z. 5 *behaltet*). Modernere Formen, deren Gebrauch im Lauf der ersten Jahrhunderthälfte stetig zunimmt und zur Gewohnheit der meisten Schreiber wird, sind die zunehmend unter die Zeile verlängerten h-Bögen und die kürzeren, an den Oberbogen fest angeschlossenen unteren Bögen des g, das zu einem kantigen, oben dachförmig gebrochenen komplizierten Gebilde wird. Striche auf einzelnem i werden häufiger, vor allem als Unterscheidungszeichen zwischen gleichgestalteten Schäften. Rundes d, auch in der de-Ligatur (Z. 5 *den*), und rundes s, hier auch anlautend gebraucht, setzen sich weiter durch, doch bleibt das aufrechte d (Z. 2/3 *dise*) als höherwertige kalligraphische Form noch während des gesamten 13. Jahrhunderts in Gebrauch. Dagegen kann das lange Schluß-ſ nicht als Datierungsmerkmal verwendet werden, es findet sich bis ins 15. Jahrhundert hinein und sein Gebrauch hängt mit der jeweiligen Schreibergewohnheit zusammen. In diese Zeit fallen auch die Anfänge der bis ins 14. Jahrhundert hinein ständig zunehmenden Buchstabenverzierungen, die zur Datierung vor allem kalligraphischer Schriften hilfreich sind und stets beachtet werden sollten: neben den schon älteren Schulterstrich auf der r-Fahne

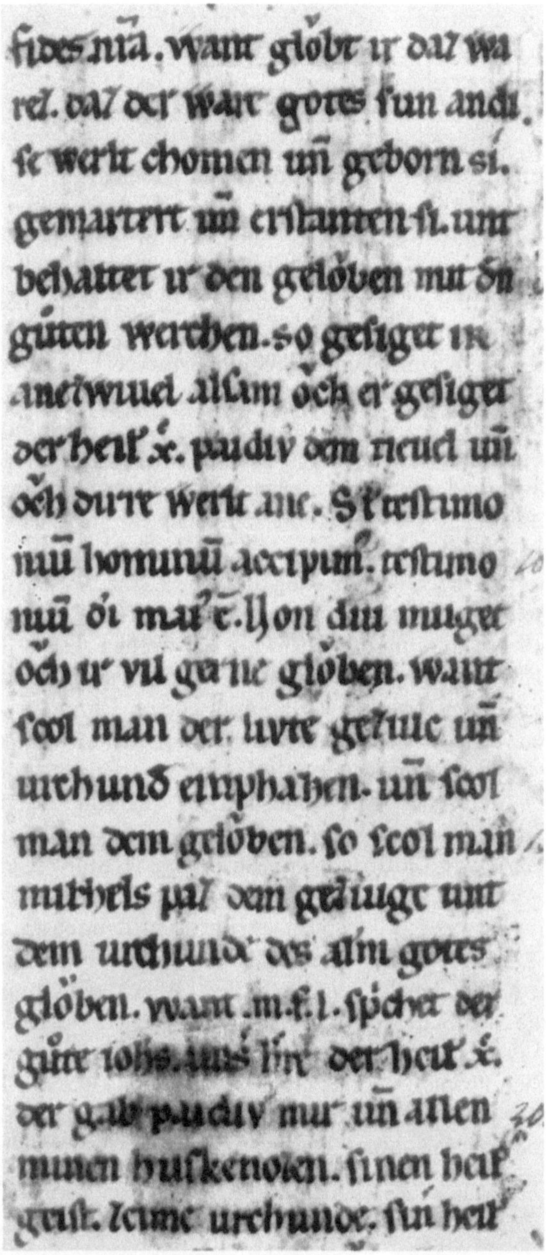

fides nīa. want globt ir daz wa
rel. daz der ware gotes sun andi
se werlt chomen uñ geborn si.
gemartert uñ erstanten si. unt
behaltet ir den gelöben mit dn
guten werchen. so gesiget ir
an etwivel alsam och er gesiget
der heit ⁊. pa diu dem tievel uñ
och dure werlt ane. S*t*estimo
niū hominū accipim̄. testimo
niū di mai'e. lJ on diu mvget
och ir vil ga'ne glöben. want
sol man der livte getivc uñ
urchund emphahen. uñ sol
man dem glöben. so sol man
mithels paz dem getivge unt
dem urchunde des alm gotes
glöben. want .m.f.l. spchet der
gute iohs. aus lin' der heit ⁊.
der g.ib pa diu mir uñ allen
minen hufkenoten. sinen hail'
geist. zeime urchunde. sin heil

Abb. 5: Frühgotische Minuskel. Rothsche Predigtsammlung. Cgm 5256, Bl. XXIra
Bayern, 1. Viertel des 13. Jahrhunderts

können jetzt Zierstriche auf v und w treten (Z. 2 *ware*); die Majuskeln erhalten im Buchstabeninnern Zierbögen und -striche oder auch eine Reihe von Haarstrichlein am Schaft des I. Das Majuskel-R am Wortende (Z. 6 *iR*) ist eine alte Schreibung, die sich vereinzelt bis zum Jahrhundertende hält.

Doch waren zur Aufzeichnung etwa von Archivalien in Codexform, von Urbaren, Traditionscodices, Annalen und nicht selten auch von deutschsprachiger, vor allem weltlicher Literatur neben der kalligraphischen gebrochenen Buchminuskel sehr viel einfachere urkundennahe Schriften in Gebrauch, die nur sehr wenige der modernen Gotisierungsmerkmale aufweisen. Sie sind zumeist mit gleichmäßiger Strichbreite geschrieben ohne Unterscheidung starker Schäfte und feiner Haarstriche. Bögen bleiben oft ungebrochen rund; aus den Urkunden- und Geschäftsschriften werden die tief unter die Zeile verlängerten und meist nach links umschwingenden Schäfte von f, langem ſ und r übernommen, während die stark verlängerten Oberschäfte zumeist von rechts her beginnen. und zwar mit zunehmend immer tieferen Ansätzen, die gegen die Jahrhundertmitte zu ersten Schleifenbildungen führen können.[60] In ihrer Verwendung als reine Urkundenschriften verlieren diese Schriften im zweiten Jahrhundertviertel die Verschnörkelungen der früheren diplomatischen Minuskel; werden sie als Buchschriften gebraucht, so nehmen sie in unterschiedlicher Auswahl einzelne Elemente aus der gotisierten kalligraphischeren Minuskel auf. Es ist anzunehmen, daß die Schreiber solcher urkundennaher Buchschriften im Kanzleibetrieb tätig waren; dies wird für die Entstehung einer Gruppe von deutschen Epenhandschriften aus einem gemeinsamen wohl schwäbischen Schreibzentrum vermutet, den bekannten illuminierten Codices von Gottfrieds von Straßburg ‚Tristan' (Cgm 51) und Wolframs von Eschenbach ‚Parzival' in Cgm 19 (Abb. 6). Die Urkundenschrift ist in diesem Beispiel zur Buchschrift hochstilisiert durch sorgfältige Gabelungen der Oberschäfte und mehrere auf der Zeile umgebrochene neben den langen r-Schäften. Bogenverbindungen fehlen solchen einfachen Schriften, die statt dessen die alte de-Ligatur bevorzugen (Z. 4 *der meide*) und gegen Mitte des 13. Jahrhunderts noch die altertümlichen Formen wie das lange runde g, den kurzen h-Bogen und ein halbhohes z (Z. 8 *zů daz*) verwenden. Auch die neuen i-Striche und Verzierungen mit Ausnahme des Schulterstrichs auf der r-Fahne fehlen. Diese einfachen urkundennahen Schriften mit den langen f- und ſ-Schäften, die im 13. Jahrhundert noch hinter den gotisierten Buchschriften zurückstehen, werden im 14. Jahrhundert in der Buchproduktion in weiterentwickelter Form eine führende Rolle übernehmen.

---

[60] Heinemeyer S. 62, 67; Schneider, Got. Schriften I, S. 121 mit Literatur.

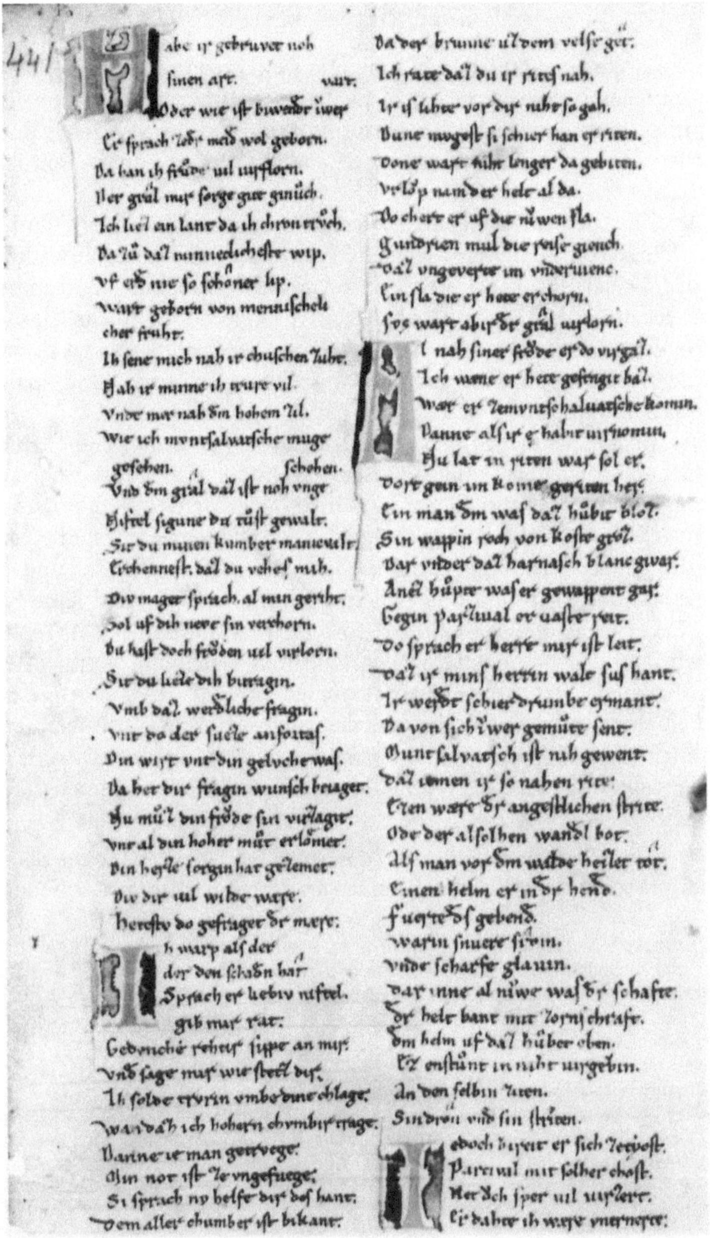

Abb. 6: Frühgotische Minuskel, beeinflußt von Urkundenschrift. Wolfram von Eschenbach, Parzival, Hs. G. Cgm 19, Bl. 33va–vb. Schwaben, kurz vor Mitte des 13. Jahrhunderts

3.4. Textualis, Textura

Die vom Westen her sich ausbreitende Gotisierung der Schrift setzte sich im Rheingebiet schon vor Mitte des 13. Jahrhunderts, bis um 1275 fast überall im deutschen Sprachraum durch; für diese gotische Buchschrift wird allgemein und international die Bezeichnung ‚Textualis' verwendet.[61]

Der Grad der völlig regelmäßigen und systematischen Schriftgotisierung hängt vom kalligraphischen Niveau einer Schrift ab. Viel stärker als in früherer Zeit war im Spätmittelalter die Wahl einer bestimmten Schriftebene abhängig von Inhalt und Funktion des Buchs, das geschrieben werden sollte. Die verschiedenen Stilebenen entwickeln sich seit der Jahrhundertmitte zunehmend weiter auseinander und spalten sich in z.T. stark unterschiedliche Schriften auf.

Die oberste Stufe in der Schriftenhierarchie nimmt eine Buchschrift auf höchstem kalligraphischem Niveau ein, deren Schreiber eine überindividuelle, allgemein gültige, völlig gleichmäßige Schrift herzustellen sucht. Er befolgt möglichst konsequent die festen Regeln der doppelten Brechung, der Gleichgestaltung aller Schäfte und der Bogenverbindungen und unterscheidet sorgfältig breite und feine Striche. Der Eigenständigkeit dieser ‚formalen Gestaltung'[62] der Textualis wird in der Nomenklatur der Schriften Rechnung getragen mit den Termini ‚Textura'[63] oder ‚Textualis formata'. Die Textura entwickelt im Lauf der Zeit verschiedene teilweise stark stilisierte oder auch manierierte Stilarten, die vor allem von den Schreibmeistern des 15. Jahrhunderts kultiviert und mit unterschiedlichen Namen belegt wurden.[64]

Es ist verständlich, daß solche kalligraphische Schrift mühsam und zeitaufwendig zu schreiben war und nur für anspruchsvolle Codices zur Anwendung

---

[61] Lieftinck, Nomenclature S. 17 führte den Terminus für den gesamten Bereich der gotischen Buchschriften ein, im Gegensatz zu den Urkundenschriften; J. Kirchner, Scriptura gothica libraria (Anm. 48) verwendet die Bezeichnung ‚Gothica textualis', in der ‚Handschriftenpraxis' den Oberbegriff ‚Gotische Buchschrift'. Weitere Namen bei Derolez S. 73.

[62] Bischoff S. 180.

[63] ‚Textura' bei Kirchner, Handschriftenpraxis S. 18 und 21f.; Bischoff S. 180 und Anm. 46; Mazal S. 115; ders., Buchkunst der Gotik S. 37; das Wort wird teils als ‚Gewebe' interpretiert (Kirchner, Mazal; Derolez S. 73 spricht von ‚interwoven appearance'), teils wird es hergeleitet von ‚textus', vgl. Wehmer (Anm. 23) S. 173, so auch Bischoff und Steinmann; zu dem von Lieftinck, Nomenclature S. 17 verwendeten Terminus ‚Textualis formata' vgl. Steinmann 1979 S. 304f.

[64] Dazu Steinmann 1979; Steinmann 2004 S. 409–411; Spilling, Schreibkünste S. 108; Varianten der Textura vor allem des 14. und 15. Jahrhunderts und die geographischen Schwerpunkte ihres Gebrauchs sind dargestellt von W. Oeser, Beobachtungen zur Strukturierung und Variantenbildung der Textura, in: Archiv für Diplomatik 40 (1994), S. 359–439.

kam, vor allem für lateinische Liturgica, Bibeln, Statuten oder, auch im 15. Jahrhundert noch häufig, als Auszeichnungsschrift hervorzuhebender Lemmata in einfacher geschriebenen Texten. In deutschsprachigen Handschriften findet sich Textura auf höchstem kalligraphischem Niveau selten; das bezeichnet den Stellenwert, den die volkssprachige Literatur innerhalb des mittelalterlichen Schriftwesens innehatte. Vereinzelt wurden verdeutschte Ordensregeln als offizielle Klosterexemplare in Textura geschrieben, auch Rechtsbücher wie der Sachsen-, der Schwabenspiegel oder die verschiedenen Land- und Stadtrechte; vor allem in Norddeutschland ist eine Neigung zu beobachten, im späten 13. und im 14. Jahrhundert solche deutschen Texte in dieser aufwendigen Schriftart aufzuzeichnen.

Von der Textura (Textualis formata) hebt sich die gängige Textualis auf mittlerem Sorgfältigkeitsniveau ab, die überall da verwendet wurde, wo es nicht auf repräsentative Kalligraphie, sondern auf eine zwar klare und gut lesbare, aber doch relativ einfach und schnell auszuführende Schrift ankam. Diese einfache Textualis ist die typische, von der Mitte des 13. bis zur Mitte des 14. Jahrhunderts meist gebrauchte Buchschrift, in der die Hauptmasse des lateinischen Schrifttums theologischen, wissenschaftlichen und literarischen Inhalts aufgezeichnet ist und die auch für die meisten deutschsprachigen Handschriften verwendet wurde. Innerhalb der einfacheren Textualis sind verständlicherweise die verschiedensten Abstufungen und Sorgfältigkeitsgrade möglich; je schneller diese Buchschrift geschrieben wurde, desto stärker vereinfachen sich zwangsläufig ihre Formen; auch nehmen hier individuelle Elemente immer stärker zu und führen zu ganz unterschiedlichen Ausprägungen. In der Textualis vieler lateinischer Codices theologischen und philosophischen Inhalts werden zeit- und platzsparend starke Abkürzungen verwendet, die den Text oft nur schwer lesbar machen.

Schriften auf einfachstem Niveau ohne kalligraphischen Anspruch, die noch unterhalb der Textualis liegen, zeigen vorerst kaum Beeinflussung der Gotisierung. Sie waren im 13. Jahrhundert fast ausschließlich dem Geschäftsbereich und den individuellen Notizen vorbehalten und wurden in Codices nur für untergeordnete Einträge gebraucht, etwa für Rand- und Interlinearglossen, Bildbeischriften oder Spruchbandbeschriftung, also für Einträge, die man als sekundär vom eigentlichen Text abheben wollte.

Während sich in England und Frankreich die Gotisierung der Schrift frühzeitig entwickelte, aus der die Textualis auch des deutschsprachigen Raums entstand, galten für die gleichzeitigen italienischen gotischen Schriften andere Regeln. Hier bildete sich die Rotunda aus, so benannt nach den runden ungebrochenen Buchstabenformen, die sie beibehielt. Eine besonders typische Ausprägung der Rotunda war die an der Universität Bologna gepflegte und von dort verbreitete Littera bononiensis.[65] Vor allem im 14. Jahrhundert wurden zahlreiche lateinische, speziell juristische Codices italienischen Ursprungs von deutschen Studenten von italienischen Universitäten mitgebracht, manche deutsche Klosterbibliotheken erwarben juristische, in Italien hergestellte Codices. In deutschsprachigen Handschriften ist nur in seltenen Fällen, kaum vor dem 15. Jahrhundert Beeinflussung durch die Rotunda festzustellen.

Daß von den verschiedenen Stilebenen der Textualis die mittlere, mehr oder weniger vereinfachte und anspruchslose Buchschrift am häufigsten in den Handschriften bis zur Mitte des 14. Jahrhunderts erscheint, hängt mit der im Lauf des 13. Jahrhunderts stark zunehmenden Schreibtätigkeit zusammen, ebenso in lateinischer wie in deutscher Sprache.[66] Die Handschriftenproduktion wuchs in dieser Zeit mit dem Literaturbedarf z. B. an den Universitäten und Schulen; im volkssprachigen Bereich erschloß die zunehmende Lesefähigkeit der Laien ein neues, nach Buchbesitz verlangendes Publikum. Auch im Verwaltungsbereich nahm die Verschriftlichung zu, deutsche Urkunden kamen gegen Mitte des 13. Jahrhunderts auf und wurden rasch geläufig.[67] Unter den zunächst geistlichen Notaren und Schreibern, die an den verschiedenen Höfen die Kanzleien führten oder in Diensten von Adeligen und Patriziern deren private Schreibgeschäfte erledigten, sind seit dem Ende des 13. Jahrhunderts die ersten Laien belegbar.[68] Daß solche bedienstete Schreiber für ihre Auftraggeber auch Codices kopierten, läßt sich schon im letzten Viertel des 13. Jahrhunderts an den Beispielen der Schwabenspiegelhandschriften aus Regensburg für Rudeger de Capella, geschrieben von Ernst dem Hunchovaer,[69] und dem 1287 von dem Diakon Konrad von Lüzelnheim im Auftrag Gregors von Falkenstein im Raum Freiburg/Br. entstandenen Exemplar[70] erkennen.

---

[65] Zur Rotunda vgl. Crous-Kirchner S. 13 f. und Abb. 14; Battelli, Lezioni (Anm. 3) S. 224, 227 und Abb. 37; Bischoff S. 175 f.; ders. in: Nomenclature S. 14; Mazal, Buchkunst der Gotik S. 38 f. und Abb. 14–15; Derolez S. 102–111.

[66] Gegen Ende des 13. Jahrhunderts wuchs die volkssprachige Handschriftenproduktion auf das Vier- bis Fünffache des Jahrhundertsanfangs, vgl. C. Bertelsmeier-Kierst, Aufbruch in die Schriftlichkeit, in: Wolfram-Studien 16 (2000) S. 157–174, hier: S. 159 f.; dies., Von der vocalité (Anm. 59) S. 50 f.; Wolf S. 110–118 mit Diagramm 9.

[67] Schneider, Got. Schriften I, S. 167 f.; die deutschen Urkunden des 13. Jahrhunderts sind abgedruckt im Corpus der altdeutschen Originalurkunden bis zum Jahr 1300, begr. von F. Wilhelm, fortgeführt von R. Newald, hg. von H. de Boor und D. Haacke, Lahr 1932–1963; zu den ältesten deutschsprachigen Urkunden und Rechtstexten vgl. C. Bertelsmeier-Kierst, Kommunikation und Herrschaft. Zum volkssprachlichen Verschriftlichungsprozeß des Rechts im 13. Jahrhundert (ZfdA Beiheft 9), Stuttgart 2008, S. 14–21 u. ö.

[68] Zu ersten weltlichen Kanzleien, Stadtschreibern und gewerbsmäßigen Lohnschreibern gegen Ende des 13. Jahrhunderts vgl. Wolf S. 116 f.

[69] Karlsruhe Cod. Donaueschingen 739, vgl. Schneider, Got. Schriften I, S. 220 f. und Abb. 125; Bertelsmeier-Kierst (Anm. 67), S. 162–165.

[70] Karlsruhe Cod. Donaueschingen 738, vgl. Schneider, Got. Schriften I, S. 239 f. und Abb. 138; C. Schott, Der Codex Lüzelnheimeri, Schreiber und Auftraggeber der Breisgauer Schwabenspiegelhandschrift, in: Sprache und Recht, FS R. Schmidt-Wiegand, Berlin 1986, S. 787–813; Bertelsmeier-Kierst (Anm. 67), S. 168 f.

3. Gotische Schriften

Diese Schreiber-Sekretäre waren nicht selten auch literarisch tätig, wie Heinz Sentlinger, der in Diensten des Niclas Vintler auf Runkelstein bei Bozen neben der Verwaltungsarbeit 1394 und 1399 zwei verschiedene Bearbeitungen der umfangreichen Weltchronik Heinrichs von München herstellte.[71] Schreibernennungen mit zusätzlichen Angaben über ihren Stand und ihren Auftraggeber sind im 13. Jahrhundert selten und auch im 14. Jahrhundert noch nicht allzu häufig. Vor allem sind die Werkstätten, in denen mehrere Schreiber gleichzeitig an großen Codices arbeiteten, weiterhin nur aus ihrer Produktion erschließbar, ihre tatächliche Existenz und ihr genauer Standort aber nicht urkundlich belegt. Wir wissen z. B. bisher nichts Konkretes über die Produktionsstätten einiger bekannter deutscher Sammelhandschriften dieser Zeit, der St. Galler Wolfram- und Nibelungenhandschrift 857, der Weingartner oder Jenaer Liederhandschrift, der Kleinepiksammlungen des Kalocsa-Codex und seiner Schwesterhandschrift cpg 341. Doch können auf diesem Gebiet glückliche Funde gelegentlich Aufklärung schaffen: R. Gamper[72] erwies den Schreiber des Hadlaub-Teils der Manessischen Liederhandschrift als Kopisten eines Zürcher Richtebriefs von 1301/04.

Die Klosterskriptorien kommen im 13. und vor allem im 14. Jahrhundert nicht mehr als wichtige oder gar alleinige Schreibzentren in Betracht, am wenigsten für deutsche weltliche Literatur. A. Wendehorst[73] wies anhand einer Urkunde von 1324 des Zisterzienserklosters Bildhausen darauf hin, daß nicht selten Ordensgeistliche in dieser Zeit zwar lesen, aber nicht schreiben konnten; erst gegen Ende des 14. Jahrhunderts wurden Schreibkenntnisse notwendiger und weiter verbreitet. Zwar wurde in manchen Klöstern immer noch viel geschrieben, meist für den eigenen Bedarf; sehr vereinzelt sind die Beispiele, daß Ordensleute als gesuchte Kalligraphen deutsche Handschriften für hochgestellte Auftraggeber anfertigten, wie der Zisterzienser Hinricus Gloyesten in Rastede, der 1336 einen Sachsenspiegel für Herzog Johann von Oldenburg herstellte.[74] Im allgemeinen ging die Schreibtätigkeit in den alten bekannten Klosterskriptorien im Lauf des 14. Jahrhunderts stark zurück, viele Konvente kauften in dieser Zeit ihre Bücher[75] oder gaben sie außerhalb des Klosters bei Berufsschreibern in Auftrag. Dieser Stand gewann im 14. Jahrhundert mit dem wachsenden Literaturbedarf zunehmend an Ausbreitung. Dagegen wurden in manchen Frauenklöstern der neuen Orden, speziell der Dominikane-

---

[71] Cgm 7330 und Wolfenbüttel Cod. Guelf.1.16. Aug.2°; zu Heinz Sentlinger vgl. G. Kornrumpf, ²VL 8 (1992) Sp. 1102–1105.
[72] Der Zürcher Richtebrief von 1301/1304, in: Zentralbibliothek Zürich. Alte und neue Schätze, hg. von A. Cattani u. a., Zürich 1993, S. 18–21, 147–151.
[73] Monachus scribere nesciens, in: MIÖG 71 (1963), S. 67–75.
[74] Oldenburg LB Cim. I 410. Spätere Beispiele aus dem 15. Jahrhundert bei Becker S. 186 und Anm. 16.
[75] Abt Albert von Schmidmüln des Klosters St. Emmeram/Regensburg kaufte im 2. Viertel des 14. Jahrhunderts Handschriften für die Klosterbibliothek in Paris und Bologna; auch das schwäbische Zisterzienserkloster Kaisheim weist unter seinen aus dem 14. Jahrhundert erhaltenen Codices ganz überwiegend Handschriften französischer und italienischer Provenienz auf. Das im Früh- und Hochmittelalter berühmte Tegernseer Skriptorium scheint im 14. Jahrhundert gänzlich unproduktiv gewesen zu sein, erst mit der benediktinischen Ordensreform im 15. Jahrhundert wurde wieder im Kloster für die eigene Bibliothek geschrieben.

rinnen, im 13. und zunehmend im 14. Jahrhundert sowohl lateinische Liturgica als deutsche Handschriften geistlichen, auch mystischen Inhalts kopiert. Diesen Skriptorien, in denen Klosterfrauen als Schreiberinnen und eventuell auch Buchmalerinnen tätig waren und zum Teil einen eigenen Schreibstil pflegten, wird neuerdings in verschiedenen Untersuchungen größere Aufmerksamkeit geschenkt.[76]

Während der Dauer ihres Gebrauchs als Buchschrift erfuhr die Textualis, wie vor ihr die karolingische Minuskel, Veränderungen und Entwicklungen einzelner Buchstabenformen und Buchstabengruppen, die – zusätzlich zum Stand ihrer Gotisierung – zu ihrer zeitlichen Einordnung dienen können, die aber nie völlig konsequent angewendet wurden, vor allem nicht auf der einfacheren Stilebene, der viele der deutschsprachigen Handschriften angehören. Zu beachten ist daher, daß die Verwendung solcher neuen Formen lediglich einen bestimmten Zeitraum angibt, vor dem die Handschrift nicht entstanden sein kann. Denn man kann zwar das Aufkommen neuer Formen und Schreibweisen relativ gut zeitlich und auch räumlich in seinen Anfängen erfassen, nicht aber die Intensität ihrer Durchführung in der Folgezeit, und auch nur approximativ den Zeitraum, während dessen sie in Gebrauch blieben.

2. Hälfte des 13. Jahrhunderts

In diesem Zeitabschnitt verbreitete sich die oben beschriebene gotische Brechung vom Westen her über den ganzen deutschen Sprachraum.[77] Sie ist in Abb. 7 aus der Asbacher Benediktinerregel, Cgm 91[78] zu erkennen; für den offiziellen Text wurde Textualis auf gutem kalligraphischem Niveau gewählt. Bogenverbindungen nehmen nach der Jahrhundertmitte zu, zunächst zwischen de und do, dann auch zwischen be, bo,

---

[76] Schneider, Got. Schriften II, S. 12–14, 69–71, 147–149 zu Schreibtätigkeit in Altenhohenau, St. Katharinental bei Schaffhausen, Oetenbach/Zürich und Engelthal; J. Thali, Beten – Schreiben – Lesen. Literarisches Leben und Marienspiritualität im Kloster Engelthal (Bibliotheca germanica 42), Tübingen/Basel 2003; S. Marti, Malen, Schreiben und Beten. Die spätmittelalterliche Handschriftenproduktion im Doppelkloster Engelberg, Zürich 2002; Die gelehrten Bräute Christi. Geistesleben und Bücher der Nonnen im Mittelalter, hg. von H. Schmidt-Glintzer (Wolfenbütteler Hefte 22), Wiesbaden 2008. – Von Handschriftenproduktion im Dominikanerinnenkloster Oetenbach/Zürich, wo Schwestern schon im 13. Jahrhundert Handschriften zum Verkauf schrieben und illuminierten, berichtet das Oetenbacher Schwesternbuch, vgl. W. Schneider-Lastin in: Helvetia sacra IV, 5,2, Basel 1999, S. 1029–1035, hier S. 1031.

[77] Entwicklungen in der 2. Hälfte des 13. Jahrhunderts vgl. Schneider, Got. Schriften I, S. 163–277 und Abb. 92–174; Petzet-Glauning Taf. XXVI–XXVII, XXIX, XXXVI–XXXVIII, XLIII, XLVI, L b.

[78] Petzet-Glauning Taf. XXVIa, mit sehr früher Datierung; Schneider, Got. Schriften I, S. 171f. und Abb. 93.

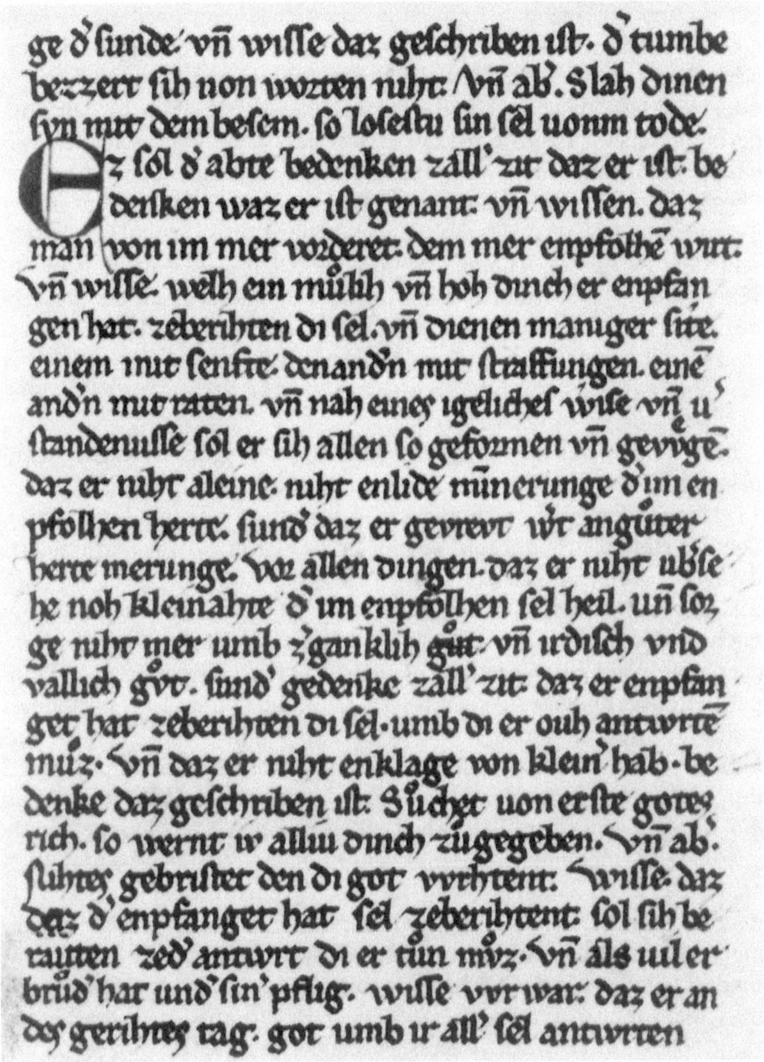

ge d'sunde vñ wisse daz geschriben ist· d'tumbe
bezzert sih non worten niht· /vñ ab'. Slah dinen
syn mit dem besem. so losestu sin sel uonm tode·
Ez sol d'abte bedenken zall'zit daz er ist· be-
denken waz er ist genant· vñ wissen. daz
man von im mer voderet· dem mer empfolhē wirt·
vñ wisse· welh ein mulih vñ hoh dinch er enpfan-
gen hat· zeberihten di sel· vñ dienen maniger site.
einem mit senfte· den and'n mit straffungen. einē
and'n mit ratten. vñ nah eines igeliches wise vñ uˢ-
standenusse sol er sih allen so geformen vñ gevvgē.
daz er niht aleine· niht enlide minerunge d'im en-
pfolhen herte· sund'daz er gevrevt wr anguter-
herte merunge· vor allen dingen· daz er niht ubse-
he noh kleinahte d'im empfolhen sel heil· uñ sor-
ge niht mer umb z'ganklih gut· vñ irdisch vnd
vallich gvt· sund' gedenke zall'zit· daz er empfan-
get hat zeberihten di sel· umb di er ouh antwrtē
muz· vñ daz er niht enklage von klein'hab· be-
denke daz geschriben ist· Suchet uon erste gotes
rich. so wernt ir alliu dinch zu gegeben· vñ ab·
sihtes gebruset den di got vvrhtent· wisse· daz
daz d'enpfanger hat sel zeberihtent· sol sih be-
ratten zed'antwrt di er tun muz· vñ als uil er
brud'har und'sin'pflug· wisse vvrwar· daz er an
des gerihtes tag· got umb ir all'sel antwrten

Abb. 7: Textualis. Asbacher Benediktinerregel. Cgm 91, Bl. 5r. Ostbayern, siebziger Jahre des 13. Jahrhunderts

pe, po, im vorliegenden Beispiel auch zwischen vo, aber oft noch in einer Übergangsform, in der sich die Bögen eher berühren als verschmelzen. In diese Zeit fällt auch das Aufkommen des zweibogigen oder doppelstöckigen a, das dann als ‚Leitbuchstabe' des 14. Jahrhunderts gilt. Es ist schon um 1250 in westdeutschen Handschriften vereinzelt anzutreffen und verbreitet sich im Lauf einer Generation fast überall im deutschen Raum, doch wird es zunächst vor allem in der Textura auf hohem kalligraphischem Niveau und in den Urkundenschriften verwendet, während es in der Textualis auf einfacherem Niveau auch im 1. Viertel des 14. Jahrhunderts häufig noch die alte einbogige, schneller zu schreibende Form hat. Zunächst erscheint es meist in einer Übergangsform, in der der Schaft mehr oder weniger tief über den unteren Bogen gewölbt oder geknickt, aber noch nicht völlig über ihm geschlossen ist (Z. 4 *abte, daz*).

Das runde r aus der or-Ligatur wird in der 2. Jahrhunderthälfte zunehmend auch nach anderen Bögen wie b, d, p und im späteren 13. Jahrhundert auch nach anderen Buchstaben wie v und a geschrieben. Im süddeutschen Raum kommt im 3. Viertel des 13. Jahrhunderts die ‚geschwänzte' Form des z mit einem Bogen unter die Zeile auf (Z. 5 *waz, daz* neben der Kurzform, Z. 4 *zaller zit*) und setzt sich langsam nach Norden durch. Im letzten Viertel des 13. Jahrhunderts kommt, zuerst im westdeutschen Raum, eine neue ligierte Schreibung von Doppel-t mit überhöhtem zweitem t-Schaft auf, die sich im 14. Jahrhundert weiter ausbreitet (Abb. 8 Z. 4 *göttlich*, Z. 8 *vetterlichem*).[79] Im 3. Jahrhundertviertel werden Schriften auf höherer Stilebene zunehmend durch Haarstriche verziert: horizontale Striche oder Häkchen werden auf Langschäfte (b, h, l, k) oben an- oder aufgesetzt, Doppelschäfte wie ll, lb, lh können mit horizontalen Strichen verbunden werden (Z. 4 *aller*). Die alten Schulterstriche auf der r-Fahne und die häufiger werdenden i-Striche können gegen Jahrhundertende Häkchenform annehmen; gleichzeitig kommt von Südosten her die Verzierung des auslautenden t-Balken (Abb. 8 und 9), wenig später auch des f-Querstrichs mit einem langen vertikalen Strich oder Bogen auf. Auch die Verzierung der Majuskeln durch Zierstriche oder vorgesetzte Bögen nimmt weiter zu. Solche Verzierungen werden jedoch in der Textualis auf einfachem Niveau weniger gebraucht oder fehlen ganz. Zudem erscheinen die genannten Neuerungen vorwiegend in lateinischen Codices und volkssprachigen Handschriften aus dem lateinisch-klerikalen Schreibbetrieb wie der Asbacher Ordensregel, finden sich dagegen seltener oder gar nicht in deutschen Handschriften aus weltlich-laikaler Pro-

---

[79] C. Bertelsmeier-Kierst/J. Heinzle, Paläographische Tücken! Noch einmal zur Datierung des ‚Lohengrin', in: ZfdPh 115 (1996), S. 42–54, hier: S. 50–52; weitere Belege vgl. Schneider, Got. Schriften I, S. 274.

duktion.[80] Neben den neuen Formen halten sich vereinzelt alte Schreibungen wie das halbhohe und das h-z, das aus zwei vereinzelten v gebildete w und häufiger die de- und ae-Ligaturen.

In der 2. Hälfte des 13. Jahrhunderts veränderten sich auch die Urkunden- und Geschäftsschriften, die sich durch weitgehenden Verzicht auf Brechung und die unter die Zeile verlängerten f- und ſ-Schäfte von den Buchschriften unterscheiden. Kursive Schreibungen von Buchstaben in einem einzigen Federzug nahmen seit der Jahrhundertmitte zu, gleichzeitig bildeten die Oberschäfte, besonders b, d, l, h, k, die schon bisher mit einem Bogen von rechts her begonnen hatten, jetzt zunehmend Schlingen aus.[81] Solche kursiven durchgezogenen Schleifen wurden vereinzelt gegen Ende des 13. Jahrhunderts schon in die einfacheren Buchschriften übernommen.

1. Hälfte des 14. Jahrhunderts

Im ersten Jahrhundertviertel verbreiteten und verfestigten sich zunächst die neuen Schriftelemente weiter, die seit der Mitte des 13. Jahrhunderts in die Textualis eingeführt worden waren.[82] Vor allem die Textura auf hohem kalligraphischem Niveau weist in diesem Zeitabschnitt, speziell im lateinischen Schriftwesen, fast überall die regelmäßigen Bogenverbindungen auf, dazu das zweistöckige a, das runde r nach Bögen und meist auch verschiedene Verzierungen durch Haarstriche; der vertikale Zierstrich am auslautenden t konnte Schleifenform annehmen und wurde auch an f und g in Auslautstellung angesetzt. Diese Verzierungen verbreiteten sich im Lauf des 1. Jahrhundertviertels von Südosten nach Westen, wurden dort aber weniger geläufig. In Bezug auf Klarheit und gute Lesbarkeit erreichte die Entwicklung der Textura auf hoher Stilebene in dieser Zeit ihren Höhepunkt,[83] auf

---

[80] Zu Unterschieden zwischen lateinischen und deutschsprachigen Schriften vgl. Bischoff S. 179; N. F. Palmer, Von der Paläographie zur Literaturwissenschaft (Anm. 51) S. 242–248.

[81] Heinemeyer S. 62; J. W. J. Burgers, De paleografie van de documentaire bronnen in Holland en Zeeland in de dertiende eeuw (Schrift en Schriftdragers in de Nederlanden in de Middeleeuwen 1), Leuven 1995, Bd. I S. 339f. u. ö. In den größeren Kanzleien war Kursive für einfacheres Schriftgut um 1200, jedenfalls in der 1. Hälfte des 13. Jahrhunderts schon üblich, vgl. Rück (Anm. 23) S. 129.

[82] Zur Textualis der 1. Hälfte des 14. Jahrhunderts: Crous-Kirchner S. 17 und Abb. 21–22; Petzet-Glauning Taf. XXVIII, XXX, XL–XLIIa, XLVII, La, LII; Bischoff S. 179–183; Mazal S. 115–117 und Abb. 25–27; ders., 14. Jh., S. 2–5 und Abb. 1–3; Schneider, Got. Schriften II, S. 5–77.

[83] Solche kalligraphische Textualis z.B. in der Großen Heidelberger ‚Manessischen' Liederhandschrift C, im Grundstock der Jenaer und Würzburger Liederhandschriften; in der St. Galler Weltchronik des Rudolf von Ems, Vad. 302, von der Haupthand des Konrad von St. Gallen; im Quedlinburger Sachsenspiegel, Halle Q. Cod. 81; kalligraphische Textura verwendet in den zwanziger Jahren auch ein ostschwäbischer Berufsschreiber in den Epenhandschriften Berlin mgf 1063 und Gotha memb. II 39.

dem sie in der Folgezeit entweder erstarrte oder nach und nach übersteigerte manierierte Formen ausprägte und damit zu schwer lesbarer Kalligraphie wurde.

Die bis in die zwanziger Jahre des 14. Jahrhunderts überwiegend verwendete Buchschrift war weiterhin die schneller zu schreibende, vereinfachte Textualis, die zeitaufwendige Formen wie doppelte Brechung oder bestimmte Regeln nur unregelmäßig oder gar nicht beachtete und die in vielen Abstufungen der Sorgfältigkeit auch in den meisten deutschsprachigen Handschriften verwendet wurde. Zudem kommt von dieser Zeit an und bis zum Ende des Mittelalters das individuelle Element im Schriftwesen immer stärker zum Ausdruck; individuell gefärbte Schriften aber lassen sich nur mit Mühe einem System einordnen. Zunächst wirkt die einfachere Textualis im 1. Viertel des 14. Jahrhunderts oft noch altertümlich: sie zeigt häufig Rundungen statt der Umbrechungen, Bogenverbindungen werden ganz willkürlich vollzogen; das einbogige ältere a findet sich in solchen einfacheren Schriften noch häufig neben der neuen zweistöckigen Form,[84] die aber nach dem Vorbild der Urkundenschriften schnell anfängt, über die Mittelzone hinauszuwachsen (Abb. 9–10); auch das runde Schluß-s wird höher, erscheint bald auch in Brezelform (Abb. 10), dagegen schrumpft der g-Unterbogen und wird gegen die Zeile hochgezogen, bis er gegen Jahrhundertmitte manchmal zu einem fast 8-förmigen Buchstaben der Mittelzone wird (Abb. 10). Solche deutlichen Über- und Unterschreitungen der Mittelzone werden für gewöhnlich in der kalligraphischen Textura vermieden, in der zunehmend dieser mittlere Schriftbereich als dominierendes einheitliches Band gestaltet wird. Auch die Verzierungen verwenden die Schreiber der einfacheren Textualis nach Belieben und je nach der gewählten Stilebene: sehr eilige Schriften verzichten verständlicherweise auf zeitraubende Zierstriche.

Im zweiten Viertel des 14. Jahrhunderts dringt grundlegend Neues in das bisherige Schriftensystem ein: die einfacher und schneller zu schreibenden Kursiven beginnen die Textualis aus ihrer bisherige Stellung als Buchschrift zu verdrängen. Doch fallen in diesen Zeitraum noch einige Veränderungen der Textura. Auf hohem kalligraphischem Niveau bildet sich eine neue Schreibweise der doppelten Brechung weiter aus: die konkave Einwölbung von Schäften und Bögen. Das erstere Phänomen, die Schafteinwölbung, war schon oben bei der Darstellung der doppelten Brechung erwähnt worden und wurde schon länger praktiziert,

---

[84] Einfachere konservative Textualis mit überwiegend einbogigem a z.B. im Kalocsa-Codex, Cologny Cod. Bodmer 72, und Heidelberg cpg 341, beide aus dem gleichen nordböhmischen Skriptorium; die Sächsische Weltchronik in einer bayerischen (Cgm 55) und einer mitteldeutschen Handschrift (Wolfenbüttel 23.8. Aug. 4°), alle aus dem 1. Viertel des 14. Jahrhunderts.

wird jetzt aber weiter gesteigert; diese Schreibweise dehnt sich jetzt auch auf die Bögen etwa an a,b, d,g, h usw. aus, die zwischen zwei winkligen Brechungsstellen leicht konkav nach innen geschwungen oder eingewölbt werden, so daß die Brechung schärfer hervortritt. Diese manierierte Schreibweise kam in einem repräsentativen Riesencodex mit Wolframs ‚Willehalm' und Ulrichs von dem Türlin ‚Arabel' zur Anwendung (Abb. 8), aus dem sich einzelne Fragmente erhalten haben;[85] die Handschrift wurde im niederalemannisch-südrheinfränkischen Raum in völlig regelmäßiger, höchst kalligraphischer Textura geschrieben. Besonders auffällig nach innen gewölbt ist in dieser Schrift der h-Bogen (Z. 4 *niht*, Z. 6 *hertz*). Diese Einwölbungen können alle ursprünglich konvexen Bögen erfassen, etwa den Oberbogen des z oder runden r und die Bogenteile von a, b, d, p (Abb. 8: vordere Bögen von a,d,g). Diese Schreibweise ist im Westen wie auch in bayerischen und österreichischen Schriften schon um 1320 und ebenso in niederdeutschen Codices zu beobachten. Teilweise werden diese Einwölbungen mit den spitz ausgezogenen Brechungsstellen auch von der Textualis auf mittlerem Niveau übernommen.

Eine weitere Neuerung in der kalligraphischen Textura ist die rechtwinklige Zusammensetzung von Schaft- und Fußstrich auf der Zeile, die sich in ersten Beispielen kurz vor der Jahrhundertmitte nachweisen läßt.[86] Das Phänomen wird deutlich z. B. an den Buchstaben b und o, die zunächst stumpfwinklig etwas über der Zeile umgebrochen waren; allmählich verkleinert sich der stumpfe zum rechten Winkel (Abb. 8 Z. 5: b in *gebildet*, Z. 7 *ob, bütet, busze*). Auch die vorher stumpfwinklig gebrochenen Fußstriche von h,l,k und r können dann rechtwinklig angesetzt werden. Häufiger werden diese rechteckigen Buchstabenformen nach der Jahrhundertmitte und können dann auch in der einfacheren Textualis erscheinen. Dem hohen Niveau der Schrift entsprechen auch die Verzierungen: gebogene Haarstriche sind an auslautendes t, Häkchen auf Schluß-s (Z. 4 *des*, Z. 5 *uns*) und ein Häkchen statt des Strichs oder Punkts auf das i gesetzt (Z. 7 *im*).

Weitere, zur Schriftdatierung verwendbare Neuerungen kamen im 2. Viertel des 14. Jahrhunderts auf: das doppelstöckige a, das sich zu diesem Zeitpunkt auf allen Stilebenen durchgesetzt hatte, wurde in der einfacheren Textualis zunehmend über die Mittelzone hinaus bis hin zur Höhe der Oberschäfte überhöht, wie in der Erlanger Handschrift des ‚Renner' von Hugo von Trimberg, im Nürnberger Raum im Jahr

---

[85] ‚Willehalm' hg. von W. Schröder, Berlin 1978, S. XLI f. zu Fr. 56; B. C. Bushey, Neues Gesamtverzeichnis der Handschriften der ‚Arabel', in: Wolfram-Studien 7 (1982), S. 255 f.
[86] Vgl. Dat. Hss. München I, S. XVI, datierte Beispiele Anm. 14; Derolez S. 81; Schneider, Got. Schriften II, S. 88 u. ö.

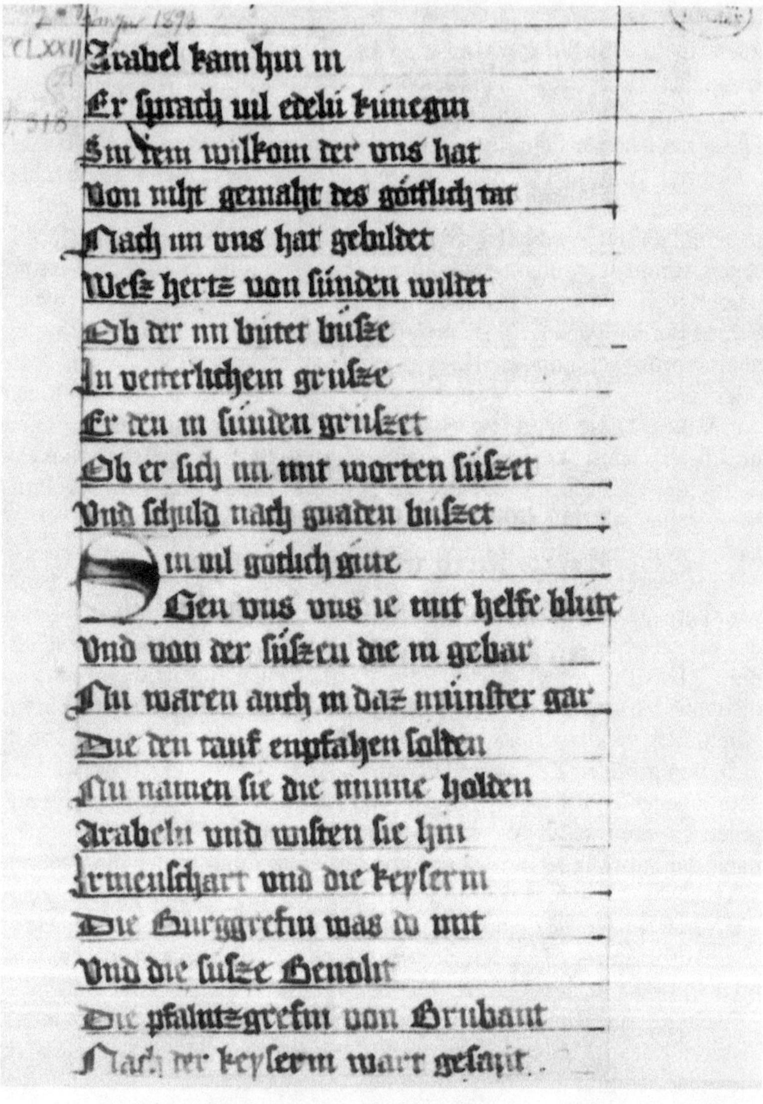

Arabel kam hin in
Er sprach uil edelü künegin
In dem wilkom der uns hat
Von niht gemaht des götlich tar
Nach im uns hat gebildet
Wes hertz von sünden wildet
Ob der in buter busze
In veterlichem grusze
Er den in sünden gruszet
Ob er sich nu mit worten süszet
Vnd schuld nach gnaden buszet
Sin vil gotlich gute
Gen vns vns ie mit helfe blute
Vnd von der süszen die in gebar
Nu waren auch in daz münster gar
Die den tauf enpfahen solten
Nu namen sie die minne holten
Arabeln vnd wisten sie hin
Irmenschart vnd die keyserin
Die Burggrefin was do mit
Vnd die susze Benolit
Die pfalntzgrefin von Brubant
Nach der keyserin wart gesatzt

Abb. 8: Textura (Textualis formata). Ulrich von dem Türlin, Arabel. Cgm 5249/6
Niederalemannischer Raum, um Mitte/3. Viertel des 14. Jahrhunderts

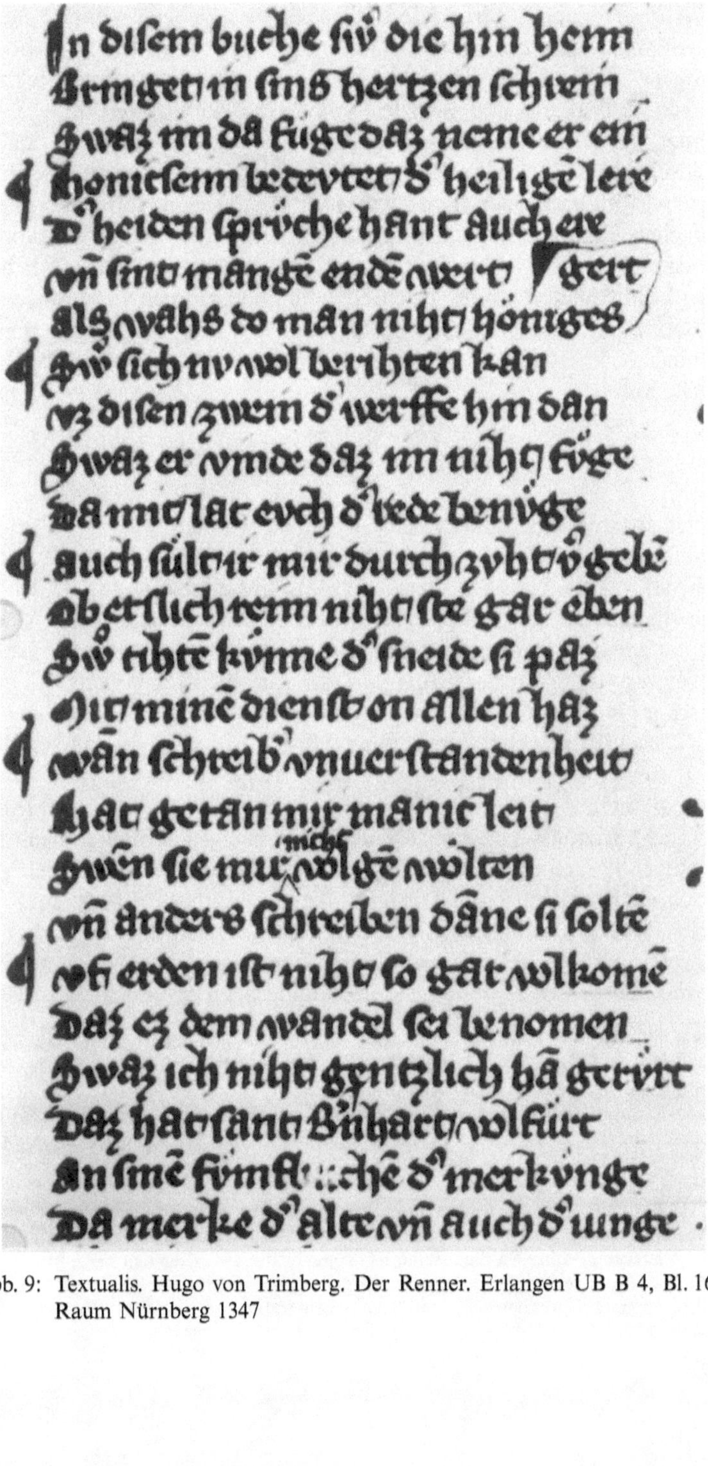

In disem buche sv̈ die hin hern
Bringen sins hertzen schrein
Swaz in da fuge daz neme er ein
Honicsem betevtet d' heiligē lere
D' heiden spriche hant auch ere
vn̄ sint mangē endē wert/ seit
als vahs do man niht honiges
Sw sich nv wol berihten kan
vz disen zwein d' werffe hin dan
Swaz er vmbe daz in niht fuge
Dā mit lat evch d' rede benvge
auch sult ir mir durch zvht vf gebn
ob ets lich reim niht ste gar eben
Sw rihte kvme d' sneide si paz
Nit mine dienst von allen haz
wan schreib' vnuerstandenheit
hat getan mir manic leit
Swen sie mir nicht volgē wolten
vn̄ anders schreiben dānc si solte
vf erden ist niht so gar wlkome
Daz ez dem wandel sei benomen
Swaz ich niht gentzlich hā gerurt
Daz hat sant Buhart wlfurt
An sime fumfte liche d' merkvnge
Da merke d' alte vn̄ auch d' iunge .

Abb. 9: Textualis. Hugo von Trimberg. Der Renner. Erlangen UB B 4, Bl. 160r
Raum Nürnberg 1347

1347 in einfacherer, gerundeter Textualis geschrieben (Abb. 9). Diese Schrift weist auch das oben erwähnte kurze, auf die Mittellinie hochgezogene g auf (Z. 12 *vergeben*), und als weiteres Datierungsmerkmal die i-Punkte, die in den Kanzlei- und Urkundenkursiven im 1. Jahrhundertviertel aufkommen und seit den zwanziger Jahren auch in Buchschriften, zunächst neben den bisher üblichen i-Strichen und Häkchen, verwendet werden (Z. 11 *damit*, Z. 15 *minem*). Häufig sind in der einfachen Textualis die unter der Zeile nach rechts umschwingenden Bogenenden von h und z (Z. 2 *hertzen* u. ö.), die schon in der 2. Hälfte des 13. Jahrhunderts in die Buchschriften übernommen worden waren.

Statt der bisher einfachen Worttrennungsstriche am Zeilenende kommen, frühestens seit den zwanziger Jahren, zwei schräge Parallelstriche auf.

2. Hälfte des 14. Jahrhunderts

In der zweiten Jahrhunderthälfte wie auch während des 15. Jahrhunderts fand eine Weiterentwicklung der herkömmlichen Textualis kaum mehr statt.[87] Sie verlor in dieser Zeit ihre bisherige Stellung als lebendige Buchschrift an die Kursive, die zunehmend für die große Masse der einfacheren Codices auf dem neu aufkommenden Beschreibstoff Papier verwendet wurde.[88] Textualis, die vor allem auf hohem kalligraphischem Niveau für wertvolle Pergamenthandschriften als hochrangige Buchschrift gewählt wurde, blieb seit dem späteren 14. Jahrhundert ganz überwiegend für Liturgica und offizielle Texte reserviert. Doch hat man auch noch in dieser Zeit und selbst während des 15. Jahrhunderts repräsentative Exemplare deutschsprachiger Prachtcodices für vermögende Auftraggeber in Textualis geschrieben. Offensichtlich gab es Schreiberwerkstätten, die sich auf diesen Handschriftentyp spezialisiert hatten und damit auch eine vorhandene Nachfrage befriedigten, wie z. B. an vielen Textzeugen der deutschen, meist illuminierten Weltchroniken bis zum Ende des 14. Jahrhunderts zu erkennen ist.[89]

---

[87] Abbildungen von Textualis der 2. Jahrhunderthälfte bei Crous-Kirchner S. 17 und Abb. 23; Petzet-Glauning Taf. XXXIX, XLII b, XLVIII–XLIX, LI, LV; Dat. Hss. München I S. XIV–XVI und Abb. 5–6, 14–15, 17, 19–20, 23, 224–231, 234; Mazal, 14. Jh. S. 5–7 und Abb. 4–5. Zur Schwierigkeit der Datierung von Textualis des späteren 14. und des 15. Jahrhunderts vgl. G. Powitz, Was vermag Paläographie? in: Powitz, Handschriften und frühe Drucke S. 9–41.

[88] Vgl. unten S. 56–58.

[89] J.-U. Günther, Die illustrierten mittelhochdeutschen Weltchronikhandschriften in Versen. Katalog der Handschriften und Einordnung der Illustrationen in die Bildüberlieferung (tuduv-Studien Reihe Kunstgeschichte 48), München 1993, bes. S. 43–61 über Produzenten, Werkstätten und Auftraggeber. Vgl. auch R. Plate, Die Überlieferung der ‚Christherre-Chronik' (Wissensliteratur im Mittelalter 28), Wiesbaden 1998.

Kennzeichnend für die Textura auf höchstem kalligraphischem Niveau ist seit der zweiten Jahrhunderthälfte die starke Betonung der Mittelzone, in der die Wortblöcke eng aneinander gebunden sind. Ein einheitliches Band dieser Mittelzone entsteht durch völlig gleiche Gestaltung aller mittleren Schäfte m, n und i, die oben wie unten in der selben Art einfach oder doppelt umgebrochen, auch zu Quadrangeln, d. h. auf die Spitze gestellten Rhomben geformt werden. Im Extremfall sind alle mittleren Schäfte oben und unten aneinandergebunden und auf der Zeile auch mit den Enden der relativ kurzen Oberschäfte verbunden; so entstehen die gitterartigen, schwer lesbaren Schriftbänder (Abb. 8 Z. 5 *im*), die auch aus der Epigraphik bekannt sind und z. B. auf Grabsteinen umlaufen. Auch die oben erwähnte rechtwinklige Zusammensetzung von Schaft und Fußstrich weist bei konsequenter Verwendung eher auf die Zeit nach der Jahrhundertmitte. Das zweistöckige a, das in Schriften auf hohem kalligraphischem Niveau kaum über die Mittelzone überhöht ist, nimmt manchmal eine viereckig geschlossene Kastenform an;[90] daneben war eine Form mit gerundetem (Abb. 10) oder eingewölbtem Kopf in Gebrauch, oder ein stark nach vorn übergreifender Oberbogen, der mit einem Haarhäkchen an den unteren angeschlossen wird (Abb. 8, Z. 4 *gemaht* u. ö.). Eine Textura mit solchen komplizierten und manierierten a-Formen erweist sich meist als nach der Mitte des 14. Jahrhunderts entstanden. Das runde r wird in dieser Zeit von manchen Schreibern zunehmend häufig und regellos verwendet auch nach geraden Schäften wie nach a, und sogar anlautend, wie in Abb. 10 (Z. 16 *ror*, Z. 17 *roren*) einer relativ vereinfachten Textualis einer bebilderten Handschrift des ‚Speculum humanae salvationis' in niederdeutscher Versübersetzung, von der nur einige Blätter erhalten blieben;[91] andere Schreiber verwenden das runde r überhaupt nicht, auch nicht nach o. Die Verzierungen mit feinen Häkchen an den Oberschäften, Kringeln auf i, r, s und z und verschieden geformte Abschlußverzierungen am auslautenden f, g und t (Abb. 10), die schon im 2. Jahrhundertviertel sehr beliebt waren, scheinen gegen

---

[90] W. Oeser, Das a als Grundlage für Schriftvarianten in der gotischen Buchschrift, in: Scriptorium 25 (1971), S. 25–45, unterscheidet das zweibogige a (‚Köpfchen-a'), das er der regelmäßig gebrochenen Textura auf hohem kalligraphischem Niveau (‚Textus quadratus') zuordnet, von der kastenförmigen Ausführung mit gerade durchgezogenem Vorderschaft (‚rechteckiges a'), das der einfacheren Textualis mit rund umgebogenen Schaftenden (‚Textus rotundus') angehört; vgl. auch W. Oeser, Die Brüder des gemeinsamen Lebens in Münster als Bücherschreiber, in: Archiv für Geschichte des Buchwesens 5 (1964), Sp. 198–398, hier: Sp. 239–264; ders., Textura (Anm. 64). Diese vorwiegend an norddeutschem Material gewonnene Beobachtung läßt sich jedoch nur bedingt auf die meist einfachen Buchschriften deutschsprachiger, vor allem oberdeutscher Handschriften übertragen; vgl. dazu Gumbert, Utrechter Kartäuser S. 226–232; Derolez S. 75f.
[91] Zu dieser Bearbeitung H. W. Stork und B. Wachinger, ²VL 9 (1995), 58 f. (II A 2).

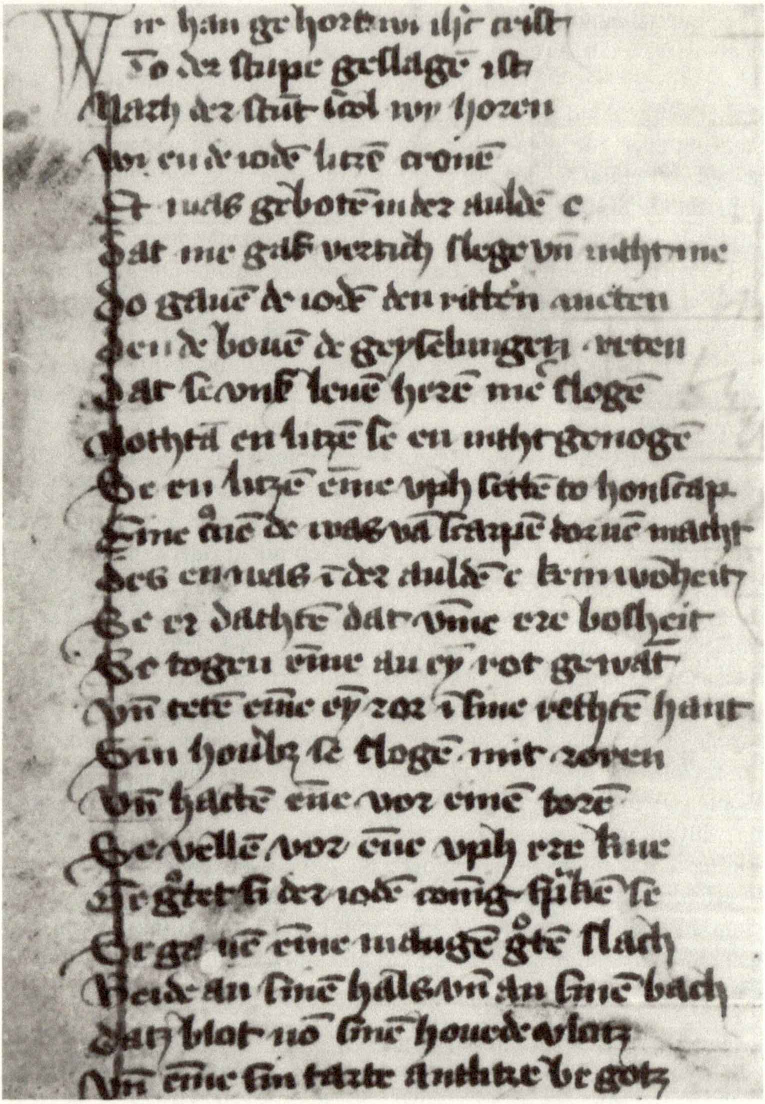

Abb. 10: Textualis. Speculum humanae salvationis, niederdeutsche Versübersetzung. Cgm 5249/44a. Norddeutschland, 2. Hälfte des 14. Jahrhunderts

Jahrhundertende nochmals aufzublühen; doch steht ihre Verwendung im Belieben und den Gewohnheiten des Schreibers.

In der bei weitem überwiegenden Menge der einfacheren Gebrauchshandschriften verwendeten zahlreiche Schreiber seit der 2. Hälfte des 14. Jahrhunderts häufig ziemlich uncharakteristische, eilig vereinfachende, auch altmodische Buchschriften, die sich einer genaueren Datierung entziehen. Viele dieser einfacheren Buchschriften unterscheiden sich nur in den individuellen Eigenheiten voneinander, die es zwar ermöglichen, die verschiedenen Schreiberhände voneinander abzugrenzen, nicht aber sie zeitlich genau festzulegen. Die wirklich lebendigen und sich rasch weiter entwickelnden Buchschriften waren zu dieser Zeit die Kursiven,[92] während die Textualis relativ schnell zu einem erstarrten Relikt wurde. Die paläographische Analyse allein gibt oft keinen Aufschluß zur engeren Eingrenzung solcher späten Textualis, wenn nicht andere Datierungshilfen dazutreten: etwa kursive Randeinträge, die sich leichter datieren lassen und einen Terminus ante quem für die Texthand ergeben; in Papierhandschriften ist das Wasserzeichen eine gute Datierungshilfe, bei illuminierten Codices sind kunsthistorische stilistische und ikonographische Vergleiche aufschlußreich für genauere Datierungen und Lokalisierungen.[93] Die Lebensdaten eines Autors oder bekannte Abfassungsdaten eines Werks grenzen die Entstehung einer Handschrift ebenfalls gegen zu frühe Datierung ab.

Textualis im 15. Jahrhundert

Die gleichen Schwierigkeiten exakterer zeitlicher Einordnung gelten für die Endphase der Textualis als Buchschrift. Auf der obersten kalligraphischen Stilebene hielt sich die Textura auch noch während des 15. Jahrhunderts als hochwertige Buchschrift für repräsentative, oft kostbar illuminierte Prachtcodices auf Pergament für hochgestellte Auftraggeber; ein Beispiel ist die Handschrift des ‚Trojanischen Kriegs', deutsch nach Guido de Columna, in Wien Cod.2773 (Abb. 11), die in den frühen fünfziger Jahren des 15. Jahrhunderts

---

[92] Auch Rück (Anm. 23) weist S. 116, 129, 132 darauf hin, daß kursive Schriften moderner sind als geformte Buchschriften, und daß Schriftveränderungen von den Kursiven ihren Ausgang nehmen.

[93] So galt z. B. eine Gruppe niederdeutscher Gebetbücher aus den Zisterzienserinnenklöstern Wienhausen und Medingen, die in einer völlig konservativen Textura geschrieben sind, lange Zeit fast verständlicherweise als Erzeugnis des 14. Jahrhunderts; nur anhand kodikologischer und kunsthistorischer Fakten konnten sie durch G. Achten in das Ende des 15. und sogar noch in den Anfang des 16. Jahrhunderts datiert werden: G. Achten, De gebedenboeken van de Cistercienserinnenklosters Medingen en Wienhausen, in: Miscellanea Neerlandica, FS für J. Deschamps, Bd. 3, Leuven 1987, S. 173–188.

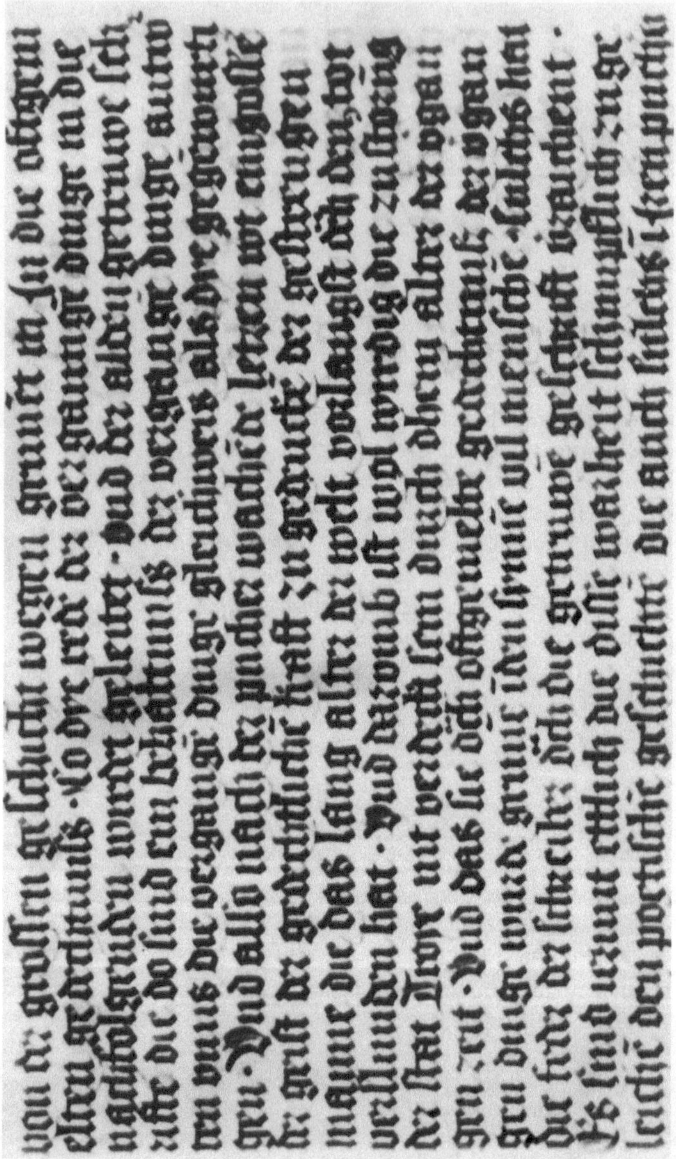

Abb. 11: Textura (Textualis formata). Trojanischer Krieg, deutsch nach Guido de Columna. Wien NB Cod. 2773, Bl. 1r Regensburg, um Mitte des 15. Jahrhunderts

von dem Regensburger Buchmaler Martinus Opifex illustriert wurde; die Stadt Regensburg schenkte dem kaiserlichen Kanzler Ulrich Weltzli den Codex, der dann in die Bibliothek Friedrichs III. einging.[94] Die starre, völlig gleichmäßige Schrift weist alle Merkmale der späten Textura auf: die oben und unten gleichförmig gestalteten und aneinandergebundenen Mittelschäfte (Z. 1 *grunet in*), die Einwölbungen zwischen hervortretenden Spitzen z. B. an d, o, h, das runde r überall nach e, das selbst in der Textura zur Mittellinie hochgezogene g, und als Verzierung Bögen auf den Oberschäften und Häkchen auf i. Beispiele wie diese deutsche Unterhaltungsprosa in Textura sind selten, die Schrift blieb überwiegend für Liturgica reserviert und wurde deswegen vereinzelt auch ‚Missalschrift' genannt.

Nach der Ordensreform des 15. Jahrhunderts wurden zahllose kleinformatige Breviere, Psalterien, Ritualien und Prozessionalien in Textura auf Pergament teils in Klöstern, teils von Laien-Berufsschreibern gefertigt, da z. B. jede Dominikanerin eine solche Grundausstattung an liturgischen Büchlein selbst besitzen mußte;[95] die Anweisungen zu den lateinischen Texten sind häufig rot in deutscher Sprache eingetragen.

Einfachere Textualis entfällt im 15. Jahrhundert als gebräuchliche Buchschrift jedenfalls im süd- und mitteldeutschen Raum bis auf wenige Ausnahmefälle; vereinzelt verwenden noch konservative Ordensfrauen in deutschsprachigen Handschriften solche zeitaufwendigen Schriften.[96] Im Norden und vor allem in den Niederlanden waren Textualis und Textura für Pergamenthandschriften auch während des 15. Jahrhunderts gebräuchlicher als im oberdeutschen Raum;[97] es war

---

[94] Faksimile Gütersloh/München 2007, mit Kommentarband, hg. von G. Suckale-Redlefsen und R. Suckale, darin S. 60–126 K. Hranitzky zur Handschrift, S. 127–173 R. Suckale zu den Illustrationen des Martinus; zur Übersetzung vgl. Die deutsche Trojaliteratur des Mittelalters und der frühen Neuzeit, hg. von H. Brunner (Wissensliteratur im Mittelalter 3), Wiesbaden 1990, S. 91–93.

[95] Vorschriften abgedruckt von F. Zoepfl, Maria Medingen, in: Jahrbuch des Historischen Vereins Dillingen 59/60 (1957/58), S. 7–77, hier: S. 32; F. Heinzer und G. Stamm, Die Pergamenthandschriften von St. Peter/Schwarzwald (Die Handschriften der Badischen Landesbibliothek Karlsruhe X), Wiesbaden 1984, S. XXV.

[96] Z. B. die schwäbische Augustiner-Chorfrau Anna Jäckin in Inzigkofen zwischen 1430–72, vgl. Dat. Hss. München I Abb. 203; zu ihrem gesamten Œuvre vgl. W. Fechter, Deutsche Handschriften des 15. und 16. Jahrhunderts aus der Bibliothek des ehemaligen Augustinerchorfrauenstifts Inzigkofen, Sigmaringen 1997, S. 173, 175 u. ö.

[97] Vgl. W. Oeser, Die Brüder des gemeinsamen Lebens (Anm. 90) Sp. 239–264; ders., Textura (Anm. 64); Gumbert, Utrechter Kartäuser S. 215–241; ders., Manuscrits datés conservés dans les Pays-Bas, T. 2, Leiden 1988, S. 25f., Taf. 500–623; P. Obbema, De opkomst van een nieuw schrifttype: de littera hybrida, in: ders., De middeleeuwen in handen, Hilversum 1996, S. 69–76, kann belegen, daß die Textualis in monastischen mittelniederländischen Handschriften vor allem vor 1440 dominiert, aber auch zwischen 1440–60 immer noch häufiger verwendet wird als im süd- und mitteldeutschen Raum.

dort eine besonders in den Klöstern häufig verwendete Schriftart für volkssprachige Liturgica, erbauliche und mystische Literatur und vor allem für die zahlreich hergestellten, meist aufwendig illuminierten Stundenbücher.

Eine weitere Verwendung fand die Textura im 15. Jahrhundert in einfacheren Handschriften vor allem als Auszeichnungsschrift für Titel, Lemmata, Initien oder ganze Eingangsseiten und für Schreiberkolophone. Diese überindividuelle, völlig gesetzmäßige Schrift ging als Drucktype in den frühen Buchdruck ein.[98] Die Schreibmeister des 15.–16. Jahrhunderts bis hin zu dem Augsburger Schreibkünstler Leonhard Wagner bewiesen auf Musterblättern ihre Kunstfertigkeit mit Beispielen stark kalligraphischer Textura-Varianten, häufig starren, übersteigerten Zierschriften.[99]

3.5 Kursiven

Allgemeines

Während in der geformten Buchschrift, der Textualis nach der ersten Hälfte des 14. Jahrhunderts keine lebendige Weiterentwicklung mehr stattfand, vollzog sich im Schriftwesen ein für die Folgezeit bedeutender Umbruch: neue kursive Schriftarten drangen aus dem bisherigen Verwaltungs- und Geschäftsbetrieb in den Bereich der Buchschriften ein, reduzierten die kalligraphische Textura auf nur noch wenige Anwendungsgebiete und verdrängten die einfachere Textualis bis zum Ende des 14. Jahrhunderts so gut wie völlig.[100]

Kursives Schreiben ist zusammenhängendes, fortlaufendes, fließendes Schreiben. Anstatt die Feder zur Bildung eines einzelnen Buchstaben immer wieder neu anzusetzen, bleibt sie möglichst am Beschreibstoff; die Unterschiede zwischen breiten und feinen Federzügen entfallen. Es liegt auf der Hand, daß solches Schreiben ein schnelleres Schreibtempo ermöglicht, das erforderlich wird in einer Zeit gesteigerter Schriftlichkeit in allen Bereichen, der Verwaltung ebenso wie der wissenschaftlichen und literarischen Produktion. Die bisher gebräuch-

---

[98] O. Mazal, Paläographie und Paläotypie (Bibliothek des Buchwesens 8), Stuttgart 1984, S. 37–64.

[99] Vgl. C. Wehmer, Die Schreibmeisterblätter des späten Mittelalters, in: Studi e testi 126 (1946), S. 147–161; Steinmann 1979, S. 301–303; ders. 2004, S. 410f.; Spilling, Schreibkünste S. 97–103. Faksimile der ‚Proba centum scripturarum' des Leonhard Wagner mit Kommentar von C. Wehmer, Leipzig 1963; Abb. aus dem Schreibmeisterblatt des Johann vom Hagen und dem Schriftmusterbuch des Gregorius Bock vgl. Derolez Pl. 15–17.

[100] Bischoff S. 183–191; Mazal, 14. Jh. S. 6–9; Schneider, Got. Schriften I S. 190f., 207f.; Rück (Anm. 23) S. 125–131; Dat. Hss. München I S. XVII–XXI.

lichen Buchschriften konnten diesen gesteigerten Anforderungen nicht mehr genügen, eine schnellere und billigere Methode zur Aufzeichnung und Vervielfältigung von Texten aller Art war mit den kursiven Buchschriften gefunden.

Voraussetzungen und Ansätze zu diesem Umbruch im Schriftwesen sind bereits seit der Mitte des 13. Jahrhunderts zu beobachten, zunächst in den Geschäfts-, Urkunden- und Notizenschriften, die schon vor dieser Zeit durch die mehr oder weniger unter die Zeile verlängerten f- und ſ-Schäfte gekennzeichnet waren. Je eiliger das Tempo solcher Gebrauchsschriften wird, desto stärker reduzieren ihre Schreiber die Anzahl der einzelnen Federzüge, schreiben zunehmend ganze Buchstaben in einem einzigen Zug und binden auch mehrere Buchstaben in dieser Art zusammen; das wird in diesem Bereich unkalligraphischer Aufzeichnung je nach Schreiber unterschiedlich gehandhabt. Die eiligen Verwaltungs- und Geschäftsschriften haben viel Gemeinsames mit den stark vereinfachten Gebrauchs-Buchschriften, die das unterste Niveau der Textualis vertreten; auf dieser Ebene findet zuerst ein Austausch kursiver Formen statt, zumal häufig die gleichen Schreiber in beiden Bereichen tätig gewesen sein dürften.

Um den Fluß des Schreibens nicht zu unterbrechen, werden die Luftlinien, die die Feder von einem Ansatz zum anderen vollziehen muß, auf dem Beschreibstoff mitgeschrieben. Dadurch entstehen Verbindungslinien zwischen Buchstaben und vor allem die durchgezogenen Schlingen an den Oberschäften, die in den Urkundenschriften ohnehin von rechts her beginnend geschrieben wurden. Mit einer Schleife beginnt zunächst meist der Schaft des d, entsprechend wurden dann auch an b, h, l und k Schleifen geschrieben; auch an manchen Unterschäften von p, f und langen ſ wurde die Luftlinie vom Schaftende zum Kopf zurück als Schlinge mitgeschrieben.[101] Diese Schleifen sowie die unter die Zeile verlängerten und nicht am Fuß umgebrochenen f und ſ und das zusammenhängende Schreiben von einzelnen Buchstaben und Buchstabengruppen sind allgemeine Merkmale der Kursive. Manche Buchstaben erhalten durch die neue Schreibweise eine andere Form: r wirkt durch das Mitschreiben der Luftlinie vom Fuß zurück zur Fahne wie gespalten oder wie ein spitzes v; das runde Schluß-s wird zur durchgezogenen Schleife und erhält durch das Schließen des über die

---

[101] Heinemeyer S. 59–68 u. ö. stellt frühe Belege durchgezogener Schlingen und anderer kursiver Schreibungen in Urkundenschriften seit der Mitte des 13. Jahrhunderts fest; zu ähnlichen Ergebnissen kommt Burgers (Anm. 81) für niederländische Urkundenschriften. In Nürnberger Urkunden sind durchgezogene Schleifen an den Oberlängen um 1300 nachweisbar, vgl. I. Krüger, Das Nürnberger Schrift- und Urkundenwesen von 1240–1350, Diss. Bonn 1988. Zum Forschungsstand vgl. M. H. Smith, Les ‚gothiques documentaires': un carrefour dans l'histoire de l'écriture latine, in: Archiv für Diplomatik 50 (2004) S. 417–465.

Schleife hinausragenden Bogens eine meist über die Mittelzone überhöhte Brezelform;[102] auch x kann zur kursiven Schleife werden.

Einen wichtigen Anteil am Aufkommen der Kursive als Buchschrift hatte nicht zuletzt die Einführung des Papiers als neuer, gegenüber dem bisherigen Pergament billigerer Beschreibstoff.[103] Im deutschen Raum zunächst im Verwaltungsbereich verwendet, hing Papier von Anfang an mit der Kursive zusammen. Auf dem im 1. Drittel des 14. Jahrhunderts dicken, rauhen und weichen Papier ließ sich Kursive leichter schreiben als die breiten Schäfte und feinen Haarstriche der Textualis mit ihren immer neuen Federansätzen. Eigentliche Buchhandschriften auf Papier und in Kursive sind im deutschsprachigen Raum kaum vor dem 2. Viertel des 14. Jahrhunderts zu belegen; dieser neuartige Buchtyp scheint sich zunächst vor allem in Österreich und Südwestdeutschland zu konzentrieren und im Schul-, pastoralen und privaten Bereich an Verbreitung gewonnen zu haben.

Halbkursive Übergangsschriften

Schon seit dem Ende des 13. Jahrhunderts und immer häufiger im 14. Jahrhundert weisen manche einfachere und eilige Buchschriften einzelne kursive Übergangserscheinungen auf und vermischen ganz individuell in immer wieder anderen Zusammenstellungen Elemente aus der Textualis mit solchen aus der Kursive, kombinieren z. B. unter die Zeile verlängerte f- und lange ſ-Schäfte mit verzierten schleifenlosen Oberschäften, oder umgekehrt auf der Zeile umgebrochene f-, ſ- und sonstige Schaftenden mit Schleifen an einzelnen oder allen Oberschäften. Die letztere Variante einer Halbkursive zeigt Abb. 12 aus einem lateinisch-deutschen Haus- und Notizbuch auf Papier, datiert von 1338–1339, dessen Schreiber die kurzen, auf der Zeile umgebogenen f- und langen ſ-Schäfte der Textualis verwendet, daneben aber die Oberschäfte von b, h, l und k mit Schleifen versieht; der d-Schaft bleibt nach Gebrauch der Textualis schleifenlos.

Die gebräuchlichen Bezeichnungen für solche Misch- und Übergangsschriften sind sehr uneinheitlich, ebenso wie für den gesamten Bereich der Kursiven; neben dem Terminus ‚Halbkursive'[104] ist nach der Lieftinckschen Nomenklatur die Bezeichnung ‚Textualis cursiva', ‚Textualis currens' oder ‚kursive Textualis' im Umlauf.[105]

---

[102] Schon zu Ende des 13. Jahrhunderts, vgl. Schneider, Got. Schriften I S. 208.
[103] Vgl. unten S. 110ff.
[104] Mazal, Buchkunst der Gotik S. 41; Schneider, Got. Schriften I, S. 208; II, S. 5f., 8, 17f. u. ö.; Dat. Hss. München I, S. XVII, XIX Anm. 21 mit Zusammenstellung halbkursiver Schriften auf Papier; Abb. 7.
[105] Mazal, 14. Jh. S. 7 und Abb. 6.

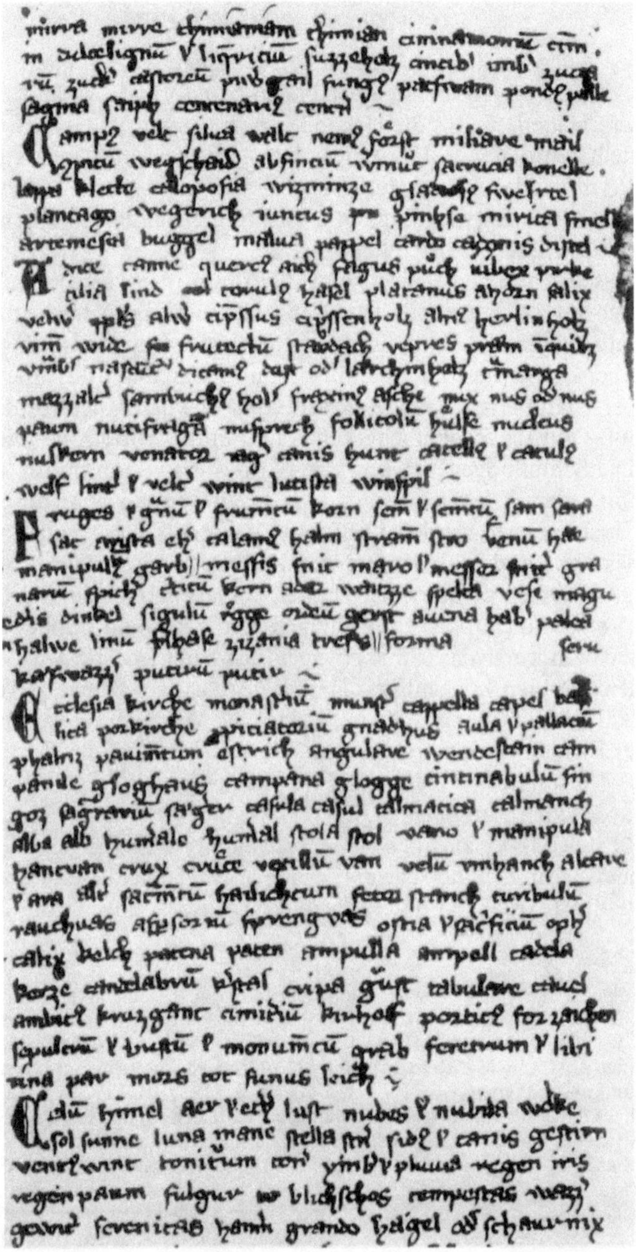

Abb. 12: Halbkursive. Lateinisch-deutsches Hausbuch, hier: Vokabular. Clm 4350, Bl. 2v. Ostschwaben, 1338–39

Ältere Form der gotischen Kursive

In den Kursiven des 14. Jahrhunderts sind zwei aufeinanderfolgende Entwicklungsstufen durch deutlich erkennbare formale Veränderungen zu unterscheiden, die für die Urkundenschriften von W. Heinemeyer[106] dargestellt wurden. Da Urkunden- bzw. Kanzlei- und Buchkursiven vom 2. Viertel des 14. Jahrhunderts an weitgehend identisch waren, lassen sich diese Entwicklungsstufen fast ohne Einschränkung auf die gleichzeitigen Buchschriften übertragen.

Als ‚ältere gotische Kursive'[107] (Abb. 13) war überwiegend im 2. und 3. Viertel des 14. Jahrhunderts eine Schrift in Gebrauch, die wie die gleichzeitige einfache Textualis das zweistöckige a aufweist, das meist stark über die Mittelzone überhöht ist und manchmal fast die Höhe der Oberschäfte erreicht; dazu gehört ein sehr kurzes, achtförmiges g, das häufig auf die Zeile hochgezogen und in die Mittelzone integriert wird. Die Schlußbögen von h, y und z, oft auch von m und n werden meist unter der Zeile nach rechts umgebogen. In manchen kalligraphischen Buchkursiven werden Kopf und Oberschaft von f und langem ſ stark verdickt und laufen unter der Zeile zugespitzt dolchartig aus; auch die Schleifen an den Oberschäften können verdickt und dreieckig geformt sein. Solche Unterscheidungen verdickter und dünner Federzüge, die dem kursiven Schreiben eigentlich hemmend im Weg stehen, stammen aus den hochstilisierten Kanzleischriften[108] und zeigen ein hohes kalligraphisches Niveau an, ebenso die Verwendung weiterer unkursiver Elemente wie gelegentlicher Zierstriche. Sicher aus dem Kanzleibereich stammt die Münchner Papierhandschrift Cgm 2150 des Oberbayerischen Landrechts (Abb. 13), deren ältere Kursive alle oben aufgeführten Merkmale aufweist und sich kaum von den gleichzeitigen Urkundenschriften unterscheidet.[109] Doch erscheint diese ältere Kursive wie die Textualis in unterschiedlichen Ausprägungen von der ho-

---

[106] S. 144–150.
[107] Charakterisiert von G. Powitz, Datieren und Lokalisieren (Anm. 22) S. 130, Abb. Tafel II; vgl. Mazal, 14. Jh. S. 8f. und Abb. 7; ders., Buchkunst der Gotik Abb. 19, 20, 22; Dat. Hss. München I S. XVIII–XX, Abb. 4, 8–9; Schneider, Got. Schriften II, S. 156–161; Derolez S. 123–132 zu Kursiva allgemein, S. 133f. zu ‚Cursiva antiquior'. Weitere Abb. bei Petzet-Glauning Tafel LIII–LIV, LVI; bei Crous-Kirchner fehlen Erwähnung und Abbildungen von Kursiven überhaupt.
[108] Sie wurden u. a. in der Reichskanzlei Ludwigs des Bayern verwendet, vgl. C. Wrede, Leonhard von München, der Meister der Prunkurkunden Kaiser Ludwigs des Bayern (Münchener historische Studien, Abt. Geschichtliche Hilfswissenschaften 17), München 1980; R. Suckale, Die Hofkunst Kaiser Ludwigs des Bayern, München 1993, S. 36f., Abb. 22–25, 189–191, 196f.; Schneider, Got. Schriften II, S. 80f., 154.
[109] Daß aber die Wahl von Kursive oder Textualis auch vom Beschreibstoff abhing, beweisen etwa gleichzeitige Exemplare des Oberbayerischen Landrechts auf Pergament, für die Textualis als Schriftart gewählt wurde, z. B. Wien NB Cod.2786 und Cgm 1506, vgl. Suckale (Anm. 108) S. 244 und Abb. 26.

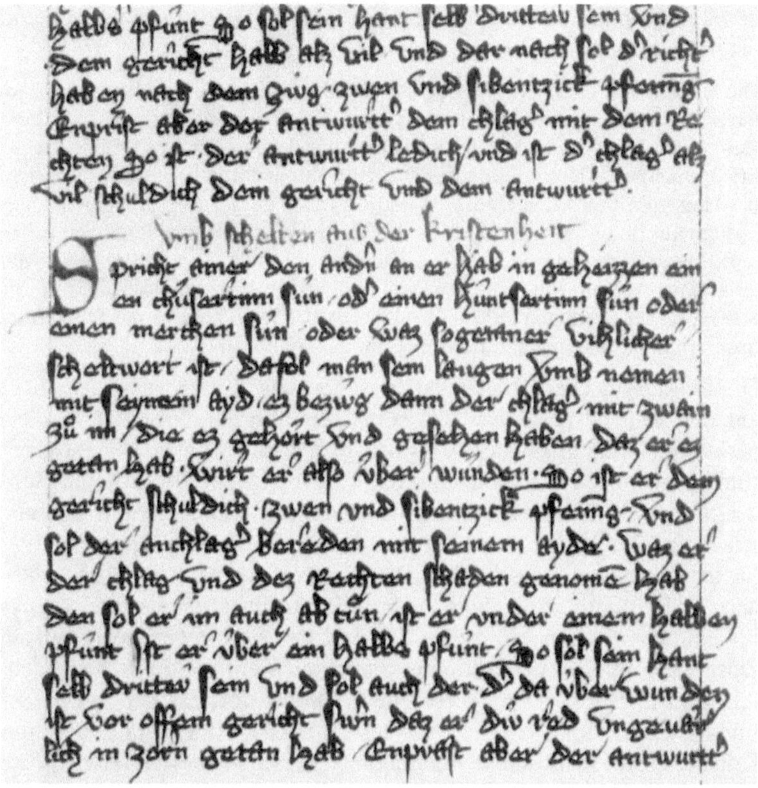

Abb. 13: Ältere gotische Kursive. Oberbayerisches Landrecht. Cgm 2150, Bl. 10v
Raum München, bald nach Mitte des 14. Jahrhunderts

hen kalligraphischen Stilebene bis hin zu flüchtigen, eigenwilligen und oft schwer lesbaren Notiz- und Konzeptschriften.

Die einfacheren unkalligraphischen älteren Kursiven wurden überwiegend im Bereich des lateinischen wissenschaftlichen Schrifttums an Schulen und Universitäten verwendet und finden sich auch in vielen lateinischen und deutschen Predigthandschriften; in einfacherer älterer Kursive sind z. B. auch die Teichner-Handschriften Wien Cod.2901 und Cgm 574 aufgezeichnet, beide Papiercodices aus den siebziger Jahren. Selbst für anspruchsvollere Pergamenthandschriften wurde vereinzelt die ältere Kursive verwendet, dem wertvolleren Material entsprechend auf höherem kalligraphischem Niveau: Beispiele sind die St. Georgener Predigten in Wien Cod.2702 v. J. 1363 oder eine nur fragmentarisch erhaltene Parzivalhandschrift (Cgm 5249/3 e).

Die ältere gotische Kursive war in dieser Ausprägung als Buchschrift auf den deutschsprachigen Raum und die ihm angrenzenden Gebiete beschränkt; nur in England entwickelte sich eine ähnliche Kursive mit stark ausgeprägtem Eigencharakter, die Anglicana, als nationale Sonderform.[110] In italienischen und französischen Kanzleien war dagegen schon seit der Wende des 13. zum 14. Jahrhundert ein wesentlich einfacherer, zügiger zu schreibender Typ von Verwaltungskursive üblich,[111] der dort vor der Jahrhundertmitte auch schon als Buchkursive für einfachere Codices erscheint[112] und der sich mit einem größeren Zeitgefälle im letzten Jahrhundertdrittel auch auf die deutschen Buchschriften auswirkt. Denn diese ältere Kursive war an sich keine sehr flüssige Schrift und enthielt, vor allem in ihrer kalligraphischen, mit Kanzleischrift identischen Ausprägung immer noch viele Hemmnisse in ihren häufig kompliziert zusammengesetzten Formen, die zu mehrfachem Federansatz zwangen und sich schnellerem Schreibtempo entgegensetzten. Die Kanzleischrift in Abb. 13 zeigt dies deutlich an den aus Einzelschäften zusammengesetzten m und n und dem aus Schaft und angesetzter Fahne gebildeten r, auch an den verdickten Oberschäften und Schleifen.

---

[110] M. B. Parkes, English cursive book hands 1250–1500, Oxford 1969, S. XIV–XVIII und Tafel 1–3; Derolez S. 134–141 und Pl.77, 80, 81, 84.

[111] E. Casamassima, Tradizione corsiva (Anm. 23) Taf. XXVIII–XXX: Verwaltungskursiven aus Venedig 1289–91, Florenz 1293, Bologna 1299–1302; M. H. Smith, L'écriture de la chancellerie de France au XIVe siècle, in: Régionalisme et internationalisme. Problèmes de paléographie et de codicologie du moyen âge, hg. von O. Kresten und F. Lackner (Österreichische Akademie der Wissenschaften, phil.-hist. Kl., Veröffentlichungen der Kommission für Schrift- und Buchwesen des Mittelalters IV,5), Wien 2008, S. 279–298.

[112] Z. B. in Paris BN lat.5931: Jacobus Gaietani Stefaneschi, De miraculo gloriosae virginis Mariae, geschrieben in Avignon zwischen 1336 und 1343; Abb. in: Catalogue de manuscrits datés Bd. 4, Paris 1981, Taf. XLV.

3. Gotische Schriften

Jüngere Form der gotischen Kursive

Im Zug weiterer Vereinfachung und mit der zunehmenden Zusammenbindung von Buchstabengruppen verloren die bisher im deutschen Sprachgebiet üblichen älteren Kursiven ihr zwar eigenständiges, aber auch manieriertes und steif-verschnörkeltes Aussehen; die Urkunden- wie Buchkursive nahm im letzten Viertel des 14. Jahrhunderts einen zügigeren schwungvolleren Gesamtaspekt an, auf sie trifft die Bezeichnung ‚Kursive' erst wirklich zu.[113] Seit den späten sechziger Jahren sind vereinfachende Veränderungen an den komplizierteren und zeitaufwendig auszuführenden Buchstaben zu beobachten, die dann in den siebziger und achtziger Jahren des 14. Jahrhunderts allgemein gebräuchlich werden. Abb. 14 gibt ein typisches Beispiel einer ausgeprägten jüngeren Kursive vom Jahr 1398 von der Hand eines Priesters aus Brackenheim bei Stuttgart, der hier in einem Sammelband Cgm 424 eine relativ frühe Abschrift des verbreiteten Eucharistietraktats des Marquard von Lindau anfertigte.[114] Das alte zweistöckige a ist jetzt durch die einfache einbogige Form ersetzt; das kurze, in der älteren Kursive kompliziert zusammengesetzte 8-förmige g erhält einen offenen, weit unter der Zeile nach links ausgezogenen Unterbogen (Abb. 14, Z. 3 *gancz*), es verschwinden die Verdickungen an den Oberschäften von f und langem ſ und an den Schleifen der Oberschäfte, die nun rund statt dreieckig durchgezogen werden. Zu beachten ist aber, daß die typischen Merkmale der Kursive auch in dieser jüngeren Form erhalten bleiben: die unter die Zeile verlängerten f und ſ-Schäfte, die Schleifen an den Oberschäften von b, d, h, k, l und die in einem einzigen Federzug geschriebenen Buchstaben: m und n girlandenartig (wie in Abb. 14) oder zickzackförmig, r in der v-förmigen gespaltenen Form (Z. 3 *rich, er, begir*), x als Schleife. Mit der jüngeren Kursive beginnt auch die im letzten Jahrhundertviertel aufkommende Schreibung von anlautendem v und w mit einer bzw. zwei Schleifen (Z. 3 *wenn*, Z. 5 *wider*, Z. 9 *und*), die sich im deutschen Sprachraum auch in der Bastarda noch allgemein bis ins 2. Viertel des 15. Jahrhunderts hielt; nur im mitteldeutschen Raum waren diese Schleifen noch länger gebräuchlich. Von Schreibern des späteren 15. Jahrhunderts wurden sie aus älteren Vorlagen gelegentlich zu b und lb verlesen.

Kursiven der jüngeren Form wurden bis in die zwanziger Jahre des 15. Jahrhunderts hinein verwendet; sie waren also wie die ältere Form etwa ein halbes

---

[113] Frühe Beispiele datierter jüngerer Kursiven vgl. Dat. Hss. München I S. XX Anm. 28; Kursiven zwischen 1382–1423 vgl. ebd. Abb. 12 f., 16, 18, 21 f., 25–28, 30, 34 f., 41 f., 52 f., 59, 232 f.; G. Powitz, Datieren und Lokalisieren (Anm. 22) Tafel III a.

[114] Dat. Hss. München I S. 26 und Abb. 22.

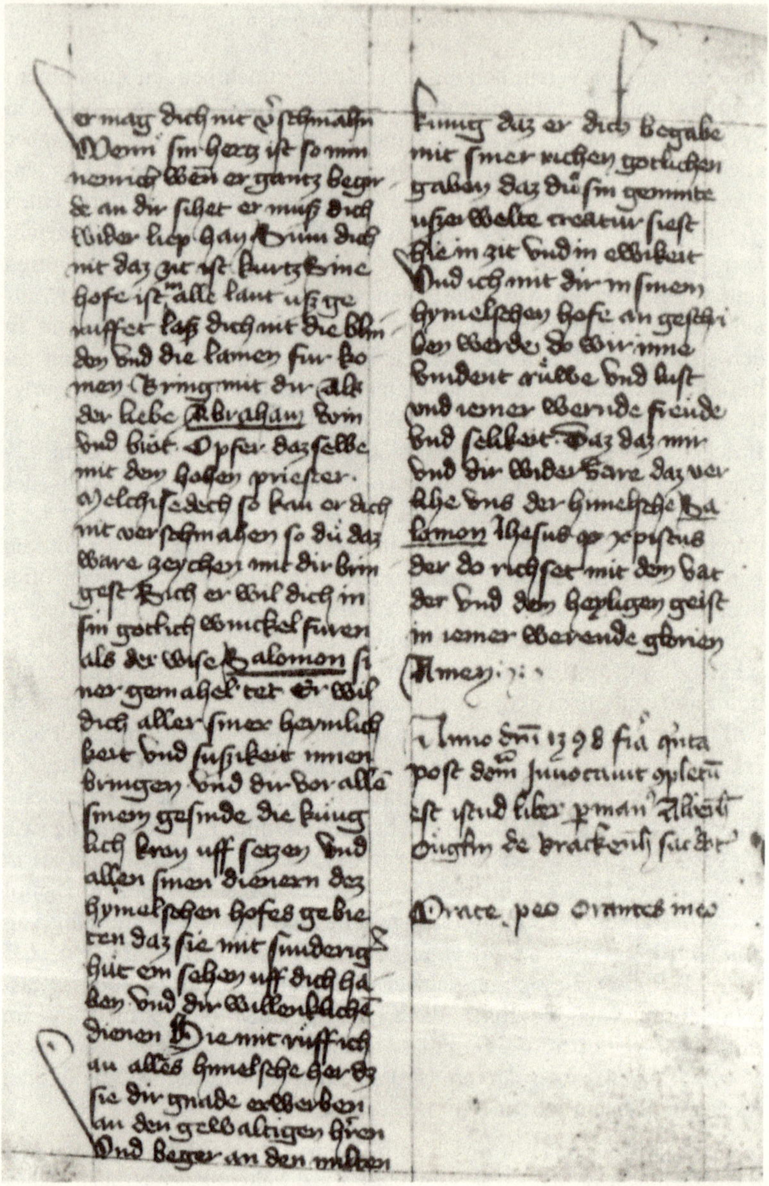

Abb. 14: Jüngere gotische Kursive. Marquard von Lindau, Eucharistietraktat. Cgm 424, Bl. 232va. Südwestdeutschland, 1398

Jahrhundert lang in Gebrauch. Doch kann von abrupter Verdrängung oder Ablösung der älteren Kursive nicht die Rede sein, sondern beide Entwicklungsphasen überlagerten sich über einen gewissen Zeitraum hinweg und vermischten sich in zahlreichen Übergangsschriften, die ältere und moderne Formen in individueller Auswahl verwendeten. Vereinzelt wurde die ältere Kursive bis ins frühe 15. Jahrhundert hinein von konservativen Schreibern verwendet; der Nürnberger Patrizier und erste Papierhersteller Ulman Stromer zeichnete zwischen ca. 1385/90 und 1407 sein ‚Püchel von meim geslecht'[115] in der ihm aus seiner Jugend vertrauten älteren Kursive auf; in einer Frauenschrift vom Anfang des 15. Jahrhunderts ist ältere Kursive für ein Seuse-Exzerpt in Cgm 851 verwendet;[116] die verwitwete Katharina Tucherin, die später als Laienschwester ins Nürnberger Katharinenkloster eintrat, schrieb um 1421 die eigenhändigen Aufzeichnungen ihrer religiösen Erfahrungen noch in älterer Kursive.[117] Es sind dies gleichzeitig Belege für die um 1400 schon stark angewachsene Schreibfähigkeit von Laien. Versierte Berufsschreiber wie der Luzerner Stadtschreiber Johannes Friker, der im letzten Jahrhundertviertel auch deutsche Handschriften wohl als Auftragsarbeiten[118] kopierte, beherrschten beide Formen nebeneinander, daneben selbstverständlich auch die Textualis.

Für die hier ‚ältere' bzw. ‚jüngere gotische Kursive' genannten Schriften ist gelegentlich auch die Bezeichnung ‚Notula' zu finden;[119] es ist ein mittelalterlicher Terminus, der allerdings auf Brief- und Geschäftsschriften begrenzt war.[120]

Auch im 15. Jahrhundert gibt es unter den einfachen Buchschriften zahlreiche Kursiven, die aber die Merkmale der hier charakterisierten jüngeren Kursiven weitgehend oder ganz verloren haben; es fehlen ihnen z. B. die weit ausgezogenen offenen g-Unterbögen oder die nach rechts unter der Zeile umgebogenen Abschlüsse von h, z, m und n. Solche späteren einfachen kursiven Gebrauchsschriften sind vermutlich eher als Bastarda auf einfachstem Niveau zu sehen, weniger als Weiterentwicklung der als Buchschriften gebrauchten Kursiven des 14. und frühen 15. Jahrhunderts.

---

[115] Autograph in Nürnberg, GNM Hs. 6146; Teilfaksimile und Kommentar bearb. von L. Kurras (Zur 600-Jahrfeier der Gründung der 1. Papiermühle Deutschlands hg. vom Verband dt. Papierfabriken), 1990.

[116] Dat. Hss. München I Abb. 236–237.

[117] Autograph in Nürnberg StB Cent. VI, 57; hg. von U. Williams und W. Williams-Krapp, Die ‚Offenbarungen' der Katharina Tucher (Untersuchungen zur deutschen Literaturgeschichte 98), Tübingen 1998, mit Abb. S. 71.

[118] M. Stauffacher und P. Ochsenbein, ²VL 2, 969–971.

[119] Vgl. O. Mazal in: Handschriftenbeschreibung in Österreich (S. 9 Anm. 24) S. 143, danach in den modernen österreichischen Handschriftenkatalogen.

[120] Z. B. im Vocabularius Ex quo: *Notula: brieffschrifft* (hg. von K. Grubmüller u. a., Bd. IV, Texte und Textgeschichte 25, Tübingen 1989, S. 1755 N 243). Gegen die Verwendung von ‚Notula' sprach sich aus dem gleichen Grund Bischoff S. 183 Anm. 65 aus. Vgl. auch Derolez S. 15, 54, 99 f.

3.6 Bastarda

Aus der anfänglich einfachen und zunächst ohne deutliche Sorgfältigkeitsabstufungen im Urkunden- und Geschäftsbereich wie auch als Buchschrift gleichermaßen verwendeten jüngeren Kursive entwickelte sich im deutschsprachigen Raum gegen Ende des 14. Jahrhunderts eine neue Schriftart auf höherer kalligraphischer Stilebene, die dann für das 15. Jahrhundert und seine gewaltig gesteigerte Handschriftenproduktion bestimmend wurde, die Bastarda.[121] Mit dieser Schriftart wurde der Gegensatz zwischen dem höheren Niveau der Textualis und der zügig fortlaufenden, schnelleren Schreibweise der Kursive überbrückt: sie vereinte in sich die Vorzüge beider Schriftarten. Die Bastarda behielt aus der Kursive deren typische unter die Zeile verlängerte Schäfte von f und langem ſ bei, – diese langen Schäfte und das einfache einbogige a unterscheidet sie grundsätzlich von der Textualis – und zunächst auch die durchgezogenen kursiven Schleifen an den Oberschäften von b, h, l und k, sowie am Schaft des d. Aber die Schrift wurde auf ein höheres kalligraphisches Niveau angehoben durch einzelne Elemente aus der Textualis, die ganz unterschiedlich übernommen werden können: manche Buchstaben können wieder die aus einzelnen Federzügen zusammengesetzte Form der Textualis erhalten (wie *m, n* und *r* in Abb. 15), einfache Brechung von Rundungen kann wieder eingeführt werden, die auf der Zeile endenden Schäfte können umgebrochen oder über der Zeile abgeknickt werden (in Abb. 15 sind die Schlußschäfte von auslautendem n sogar doppelt gebrochen, Z. 8 *gewern*, Z. 12 *schamen*, abgeknickte Schäfte von b Z. 10 *herab*, von l Z. 14 *etlich*), auf höherer Stilebene wird Unterscheidung von breiten Schaft- und feinen Haarstrichen wieder eingeführt oder Verzierungen durch feine Striche oder Häkchen.

Unterschiedliche Buchschriften dieses Typs waren bereits im 14. Jahrhundert in Italien und Frankreich ausgebildet worden. In der päpstlichen Kanzlei in Avignon war eine Bastarda schon vor der Mitte des 14. Jahrhunderts als Kanzleischrift üblich; wenig später, wohl nach französischem oder italienischem Vorbild, wurde Bastarda auch in der Prager Kanzlei Karls IV. verwendet. Diese Kanzleischrift wurde zunächst in Böhmen um 1380, dann gegen Ende des 14. Jahrhunderts auch in österreichischen und bayerischen Handschriften als Buch-

---

[121] Lieftinck in: Nomenclature S. 22f.; Bischoff S. 191–195 mit weiterer Literatur; Mazal S. 120–122, Abb. 30–31; Crous-Kirchner S. 19–22, Abb. 31–51, zu seiner Einteilung in regionale Bastarden vgl unten S. 79f.; Dat. Hss. München I S. XXI–XXIV und Abbildungen; Derolez S. 142–154 (als ‚Cursiva'), Pl.95, 101, 103, 108, 113 Beispiele aus dem deutschen Sprachraum; zur Kanzleibastarda Heinemeyer S. 149f.

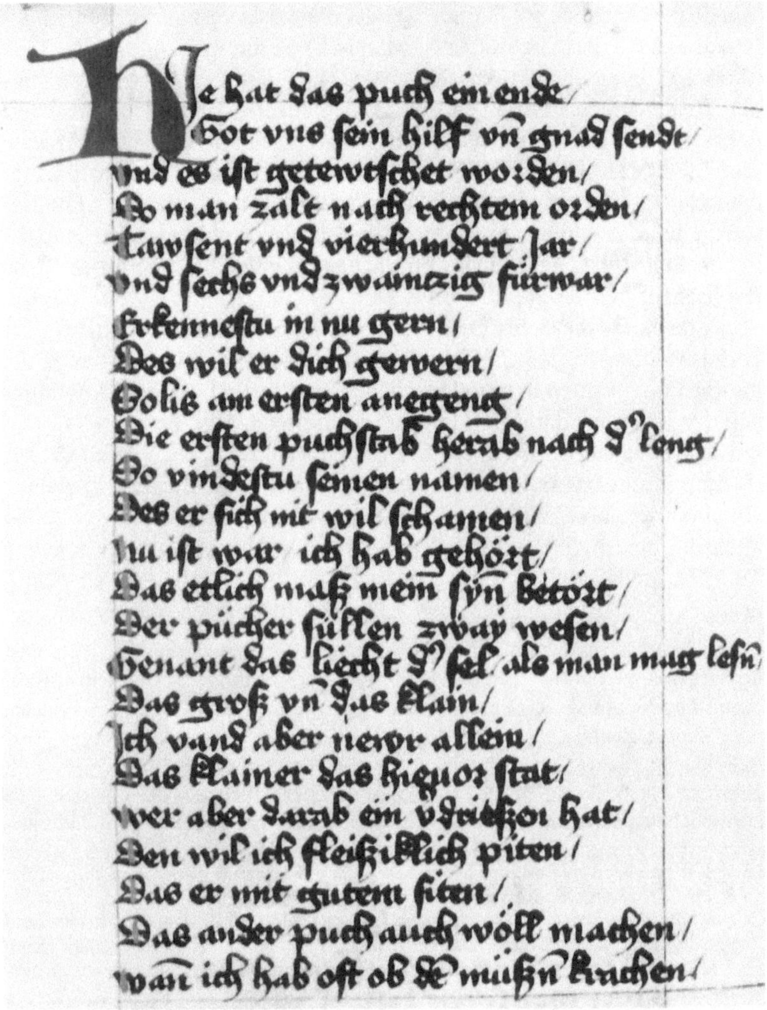

Nu hat das puch ein ende/
Got vns sein hilf vn̄ gnad sendt/
vnd es ist getewtschet worden/
So man zalt nach rechtem orden/
tawsent vnd vierhundert Jar/
vnd sechs vnd zwaintzig fürwar/
Erkennestu in nu gern/
Des wil er sich gewern/
Golis am ersten anegenck/
Die ersten puchstab herab nach g°lenck/
So vindestu seinen namen/
Des er sich mit wil schamen/
Nu ist war ich hab gehört/
Das etlich mass mein syn betört/
Der pücher süllen zway wesen/
Genant das liecht g°sel als man mag lesn/
Das gros vn̄ das klain/
Ich vand aber newr allein/
Das klainer das hieuor stat/
wer aber darab ein v̄drissen hat/
Den wil ich fleissiklich piten/
Das er mit gutem siten/
Das ander puch auch wöll machen/
wan ich hab oft ob de müssn kruchen/

Abb. 15: Bastarda. Lumen animae, deutsch von Ulrich Putsch. Cgm 389, Bl. 191v
Nürnberg, 1429

schrift gebräuchlich.[122] Diesen Typ der Bastarda vertritt die Schrift des Nürnberger Berufsschreibers Michael Pechlinger in Cgm 389 (Abb. 15), einer frühen Abschrift von 1429 des ‚Lumen Animae', das der Tiroler Pfarrer Ulrich Putsch erst 3 Jahre zuvor in deutsche Verse übersetzt hatte.[123] Etwa gleichzeitig sind auch im deutschen Westen und Südwesten Buchbastarden festzustellen, die sich dort wohl unter dem Einfluß der französischen lettre bâtarde[124] entwickelten. Die Bastarda wurde schnell zu einer allgemein gebrauchten mitteleuropäischen Schriftart, die sich praktisch ohne Zeitgefälle überall als neue Buchschrift verbreitete.

Bastarda ist die Schriftart, die in der überwiegenden Mehrheit der Handschriften des 15. Jahrhunderts begegnet und die überhaupt die häufigst anzutreffende mittelalterliche Schriftart ist, wie die Abbildungen der Kataloge datierter Handschriften augenfällig beweisen. In diesen Schriftmustern wird aber auch die außerordentliche Vielfalt der oft stark in ihrem Gesamtaspekt und in ihren unterschiedlichen Stilebenen voneinander abweichenden Schrifttypen deutlich; andererseits fallen auch die innerhalb des 15. Jahrhunderts nur geringen grundsätzlichen Veränderungen auf, die eine genaue Datierung lediglich durch paläographische Beurteilung in vielen Fällen problematisch machen.[125]

Deutlich erkennbare und zeitlich wie regional eingrenzbare Entwicklungen und Ausprägungen der Bastarda waren im 15. Jahrhundert offensichtlich auf bestimmte organisierte Schreibstätten beschränkt, wie etwa auf Kanzleien oder andere Zentren, die einen dort erlernbaren,[126] mehr oder weniger überindividuellen Schrifttyp ausbildeten. Sie pflegten und vermittelten eine bewußt geformte Bastarda auf höherer kalligraphischer Stilebene, die mit den herkömmlichen paläographischen Kriterien erfaßbar ist. Speziell die im Verwal-

---

[122] Vgl. P. Spunar, L'évolution et la fonction de la bâtarde en Bohème et en Pologne, in: Studia Zródłoznawcze 6 (1961), S. 1–19, hier: S. 3 und Abb. 1; C. Ziegler, Aspekte zur böhmischen und österreichischen Paläographie des 15. Jahrhunderts anhand von Beispielen des Bestandes der Stiftsbibliothek Zwettl, in: Codices manuscripti 4 (1978), S. 120–130; M. H. Smith, L'écriture (Anm. 111) S. 294. Beispiele früher Bastarden und weitere Literatur vgl. Dat. Hss. München I S. XXII.

[123] Dat. Hss. München I S. 25 mit weiterer Literatur, und Abb. 83–84.

[124] Zur burgundischen Bastarda vgl. Crous-Kirchner Abb. 28; Lieftinck in: Nomenclature S. 22 f. und 28, Abb. 24–25; Bischoff S. 192 mit Literatur; Derolez S. 157–160; W. Oeser, Die Handschriftenbestände und die Schreibtätigkeit im Augustiner-Chorherrenstift Böddeken, in: Archiv für die Geschichte des Buchwesens 7 (1967), Sp. 317–448, hier: Sp. 404 f.

[125] Zur Schwierigkeit der Datierung von Bastarda vgl. C. Ziegler (Anm. 122) S. 121 f.; P. Spunar, Zur Katalogreihe der datierten Handschriften, in: Codices manuscripti 5 (1979), S. 115.

[126] Daß der Kanzleischreiberberuf wie ein Handwerk gelernt wurde, geht aus dem Beispiel eines Lehrvertrags in der Brief- und Urkundenformelsammlung Cgm 2518, Bl. 345r–v hervor; dort schließt ein junger Baccalaureus aus Ulm *so die schreiberey lernen wil*, 1492 einen einjährigen Lehrvertrag mit dem Ulmer Schreiber Lienhart Weber genannt Jung.

tungsschreibbetrieb erlernte Bastarda spiegelt sich in zahlreichen deutschsprachigen Handschriften; denn der stark angestiegene Bedarf an Literatur aller Art setzte eine bis ins 3. Jahrhundertviertel stetig anwachsende Anzahl von Lohn- und Berufsschreibern in Arbeit, die nur in seltenen Fällen auf das Bücherschreiben allein spezialisiert waren, sondern solche Auftragsarbeiten eher als Nebenerwerb betrieben. Zahlreiche Berufsschreiber gehörten dem viel ausgedehnteren Verwaltungsschreibbetrieb an, arbeiteten in Kanzleien oder Notariaten; zu dieser Gruppe gehört z. B. die bekannte Augsburger Schreiberin Klara Hätzlerin, die als unverheiratete Frau im Notarshaushalt ihres Vaters, später ihres Bruders lebte, dort sicher vor allem geschäftlich schrieb und ihre Schreibkunst wohl mehr zum Nebenverdienst durch das Bücherkopieren auf Bestellung nützte.[127] Andere Lohnschreiber führten hauptberuflich als ‚Stuhlschreiber' oder ‚Kathedrales' öffentlich für jedermann Schreibarbeiten aus und nahmen Kopieraufträge für Bücher ebenso an wie Briefe und andere Schriftstücke.[128] Bisher ist der Frage kaum Aufmerksamkeit geschenkt worden, inwieweit weltliche Lohnschreiber Werkstätten unterhielten, in denen mehr als nur einzelne Gehilfen oder Familienangehörige beschäftigt waren, und in denen eventuell ein jeweils einheitlicher Schrifttyp gepflegt wurde. Eine verstärkte Auswertung archivalischer Quellen dürfte mehr Klarheit über den Status mancher Berufsschreiber bringen; vorerst sind über derartige Werkstätten kaum konkrete Belege bekannt geworden. Manche solcher bis heute anonym gebliebener Ateliers, die sich schon im 13. und 14. Jahrhundert aus ihrer Produktion erschließen lassen, waren möglicherweise mit den zahlreichen Malerwerkstätten identisch, deren Existenz die Kunstgeschichte nachweisen kann. Namentlich faßbar ist bis jetzt im 15. Jahrhundert vor allem die Schreiber- und Malerwerkstatt des Diebold Lauber in Hagenau, in der zwischen 1425 und 1457 deutsche, meist illuminierte Handschriften zum Verkauf produziert wurden.[129] Ein spätes Beispiel für das Zusammenwirken von Buch-

---

[127] K. Schneider, Berufs- und Amateurschreiber. Zum Laien-Schreibbetrieb im spätmittelalterlichen Augsburg, in: Literarisches Leben in Augsburg während des 15. Jahrhunderts, hg. von J. Janota und W. Williams-Krapp (Studia Augustiana 7), Tübingen 1995, S. 8–26, hier: S. 10, 21f.

[128] Zu Lohn- und Berufsschreibern vgl. Wattenbach S. 467–488; Schneider, Berufs- und Amateurschreiber (Anm. 127) S. 8–26 mit weiterer Literatur; zu öffentlichen Stuhlschreibern vgl. H. Brinkman, De hardnekkige middeleeuwen, in: Queeste 11 (2004), S. 184–203; eine Datenbank mittelalterlicher Schreiber erstellte S. Krämer, Scriptores codicum medii aevi, CDROM, Augsburg 2003. Ein aufschlußreicher Beleg über größere Kopieraufträge lateinischer Handschriften, die ein Hamburger Geistlicher zwischen 1453–58 verschiedenen Berufsschreibern erteilte und aus dem auch die Art und Höhe der Bezahlung und andere Modalitäten hervorgehen, bei T. Brandis, Handschriften- und Buchproduktion im 15. und frühen 16. Jahrhundert, in: Literatur und Laienbildung im Spätmittelalter und in der Reformationszeit, hg. von L. Grenzmann und K. Stackmann, Stuttgart 1984, S. 176–193, Textabdruck S. 190–192.

[129] R. Kautzsch, Diebolt Lauber und seine Werkstatt in Hagenau, in: ZfB 12 (1895), S. 1–32, 57–111; A. Rapp, Bücher gar hübsch gemolt. Studien zur Werkstatt Diebold Laubers am Beispiel der Prosabearbeitung von Bruder Philipps ‚Marienleben' in den Historienbibeln IIa und Ib (Vestigia Bibliae 18), 1998; L. Saurma-Jeltsch, Spätformen mittelalterlicher Buchherstellung. Bilderhandschriften aus der Werk-

malern und Schreibern im gleichen Atelier ist die Nürnberger Glockendon-Werkstatt um und nach 1500, die als Familienbetrieb auf die Herstellung kostbarer Gebetbücher und Liturgica für private Auftraggeber spezialisiert war; die hier verwendete Schrift, eine zeitgemäße höchst kalligraphische Fraktur, entsprach dem hohem Niveau der buchmalerischen Ausstattung.

Während sich eine überindividuelle Ausprägung der Bastarda paläographisch noch fassen läßt, ist dies auf dem weiten Gebiet der im 15. Jahrhundert stark verbreiteten individuellen Schriftlichkeit außerhalb aller schulebildenden Zentren kaum mehr möglich, wenn in persönlicher, unkalligraphischer Handschrift und auf einfache Weise Texte aller Art niedergeschrieben werden. Die Gründe für diese gesteigerte Schriftlichkeit und Bücherproduktion im 15. Jahrhundert sind bekannt. Lese- und Schreibkenntnisse verbreiteten sich durch ein erweitertes Bildungsangebot auf weitere Kreise der Bevölkerung als zuvor; zu den schon seit dem Ende des 13. Jahrhunderts bezeugten Pfarr- und städtischen Schulen, die Bildung auf der Grundlage des Latein, allerdings nur an Knaben vermittelten,[130] kamen im 15. Jahrhundert die privaten deutschen Schreibschulen, die oft von Schulmeistern in Eigenregie betrieben wurden und in denen Lesen, Schreiben und Rechnen von jedermann in der Muttersprache erlernt werden konnte, denn diese Kenntnisse erwiesen sich als immer notwendiger für alle Arten von Gewerbe in den Städten.[131] Während Frauen und Mädchen der sozialen Oberschichten schon immer Schreib- und Lesekenntnisse durch Privatunterricht oder als Novizinnen in den Klöstern erwerben konnten,[132] boten die deutschen Schreibschulen auch Mädchen z. B. aus dem Handwerkerstand die Möglichkeit, schreiben und lesen zu lernen.

Die zunehmenden Schreibkenntnisse befähigten zahlreiche Laien, sich als sog. Amateurschreiber die geistliche, weltliche oder Fachliteratur, die für sie von Interesse war, selbst zum Eigengebrauch zu kopieren; auf diesem Gebiet

---

statt Diebold Laubers in Hagenau, Wiesbaden 2001. Ob auch andere Berufsschreiber Bücher auf Vorrat und zum Verkauf schrieben, konnte bisher nicht erwiesen werden; vgl. dazu B. Wachinger, Liebe und Literatur im spätmittelalterlichen Schwaben und Franken. Zur Augsburger Sammelhandschrift der Clara Hätzlerin, in: Deutsche Vierteljahrsschrift 56 (1982), S. 386–406, hier: S. 388.

[130] Schneider, Got. Schriften I S. 206 f. und Anm. 3, 260 f.; U. Bodemann/B. Kretzschmar, Textüberlieferung und Handschriftengebrauch in der mittelalterlichen Schule, in: Schulliteratur im späten Mittelalter, hg. von K. Grubmüller (Münstersche Mittelalter-Schriften 69) 2000, S. 243–280.

[131] R. Jakob, Schulen in Franken und in der Kuroberpfalz 1250–1520 (Wissensliteratur im Mittelalter 16), Wiesbaden 1994; zu deutschen Schreibschulen in Norddeutschland vgl. K. Wriedt, Schulen und bürgerliches Bildungswesen in Norddeutschland im Spätmittelalter, in: Studien zum städt. Bildungswesen des späten Mittelalters und der frühen Neuzeit, Göttingen 1983, S. 152–172, hier: S. 166–169; Spilling, Schreibkünste S. 103–105; zu Beginn des 16. Jahrhunderts konnte maximal ein Drittel der städtischen Bevölkerung lesen und schreiben, vgl. Wendehorst (Anm. 7) S. 32.

[132] Zum Unterricht im Lesen, Schreiben und Latein vor allem in norddeutschen Frauenklöstern vgl. E. Schlotheuber, Klostereintritt und Bildung. Die Lebenswelt der Nonnen im späten Mittelalter (Spätmittelalter und Reformation NR 24), Tübingen 2004; dies., Ebstorf und seine Schülerinnen in der 2. Hälfte des 15. Jahrhunderts, in: Studien und Texte zur literarischen und materiellen Kultur der Frauenklöster im späten Mittelalter, hg. von F. Eisermann, E. Schlotheuber und V. Honemann (Studies in medieval and reformation thought 99), Leiden/Boston 2004, S. 169–221.

3. Gotische Schriften

finden sich die meisten individuellen Schriften, überwiegend auf einfacher Stilebene. Dieser Handschriftentyp der privaten Aufzeichnung in unkalligraphischer persönlicher Schrift gewann um 1480, nachdem sich das gedruckte Buch allgemein durchgesetzt hatte, immer mehr die Überhand über die aufwendig von Berufsschreibern hergestellten Textkopien. Zum individuellen Schrifttyp sind meist auch die vereinfacht-eiligen bis flüchtigen Gebrauchsschriften zu rechnen, die oft nur noch wenige Merkmale der Bastarda enthalten, sondern sich mit der Bevorzugung runder, weniger zeitaufwendiger Formen den Kursiven mehr oder weniger stark annähern. Solche Gebrauchsschriften wurden häufig im Universitäts- und Schulbereich verwendet; ihre Buchstabenformen untersuchte T. Frenz[133] anhand von Codices des Vocabularius Ex quo aus dem gesamten deutschen Sprachraum.

Überwiegend dem individuellen, seltener dem in einem Skriptorium erlernten Schrifttyp gehören die zahllosen, auch deutschsprachigen Codices an, die im 15. Jahrhundert wieder in vielen Klöstern geschrieben wurden. Die monastische Schreibtätigkeit war – vielerorts nach einem Stillstand in der 2. Hälfte des 14. Jahrhunderts – wieder neu belebt worden, vor allem durch die Reformbewegungen der Orden, die wie etwa bei den Benediktinern und Dominikanern seit dem Anfang des 15. Jahrhunderts von einem Kloster zum anderen weitergetragen wurden und sich auch auf die Verbreitung geistlicher lateinischer und deutscher Literatur[134] und auf die Erweiterung der Klosterbibliotheken auswirkten. Es versteht sich, daß nicht in jedem Konvent die Rückkehr zur streng befolgten Ordensregel Auswirkungen auf die Buchproduktion hatte. Ein bekanntes Beispiel ist jedoch das Nürnberger Katharinenkloster, dessen minimaler ursprünglicher Bücherbestand nach 1428 durch eigene lebhafte Schreibtätigkeit der Schwestern zu einer der größten deutschsprachigen Klosterbibliotheken des 15. Jahrhunderts erweitert wurde; in diesem Konvent ist anhand des reichlichen Materials auch eine Art Schreibschule zu erkennen, in der gleichzeitige Schreiberinnen einen einander sehr ähnlichen Schrifttyp verwenden, der sich mit der Schreibmode der Zeit wandelt.[135] A. Bruckner[136] schloß aus der Gleichartigkeit vieler Frauenschriften am Beispiel des Basler Dominikanerinnenklosters auf stilbildenden Schreibunterricht in den Novizinnenschulen mancher Frauenkonvente.

---

[133] T. Frenz, Gebrauchsschriften des 15. Jahrhunderts, in: Codices manuscripti 7 (1981), S. 14–30; vgl. auch G. Powitz, Modus scolipetarum et reportistarum. Pronuntiatio und die Studienkursive des 15. Jahrhunderts, in: Powitz, Handschriften und frühe Drucke S. 43–56.

[134] W. Williams-Krapp, Ordensreform und Literatur im 15. Jahrhundert, in: Jahrbuch der Oswald von Wolkenstein-Gesellschaft 4 (1986/87), S. 41–51; K. Graf, Ordensreform und Literatur in Augsburg während des 15. Jahrhunderts, in: Literarisches Leben in Augsburg (Anm. 127), S. 100–159.

[135] K. Schneider, Die deutschen mittelalterlichen Handschriften der Stadtbibliothek Nürnberg, Wiesbaden 1965, S. XV–XXXIII.

[136] A. Bruckner, Scriptoria medii aevi helvetica 12, Genf 1971, S. 34f.; ders., Zum Problem der Frauenhandschriften im Mittelalter, in: Aus Mittelalter und Neuzeit, FS für G. Kallen, hg. von J. Engel und H. M. Klinkenberg, Bonn 1957, S. 171–183; ders., Weibliche Schreibtätigkeit im schweizerischen Spätmittelalter, in: FS für B. Bischoff, hg. von J. Autenrieth und F. Brunhölzl, Stuttgart 1971, S. 441–448.

Im bayerischen Benediktinerkloster Tegernsee wuchs die reiche früh- und hochmittelalterliche Handschriftensammlung, die im 14. Jahrhundert vernachlässigt worden war, nach der Ordensreform nochmals um ein Drittel des bisherigen Bestandes, großenteils durch eigene Schreibtätigkeit. Darunter sind auch ca. 90 deutschsprachige Bücher für die Laienbrüder.[137] Eine paläographische Untersuchung steht noch aus; sie dürfte sich in allen den zahlreichen Fällen erübrigen, wo Ordensgeistliche in ihrer individuellen Gebrauchsschrift Bücher zum eigenen Bedarf abschrieben. Spezielle Schrifttypen pflegten dagegen manche der Skriptorien der Fraterherren und der Brüder vom gemeinsamen Leben in den Niederlanden und in Nordwestdeutschland, die einen Teil ihres Lebensunterhalts durch das Kopieren von Handschriften als bezahlten Auftragsarbeiten bestritten.[138] W. Oeser untersuchte die Schriften der Fraterherren von Münster und der Augustinerchorherren von Böddeken,[139] Monographien über weitere geistliche Skriptorien im 15. Jahrhundert erarbeitete J. P. Gumbert für die Utrechter Kartäuser; Charlotte Ziegler stellte den Schrifttyp des Zisterzienser-Skriptoriums von Zwettl vor,[140] der sich an der von P. Spunar bearbeiteten böhmischen Bastarda orientierte.

Einige wenige formale Veränderungen, deren erstes Auftreten sich zeitlich einigermaßen festlegen läßt, wurden zwar nicht von allen Schreibern übernommen, erscheinen aber doch in den unterschiedlichen kalligraphischen Stilebenen der Bastarda, so daß sie als allgemeine, zum Datieren geeignete Schriftentwicklungen gelten können. Dazu gehört in erster Linie die schleifenlose Bastarda. Die frühen Bastarden des deutschen Sprachraums bis etwa 1420 haben sämtlich die durchgezogenen Schleifen an den Oberschäften von b, h, l, k und am Schaft von d, die mit den Buchkursiven des 14. Jahrhunderts aufgekommen waren; diese frühen Bastarden weisen oft noch viel Ähnlichkeit mit den jüngeren Kursiven auf und erscheinen in zahlreichen Übergangsformen. Eine der auffälligsten Veränderungen der Bastarda ist das allmähliche Aufkommen der schleifenlosen Schäfte, die wie in der Textualis gerade oder sogar mit einem kleinen Anstrich geschrieben werden. Abb. 16 einer schwäbischen schleifenlosen Bastarda von 1435 aus

---

[137] C. Bauer, Geistliche Prosa im Kloster Tegernsee (MTU 107), Tübingen 1996, S. 136.
[138] Daß es sich bei diesen Auftragsarbeiten weniger um volkssprachige Handschriften für Laien, sondern überwiegend um Liturgica für geistliche Besteller handelte, wies T. Kock am Beispiel des Fraterhauses in Wesel nach: Theorie und Praxis der Laienlektüre im Einflußbereich der Devotio moderna, in: Laienlektüre und Buchmarkt im späten Mittelalter, hg. von T. Kock und R. Schlusemann (Gesellschaft, Kultur und Schrift. Germanistische Beiträge 5), Frankfurt/M. 1997, S. 199–220; ders., Die Buchkultur der Devotio moderna. Handschriftenproduktion, Literaturversorgung und Bibliotheksaufbau im Zeitalter des Medienwechsels. 2. überarb. und ergänzte Aufl. (Tradition – Reform – Innovation. Studien zur Modernität des Mittelalters Bd. 2) Frankfurt/M. u. a. 2002, hier: S. 17–53.
[139] W. Oeser, Die Brüder des gemeinsamen Lebens (Anm. 90), hier: S. 265–275; ders., Böddeken (Anm. 124) S. 390–408.
[140] Ziegler (Anm. 122) S. 122–128.

der verdeutschten Weltchronik des Martin von Troppau zeigt die geraden, verdickten Schäfte und die kleinen Aufstriche an b (Z. 2 *besaz*), l (Z. 7 *Templer*) und k (Z. 8 *kayser*).

Schleifenlose Bastarda erscheint in ersten vereinzelten Beispielen kurz vor 1420,[141] wird in den zwanziger Jahren häufiger und gewinnt vor allem in den Niederlanden und von dort in den deutschen Nordwesten ausstrahlend verbreitetere und konsequentere Verwendung als in anderen Ländern. Sie wird in der niederländischen paläographischen Forschung zu Recht als eine neue Schriftart bewertet, die zuerst I. G. Lieftinck in seinem Nomenklatursystem als ‚Hybrida' bezeichnete,[142] während er die Schleifenbastarda zu den Kursiven rechnete. Diese schleifenlose Bastarda verbreitete sich rasch in den Niederlanden und im nordwestlichen Deutschland; eine spezielle ‚Devotenbastarda' bildete sich in den Zentren der Windesheimer Reform aus,[143] sie wurde auch in einigen süddeutschen Augustinerchorherrenstiften geschrieben, die in der 2. Jahrhunderthälfte der Windesheimer Kongregation beitraten. Im übrigen deutschen Sprachgebiet konnte sich jedoch die schleifenlose Bastarda nicht so konsequent durchsetzen;[144] wenn auch hier frühe Belege einzelner schleifenloser Schäfte schon um 1420 festgestellt werden können,[145] so waren jedenfalls bis zur Jahrhundertmitte die Schleifenbastarden deutlich in der Überzahl,[146] und auch nach 1450 war, zumindest im süddeutschen Raum, die vorherrschende Form ein Nebeneinander von Schleifen und geraden Schäften in ein und dersel-

---

[141] Gumbert, Utrechter Kartäuser S. 251–253.
[142] G. I. Lieftinck, Manuscrits datés conservés dans les Pays-bas, Bd. I, Amsterdam 1964, S. XIV–XVII; in: Nomenclature S. 24 brauchte er zunächst noch die Bezeichnung ‚Bastarda'. ‚Hybrida' wird von den niederländischen Paläographen übernommen, vgl. J. P. Gumbert, Manuscrits datés conservés dans les Pay-bas, Bd. II, Leiden 1988, S. 23–33, mit vielen Abb.; ders. Utrechter Kartäuser, S. 278f.; P. Obbema, De opkomst van een nieuw schrifttype (Anm. 97), S. 69–76; Derolez S. 130–132, 163f.; vgl. dazu Steinmann 2004, S. 407–409.
[143] Bischoff S. 193 und Anm. 125; W. Oeser, Beobachtungen zur Entstehung und Verbreitung schlaufenloser Bastarda, in: Archiv für Diplomatik 38 (1992), S. 235–343, hier: S. 319–323, 327f.
[144] Das bestätigte Lieftinck in: Nomenclature S. 29 und Abb. 31; J. P. Gumbert, Nomenklatur als Gradnetz. Ein Versuch an spätmittelalterlichen Schriftformen, in: Codices manuscripti 1 (1975), S. 122–125, hier: S. 124. Vgl. auch Dat. Hss. München I, S. XXIV–XXVI mit oberdeutschen Beispielen.
[145] Z. B. in Wien Cod.2221* und 4250, Wien Cod.1419, vgl. Dat. Hss. Österreich II, Abb. 147,155; Cgm 531 v. J. 1420, vgl. Dat. Hss. München I, Abb. 50–51; Stuttgart HB IV 33, Isny 1429–30, vgl. Dat Hss. Stuttgart I, Abb. 43, 53, 54; Frankfurt/M. StB Ms. Barth.146 v. J. 1428, vgl. Dat. Hss. Frankfurt/M. Abb. 53; Ms. Carm.10, Heidelberg 1429, ebd. Abb. 56; Vorau Stiftsbibl. Cod. 1, Österreich 1425, vgl. Dat. Hss. Österreich VII, Abb. 156. Weitere Beispiele bei Oeser, Schlaufenlose Bastarda (Anm. 143) S. 314–317 u. ö.
[146] Auch Frenz (Anm. 133) S. 20f. stellt in einfachen Gebrauchsschriften schleifenlose Schäfte überwiegend erst in der 2. Jahrhunderthälfte fest.

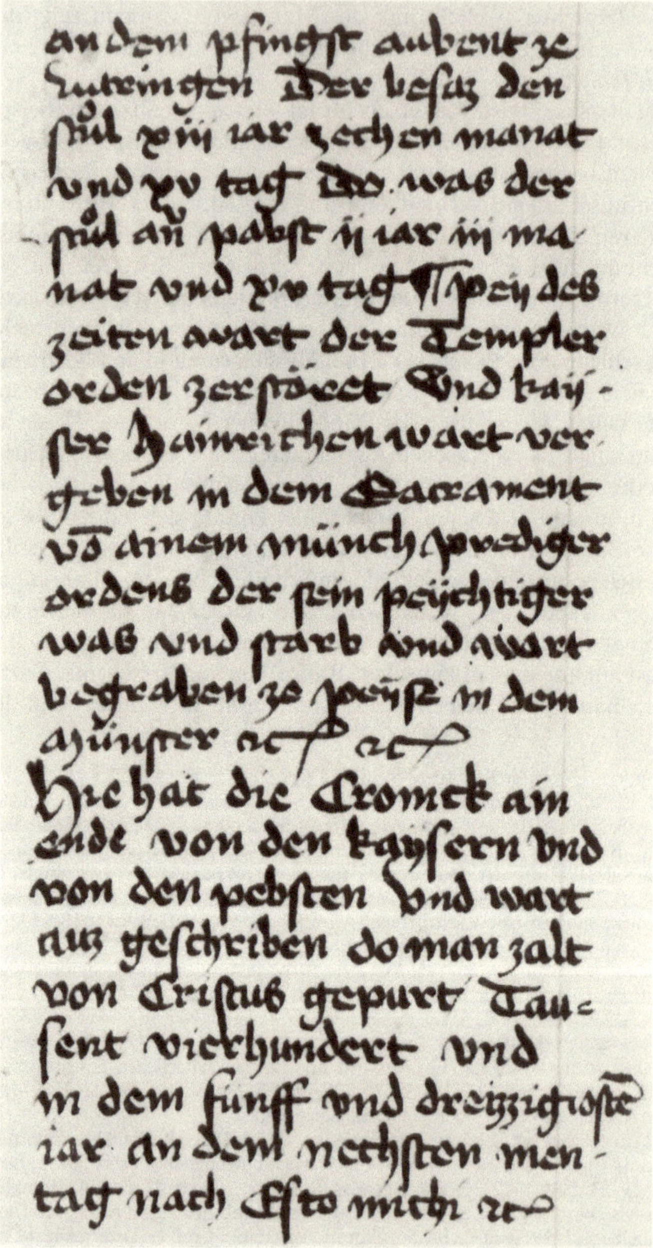

an dem pfinchst aubent ze
lutzingen Der besatz den
stul xx iij iar xzech en manat
vnd xv tag Do was der
stul an pabst ij iar iij ma
nat vnd xv tag ✠ pey des
zeiten wart der Templer
orden zerstöret Vnd kay-
ser haimreichen wart ver
geben in dem Sacrament
vō ainem münch predigen
ordens der sein peichtiger
was vnd starb vnd wart
begraben zo peyss in dem
ajünster ac ac
Hie hat die Cronck ain
ende von den kaysern vnd
von den pebsten vnd wart
auz geschriben do man zalt
von Cristus gepurt Tau-
sent vierhundert vnd
in dem funff vnd dreizzigiste
iar an dem nechsten men-
tag nach Esto michi ꝛc

Abb. 16: Schleifenlose Bastarda. Martin von Troppau, Chronik, deutsch. Cgm 316, Bl. 93r. Ostschwaben, 1435

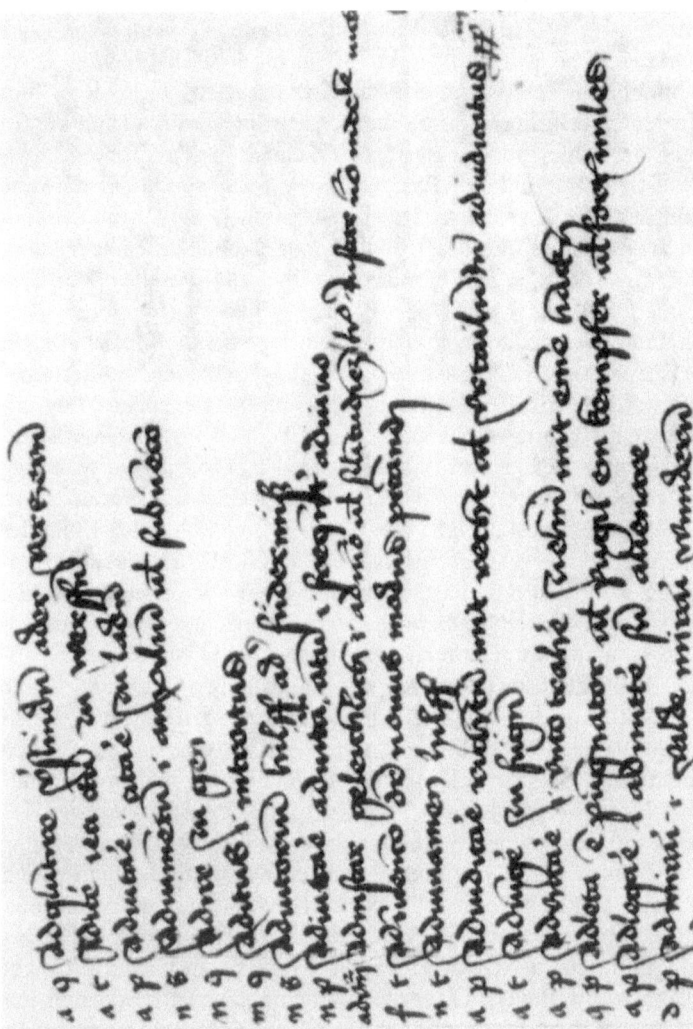

Abb. 17: Bastarda. Vocabularius Ex quo. Cgm 651, Bl. 145r. Ostbayern, 1444

ben Schrift (Abb. 17 Z. 15 l ohne und mit Schleife in *adleta, pugil*, Z. 17 d in *admirari, valde, wundern*).[147] Vor allem für deutschsprachige Texte wurde offenbar Bastarda mit Schleifen bevorzugt; doch fehlt es hier noch an Untersuchungen, durch die sich eventuelle Schwerpunkte im Gebrauch der schleifenlosen Bastarda erkennen lassen könnten. Festzuhalten ist vorerst, daß eine Bastarda mit durchgehend oder teilweise schleifenlosen, glatten Oberschäften im deutschen Sprachraum kaum vor den zwanziger Jahren des 15. Jahrhunderts entstanden sein kann, während umgekehrt die Schleifen an den Oberschäften allein kein Datierungsmerkmal sind.

Auch andere Veränderungen und neu aufkommende Formen, die an einzelnen Buchstaben der Bastarda im Lauf des 15. Jahrhunderts beobachtet werden können, sind noch nicht auf ausreichender Materialbasis systematisch untersucht worden und können hier nur als Beobachtungen unter Vorbehalt aufgeführt werden. Ob ihre Verwendung regional oder auf bestimmte soziale Schreiberschichten begrenzt war, bleibt noch nachzuprüfen; eine Aufgabe, die angesichts der Fülle des erhaltenen Materials sehr erschwert, im Ganzen für den einzelnen Paläographen wohl kaum zu leisten ist. Hier kann nur durch die Aufarbeitung vieler kleinerer Teilbereiche eine Übersicht erreicht werden, von der die Paläographie vorerst noch weit entfernt ist.

In der Schleifenbastarda hielten sich die Schlingen an v und w, die schon vor 1400 in der jüngeren Kursive aufgekommen waren,[148] im Süden nicht weit ins 2. Jahrhundertviertel hinein, wurden aber nördlich von Donau und Main noch länger verwendet und erscheinen von Böhmen über Nordbayern bis nach Frankfurt (Abb. 18 Z. 1 *truwerig*, Z. 3 *gewyssen*) und den Kölner Raum in zahlreichen Belegen.[149]

Das x-förmige r, das aus einem geraden Schaft und einem gleich großen, separat angesetzten c-förmigen Teil besteht, der Fahne und Fuß zugleich bildet, wurde offenbar vor allem in Bastarden auf höherem kalligraphischem Niveau verwendet. Diese Form blieb zwar nicht ausschließlich auf Bayern-Österreich, aber offenbar überwiegend auf

---

[147] Solche Übergangsformen beschreibt E. A. Overgaauw, Les hésitations des copistes devant la littera gothica hybrida pendant le deuxième quart du XVe siècle, in: Scribi e colofoni, hg. von E. Condello und G. De Gregorio, Spoleto 1995, S. 347–357 und Taf. I–VI; für den deutschen Südwesten konstatiert auch Overgaauw eine zunehmende Indifferenz der Schreiber gegenüber konsequent angewandten Regeln. In Böhmen blieb die Schleifenbastarda bis zum Jahrhundertende die vorherrschende Form, vgl. P. Spunar, L'évolution (Anm. 122) S. 4f.

[148] Vgl. oben S. 63.

[149] Z. B. Frankfurt/M. Ms. germ. fol. 2, Frankfurt 1440, vgl. Dat. Hss. Frankfurt/M. Abb. 89; Cgm 562, Raum Köln, Mitte 15. Jh.; Clm 8498, Kloster Marienforst bei Godesberg um 1460; ost-, nordbayerische und Nürnberger Beispiele vgl. Dat. Hss. München I, S. XXVI.

den oberdeutschen Raum begrenzt (Abb. 17 Z. 15 *pugnator, kempfer, fortis*).[150]

Das runde r wurde weiterhin zunehmend auch nach Buchstaben geschrieben, die nicht mit einer Rundung enden (Abb. 18 Z. 1 *fragte*, Z. 2 *dar*); selbst anlautend wurde gelegentlich, je nach Schreiberwillkür und -gewohnheit, die runde Form gewählt. Andere Schreiber verwenden das runde r nicht einmal nach o (Abb. 17 Z. 15 *pugnator*).

Für das Schluß-s waren in den Bastarden des 15. Jahrhunderts verschiedene Formen nebeneinander üblich, auch in Schriften der gleichen Hand: schon im 14. Jahrhundert war das brezelförmig-runde kursiv geschriebene s aufgekommen (Abb. 18 Z. 2 *was*), das in der Bastarda eine entsprechend zusammengesetzte Form mit geraden Rücken erhielt (‚Rücken-s', z. B. Abb. 17 Z. 6 *aditus*);[151] beide Formen ragen meist mehr oder weniger über die Mittelzone hinaus. Im 2. Jahrhundertviertel kommt zusätzlich eine weitere Form auf, ein meist in den Oberlängenbereich hinein überhöhtes rundes s, das vom unteren Halbbogen her beginnt und oft in der Mitte gebrochen oder geknickt wird; der Abschwung des Oberbogens kann wieder zur Zeile herunter verlängert werden (Abb. 17 Z. 15 *miles*).[152] Dieses neuartige Schluß-s war offenbar weder regional noch auf ein bestimmtes kalligraphischen Niveau begrenzt und erscheint neben den beiden anderen Formen in zahlreichen Schriften der 2. Jahrhunderthälfte.

In manchen Bastarden läßt sich vom 2. Jahrhundertviertel an eine deutliche Tendenz zur Verkürzung der f- und langen ſ-Schäfte beobachten, ebenso reicht der untere h-Bogen oft kaum mehr unter die Zeile (Abb. 17 Z. 14 *ziehen, hacken*). Etwa von der Jahrhundertmitte an weisen einzelne Schriften durchgezogene Schleifen an den unteren Bögen von h und z auf, mit denen der Folgebuchstabe kursiv angebunden wird (Abb. 18 Z. 2 *zu*, Z.6/7 *sicherlichen*).[153]

Von den zahlreichen einfacheren und mehr oder weniger individuellen Gebrauchsschriften innerhalb der Bastarda heben sich die Buchbastarden auf höherem kalligraphischem Niveau ab, die mit Kanzleischriften identisch oder von ihnen beeinflußt sind. Die oben aufgeführten modernen Formen lassen sich meist frühzeitig in diesen stilisierten, eingelernten, völlig ebenmäßigen Schriften nachweisen und es liegt nahe, ihre Entstehung in den Schriften der großen Kanzleien zu suchen. Erzeugnisse etwa der Reichskanzlei in der dort entwickelten

---

[150] Mazal, Buchkunst der Gotik S. 43; Derolez S. 150 mit Abb. 63; bayerische, schwäbische und westdeutsche Belege für x-förmiges r bis zur Jahrhundertmitte vgl. Dat. Hss. München I, S. XXVI f. und Anm. 53–54.
[151] Vgl. dazu Gumbert, Utrechter Kartäuser S. 227; Derolez S. 151.
[152] Belege bis 1450 vgl. Dat. Hss. München I, S. XXVII.
[153] Vgl. Dat. Hss. München I, S. XXVIII mit Beispielen.

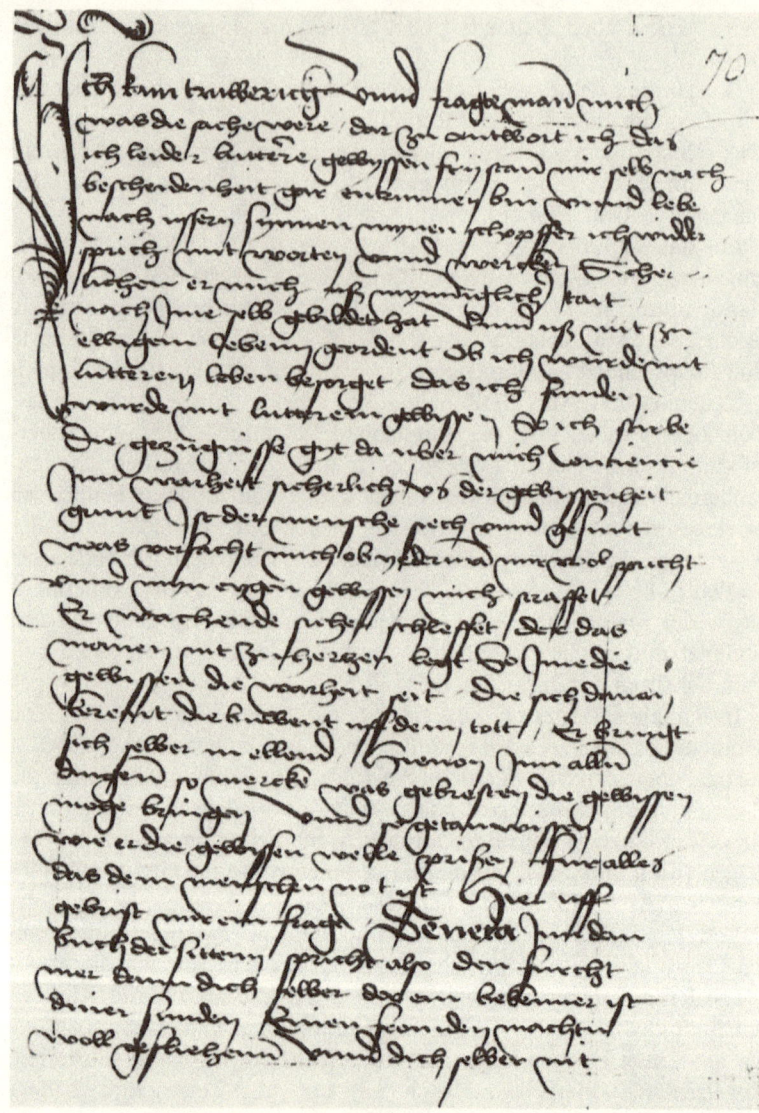

Abb. 18: Kanzleibastarda. Die sieben weisen Meister. Frankfurt/M. StB Ms. Praed. 91, Bl. 70r. Mittelrheinischer Raum, zwischen 1477–98

und gepflegten Urkundenschrift waren im 15. Jahrhundert über das gesamte Reich verbreitet und wirkten zweifellos vorbildlich auf andere Kanzleien weiter und mit dem Kanzleipersonal auf dessen gelegentlichen Nebenerwerb, die Handschriftenproduktion. Über die Schrift der Reichskanzlei im 15. Jahrhundert orientieren mehrere Untersuchungen,[154] während es schwieriger ist, sich einen Überblick über die Schrifttypen der verschiedenen landesherrlichen Kanzleien zu verschaffen. Allgemein pflegten die Kanzleien eine kalligraphisch stilisierte Bastarda, die überindividuell und absolut gleichmäßig ist. Kanzleischriften sind zumeist rechtsschräg ausgerichtet und bevorzugen, wie z. B. in der Reichskanzlei Friedrichs III. und Maximilians, Schleifen an den Oberschäften, kultivieren ausladende Anschwünge an vielen Majuskeln, die sog. ‚Elefantenrüssel' (vgl. Abb. 17 am anlautenden A, v und z; Abb. 18 Z. 1 *vnnd*) sowie Schlußbögen an manchen Wortenden. Besonders typisch sind die stark, meist in die folgende Zeile hinein verlängerten f und langen ſ, die am oberen Schaft anschwellen können und am Ende nadelspitz auslaufen. Alle diese Merkmale zeigt die zwischen 1477–98 im mittelrheinischen Raum entstandene Handschrift in Frankfurt/M. Ms. Praed. 91, Abb. 18;[155] der Schreiber der hier überlieferten ‚Sieben weisen Meister' war zweifellos hauptberuflich im Kanzleiwesen tätig und verwendete die erlernte Urkunden- und Verwaltungsschrift hier unverändert als Buchschrift.

Einen Versuch, die verwirrende Vielfalt der Bastarden des 15. Jahrhunderts übersichtlich zu ordnen, unternahm J. Kirchner mit seiner bekannten Einteilung dieser Schriften in regionale Stilarten.[156] Kirchners Aufgliederung in oberrheinische, schwäbische, bayerisch-österreichische, fränkische, Kölner und niederdeutsche Bastarden ist in der Folge in zahlreichen germanistischen Publikationen kaum hinterfragt übernommen worden, obwohl sie weniger auf erkennbaren objektiven Merkmalen als auf dem allgemeinen Gesamtaspekt der jeweiligen Schriftprobe beruht. Die als Belege beigegebenen Abbildungen zeigen vermischte zeit- und niveaubedingt unterschiedliche Schriften. Zumindest für die oberrheinischen, schwäbischen und bayerisch-österreichischen Bastarden können jetzt anhand des publizierten datierten Handschriftenmaterials aus Österreich und dem süddeutschen Raum zahlreiche Gegenbeispiele erbracht werden, die Kirchners Charakterisierung dieser regionalen Schrift-

---

[154] H. A. Genzsch, Kalligraphische Stilmerkmale in der Schrift der luxemburgisch-habsburgischen Reichskanzlei, in: MIÖG 45 (1931), S. 205–214 mit Abb.; A. Hessel, Die Schrift der Reichskanzlei seit dem Interregnum und die Entstehung der Fraktur, in: Nachrichten von der Gesellschaft der Wissenschaften zu Göttingen, phil.-hist. Kl., Fachgruppe II NF. II,3 (1937), S. 43–59, hier: S. 53–56.
[155] Dat. Hss. Frankfurt/M. Abb. 200–202.
[156] In: Crous-Kirchner S. 19–22 mit Abb. 31–51; ders., Handschriftenpraxis S. 22–24 mit Abb. 7–12; übernommen von Mazal, Buchkunst der Gotik S. 42f.; ders., Paläographie und Paläotypie (Anm. 98) S. 20f.; dazu Derolez S. 168f.

typen zumindest relativieren.[157] Tatsächlich häufig gebrauchte regionale Schrifttypen sind Kirchners fränkische, speziell Nürnberger Bastarda und die schleifenlose Kölner Bastarda, doch wurden auch in diesen Regionen daneben zahlreiche andersartige Schrifttypen verwendet. Die Gefahr bei der Übernahme von Kirchners Einteilung liegt in der Verallgemeinerung; diese regionalen Schrifttypen sind nicht absolut zu sehen, sondern als einzelne mögliche Ausprägungen, die in einigen Fällen tatsächlich vorherrschend, aber zeitlich begrenzt gebraucht wurden neben zahlreichen andersartigen Schrifttypen, wie sie in einem Zeitalter verschiedenster Individualitäten und großer Mobilität der Schreiber ganz verständlich sind.

Das oben angedeutete Versagen der paläographischen Hilfsmittel vor den zahllosen und vielfältigen Schrifttypen der späteren Bastarda muß auf dem gegenwärtigen Stand der Forschung vorerst akzeptiert werden.[158] Ebenso wie die Entstehungszeit uniformer oder individueller Bastarda der 2. Jahrhunderthälfte exakter und zuverlässiger durch das Wasserzeichen des Papiers einzugrenzen ist, wird die Lokalisierung einer deutschsprachigen Handschrift dieses Zeitraums in jedem Fall zutreffender durch die Analyse ihrer Schreibsprache als durch die oft fragwürdige Zuordnung zu einem regionalen Schrifttyp der Bastarda vorzunehmen sein.

3.7. Schriften in der Zeit des Frühdrucks

Fraktur

Aus der feierlichen Urkundenschrift der Kanzleien bildete sich um und nach der Jahrhundertmitte als hochkalligraphische Buchschrift die Fraktur aus,[159] eine sehr stilisierte Bastarda mit den stark verlängerten, an- und abschwellenden, ‚spindelförmigen' f und langen ſ, deutlichen Druckunterschieden, von rechts her oder mit Schleifen beginnenden Oberlängen und mit feinen Verzierungen durch Schnörkel und Anschwünge. Der Wiener Kanzleischreiber Wolfgang Spitzweg verwendete die Fraktur für die Lehrbücher des jungen Maximilian.[160] Der Ger-

---

[157] Dat. Hss. München I, S. XXIX–XXXII.
[158] Größere Klarheit können hier weitere Publikationen datierter und lokalisierter Handschriften aus Sammlungen mit provenienzmäßig geschlossenen Beständen schaffen; sie fehlen zur Zeit noch für das mittel- und norddeutsche Material.
[159] Bischoff S. 187f.; Mazal S. 122 und Abb. 33; ders., Buchkunst der Gotik S. 44f. und Abb. 38; Steinmann 2004 S. 408; Derolez S. 169–171 und Pl. 111, 116, 148, 150.
[160] Wien NB Cod.2368, undatiert, und ser. nova 2617 v. J. 1466/67, vgl. Dat. Hss. Österreich III, Abb. 284; H. Fichtenau, Die Lehrbücher Maximilians I. und die Anfänge der Frakturschrift, Hamburg 1961, mit Abb.; L. Boyer, Das Prunk-ABC-Buch für Maximilian I. Österreichs älteste Fibel. Eine pädagogisch-didaktische Studie, Wien 2004, mit Abb.; A. Haidinger, Mitteleuropäische Vorläufer der Gebetbuchfraktur Maximilians I., in: Régionalisme et internationalisme (Anm. 111), S. 189–199.

manist wird der Fraktur als Textschrift in deutschen Handschriften nur selten begegnen,[161] gelegentlich in kostbaren, illuminierten Gebetbüchern vom Ende des 15. und Anfang des 16. Jahrhunderts;[162] eher wird sie um die gleiche Zeit als Auszeichnungsschrift z. B. für Überschriften anstatt der üblicheren Textura verwendet. Frakturnahe Kanzleischriften erscheinen dagegen nicht selten im späteren 15. Jahrhundert als Buchschriften in deutschen Codices, meist in bescheideneren Exemplaren als dem aufwendigen Ambraser Heldenbuch.[163]

Humanistische und italianisierende Schriften

Die humanistischen und Renaissanceschriften, mit denen sich die Paläographie in jüngerer Zeit eingehend befaßt hat,[164] bleiben der lateinischen Literatur vorbehalten und erscheinen kaum in deutschen Handschriften. Die humanistische Schrift, die um 1400 in Florenz aufkam und sich im deutschsprachigen Raum seit dem späteren 15. Jahrhundert in Humanistenkreisen verbreitete, im 16. Jahrhundert dann von den Reformatoren verwendet wurde, geht vor die Gotik zurück und nimmt die Formen der karolingischen Minuskel des 11.–12. Jahrhunderts wieder auf, die sie weiter entwickelt: es werden wieder runde ungebrochene Buchstaben geschrieben und alte, in Textura wie Bastarda ausgestorbene Formen wie das aufrechte d, das g mit zwei voneinander abgesetzten Bögen oder die &-Ligatur wieder eingeführt. Speziell die in Deutschland entstandenen humanistischen Schriften zeigen vielfältige

---

[161] Z. B. in einem deutschen Psalter, Basel UB A N IV 6 v. J. 1485, vgl. Dat. Hss. Schweiz I, Abb. 591; im Münchner Weltgerichtsspiel, Cgm 4433, nicht vor 1510; in einer deutschen Benediktinerregel, Admont Stiftsbibl. 538, Admont 1503, vgl. Dat. Hss. Österreich VII, Abb. 341; Abb. auch bei P. Zahn, Nürnberger kalligraphische Fraktur 1493–1513 in Handschriften aus dem Besitz des Kirchenmeisters Sebald Schreyer, in: Historische Studien, Abt. Geschichtl. Hilfswissenschaften 15, FS für P. Acht, Kallmünz 1976, S. 295–304.

[162] Z. B. in einem deutschen illuminierten Stundenbuch v. J. 1493, St. Lambrecht Stiftsbibl. Hs. 433, vgl. Dat. Hss. Österreich VII, Abb. 336; Privatgebetbuch v. J. 1511 in St. Gallen Stiftsbibl. 488, vgl. Dat. Hss. Schweiz III, Abb. 548, oder in den Handschriften der Nürnberger Glockendon-Werkstatt, vgl. Crous-Kirchner S. 25 und Abb. 58.

[163] Wien ser. nova 2663, Pergamentcodex in Großfolioformat, zwischen 1504–1515/16 von dem Kanzlisten und Zöllner Johann Ried im Auftrag Maximilians geschrieben. Faksimile mit Kommentar von F. Unterkircher (Codices selecti 43), Graz 1973.

[164] Grundlegend: B. L. Ullman, The origin and development of humanistic script (Storia e letteratura 79), Rom 1960; G. Battelli, Nomenclature des écritures humanistiques, in: Nomenclature S. 35–44; M. Steinmann, Die lateinische Schrift zwischen Mittelalter und Humanismus, in: Paläographie 1981, S. 193–199; Derolez S. 176–181. Für den deutschsprachigen Raum: M. Steinmann, Die humanistische Schrift und die Anfänge des Humanismus in Basel, in: Archiv für Diplomatik 22 (1976), S. 376–437 und Taf. I–XXXII; H. Spilling, Handschriften des Augsburger Humanistenkreises, in: Renaissance- und Humanistenhandschriften, hg. von J. Autenrieth (Schriften des historischen Kollegs, Kolloquien 13), München 1988, S. 71–84.

Übergangserscheinungen und Vermischungen mit den gängigen gotischen Buchschriften.

Solche Beeinflussungen sind hie und da auch in deutschsprachigen Handschriften des späteren 15. Jahrhunderts festzustellen. Noch keine humanistische, sondern eine italianisierende Schrift war die von der italienischen Rotunda[165] stark beeinflußte Bastarda, die um und nach 1450 besonders von einigen Augsburger Schreibern verwendet wurde;[166] selbst reine Rotunda wurde vereinzelt in lateinischen Codices in Augsburg wie auch in den Klöstern Melk und Tegernsee geschrieben. Im frühen 16. Jahrhundert ersetzt mancherorts die Rotunda als hochwertige Schrift die bis dahin gebräuchliche Textura; sie wurde z. B. in St. Gallen für Liturgica verwendet.[167] Die handschriftliche Rotunda als Vorlage für die entsprechende Drucktype hat vor allem bei Inkunabelforschern Beachtung gefunden.[168] Einige dieser Augsburger Schreiber wie Heinrich Molitor oder Konrad Bollstatter gebrauchten als Auszeichnungsschrift anstelle der üblichen Textura eine Majuskelschrift, die von der ‚frühhumanistischen Kapitalis' der Epigraphik beeinflußt ist, wie sie auf Inschriften der Zeit vorkommt.[169]

In den ersten beiden Jahrzehnten nach Gutenbergs Druck der 42-zeiligen Bibel 1456 in Mainz ist zunächst wenig Einfluß der umwälzenden Erfindung auf die Handschriftenproduktion festzustellen. Während des 3. Viertels des 15. Jahrhundert wurden sogar mehr Handschriften als je zuvor geschrieben, mit einem Kulminationspunkt in den sechziger Jahren.[170] In den siebziger Jahren und deutlicher ab ca. 1480 ist zu erkennen, daß vor allem für viel gebrauchte oder populäre Standardwerke die Herstellung der handgeschriebenen Kopien schnell zurückgeht und an ihre Stelle, sprunghaft ins Massenhafte gesteigert und wesentlich billiger, die neuen gedruckten Ausgaben treten. T. Brandis legte auf umfänglicher Materialbasis dar,[171] daß sich die Schreib-

---

[165] Vgl. oben S. 39f.
[166] Schneider, Berufs- und Amateurschreiber (Anm. 127) S. 17–19.
[167] Vgl. B. von Scarpatetti, Dat. Hss. Schweiz III, Textbd. S. XXVI.
[168] C. Wehmer, Augsburger Schreiber aus der Frühzeit des Buchdrucks, Teil II, in: Beiträge zur Inkunabelkunde NF 2 (1938), S. 108–127, hier: S. 121–123; G. D. Hargreaves, Some characteristics and antecedents of the majuscules in 15th century german gotico-antiqua typography, in: Gutenberg-Jahrbuch 1986, S. 162–176, zur Augsburger Rotunda bes. S. 170f.
[169] Vgl. Deutsche Inschriften. Terminologie zur Schriftbeschreibung, Wiesbaden 1999, hier: S. 30.
[170] Vgl. dazu die Erhebungen von C. Bozzolo, D. Coq, E. Ornato, La production du livre en quelques pays d'Europe occidentale aux XIVe et XVe siècles, in: Scrittura e civilta 8 (1984), S. 129–159, besonders die Tabellen 2 und 4; Neddermeyer S. 309–314 und Tabelle 1a zum Ende des Manuskriptzeitalters; Die Gleichzeitigkeit von Handschrift und Buchdruck, hg. von G. Dicke und K. Grubmüller (Wolfenbütteler Mittelalter-Studien 16), Wiesbaden 2003.
[171] Die Handschrift zwischen Mittelalter und Neuzeit, in: Gutenberg-Jahrbuch 72 (1997) S. 27–57; ders., Handschriften- und Buchproduktion (Anm. 128), bes. S. 180–182, 189.

3. Gotische Schriften

arbeit für solche grundlegende und umfangreiche Texte nach 1480 kaum mehr lohnte, sich aber statt dessen auf die handschriftliche Überlieferung ungedruckter Texte meist kleineren Umfangs und auf Niederschriften zum Eigengebrauch verlagerte; typisch sind die zahlreichen in dieser Zeitspanne entstandenen deutschen privaten Gebetbücher. Von der gesamten im 15. Jahrhundert existierenden deutschsprachigen Literatur wurde in der Inkunabelzeit allerdings zunächst nur eine kleine Auswahl gedruckt, vorzugsweise Werke, die als Druck Erfolgsaussichten hatten.[172] Es scheint nicht, daß der Stand der Berufsschreiber von diesen Umwälzungen stark betroffen war; die meisten waren ohnehin hauptamtlich im Verwaltungsschreibbetrieb verankert, der eher noch weiter zunahm; nicht wenige fanden im Druckgewerbe neue Aufgaben als Rubrikatoren, Korrektoren oder direkt als Drucker.[173] Bekannt ist, daß die Druckoffizinen zunächst die gängigen Schriftarten Textura und Bastarda als Typen übernahmen.[174] Gedruckte und handschriftliche Faszikel werden in dieser Übergangszeit nicht selten in Sammelbänden zusammengestellt. Frühdrucke dienten gelegentlich als Vorlagen für handschriftliche Kopien, die vereinzelt sogar das Impressum unverändert übernahmen.[175]

Neben den anspruchslos geschriebenen Büchern, in denen noch ungedruckte Texte und Literatur aller Art zum privaten Gebrauch in einfachen späten Bastarden oder Kursiven zusammengetragen wurden, existierte aber auch noch im Zeitalter des Buchdrucks die Prachthandschrift als Luxusobjekt. Die Schrift solcher wertvoller Codices, meist Fraktur oder Kanzleischrift, wurde oft zu aufwendiger, kunstvoller Kalligraphie hochstilisiert, wie sie von den Schreibmeistern des frühen 16. Jahrhunderts kultiviert und in handschriftlichen wie gedruckten Lehrbüchern vermittelt wurde.[176] Schreibkünstler wie der Augsburger Benediktiner Leonhard Wagner beherrschten und erfanden zahlreiche kalligraphische Schriftvarianten.[177]

---

[172] Vgl. dazu H.-J. Koppitz, Zum Erfolg verurteilt. Auswirkungen der Erfindung des Buchdrucks auf die Überlieferung deutscher Texte bis zum Beginn des 16. Jahrhunderts, in: Gutenberg-Jahrbuch 55 (1980), S. 67–78.

[173] H.-J. Künast, Die Augsburger Frühdrucker und ihre Textauswahl, oder: Machten die Drucker die Schreiber arbeitslos? in: Literarisches Leben in Augsburg (Anm. 127) S. 47–57, bes. S. 47f.; U. Neddermeyer, Why were there no riots of the scribes? First results of a quantitative analysis of the book-production in the century of Gutenberg, in: Gazette 31 (1997), S. 1–8.

[174] O. Mazal, Paläographie und Paläotypie (Anm. 98), ab S. 31, mit weiterer Literatur.

[175] Z. B. Kopie des Drucks 1472 des Ehebüchleins von Albrecht von Eyb in Cgm 4358, Bl. 53v–139r mitsamt dem Impressum des Nürnberger Druckers Fritz Creußner. Vgl. auch M. Reeve, Manuscripts copied from printed books, in: Manuscripts in the fifty years after the invention of printing, ed. J. B. Trapp, London 1983, S. 12–20.

[176] Z. B. Cgm 4200, Schreiblehrbuch für Kanzleischriften eines Jacob Egloff, Bayern um 1510, vgl. K. Schneider, Ein Schreiblehrbuch des frühen 16. Jahrhunderts, in: Bibliotheksforum Bayern 22 (1994), S. 177–184; der bekannte Nürnberger Schreibmeister Johann Neudörffer d. Ä. veröffentlichte 1519 in Holzschnitt sein ‚Fundament' mit Musteralphabeten und 1538 die Schreiblehre ‚Gute Ordnung...zierlichs schreybens'; vgl. W. Doede, Schön schreiben eine Kunst, München 1988. Weitere Literatur zu Schreibmeistern bei Bischoff S. 327f.; T. Frenz in: H. Foerster, Abriß (Anm. 2) S. 274–278.

[177] Vgl. oben S. 56 und Anm. 99.

Auch zu Ende des 15. und im frühen 16. Jahrhundert, während der Regierungszeit Maximilians (1493–1519), die als Abgrenzung jedenfalls der deutschsprachigen spätmittelalterlichen gegen die frühneuzeitliche Literatur gesehen wird,[178] wurden in konservativen Kreisen deutsche Texte weiter abgeschrieben. Späte Schreibtätigkeit betrieben in dieser Zeit noch die Windesheimer und Bursfelder Reformkonvente; Johannes Trithemius, Humanist und Abt von Sponheim, gehörte zu den Befürwortern des handgeschriebenen Buchs mit seiner 1494 verfaßten, zu diesem Zeitpunkt schon anachronistischen Schrift ‚De laude scriptorum'.[179] Vor allem in vielen Frauenklöstern wurde auch zu Anfang des 16. Jahrhunderts die Schreibkunst intensiv weiter kultiviert. Die meisten dieser Frauen verwendeten zur Aufzeichnung älterer und zeitgenössischer Erbauungsliteratur und der oben erwähnten Gebetbücher die herkömmlichen Schriftarten Textualis und Bastarda in verschiedenen kalligraphischen Abstufungen, die sich oft nicht von den Schriften des 15. Jahrhunderts unterscheiden.[180] Auch außerhalb der Klöster war die gebräuchlichste Buchschrift für deutschsprachige Texte im 1. Jahrhundertviertel immer noch die Bastarda, auch in der zur Kursive hinneigenden vereinfachten individuell gefärbten Form.

Kurrentschrift

Eine aus der Kanzleibastarda entwickelte, im frühen 16. Jahrhundert neu aufkommende Schriftart ist schließlich die Kurrentschrift.[181] Wie diese flüssige, flache und breitgezogene kursive Schrift, die *correnndt*, im einzelnen geschrieben wurde, erläuterte anhand der einzelnen Buchstabenformen genau der Schreiblehrer Jacob Egloff (Abb. 19).[182] Es ist eine rechtsschräge Schrift mit Schleifen an den Oberlängen und den stark verlängerten f- und ſ-Schäften der älteren Kanzleibastarden, aber mit zahlreichen kursiv in einem einzigen Federzug geschriebenen Formen wie g, p oder rundem s; h und z haben durchgezogene Schlei-

---

[178] Vgl. K. Ruh, Vorwort zum ²VL 1, S. V.
[179] Hg. von K. Arnold (Mainfränkische Hefte 60), Würzburg 1973.
[180] Z. B. die Terziarinnen des Pütrich-Regelhauses in München, die im 1. Jahrhundertviertel zeitgenössische franziskanische Literatur ebenso wie ältere Werke (Trudperter Hoheslied, Buch von geistlicher Armut) in jeweils mehreren Exemplaren kopierten; die Straßburger Dominikanerinnen von St. Nicolaus in undis, vgl. H. Hornung, Der Handschriftensammler Daniel Sudermann und die Bibliothek des Straßburger Klosters St. Nicolaus in undis, in: Zeitschrift für die Geschichte des Oberrheins 107 (1959), S. 385–397, hier: S. 394 und Abb. 3; späte Schreibtätigkeit auch in Schweizer Dominikanerinnenklöstern (St. Gallen Katharinenkloster, Bern Inselkloster) vgl. B. von Scarpatetti in: Dat. Hss. Schweiz Bd. III, Textbd. S. XXII, XXVII.
[181] Crous-Kirchner S. 24f. und Abb. 54–56; Mazal S. 133 und Abb. 41; Beck, Die archivalischen Quellen (Anm. 15) S. 193; T. Tacenko, Zur Geschichte der deutschen Kursive im 16. Jahrhundert, in: Archiv für Diplomatik 38 (1992), S. 357–380, hier bes. S. 362–371, mit Übersichtstafel der Buchstabenformen S. 380; T. Frenz in: H. Foerster, Abriss (Anm. 2) S. 279 f.
[182] Vgl. oben Anm. 176.

3. Gotische Schriften

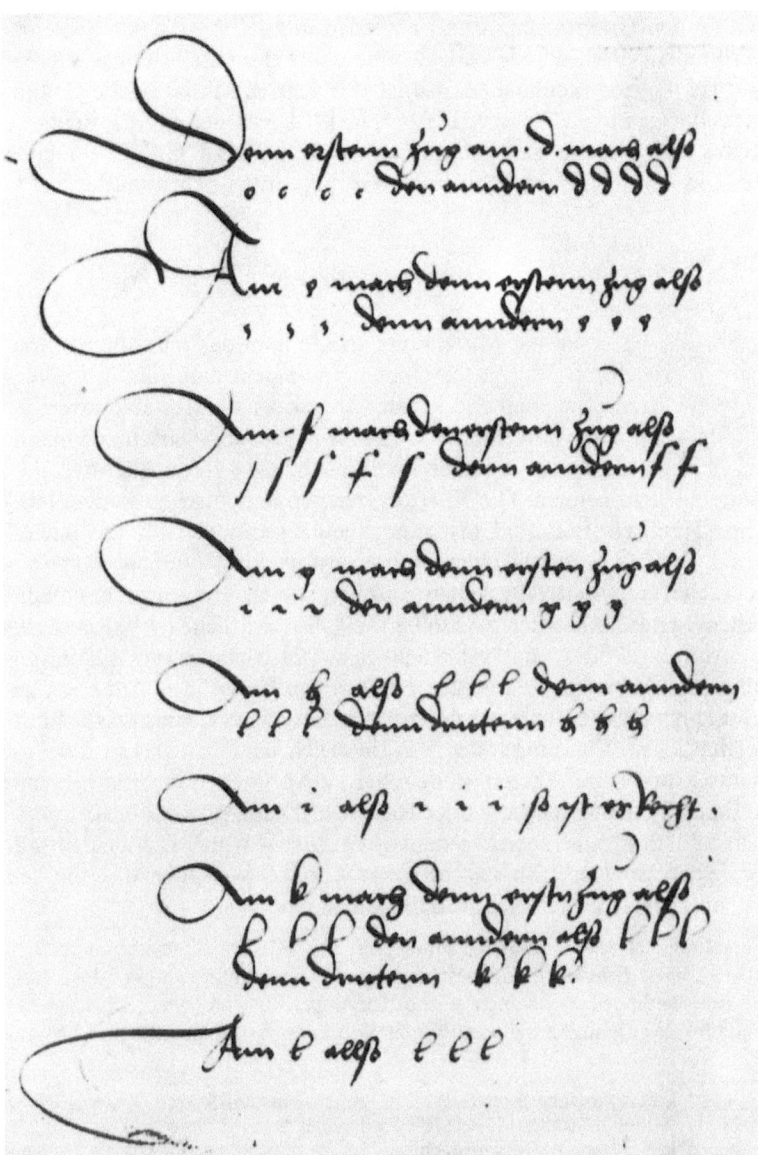

Abb. 19: Kurrentschrift. Jakob Egloff, Schreiblehrbuch. Cgm 4200, Bl. 13r. Bayern, um 1510

fen an den Unterbögen, a und r werden in zwei mit kleinen Schleifen verbundene Bestandteile zerlegt, eine charakteristische Form hat das wie geknüpft wirkende e (Z. 3–4). Diese Kurrentschrift ist die Grundlage der späteren Schriften des 17.–19. Jahrhunderts für deutsche Texte, deren letzte Entwicklungsstufe noch bis zu ihrer Aufhebung 1941 in den deutschen Schulen als Grundschrift gelehrt wurde.

4. Abkürzungen

Während des gesamten Mittelalters suchte man das mühsame Schreiben zu erleichtern oder zu beschleunigen, indem man häufig verwendete Buchstabengruppen und Wörter mehr oder weniger abkürzte oder durch bestimmte konventionelle Zeichen ersetzte. Zum Lesen handschriftlicher Texte ist es daher unerläßlich, die gebräuchlichsten Abkürzungen zu kennen. Die Kürzungszeichen in deutschen mittelalterlichen Handschriften sind fast ausschließlich von den für die lateinischen Schriften entwickelten Abbreviaturen übernommen. Das Wesentliche zum mittelalterlichen Kürzungswesen vor allem in lateinischen Texten findet sich zusammen mit übersichtlichen Abkürzungslisten bei Bischoff;[183] das gebräuchlichste Nachschlagewerk für mittelalterliche Abbreviaturen ist das Lexikon von Cappelli.[184] Auf stark gekürzte lateinische Texte, zu deren Auflösung gute Kenntnisse des mittelalterlichen Kürzungssystems erforderlich sind, trifft man auch in deutschsprachigen Texten nicht selten, etwa in Predigtperikopen und anderen Texteinsprengseln oder Randbemerkungen, auch in Kolophonen und Besitzeinträgen. In deutschen Texten wurden jedoch im allgemeinen weniger Abbreviaturen verwendet, die sich in den meisten Fällen auch sehr viel leichter auflösen lassen.

Verständlicherweise nimmt die Häufigkeit von Abkürzungen mit sinkendem Niveau einer Schrift zu: ein beschleunigtes Schreibtempo und sorglose Ausführung bedingen meist auch starke Kürzungen. In geformten Schriften auf hohem kalligraphischem Niveau finden sich meist fast keine oder nur die gän-

---

[183] S. 202–210, Abkürzungslisten S. 211–223, weitere Literatur S. 328 f.; vgl. auch Boyle Nr. 1762–1795; Mazal S. 140–144, S. 275; Derolez S. 66–68, 96–99, 115 f., 187 f. Zu den Abbreviaturen in deutschsprachigen Texten vgl. J. Römer, Geschichte der Kürzungen. Abbreviaturen in deutschsprachigen Texten des Mittelalters und der Frühen Neuzeit (Göppinger Arbeiten zur Germanistik 645), 1997; der Verfasser hat vorwiegend Urkundenmaterial unter Verwendung von EDV statistisch ausgewertet.

[184] A. Cappelli, Lexicon abbreviaturarum. Dizionario di abbreviature latine ed italiane, 5. Aufl. Milano 1954; vgl. auch P. A. Grun, Schlüssel zu alten und neuen Abkürzungen (Grundriß der Genealogie 6), Limburg/L. 1966, der vor allem für die neueren Abbreviaturen vom 15. Jahrhundert an über Cappelli hinausreicht. Eine Datenbank lateinischer Abbreviaturen erstellte O. Pluta: Abbreviationes, Turnhout 1996.

4. Abkürzungen

gigsten Abbreviaturen. Die Kürzungen, die in der karolingischen Minuskel gebraucht wurden, sind relativ überschaubar und folgen überwiegend festen Regeln; deutsche in dieser Schriftart aufgezeichnete Sprachdenkmäler enthalten, wenn überhaupt, nur wenige Abkürzungen (vgl. Abb. 1, 3 und den deutschen Text in Abb. 2). Die Blütezeit der lateinischen Abbreviaturen fällt in das 13. und 14. Jahrhundert, als das wissenschaftliche Schrifttum an den Universitäten an Vielfalt und Umfang zunahm und sich die Produktion lateinischer scholastischer, juristischer und medizinischer Handschriften stark steigerte. Vor allem die Berufsschreiber suchten Zeitersparnis beim Kopieren durch dichtere Verwendung von immer kürzeren, auch individuellen Abbreviaturen;[185] extreme Kürzungen gebrauchten auch die Hörer von lateinischen Universitätsvorlesungen und Predigten für ihre mitgeschriebenen Notizen.[186] Die stark gekürzten Texte waren schon damals nur für Spezialisten verständlich, für einzelne Texte erstellte man bereits im Mittelalter Abkürzungslisten als Lesehilfe, z.B. entstand für juristische Texte um 1450 der ‚Modus legendi abbreviaturas in utroque iure'.[187] Die wichtigsten Abkürzungszeichen wurden z.B. in spätmittelalterlichen Schulbüchern im Anschluß an das Alphabet gelehrt.[188] In deutschen Texten vor allem des 13. und 14. Jahrhunderts wurden Abkürzungen dagegen sehr eingeschränkt verwendet,[189] wenige und nur die gängigsten Abbreviaturen finden sich in den Codices weltlicher Literatur, etwa in Epen- oder Liederhandschriften für einen vorwiegend lateinunkundigen laikalen Rezipientenkreis, während volkssprachige geistliche Prosatexte zum Gebrauch für Kleriker, etwa pastorale Handbücher, oft stärkere Verwendung von Abbreviaturen zeigen, die den Benützern aus dem lateinischen Schrifttum vertraut waren.[190]

Zu den geläufigsten Kürzungszeichen, die auch in deutschen Handschriften bis zum Ende des Mittelalters und darüber hinaus gebraucht wurden, gehört in erster Linie der Nasalstrich.[191] Ein waagrechter Strich über einem Buchstaben zeigt an, daß nachfolgend m oder n zu ergänzen ist (Abb. 7 Z. 6 *enpfolhē*; Abb. 10 Z. 14 *uñe*). Der Nasalstrich kann auch eine geschwungene oder gebogene Form annehmen; seit

---

[185] Vgl. dazu E. Poulle, L'écriture latine au moyen âge, in: L'écriture: Le cerveau, l'oeil et la main, hg. von C. Sirat, J. Irigoin und E. Poulle (Bibliologia 10), Turnhout 1990, S. 335–341, hier: S. 336–338.
[186] M. B. Parkes, Tachygraphy in the middle ages, in: ders., Scribes, scripts and readers. Studies in the communication, presentation and dissemination of medieval texts, London 1991, S. 19–33.
[187] Boyle Nr. 1762.
[188] Bischoff S. 60 Anm. 12; handschriftliche Überlieferung von Alphabeten, die als 24.–25. Zeichen die Abbreviaturen von et und con enthalten, vgl. B. Bischoff, Ostertagtexte und Intervalltafeln, in: Historisches Jahrbuch 60 (1940), S. 549–580, hier: S. 553f. Anm. 28 und S. 557; solche Abbreviaturen wurden vereinzelt auch zur Lagenbezeichnung verwendet, wenn das Alphabet dafür nicht ausreichte, Beispiele bei Gumbert, Utrechter Kartäuser S. 81 und 135 Anm. 4.
[189] Bischoff S. 208f.
[190] Vgl. auch Römer (Anm. 183) S. 140f., 143, 156.
[191] Römer (Anm. 183) S. 43–46, 73–86 und Abb. 29–70.

dem Ende des 13. Jahrhunderts kann er im Zuge kursiven Schreibens an den letzten Buchstaben angebunden werden.[192] Schon im 13. Jahrhundert und nachfolgend zunehmend häufiger steht der Strich jedoch nicht ausschließlich für m und n, sondern kann über dem ausgeschriebenen Nasal auch zu e aufgelöst werden (Abb. 14 Z. 1 *verschmahñ*);[193] der Strich kann auch für den bairisch-österreichische Sproßvokal e stehen in Schreibungen wie *chorñ*, *zorñ*, *Berñhart*. Ein Kürzungsstrich, der keinen Nasal bedeutet, steht für e auch in Schreibungen wie *chindl̄*, *edl̄*, *apfl̄*, *himl̄*. Im späteren 15. Jahrhundert mit zunehmender Neigung zu Konsonantenverdoppelung werden Nasalstriche häufig über m und n gesetzt (*iñ*, *sageñ*, *kam̃*). Oft ist nicht leicht zu entscheiden, ob der Nasalstrich als e oder als verdoppeltes n aufzulösen ist, wenn der Text nicht die gleichen Wörter in ungekürzter Form zum Vergleich enthält.[194]

Ebenso häufig wie der Nasalstrich wurde die er-Kürzung durch hochgestellten Haken verwendet (Abb. 7 Z. 1 *d'*, Z. 4 *all'*),[195] der zunächst als gewellter Strich, seit dem 12. Jahrhundert s-förmig über oder hinter dem betreffenden Buchstaben stand. Seine Form änderte sich mit zunehmender Gotisierung der Schrift und konnte seit der 2. Hälfte des 13. Jahrhunderts zeitgemäß gebrochen werden,[196] auch wie der Nasalstrich kursiv an den letzten Buchstaben angebunden werden. Im 15. Jahrhundert nahm diese Kürzung weitere individuelle Formen an. In dieser Zeit steht das Zeichen auch nicht nur für -er, sondern kann verschiedene Bedeutungen haben, z. B. ri (*p'nget*, *p'ester*, *t'nkchen*), zu ergänzendes e (*ain'r*, *unser'n*, *herr'*), häufig steht er für einfaches r (*Ma'ia*, *vo'*, *ve'se't*, *o'denlich*).

Eine weitere in deutschen Handschriften vor allem des 13. und 14. Jahrhunderts verwendete Abbreviatur ist die r-Kürzung durch Hochstellen des Folgevokals: dem kleinen hochgestellten Vokal ist ergänzend ein r voraus- oder nachzustellen.[197] Diese Kürzung gilt zunächst für verschiedene Vokale nach r (*sp^{e}chen*, *gesc^{i}ben*, *t^{i}wen*, *gesp^{o}chen*), reduziert sich aber vor allem im 15. Jahrhundert fast ausschließlich auf die ra-Verbindung, häufig in den Worten *sp^{a}ch*, *sp^{a}chen*. Das kleine hochgestellte a wurde schon im 14. Jahrhundert immer stär-

---

[192] Bischoff S. 208; Schneider, Got. Schriften I, S. 212; Römer (Anm. 183) S. 82–86, 99 und Abb. 71, 78–90, 167–170.
[193] Römer (Anm. 183) S. 46.
[194] H. Menhardt löste solche Abbreviaturen wie *geschribñ* im Wiener Handschriftenkatalog (S. 20 Anm. 8, dort S. 28) nicht auf, da sie möglicherweise die so gesprochene Silbe wiedergeben.
[195] Römer (Anm. 183) S. 41–43, 69–73 und Abb. 1–28 verschiedener Formen.
[196] Schneider, Got. Schriften I, S. 205 u. ö.
[197] Römer (Anm. 183) S. 47–50, 87–94, Abb. 95–170, dort weitere Auflösungsmöglichkeiten.

ker vereinfacht und degenerierte schließlich zu einer Wellenlinie, deren ursprüngliche Form nicht mehr erkennbar ist.[198]

Viel verwendet wurden auch in deutschen Texten die Nomina sacra-Kürzungen *ds = deus, dns = dominus, scs = sanctus, sps = spiritus* und vor allem *Ihc* (Abb. 10 Z. 1), *Ihs = Jesus* und *Xpc, Xps = Christus*,[199] die zum Teil aus frühchristlicher Zeit stammen; sie sind durch Kontraktion gebildet, indem Buchstaben im Wortinneren weggelassen werden. Analog zu diesen Nomina sacra wurden im Mittelalter weitere Kürzungen von Wörtern aus dem kirchlichen Bereich gebildet wie *aps = apostolus, eps = episcopus, eccla = ecclesia*; Kontraktionen wie *Johes = Johannes, Jrlm, Jhrlm = Jerusalem* oder *Isrl = Israel* stehen auch in deutschen Texten nicht selten. Vor allem für „Jesus Christus" kommen in den spätmittelalterlichen Handschriften verschiedene Schreibungen nebeneinander vor: die ursprünglich griechische Kürzung *Ihc Xpc* aus den griechischen Buchstaben Jota, Eta, Sigma bzw. Chi, Rho und Sigma gebildet; halb latinisiert wird das Sigma am Schluß durch s ersetzt in *Jhs Xps*; daneben erscheinen häufig halb oder ganz aufgelöste Schreibungen wie *Jhus* und *Jhesus*, in denen das h unverstanden aus dem griechischen Eta übernommen wurde.[200] Die Endungen dieser Nomina sacra sind veränderlich und können dem jeweiligen Numerus und Casus angepaßt werden (*anno dni, sca, sci, Xpi, Xpo, Xpe, Ihu*; Abb. 2 Z. 9 *sci Johis*), auch deutsche Endungen können angehängt werden (*xpenlich* für *cristenlich*).

Einzelne gängige Kürzungszeichen des lateinischen Schriftwesens sind auch in deutschsprachige Handschriften eingegangen: es sind die viel verwendeten Zeichen für die Vorsilben per, prae, pro und con, für die Nachsilben -ur, -us und -et, die auch auf entsprechende Silben in deutschen Wörtern übertragen wurden. So kann *p* (per) nicht nur in Fremdwörtern wie *pson, vesp, getempiert*, sondern auch für die Nachsilbe -bar mit bairischer Anlautverhärtung stehen (*streytp, achp, danckpchayt*), im 13. Jahrhundert erscheint in der höfischen Epik nicht selten die Kürzung *halspge*. Gleiches gilt für das Kürzungshäkchen für -ur, das in eingedeutschten Wörtern *fig², nat², creat²*, aber auch in *d²ch, antw²ten* (Abb. 11 Z. 4 f.) verwendet werden kann, und für die -us-Kürzung, die für lateinische Namensendungen *Mathe⁹, Boeci⁹* wie für die deutsche Nachsilbe -nus (*gefänkn⁹*) gebraucht wird.

Das häufige deutsche Wort *und, unde* wird schon seit dem 12. Jahrhundert analog zu dem gleichlautenden lateinischen ‚unde' oft als *uñ*

---
[198] Die Entwicklung ist bei Römer (Anm. 183) S. 91 f. in Abb. 117-124 dargestellt.
[199] Literatur vgl. Boyle Nr. 1792-1795.
[200] Auf die irrtümlich zu *Jhesus* aufgelöste Schreibung machte E. Lüders aufmerksam: Über die Abbreviatur von Jesus Christus in den mittelalterlichen Handschriften, in: Studia Neophilologica 43 (1971), S. 375 f.

mit Nasalstrich geschrieben, daneben aber auch in der ungekürzten Form (Abb. 5 Z. 4 *uñ, unt*).[201]

Nicht ganz unproblematisch zu erkennen und aufzulösen sind die Kürzungszeichen in Form eines geschwänzten z an Wortenden; sie stehen schon seit dem Ende des 13. und im 14. Jahrhundert für -et (Abb. 10 Z. 17 *houbʒ*).[202] Im 15. Jahrhundert galt ein gleichförmiges Zeichen aber auch als -m (*aineʒ, meineʒ, deʒ*). Langes s mit angehängtem unter die Zeile reichendem Bogen, das sich leicht in ß verlesen läßt und auch oft direkt als solches geschrieben wird, kommt offenbar erst seit dem späteren 14. Jahrhundert für die Nachsilbe -ser auf (häufig in *unß* = unser, auch *waſß* = wasser, *kayß* = kayser, *diß* = diser, *grosß* = grosser u. ö.).[203]

Eine nur in deutschen Texten gebräuchliche eigenständige Kürzung entstand im 13. Jahrhundert für das häufige Wort *daz*: an das runde d wurde ein c-ähnlicher kleiner Haken angehängt, dessen Bedeutung allerdings ungeklärt ist; die dc-Transkription ist an sich nicht korrekt und nur ein Notbehelf.[204] Diese Abbreviatur wurde seit dem 1. Viertel des 13. Jahrhunderts in alemannischen und schwäbischen Handschriften gebraucht und verbreitete sich nur vereinzelt über die alemannischen Randgebiete hinaus; sie wurde gelegentlich aus südwestdeutschen Vorlagen in Handschriften anderer Sprachräume übernommen. Um die Jahrhundertmitte wurde die Schreibung auch auf die Worte *swc* = swaz und *bc* = baz ausgedehnt, im frühen 14. Jahrhundert speziell im Raum Zürich gehäuft bei fast allen auf -az endenden Wörtern angewendet wie *lc, vergc*;[205] an anderen Orten des südwestdeutschen Sprachraums wie Konstanz oder Augsburg wurde diese Kürzung offenbar geradezu gemieden. Sie wurde seit dem 2. Viertel des 14. Jahrhunderts allmählich durch die Schreibung *dz, wz* ersetzt, die im 15. Jahrhundert üblich war.[206]

Stärkere Kürzungen häufig gebrauchter Wörter und Wortgruppen handhaben manche Schreiber individuell; schon in der Handschrift der ‚Roth'schen Predigten‘ aus dem 1. Viertel des 13. Jahrhunderts (Cgm 5256) wird die Anrede *mine fil lieben* zu *m f l*, *heilig* zu *heil'*,

---

[201] Römer (Anm. 183) S. 50–57.
[202] Vgl. Römer (Anm. 183) S. 107, Abb. 195f., 199–202; Schneider, Got. Schriften II, S. 37f. u.ö.
[203] Zu den entsprechenden lateinischen Abbreviaturen für -er und -et vgl. Bischoff S. 211. Zur ß-förmigen Kürzung Römer (Anm. 183) S. 113 und Abb. 226.
[204] Dazu D. Haacke, Studien zur Orthographie der deutschsprachigen Originalurkunden, in: PBB 84 (Tüb.1962), S. 184–244; Schneider, Got. Schriften I, S. 102f. u.ö.; Römer (Anm. 183) S. 118f. und Abb. 282, 287.
[205] In der St. Galler Handschrift der Weltchronik des Rudolf von Ems (Ms. Vad.302), auch in Zürcher Urkunden, vgl. K. Schneider, in: Kommentar zum Faksimile des Ms. 302 Vad. Luzern 1987, S. 38; dies., Got. Schriften II, S. 64.
[206] Römer (Anm. 183) S. 120 und Abb. 289–292; Schneider, Got. Schriften II, S. 131 u.ö.

almahtig zu *alm'* verkürzt. Im späteren 15. Jahrhundert wird nicht selten durch Suspension gekürzt: die unvollständigen Wörter enden in einem Schnörkel oder mit einem Punkt (*dürftik⌒, himelr⌒, gieng⌒, vind~*; *Aug.* für Augustinus). Aus dem Urkundenwesen stammen Kürzungen wie *geñt, vorḡn* für genant, vorgenannt. Was hier zu ergänzen ist, ergibt sich jeweils aus dem Kontext.[207]

5. Interpunktion

Die Satzzeichen, die in den mittelalterlichen Handschriften verwendet wurden, um Sätze, Satzteile oder Textabschnitte voneinander zu trennen, dienten im lateinischen Schriftwesen des frühen und hohen Mittelalters in erster Linie zur rhetorischen Gliederung; sie halfen vor allem bei der liturgischen Rezitation oder den monastischen Tischlesungen dem Vorleser, die Einteilung des Textes in Spracheinheiten zu überblicken, oder machten ihm bei Versen die Metrik erkennbar. Dafür hatte sich schon in der karolingischen Minuskel ein Repertoire an Satzzeichen herausgebildet: das meist gebrauchte Zeichen war der Punkt zu Satzschluß, gefolgt von einer Majuskel; für kleinere Pausen wurde der Punkt mit einem darübergesetzten Schrägstrich, der ‚punctus elevatus' oder Strichpunkt verwendet. Das Fragezeichen war in seiner aufwärts geschwungenen Form einer Neume nachgebildet und zeigte einen musikalischen Wert, das Heben der Stimme am Ende eines Fragesatzes an.[208] Feste konsequent angewandte Interpunktionsregeln gab es jedoch nur für kleine Teilbereiche, etwa für die Zisterzienserhandschriften des 12. Jahrhunderts; auch die Kartäuser pflegten ein eigenes Interpunktionssystem.[209] Erst vom Ende des 15. Jahrhunderts stammt ein kurzer ‚Modus punctuandi', der Regeln zur Verwendung von Satzzeichen in deutschen Texten enthält (Wien NB Cod.3502, Bl. 171r–v).

In den zur eigenen Lektüre, nicht zur Vorlesung bestimmten lateinischen Codices wie auch in den nicht liturgischen deutschen Schriftdenkmälern kam man dagegen mit bedeutend weniger Interpunktionszeichen aus. Meist blieb die Zeichensetzung überwiegend auf den Punkt beschränkt, der meist leicht über der Zeile hochgestellt wurde (Abb. 2 u. ö.); er diente zur Kennzeichnung von kleineren wie größeren

---

[207] Beispiele bei Römer (Anm. 183) S. 113–118 und Abb. 229–280.
[208] Allgemein zur mittelalterlichen Interpunktion vor allem im lateinischen Schriftwesen: Bischoff S. 224–226, weitere Literatur S. 329; Boyle Nr. 1735–1740; Mazal S. 144–146, S. 275f.; Derolez S. 185–187; J. Vezin, La ponctuation aux XIIIe, XIVe et XVe siècles, in: Mise en page S. 443–445; M. B. Parkes, Pause and Effect. An introduction to the history of punctuation in the West, Cambridge 1992; S. 301–307 eine Liste der Interpunktionszeichen mit Erklärung.
[209] Gumbert, Utrechter Kartäuser S. 159–169.

Sinnesabschnitten und bezeichnete auch das jeweilige Ende der anfänglich noch fortlaufend geschriebenen Verse; diese Reimpunkte wurden auch in die frühen Handschriften mit abgesetzten Versen zunächst übernommen (Abb. 6), im Lauf des 14. Jahrhunderts aber nach und nach aufgegeben (Abb. 8–9). In den frühen deutschen Handschriften aus dem klerikalen Bereich, etwa deutschen Predigten, sind auch Punctus elevatus (Abb. 4 Z. 17) und Fragezeichen als Vortragshilfe verwendet worden.[210] Volkssprachige Codices für ein laikales Publikum weisen meist eine geringere Gliederung durch Satzzeichen auf,[211] die sich überwiegend auf den Punkt beschränkt; er war im 14. Jahrhundert das am meisten gebrauchte Satzzeichen. Daneben kam vereinzelt zu Ende des 13. Jahrhunderts,[212] gehäufter aber erst im 14. Jahrhundert der Schrägstrich zur Abtrennung von Satzteilen und Sätzen auf (Abb. 13), der im 15. Jahrhundert zunehmend auch zur feineren Gliederung anstelle des Punktes gebraucht wurde und selbst anstatt der alten Reimpunkte verwendet werden konnte (Abb. 15).

Der Satzanfang wurde meist mit einem Majuskelbuchstaben gekennzeichnet, den der Rubrikator gegebenenfalls durch rote Strichelung hervorhob; Abschnitts- oder Kapitelbeginn konnte durch Initialen verschiedener Art, je nach Unterteilung des Textes hierarchisch gestaffelt, kenntlich gemacht werden (dazu vgl. unten Buchschmuck). Zur Untergliederung von Textabschnitten verwendete man das Paragraphenzeichen (Abb. 16 Z. 6),[213] das sich aus einem Majuskel-C für ‚capitulum'

---

[210] Zur Interpunktion in deutschen Handschriften des 12.–13. Jahrhunderts vgl. Schneider, Got. Schriften I, S. 17 u. ö.; K. Gärtner, Das Verhältnis von metrischer und syntaktischer Gliederung in mittelhochdeutschen Verstexten um 1200, in: Neuere Forschungen zur historischen Syntax des Deutschen, hg. von A. Betten und C. M. Riehl, Tübingen 1990, S. 365–378; N. Palmer, Von der Paläographie zur Literaturwissenschaft (Anm. 51), S. 232–242. Im 2. Viertel des 15. Jahrhunderts verwendet z. B. der Schreiber der Ottheinrich-Bibel (Cgm 8010) Doppelpunkt und Fragezeichen, vgl. K. Schneider in: Die Ottheinrich-Bibel, Kommentar zum Faksimile, Luzern 2002, S. 40 f.; Bemerkungen zur Interpunktion geben 1462 Niclas von Wyle in seiner Widmung zu ‚Euriolus und Lucretia' und 1473 Steinhöwel zu Ende seiner Übersetzung von ‚De claris mulieribus', vgl. S. Höchli, Zur Geschichte der Interpunktion im Deutschen (Studia linguistica germanica 17), Berlin 1981, S. 10–21.

[211] Gleiches gilt für die mittelniederländischen Handschriften, vgl. J. Greidanus, Beginselen en ontwikkeling van de Interpunctie, in't bizonder in de Nederlanden, Utrecht 1926; vgl. dazu J. Moreau-Maréchal, Recherches sur la ponctuation, in: Scriptorium 22 (1968), S. 64 f.

[212] Vgl. Palmer (Anm. 51) S. 234 und Anm. 34.

[213] P. Lehmann, Einzelheiten und Eigenheiten des Schrift- und Buchwesens, in: ders., Erforschung des Mittelalters 4, Stuttgart 1961, S. 1–21, hier: S. 9–11; Bischoff S. 228; A. Sorbelli, Dalla scrittura alla stampa: il segno di paragrafo, in: Scritti di paleografia e diplomatica in onore di V. Federici, Florenz 1944, S. 335–347, zur Entstehung der verschieden Paragraphenzeichen, mit Abbildungen; H. Beckers, ‚Karl und Galie' und ‚Morant und Galie', in: Dt. Hss. S. 205; N. Palmer, Kapitel und Buch, in: Frühmittelalterliche Studien 23 (1989) S. 46 Anm. 7 mit weiterer Literatur; Parkes (Anm. 208) S. 305.

mit einem senkrechten Strich entwickelt hatte (vgl. Abb. 16 Z. 6). Es wurde oft vom Rubrikator rot oder abwechselnd rot und blau ausgeführt; der Schreiber setzte dafür im Text einen doppelten Schrägstrich, der in unrubrizierten Handschriften als solcher erhalten blieb und damit jedenfalls eine größere Textzäsur anzeigt.

Schon im späteren 13. Jahrhundert kam der Brauch auf, sehr kurze Worte wie e zwischen 2 Punkte zu setzen,[214] um sie als eigenständige Worte aus dem Kontext hervorzuheben und sie andererseits davor zu bewahren, beim Vorlesen wie beim weiteren Abschreiben verlustig zu gehen oder irrtümlich mit dem vorhergehenden oder folgenden Wort verbunden zu werden. Auch Zahlen wurden häufig zwischen 2 Punkte gesetzt.

Zahlreiche einfachere deutsche Handschriften des 15. Jahrhunderts kommen völlig ohne alle Interpunktion aus. Ihre Schreiber überliessen die Textgliederung dem Rubrikator, der die größeren Sinnesabschnitte durch rote oder andersfarbige Lombarden, Initialen oder Paragraphenzeichen kennzeichnete und die Majuskeln zu Satzanfang rot strichelte.

6. Weitere Zeichen

Nicht zur Interpunktion gehören z. B. die Trennungszeichen, die am Zeilenende anzeigen, daß ein Wort nicht vollständig ist, sondern zu Beginn der nächsten Zeile fortgesetzt wird. Solche Worttrennung blieb im ganzen Mittelalter häufig unbezeichnet, doch konnte sie seit dem 11. Jahrhundert durch einen einfachen Schrägstrich gekennzeichnet werden (Abb. 7 Z. 4/5 *be-denken*, Abb. 14 Z. 3/4 *begir-de*); doppelte Trennungsstriche lassen sich im deutschsprachigen Raum zuerst im 2. Viertel des 14. Jahrhunderts nachweisen und werden dann schnell häufiger, auch in einer kursiv verbundenen Form. Die Trennung richtet sich oft nicht nach dem Ende der Silbe und bleibt nicht selten auch ganz unbezeichnet.

Zu Ende eines Textes wurde vor allem im 15. Jahrhundert sehr häufig die Abbreviatur für *et cetera* geschrieben, meist zusammengesetzt aus der 7-förmigen *et*-Kürzung und *c* mit angehängter Schleife oder Wellenlinie, auch in anderen individuellen Verformungen, nicht selten in doppelter oder dreifacher Ausführung (Abb. 16 Z. 15). Dieses *et cetera* steht als Schlußzeichen, nicht im heutigen Sinne für das Abbrechen eines eigentlich noch weiterlaufenden Textes. Gelegentlich finden sich andere Schlußzeichen zu Textende, die aus Kombinationen von Punkten und Schnörkeln zusammengesetzt sind (Abb. 14). In manchen

---

[214] Palmer (Anm. 51) S. 241 nennt sie ‚Isolierungspunkte'.

spätmittelalterlichen Kanzleien verwenden einzelne Schreiber bestimmte Schlußzeichen als eigenes Signet;[215] bisher ist noch unbekannt, ob auch Berufs-Bücherschreiber solche persönlichen Schlußzeichen benutzten.[216]

7. Diphthong- und Umlautschreibungen

Zur Wiedergabe der deutschen Diphthonge und des Umlauts waren bis ins 13. Jahrhundert hinein unterschiedliche Schreibungen in Gebrauch. Die alten Diphthonge ou, uo, ue, iu wurden oft ausgeschrieben, aber auch durch Überschreiben des ersten oder zweiten Buchstaben wiedergegeben; die Schreibungen schwanken besonders in den älteren Schriftdenkmälern. So kann z.B. ou als ŏ (Abb. 3 Z. 4 *glŏben*) oder als ů (Abb. 6 Sp. 2 Z. 21 *hůpte*) erscheinen, uo ebenfalls als ŏ (Abb. 4 Z. 7 *zŏ*) oder als ů. Die Schreibung der alten Diphthonge konsolidiert sich erst allmählich im Lauf des 14. Jahrhunderts, die übergeschriebenen o und e bleiben der Wiedergabe des Diphthongs uo und der Umlautbezeichnung vorbehalten.

Etwa seit der Mitte des 13. Jahrhunderts erscheint in alemannischen Handschriften der Diphthong iu als ú oder v́ mit akzentartigem Schrägstrich, der meist ununterschieden auch auf umgelautetes u gesetzt wird. Diese Schreibung blieb bis zum Ende des Mittelalters charakteristisch für alemannische Schriften und ging auch in Frühdrucke dieser Provenienz ein, ebenso die Schreibung å für die schwäbische Diphthongierung des langen a zu au in Handschriften und Inkunabeln schwäbischer Herkunft.

Auch die neuen Diphthonge wurden in ihrem bairisch-österreichischen Ausgangsraum zunächst durch die unterschiedlichsten Schreibungen wie ie, î für ei, ou, ů für au, iů, iů, aeu für eu ausgedrückt, die nicht immer eindeutig zu erkennen geben, ob sie tatsächlich für den neuen Laut stehen.

Die übergesetzten Buchstaben wurden im späteren 13. und im 14. Jahrhundert zugunsten der ausgeschriebenen Form der neuen Diphthonge aufgegeben.

Im Lauf des 14. Jahrhunderts beginnt ein Degenerationsprozeß der übergeschriebenen kleinen o und e als Diphthong- und Umlautbe-

---

[215] I. Turtur-Rahn, Regierungsform und Kanzlei Herzog Stephans III. von Bayern (1375–1413), Masch. Diss. München 1952, bildet S. 60–75 bei der Untersuchung der einzelnen Kanzleihände auch die verwendeten Schreiber-Schlußzeichen ab; zu Notariatszeichen vgl. Graphische Symbole in mittelalterlichen Urkunden, hg. von P. Rück (Historische Hilfswissenschaften 3), Sigmaringen 1996.
[216] Zu Korrekturzeichen und Zeilenfüllseln vgl. unten S. 148–151.

zeichnung. Sie werden zunächst in zwei nicht mehr verbundene Halbbögen aufgelöst (Abb. 8 Z. 4 *gŏttlich*, Z. 6 *sŭnden*), die sich wenig später zu zwei diagonal übereinanderstehenden Strichen oder zu den heute noch üblichen Punkten vereinfachen können (Abb. 15 Z. 13/14 *gehört/ betört*). Gegen Ende des 15. Jahrhunderts können diese Umlautzeichen auch zu einem diagonalen Haken vereinfacht werden. Doch kommt um diese Zeit auch die Gewohnheit auf, u durch einen übergesetzten Bogen von benachbarten m- und n-Schäften zu unterscheiden und vor allem kursive Schriften dadurch besser lesbar zu machen. Es ist dann oft nicht mehr eindeutig zu entscheiden, ob solche übergesetzte Zeichen einen Lautwert besitzen, der transkribiert werden muß, oder ob sie als Unterscheidungszeichen zu gelten haben, die – wie der Strich oder Punkt auf dem i oder die doppelten, seit dem 14. Jahrhundert einfachen Punkte auf dem y – zum festen äußeren Erscheinungsbild des Buchstaben gehören.

8. Akzente

Zahlreiche althochdeutsche Schriftdenkmäler und deutsche Texte des 12. und 13. Jahrhunderts sind mit Akzenten versehen; verwendet wurde vor allem der Zirkumflex, seltener der Akut (vgl. Abb. 3,4 und 7).[217] Akzente waren auch in lateinischen Codices dieser Zeit gebräuchlich und standen dort als Betonungszeichen. In deutschen Texten wurden sie überwiegend als Quantitätszeichen auf langen Vokalen der Hauptsilben verwendet, allerdings meist sehr inkonsequent. Wirklich systematisch akzentuiert ist der Codex der Boethiusübersetzung des Notker von St. Gallen, in dem er haupttonige lange Vokale und lange Nebensilbenvokale durch Zirkumflex bezeichnete und die haupttonigen kurzen Vokale mit Akut davon unterschied;[218] dieses System blieb ohne Nachfolge. Akzente finden sich in zahlreichen Handschriften, auch in deutschen Archivalien und Urkunden des 13. Jahrhunderts überwiegend undifferenziert auf Lang- wie Kurzvokalen, meist ohne erkennbare Regeln. Beliebt wurde es im 13. Jahrhundert, den Zirkumflex auf Reimwörter, auf Diphthonge und auf einsilbige Wörter zu setzen; vor allem die Präposition e und das gleichlautende Substantiv *diu e* wurden bis ins 1. Viertel des 14. Jahrhunderts hinein durch Akzent gestützt, bis die oben erwähnte Schreibung zwischen zwei Punkten aufkam. Verein-

---

[217] Bischoff S. 226; K. Schneider, Akzentuierung in mittelalterlichen deutschsprachigen Handschriften, in: Edition und Sprachgeschichte, hg. von M. Stolz u. a. (Beihefte zu Editio 26), Tübingen 2007, S. 17–24.
[218] St. Gallen Stiftsbibl. Cod.825; vgl. S. Sonderegger, Althochdeutsch in St. Gallen (Bibliotheca Sangallensis 6), St. Gallen 1970, S. 108, 110 Nr. 7,15 und Abb. 13.

zelte Schreiber verwendeten statt akzentuiertem e die e-caudata, in der der Zirkumflex unter dem Buchstaben angehängt erscheint.[219] Der Akut, der in Handschriften des 13. Jahrhunderts gelegentlich auf i oder u gesetzt wird, wenn diese Buchstaben zwischen gleichgeformten Schäften wie m und n stehen, ist vermutlich eher als Unterscheidungszeichen und Lesehilfe zu werten.

Die Akzentuierung deutscher Texte hatte ihr Hauptverbreitungsgebiet im oberdeutschen Raum und nahm gegen die Mitte, den Westen und den Norden merklich ab. Am längsten hielten sich die Akzente in deutschen Handschriften aus Bayern und Österreich, wo häufig noch im ersten, vereinzelt im 2. Viertel des 14. Jahrhunderts akzentuiert wurde;[220] auch die Schreiber A, D und E der Manessischen Liederhandschrift verwenden zu Anfang des 14. Jahrhunderts noch relativ häufig Akzente auf den Langvokalen der Reimwörter und auf dem Diphthong ei. In der Jenaer Liederhandschrift um 1330 sind die Wörter *e* und *v (iu, iuch)* durch Zirkumflex gestützt, der bisweilen in zwei parallele Schrägstriche aufgelöst wird. In der 2. Hälfte des 14. Jahrhunderts sind im deutschen Sprachraum praktisch keine Akzente mehr verwendet worden.

9. Musikalische Notation

Die mittelalterliche Notationskunde ist ein eigenes Fachgebiet.[221] Speziell die Neumenschrift, die als ältere Form musikalischer Aufzeichnung zwischen dem 9. und 13. Jahrhundert gebräuchlich war, erfordert zu ihrer Datierung und regionalen Einordnung die Kenntnisse des Spezialisten. Aus der Neumenschrift (z. B. in den Carmina Burana) ist Tonhöhe und Rhythmus nur ungefähr zu erkennen; seit dem 12. Jahrhundert wurde eine exaktere Melodieaufzeichnung auf einem Liniensystem üblich, das auf Guido von Arezzo (um 990 – um 1050) zurückgeht. Im Spätmittelalter war die römische Quadratnotation gebräuch-

---

[219] Z. B. der 2. Schreiber der Parzivalhandschrift Cgm 19, oder der Schreiber Konrad von St. Gallen in der Weltchronik des Rudolf von Ems, St. Gallen Ms. Vad. 302, vgl. Schneider, Got. Schriften I, S. 152 Anm. 147 mit weiteren Belegen; dies. Kommentarband (Anm. 205) S. 27.

[220] Der Schreiber der deutschen Reimchronik in der Zwettler ‚Bärenhaut' (Zwettl Stiftsarchiv Hs. 2/1, Faksimile: Codices selecti 73, Graz 1981), Bl. 1ra–4ra akzentuiert um 1311 Langvokale und Diphthonge; einige Zirkumflexe auf Diphthongen ae, aei auch noch in der Schaffhauser Handschrift Cod. Gen. 8 des Klosterneuburger Evangelienwerks um 1330–40.

[221] Grundlegende Literatur bei Bischoff S. 229–232, 329f.; M. Ruhnke in: Die Musik in Geschichte und Gegenwart Bd. 9, 1961, Sp. 1611–1625 mit Abbildungen; H. Möller und R. Stephan, Die Musik des Mittelalters (Neues Handbuch der Musikwissenschaft, hg. von C. Dahlhaus, Bd. 2), Laaber 1991.

lich, die z. B. in der Jenaer Liederhandschrift verwendet wird; nur im deutschen und niederländischen Raum entwickelte sich aus den Neumen die gotische Choralnotation, die z. B. zur Aufzeichnung der Melodien von Liedern des Mönchs von Salzburg (Mondsee-Wiener Liederhandschrift Wien Cod. 2856, Cgm 715, Cgm 1115) oder des Oswald von Wolkenstein (Innsbruck UB ohne Signatur; Wien Cod. 2777) erscheint. Eine Sonderform der Choralnotation ist die sog. Hufnagelschrift, die z. B. in der Kolmarer Liederhandschrift (Cgm 4997) verwendet wurde.

10. Zahlen

Neben den römischen Zahlzeichen I, V, X, L, C, D, M, die während des ganzen Mittelalters in Gebrauch waren und auch im 15. Jahrhundert häufig noch für Mengenangaben und Jahreszahlen dienten, kamen im Lauf des Spätmittelalters langsam die arabischen Ziffern auf, die von den Arabern seit dem 9. Jahrhundert in ihren arithmetischen Traktaten verwendet worden waren.[222] Einzelne frühe Belege für diese neuen Zahlzeichen im deutschen Raum stammen aus der 2. Hälfte des 12. Jahrhunderts;[223] ihre verbreitetere Verwendung hängt mit dem Aufkommen des kaufmännischen Rechnens zusammen und läßt sich im 14. Jahrhundert reichlicher belegen.[224] Die Formen der arabischen Ziffern vor allem der 4, 5 und 7 weichen von der modernen Schreibweise ab (Abb. 20, 1. senkrechte Spalte) und wandelten sich erst um und nach 1500 zur modernen Schreibweise.[225] Im 15. Jahrhundert erscheinen nicht selten, z. B. bei Jahreszahlen, römische und arabische Zahlen gemischt;[226] auch der Stellenwert ist manchmal nicht korrekt erfaßt.

---

[222] Bischoff S. 232–234, S. 197 Abb. 31, Literatur S. 330; G. Battelli, Lezioni (Anm. 3) S. 218f.; J. Riedmann, Zum Gebrauch der arabischen Ziffern im späten Mittelalter, in: Tradition und Wandel. Beiträge zur Kirchen-, Gesellschafts- und Kulturgeschichte, FS für H. Dopsch, hg. von G. Ammerer u.a., München/Wien 2001, S. 136–151.

[223] W. Becker, Frühformen indisch-arabischer Ziffern in einer Handschrift des Soester Stadtarchivs (Soester Beiträge zur Geschichte von Naturwissenschaft und Technik), Soest 1995, stellt frühe Verwendung bald nach 1186 in Cod. 24 wohl anglonormannischer Provenienz fest; Beispiele aus dem deutschen Raum bei Bischoff S. 234.

[224] A. Wendehorst, Wer konnte im Mittelalter lesen und schreiben? (Anm. 7) S. 30 mit weiterer Literatur.

[225] Tafeln der im Lauf der Zeiten gebräuchlichen Zahlenformen bei G. F. Hill, The development of arabic numerals in Europe, Oxford 1915; vgl. auch F. Beck in: Die archivalischen Quellen (Anm. 15) S. 184 und Abb. 52.

[226] Vgl. unten S. 145 zu Jahreszahlen, S. 161 zu Blattzahlen.

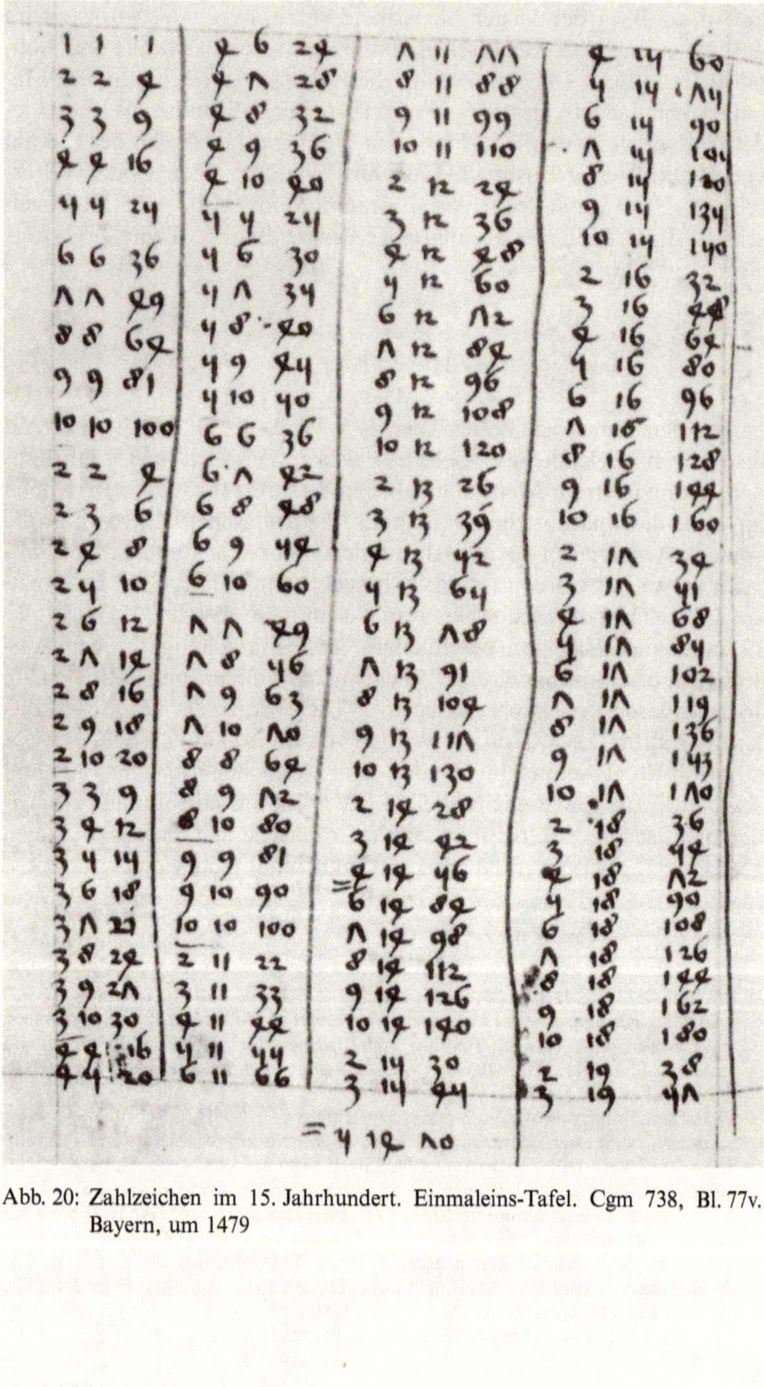

98 I. Paläographie

Abb. 20: Zahlzeichen im 15. Jahrhundert. Einmaleins-Tafel. Cgm 738, Bl. 77v. Bayern, um 1479

11. Geheimschriften

Gelegentlich wurden bestimmte kurze Texte in Geheimschrift chiffriert. Das betrifft zahlreiche althochdeutsche Glossen, in lateinischen wie deutschen spätmittelalterlichen Handschriften hauptsächlich einzelne medizinische oder Hausrezepte, auch pyrotechnische Anweisungen zur Herstellung von Schießpulver oder Zauberformeln und ähnliches Wissen, das der Schreiber und Besitzer solcher Aufzeichnungen geheimhalten wollte. Ein weiteres Anwendungsgebiet für Geheimschriften sind Schreibersprüche und -namen zu Ende der Texte.

Das im Spätmittelalter am häufigsten verwendete Chiffriersystem[227] bestand in der Buchstabenvertauschung, die meist nur die Vokale betraf, während die Konsonanten unverändert blieben. Entweder wurden die Vokale durch die jeweils nächstfolgenden Konsonanten[228] oder durch andere Zeichen wie Punkte oder Striche[229] ersetzt; solche Geheimschriften lassen sich relativ problemlos auflösen. Gelegentlich sind Wörter von rückwärts zu lesen, vereinzelt zusätzlich durch eingeschobene Buchstaben entstellt.[230] Schwierig bis unmöglich wird die Entzifferung, wenn statt der Buchstaben andere Zeichen verwendet werden, denen kein Chiffrierschlüssel beigegeben ist. In manchen Handschriften sind unterschiedliche Geheimalphabete mit ihrer Auflösung überliefert.[231]

Auch die nicht selten handschriftlich aufgezeichneten fremdartigen, als ‚ägyptisch, persisch, tartarisch, chaldäisch' usw. bezeichneten Al-

---

[227] Bischoff S. 234f., Literatur S. 330; ders., Übersicht über die nichtdiplomatischen Geheimschriften des Mittelalters, in: Mittelalterliche Studien 3, Stuttgart 1981, S. 120–148.

[228] Z. B. pyrotechnische Anweisungen im Feuerwerkbuch Cgm 734, 73v, 76r, 80r; ein Rezept zu Goldmalerei im Tegernseer ‚Liber illuministarum' Cgm 821, 228r. Der Schreibername in Salzburg St. Peter b IV 20 v. J.1455, 71v ist zusätzlich verschlüsselt, indem auch einzelne Konsonanten durch die nächstfolgenden ersetzt sind: *pfr dbxkdfm = per Davidem*.

[229] Im Liederbuch des Jakob Käbitz Cgm 811 ist 23r ein medizinisches Rezept, 35r ein Zauber chiffriert, indem die Vokale durch p mit 1–5 Querstrichen oder durch 1–5 Punkte ersetzt werden; im Arzneibuch Cgm 824, 66r werden sie in einem lateinischen Rezept durch die Ziffern 1–5 wiedergegeben.

[230] Der Schreiber Konrad Bollstatter verschlüsselt in seinem Losbuch Cgm 312, 81v–97v Namen durch umgekehrte Schreibung: *Neladam = Madalen, Arabrab = Barbara, Nildne = Endlin*; von rückwärts zu lesen mit zusätzlichem r in jedem Wort ist der Schreiberspruch in Cgm 584, 140va v. J. 1478, dem der Schreiber die Auflösung beifügt.

[231] Z. B. in der Rezeptsammlung Cgm 4542, 62v (Raum Augsburg, Ende 15. Jahrhunderts) oder im Schreiblehrbuch des Jacob Egloff Cgm 4200 (oben S. 84f.), 23r, der sein Geheimalphabet nachfolgend in einem Schreiberspruch und seinem Namen anwendet.

phabete²³² und die oft hebraisierenden, meist sinnlosen Schriftzeichen²³³ konnten als Geheimschriften verwendet werden.

12. Unterscheidung und Identifizierung von Schreiberhänden

Die bisher erwähnten generellen Veränderungen von Buchstabenformen ermöglichen es, eine Schrift einer bestimmten Schriftart zuzuordnen und sie in einen begrenzten Zeitraum zu datieren. Einer anderen Ebene gehören diejenigen Schriftkriterien an, die den individuellen Aspekt des Schreibens verkörpern und die persönliche Schreibweise des einzelnen Schreibers betreffen. Ihre Beachtung dient dazu, innerhalb der gleichen Schriftart zwischen verschiedenen Schreibern zu unterscheiden.

Sehr viele mittelalterliche Handschriften sind Gemeinschaftsarbeiten zweier oder mehrerer Schreiber, die innerhalb des gleichen Zeitraums an einem Codex wirkten. Die Ablösung einer Hand durch eine andere kann auf vielfältige Weise geschehen: ein erster Schreiber kann durch einen zweiten abgelöst werden, der die Arbeit zu Ende führt; der Handwechsel kann mitten in einer Zeile oder zu Beginn eines neuen Textes stattfinden; die Handschrift kann jeweils lagenweise von verschiedenen Schreibern hergestellt werden nach dem Vorbild der Pecien an den Universitäten;²³⁴ zwei Schreiber können sich ständig bei der Schreibarbeit abwechseln, wie die beiden nach jeweils wenigen Blättern wechselnden Hände in der Kolmarer Liederhandschrift (Cgm 4997); schließlich kann der Text eines Hauptschreibers durch nur wenige Zeilen einer anderen Hand unterbrochen werden.

Oft ist die Stelle des Handwechsels in einem Codex problemlos zu erkennen, doch kann der Handschriftenbenutzer mit zahlreichen schwierigen Fällen der Händescheidung konfrontiert werden. Der Anteil der einzelnen Schreiber, die zudem im Verlauf einer Schreibarbeit mehrfach wiederkehren können, ist vor allem in solchen Codices schwer abzugrenzen, die von mehreren, auf einen einheitlichen Schriftstil eingeübten Händen – z. B. in Klosterskriptorien – hergestellt wurden. Problematisch wird die Entscheidung auch in den gar nicht selte-

---

[232] Z. B. in Cgm 309,1r–2v; Augsburg StB 2° Cod.168, 62r u. ö. Zum Interesse an fremden Alphabeten und ihrer Verwendung vgl. Bischoff, Übersicht (Anm. 227) S. 144–148; E. Seebold, Mandevilles Alphabete und die mittelalterlichen Alphabetsammlungen, in: PBB 120 (1998), S. 435–449.
[233] Z. B. in Konrad Bollstatters Losbuch Cgm 312, 121v–123r; K. Schneider, Ein Losbuch Konrad Bollstatters, Wiesbaden 1973, S. 40; vgl. auch R. Kloos, Neue Inschriftenausgaben und -untersuchungen, in: Deutsches Archiv 33 (1977) S. 586 f.
[234] Vgl. unten S. 180.

nen Fällen, wenn Schreiber innerhalb einer Handschrift unmerklich zu einem leicht abweichenden Schriftbild übergehen, ohne daß die Bruchstelle klar erkennbar wäre.

Grundlegende methodische Überlegungen zur Händescheidung durch Schriftvergleich veröffentlichte L. Gilissen[235] und exemplifizierte die zu beachtenden Kriterien am Beispiel eines Lektionars in karolingischer Minuskel des 11. Jahrhunderts, in dem er 20 verschiedene Schreiber feststellen konnte. Unter den von ihm vorgeschlagenen und angewandten Kriterien sind einige, die sich innerhalb ein und derselben Schrift nicht immer konstant finden: der Neigungswinkel, den die geraden Schäfte mit der Schriftzeile bilden (d.h. der Grad der Schaftneigung), ferner die verhältnismäßige Breite und Höhe der Buchstaben der Mittelzone und die Schwere oder Leichtigkeit der Federzüge scheinen vor allem in den spätmittelalterlichen Schriften stärker variabel. E. Poulle[236] sah den Anwendungsbereich dieser Kriterien auf sehr kalligraphische, geformte Schriften wie die karolingische Minuskel eingegrenzt und bezweifelte ihre Brauchbarkeit für einfache, vor allem kursive Schriften des Spätmittelalters.

Das wichtigste und auch für spätmittelalterliche Schriften wesentliche Element zur Händescheidung in Gilissens Ausführungen ist die Morphologie der Buchstaben;[237] sie beruht auf der Tatsache, daß von zwei oder mehr auf den gleichen Schrifttyp eingelernten Schreibern keiner seine Buchstaben auf die absolut gleiche Weise bildet. Die Unterschiede fallen bei einfachen Zeichen (i, l) nicht ins Gewicht, zu beachten sind aber die kompliziert und verschiedenartig zu schreibenden Buchstabenformen wie g, h, k, r, rundes s, w, auch ligierte Buchstabengruppen wie ch, ß, cz und Abbreviaturen. Die meisten Schreiber vor allem des 14. und 15. Jahrhunderts kennen und verwenden Varianten einzelner Buchstaben alternierend, z.B. Oberschäfte mit und ohne Schleifen,[238] nach rechts oder links umschwingende Unterbögen z.B.

---

[235] L. Gilissen, L'expertise des écritures médiévales (Les publications de Scriptorium 6), Gent 1973.
[236] E. Poulle, Paléographie et méthodologie. Vers l'analyse scientifique des écritures médiévales, in: Bibliothèque de l'Ecole des Chartes 132 (1974), S. 101–110. – Zur Unterscheidung von Schreiberhänden vgl. auch P. Spunar, Paleographical difficulties in defining an individual script, in: Miniatures, scripts, collections. Essays presented to G. J. Lieftinck (Litterae textuales 4), Amsterdam 1976, S. 62–68; J. W. J. Burgers (Anm. 81) bes. S. 39–47; J. Stiennon, L'écriture (Typologie des sources du moyen age occidental 72), Turnhout 1995, S. 97–101; G. Powitz, Was vermag Paläographie? (Anm. 87) S. 240–245; eine Schriftanalyse mit Einsatz der EDV erstellte A. Hofmeister-Winter, Die Grammatik der Schreiberhände. Versuch einer Klärung der Schreiberfrage anhand der mehrstufig-dynamischen Neuausgabe der Werke Hugos von Montfort, in: Edition und Sprachgeschichte (Anm. 217) S. 89–116.
[237] Gilissen (Anm. 235) S. 42–46.
[238] Vgl. oben S. 72–76.

an h und z oder mehr oder weniger ausgeführte Brechung. Auch für Majuskeln kennen die meisten Schreiber ein Repertoire unterschiedlicher Formen, die sie wechselnd verwenden. In solchen Fällen ist festzustellen, in welchem Zusammenhang und unter welchen Bedingungen die eine oder andere Form gebraucht wird.

In Fällen schwieriger Händeabgrenzung ist es nützlich, das gesamte Formenrepertoire eines Schreibers zu erfassen und mit dem eines oder mehrerer anderer an der gleichen Handschrift beteiligter Hände zu vergleichen; zu beachten ist dabei, daß nur Schriften ein und derselben Schriftart miteinander verglichen werden können. Durch Schriftvergleich lassen sich auch einzelne Schreiber in anderen Handschriften identifizieren und damit eventuell versprengte Handschriften des Œuvres eines bestimmten Schreibers wieder zusammenführen. In gemeinschaftlich geschriebenen Handschriften kann die Anzahl und der Anteil der einzelnen Hände festgestellt werden; es ergeben sich unter Umständen dadurch auch Rückschlüsse auf den Produktionsort, der ein Klosterskriptorium, eine Laien-Schreiberwerkstatt oder eine Kanzlei gewesen sein kann. Im letzteren Fall vermag gegebenenfalls die Einbeziehung der archivalischen Überlieferung Aufschlüsse über den Status der Schreiber zu geben. Mit Hilfe des Formenrepertoires eines Schreibers ist auch die oben erwähnte Schwierigkeit des unmerklich sich verändernden Schriftbilds in einer Handschrift ohne erkennbaren Händewechsel leichter in den Griff zu bekommen; häufig kommt der Wechsel des Schriftcharakters durch Gründe wie Ermüdung, längere Unterbrechung oder Federwechsel zustande, ohne daß Händewechsel vorliegen muß.[239]

---

[239] Beispiele bei G. Powitz, Was vermag Paläographie? in: Powitz, Handschriften und frühe Drucke S. 30–35 mit Abb. 2–5.

II. HANDSCHRIFTENKUNDE

1. Allgemeines

Alle Fragen zur materiellen Beschaffenheit und zum Entstehungsprozeß, vor allem zum handwerklich-technischen Aspekt der Anfertigung eines mittelalterlichen Codex sind Anliegen der Handschriftenkunde. Sie befaßt sich nicht nur mit dem Aufspüren und Auflisten der äußeren Fakten des einmaligen archäologischen Objekts, das jede Handschrift darstellt; sie ist nicht Selbstzweck, sondern lenkt die Aufmerksamkeit auf manche bisher nicht hinterfragten Gesichtspunkte und sucht durch deren Auswertung zu neuen Ergebnissen zu kommen. Sie kann damit zu wertvollen Informationen über die zeitlich sich wandelnden und räumlich unterschiedlichen Aspekte der Herstellung einer mittelalterlichen Handschrift gelangen, die letztlich für einen speziellen Überlieferungsträger eines mittelalterlichen Textes von Wichtigkeit sind.

Erst seit einigen Jahrzehnten hat die Disziplin, die in der Beschäftigung mit dem mittelalterlichen Codex neben die Philologie und die Paläographie tritt,[1] unter dem neu geprägten Terminus ‚Kodikologie' einen lebhaften Aufschwung genommen. Ihr Forschungsgebiet deckt sich in vielen Punkten mit der längst bekannten älteren Handschriftenkunde, für die vor allem auf dem Gebiet der ältesten früh- bis hochmittelalterlichen lateinischen Codices nach wie vor gültige Arbeiten vorliegen. W. Wattenbachs ‚Schriftwesen im Mittelalter' ist zu Recht mehrfach aufgelegt und nachgedruckt worden und enthält eine Fülle reich belegter Details zur Handschriftenkunde, desgleichen L. Rockingers Zuammenstellungen zum bayerischen Schriftwesen im Mittelalter mit Beispielen aus einem begrenzteren Raum. In J. Kirchners ‚Germanistischer Handschriftenpraxis' sind die wichtigsten kodikologischen Fakten kurz auf wenigen Seiten dargelegt; durch W. Milde neu bearbeitet liegt K. Löfflers ‚Einführung in die Handschriftenkunde' vor. Auch für den Germanisten ist B. Bischoffs Paläographie ein wichtiges Handbuch, in dessen Abschnitt zur Handschriftenkunde alle kodikologischen Phänomene Erwähnung finden und in dem auch das deutschsprachige Schriftwesen kurz gestreift wird. Allgemeine Handschriftenkunde von den Anfängen an mit Schwerpunkt auf dem lateinischen Schriftwesen faßte O. Mazal in seinem Lehrbuch zusammen. V. Trost machte in mehreren Darstellungen auch ein breiteres Publikum mit den wichtigsten Aspekten der hochmittelalterlichen Buchher-

---

[1] D. Muzerelle, Le progrès en codicologie, in: Rationalisierung der Buchherstellung S. 33–40, spricht vom „développement progressif de la curiosité des savants pour ce qui, dans le livre, n'est ni texte ni écriture" (S. 33).

stellung und Buchmalerei bekannt.[2] Vor allem zur Pergament- und Papierforschung liegen neueste Publikationen vor.

Kodikologie ist in den letzten Jahrzehnten besonders in Frankreich, Belgien und den Niederlanden zur eingehend bearbeiteten und sich ständig weiterentwickelnden Disziplin geworden; dort erschienen neue Arbeiten und Handbücher, die als anregende Vorbilder für die Beschäftigung auch mit deutschsprachigen kodikologischen Fakten dienen können:[3] zu nennen sind u. a. die Publikationen der Handschriftenforscher J. Vezin und L. Gilissen, die erstmals die Beachtung verschiedener Aspekte anregten; in der niederländischen Reihe ‚Codicologica' behandelten seit 1976 verschiedene internationale Spezialisten einzelne handschriftenkundliche Aspekte. Ein Lehrbuch der äußeren kodikologischen Fakten anhand von Brüsseler Handschriften legte kürzlich J. Lemaire vor, mit der Handschrift als archäologischem Objekt befaßte sich M. Maniaci.[4] Über die rein handwerklichen Aspekte der Buchherstellung hinausgehend wurden neue Gesichtspunkte mit den Methoden der Statistik durch die Arbeiten zur quantitativen Kodikologie von C. Bozzolo und E. Ornato sowie von U. Neddermeyer erschlossen. Nützliche Hilfsmittel auf dem Gebiet der internationalen Kodikologie sind die Bibliographie von L. Boyle und das Vocabulaire codicologique von D. Muzerelle[5]; auch für das italienische Schriftwesen liegt jetzt ein terminologisches Verzeichnis vor.[6] Auf alle diese und weitere internationale Literatur, deren Basis naturgemäß das jeweils eigene nationale Schriftwesen ist, wird im folgenden zurückverwiesen bei dem Versuch, neu ins Blickfeld gerückte Aspekte auch der deutschsprachigen spätmittelalterlichen Handschriften darzustellen, die in den genannten Publikationen verständlicherweise nicht berücksichtigt werden.

---

[2] V. Trost, Skriptorium. Die Buchherstellung im Mittelalter. ²Stuttgart 1991; dies. in: Schreibkunst. Mittelalterliche Buchmalerei aus dem Kloster Seeon, Ausstellungskatalog, Augsburg 1994, S. 111–122.
[3] Übersicht und Grundsätzliches zur Kodikologie und den Tendenzen ihrer Entwicklung vgl. D. Muzerelle, Le progrès en codicologie (Anm. 1) S. 33–40.
[4] M. Maniaci, Archeologia del manoscritto, Rom 2002.
[5] D. Muzerelle, Vocabulaire codicologique. Répertoire méthodique des termes français relatifs aux manuscrits, Paris 1985.
[6] M. Maniaci, Terminologia del libro manoscritto, Milano 1996. Ein kurzes Verzeichnis kodikologischer Begriffe, z. T. mit erläuternden Zeichnungen und Literatur, auch bei Jakobi-Mirwald S. 108–131 und 227–229.

2. Beschreibstoffe

2.1. Pergament

Bis zum Ende des 13. Jahrhunderts, praktisch aber bis in die zwanziger Jahre des 14. Jahrhunderts war Pergament im deutschen Raum der einzige Beschreibstoff für Buchhandschriften; im nachfolgenden gesamten 14. Jahrhundert war Pergament ebenfalls noch häufig im Gebrauch, wurde aber zunehmend vom Papier verdrängt.

Pergament war seit etwa dem 2. vorchristlichen Jahrhundert bekannt. Seine Herstellung wurde zuerst in Aegypten entwickelt; da sich der neue Beschreibstoff gegenüber dem zunächst gebräuchlichen Papyrus als sehr viel haltbarer erwies, wurde er seit dem frühen Mittelalter bald ausschließlich als Material für Codices, Urkunden oder auch Rollen verwendet. Der Herstellungsprozeß ist bekannt[7]: im Gegensatz zum Leder wurde die Kalbs-, Schaf- oder Ziegenhaut nicht gegerbt, sondern während unterschiedlicher Zeit in eine Kalklauge eingelegt, wodurch sich die Haare und anhaftende Fleischpartikel lockerten. Die Haut wurde anschließend in einem Rahmen aufgespannt; mit einem Schabmesser wurden die Haare und Unebenheiten entfernt und die so geglättete Haut dann getrocknet. Zum weiteren Glätten diente Bimsstein oder Bimssteinpulver; gegen das Auslaufen der Tinte war die verbreitetste Methode das Kalzinieren, d.h. das Blatt wurde mit einem Kreideaufguß behandelt. Löcher und Schnitte im Pergament, die beim Abhäuten oder späterer unachtsamer Behandlung entstanden waren, wurden häufig mit Faden vernäht und zusammengezogen, nach Entfernen des Fadens blieben die Einstichlöcher sichtbar. Diese Stellen wurden später beim Beschreiben ausgespart. Die Ränder der Pergamentblätter wurden schließlich mehr oder weniger regelmäßig beschnitten. Schlechtere, unregelmäßige oder dünne Stellen wurden beim Falten zu Doppelblättern an die seitlichen und unteren Blattkanten plaziert, während für die Oberkanten vorzugsweise eine gerade Schnittlinie gewählt wurde.[8]

---

[7] L. Santifaller, Beiträge zur Geschichte der Beschreibstoffe im Mittelalter (MIÖG Erg.bd.16,1), 1953, S. 77–115; J. Vezin, La réalisation matérielle S. 18–22, 29f.; Bischoff S. 23–26; Boyle Nr. 1516–1519; Mazal S. 45–49 und 259; Löffler-Milde S. 57–61; Pergament. Geschichte, Struktur, Restaurierung, Herstellung, hg. von P. Rück (Historische Hilfswissenschaften 2), Sigmaringen 1991; darin zur Pergamentherstellung vor allem die Beiträge von M. L. Ryder S. 25–33, und R. Fuchs S. 263–277, Bibliographie von S. Janzen und A. Manetzki S. 415–465.

[8] Nachgeprüft wurde diese Praxis anhand italienischer Handschriften von F. M. Bischoff und M. Maniaci, Pergamentgröße, Handschriftenformate, Lagenkonstruktion, in: Scrittura e civiltà 19 (1995), S. 277–319.

Die Maße der Codices waren durch die Größe der verwendeten Pergamenthäute von der Natur vorgegeben.[9] Eine Kalbs- oder große Schafshaut in der Form eines länglichen Rechtecks von rund 50–55 × 70–80 cm ergab, in der Mitte gefaltet, ein Doppelblatt in Großfolioformat, also etwa mit der Blatthöhe 50–55 und Breite 35–40 cm, wie es relativ selten für große Choralhandschriften oder repräsentative Prachtcodices gebraucht wurde.

Im Skriptorium des bayerischen Benediktinerklosters Scheyern wurden in der 1. Hälfte des 13. Jahrhunderts einige großformatige illuminierte lateinische Handschriften angefertigt: ein Matutinale (Clm 17401, Format 55 × 39 cm), ein Glossar (Clm 17403, 54 × 37 cm) sowie die Werke des Flavius Josephus (Clm 17404, 51 × 35 cm). Großformatige deutsche Prachtcodices sind u. a. die Bände der Wenzelbibel vom Ende des 14. Jahrhunderts (Wien NB Cod.2759–2764, 53 × 37,5 cm); der Ottheinrichbibel (Cgm 8010/1–8, 2. Viertel des 15. Jahrhunderts, ca. 53 × 37); Ulrich Füetrers ‚Buch der Abenteuer' im Exemplar für Herzog Albrecht IV. von Bayern (Cgm 1, Ende 15. Jahrhunderts) besteht aus 348 Blättern qualitätvollen Pergaments von 54 × 36 cm, also aus 174 vollständigen großen Häuten.

Von kleineren Schafen gewann man Häute von etwa 50 × 35 cm, die einmal gefaltet ein Doppelblatt im gängigen Buchformat ergaben, das als Folio bezeichnet wird. Durch weiteres Falten wurden daraus 2 Doppelblätter in Quart- oder 4 Doppelblätter in Oktavformat; auch gab es winzige Bändchen in nochmals gefaltetem Oktav, die nur noch etwa 8 × 5–6 cm maßen; solches Format hatten gelegentlich deutsche Frauengebetbüchlein des späteren Mittelalters. Naturgemäß waren die Ausmaße der Original-Pergamentbögen unterschiedlich; doch waren in der 2. Hälfte des 15. Jahrhunderts auch zugeschnittene genormte Pergamentblätter im Handel, die nach den gleichzeitigen Papierformaten ausgerichtet waren.[10] Ob die Blätter kleinformatiger Pergamenthandschriften durch Falten größerer Bögen oder durch Zuschneiden der einzelnen Doppelblätter entstanden, ist schwer zu entscheiden und für die deutschsprachigen Codices des 13. und 14. Jahrhunderts noch nicht untersucht worden. Durch Zuschneiden[11] oder durch Verwen-

---

[9] J. P. Gumbert, The sizes of manuscripts. Some statistics and notes, in: Hellinga-Festschrift. Forty-three studies in bibliography presented to Prof. Dr. Wytze Hellinga, Amsterdam 1980, S. 277–288; ders., Sizes and Formats, in: Ancient and medieval book materials and techniques, hg. von M. Maniaci und P. F. Munafo, Bd. I (Studi e testi 357), 1993, S. 227–263; ders., Skins, sheets and quires, in: New directions in later medieval manuscript studies, hg. von D. Pearsall, New York 2000, S. 81–90; F. M. Bischoff und M. Maniaci, Pergamentgröße (Anm. 8) S. 279–282 mit weiterer Literatur.

[10] P. Needham, Res papirea: Sizes and formats of the late medieval book, in: Rationalisierung der Buchherstellung, S. 123–145, hier: Appendix I, S. 136 f.

[11] Seit dem 11.–12. Jahrhundert wurde das Pergament für schmalere, schlankere Codices beschnitten, vgl. P. Rück in: Pergament (Anm. 7) S. 21; vgl. auch J. P. Gum-

dung kleinerer Stücke und Reste ergaben sich auch von der Norm abweichende Formate, etwa hohe schmale für Rechnungsbücher und Verzeichnisse, Querformate, annähernd quadratische oder runde Codices;[12] doch sind dies Ausnahmeerscheinungen.

In Handschriften des frühen Mittelalters läßt sich der Unterschied zwischen südlichem und nördlichem Pergament erkennen. In Italien, Spanien und Südfrankreich hergestelltes Pergament war auf der Fleischseite sorgfältiger bearbeitet und zum Schreiben vorbereitet, während die Haarseite ungleichmäßiger und oft auch dunkler ist. Das in Nordfrankreich, England und dem deutschsprachigen Raum produzierte Material war überwiegend Kalbspergament, das ohnehin auf beiden Seiten gleichmäßig behandelt werden muß; auch zwischen insularem, beidseitig aufgerauhtem und kontinentalem glatterem Pergament sind Unterschiede zu erkennen,[13] die aber das spätere Mittelalter kaum mehr betreffen; seit dem 13. Jahrhundert bevorzugte man allgemein ein feineres glatteres Pergament.[14] Das extrem dünne Pergament, das z. B. in kleinformatigen lateinischen Bibeln im Paris des 13.–14. Jahrhunderts viel verwendet wurde, stammt wohl weniger, wie früher vermutet, von ungeborenen als von sehr jungen Lämmern und Ziegen.[15]

Das stärkere, aufgerauhte Kalbspergament eignete sich besser als Untergrund für Buchmalerei als das dünnere Schafspergament und wurde daher häufig in illuminierten Prachthandschriften auf hohem Anspruchsniveau für die Miniaturseiten verwendet, während die reinen Textblätter aus dünnerem Material bestanden.

F. M. Bischoff[16] stellte anhand von Helmarshausener Prachthandschriften und Evangeliaren des 9.–12. Jahrhunderts fest, daß für die Blätter mit Miniaturen stets dickeres aufgerauhtes Pergament verwendet wurde. Auch die illuminierte Weltchronik des Rudolf von Ems (St. Gallen, Vadiana Ms. 302), im Raum Zürich zu Anfang des 14. Jahrhunderts entstanden, weist feines Pergament für die Textblätter, stärkeres Material für die Bildseiten auf; eine solche Zusammenstellung verschiedener Pergamentsorten in den einzelnen Lagen erforderte eine gute Vorausplanung für den gesamten Codex.

---

bert, The sizes of manuscripts (Anm. 9), S. 277–288; ders., Trois formats, in: Gazette 9 (1986), S. 4–7.

[12] Ein Codex rotundus ist das lateinisch-französische Stundenbuch in Hildesheim, Dombibl.728, 2. Hälfte des 15. Jahrhunderts, vgl. R. Giermann und H. Härtel, Handschriften der Dombibliothek zu Hildesheim, 2. Teil, Wiesbaden 1993, S. 33–41 mit Abbildungen.

[13] Dazu P. Rück in: Pergament (Anm. 7) S. 20f.; F. M. Bischoff, ebd. S. 98f.

[14] G. Battelli, Lezioni di paleografia (S. 14 Anm. 3) S. 32.

[15] Vgl. dazu R. Fuchs in: Pergament (Anm. 7) S. 265f.

[16] In: Pergament (Anm. 7) S. 97–144; ders., Observations sur l'emploi de différentes qualités de parchemin dans les manuscrits médiévaux, in: Ancient and medieval book materials (Anm. 9), Bd. I, S. 57–94; ders., Systematische Lagenbrüche, in: Rationalisierung der Buchherstellung S. 91f.

Hergestellt wurde Pergament im frühen Mittelalter wohl auch in den Klöstern selbst, im Spätmittelalter überwiegend von bürgerlichen Handwerkern, die als *pergamentarius, pergamist, pirmeter, buchfeller* bezeichnet wurden. Auch in Rechnungsbüchern mancher Klöster ist belegt, daß die Häute der klostereigenen Kälber und Schafe an Handwerker zur Pergamentherstellung ausgegeben wurden.[17] Wer selbst keine Naturalien besaß, konnte Pergament im Handel erwerben; es wurde unter anderem auf den großen Messen und Märkten verkauft.

Seit der Mitte des 14. Jahrhunderts trat vor allem für einfachere Handschriften das Papier zunehmend an die Stelle des Pergaments; auch deutschsprachige Pergamentcodices wurden im 15. Jahrhundert seltener hergestellt. Der wertvolle Beschreibstoff blieb reserviert für zumeist illuminierte Prachthandschriften für hochgestellte Auftraggeber, z. B. Johannes Hartliebs ‚Alexander' in einem Exemplar für Herzog Albrecht III. von Bayern (St. Gallen Stiftsbibl. Cod. 625 v. J. 1454); Ulrich Füetrers ‚Buch der Abenteuer' und seine Bayerische Chronik in den Codices für Herzog Albrecht IV. von Bayern (Cgm 1 und 43 vom Ende 15. Jahrhunderts); Hans Tuchers Pilgerreise für Herzog Sigmund von Bayern (Cgm 24 v. J. 1489); der ‚Belial' für Ludwig I. von der Pfalz (Cgm 48 v. J. 1461). Wie die lateinischen sind auch deutschsprachige Liturgica sehr häufig auf Pergament geschrieben, dem hohen Rang des Textes und des Erstbesitzers entspricht der wertvolle Beschreibstoff z. B. im dreibändigen illuminierten Brevier Kaiser Friedrichs III. (Cgm 67–68, nach 1465) oder in der großformatigen zweibändigen deutschen Bibel (Augsburg UB I.3.2°.III–IV v. J. 1468), ursprünglich von dem oberpfälzischen Ritter Hans von Stauff zu Ehrenfels in Auftrag gegeben und als wertvolle Kriegsbeute in den Besitz Herzog Abrechts IV. von Bayern übergegangen.

Pergament wurde ferner häufig verwendet für Archivalien in Codexform, die als ständig benutzte und mit Nachträgen versehene Handexemplare lange Zeit dauerhaft sein sollten wie Klosterurbare, Kopialbücher, Grundzinsbücher, Anniversarien, Reliquienverzeichnisse; für Handbücher wie Ordensregeln und -statuten, und für einzelne Handexemplare von Rechtsbüchern.

Wertvollere Gebetbücher in Klosterfrauen- und Privatbesitz bestanden, wohl jeweils dem Wunsch des Auftraggebers entsprechend, häufig aus Pergament; kleinformatige, einfachere Exemplare wurden gelegentlich aus Pergamentabfällen zusammengestellt. Einen späten Aufschwung erlebt die Pergamenthandschrift vor allem im Bereich der kostbar illuminierten Gebet-und Stundenbücher des späten 15. und des 16. Jahrhunderts, die in erster Linie in den Niederlanden entstanden, aber auch am Nieder- und Oberrhein und z. B. in der Nürnberger Werkstatt der Buchmalerfamilie Glockendon[18] hergestellt wurden. Auch für Kalendare wurde häufig Pergament verwendet und die einzelne Lage, in der dieser Text unterzubringen war, bisweilen einer Papier-

---

[17] Vgl. dazu Rockinger I S. 11–14.
[18] Z. B. Cgm 9110; vgl. K. Urch, Gebetbuch von Nikolaus Glockendon für Jakob Welser d. Ä. (Kulturstiftung der Länder, Patrimonia 70), München 1993, mit weiterer Literatur.

2. Beschreibstoffe

handschrift, meist einem Gebetbuch oder Psalter vorgebunden. Register wurden gelegentlich auf Pergamentblättern oder -lagen aufgezeichnet und umfangreicheren Papiercodices vorangestellt.

Relativ selten, aber in manchen Regionen gehäuft ist die Praxis zu erkennen, Papierhandschriften vor allem im 15. Jahrhundert durch eingefügte Pergament-Doppelblätter zu verstärken und haltbarer zu machen. Meist wurde den Papierlagen ein äußeres und ein inneres Doppelblatt aus Pergament beigefügt; diese Zusammensetzung ist häufig in nordbairischen, speziell Nürnberger Handschriften, auch in Codices aus dem Augustinerchorherrenstift Rebdorf festzustellen. Überwiegend nur für die äußeren Doppelblätter der Lagen wurde in zahlreichen im 2. Viertel des 15. Jahrhunderts im Katharinenkloster Nürnberg geschriebenen Papierhandschriften Pergament verwendet. Diese letzteren waren meist großformatige Codices, deutsche Bibelhandschriften, Legenden- und Predigtsammlungen, die zum Vorlesen im Refektorium gebraucht und dabei wohl stark strapaziert und zerlesen wurden, die eingearbeiteten Pergamentblätter verliehen ihnen mehr Stabilität. Sonst gibt es nur vereinzelte Beispiele für diese Praktik, in den Lagen Papier und Pergament zu mischen; die Regel war es jedenfalls nicht.[19]

Palimpsest

Daß die Schrift auf älterem beschriebenem Pergament durch Abkratzen oder Abwaschen getilgt und der Beschreibstoff dann erneut verwendet wurde, kam in vorkarolingischer Zeit nicht selten vor[20]. Bei deutschsprachigen Pergamenthandschriften des späteren Mittelalters ist dieser Usus höchst selten festzustellen; z.B. war ein Textzeuge des ‚Wigamur' des späten 13. Jahrhunderts, fragmentarisch erhalten in Cgm 5249/28, auf wiederverwendetes Pergament aufgezeichnet, die ursprüngliche lateinische Beschriftung stammte aus dem früheren 13. Jahrhundert; ein niederdeutsches Orationale der Zisterzienserinnen von Medingen bei Lüneburg vom Ende des 15. Jahrhunderts (Hannover Ms. I 78) ist aus Papier und Pergament gemischt, die Pergamentblätter stammen aus einem früheren palimpsestierten Missale.

---

[19] Nur 8-9% aller in Deutschland und Österreich in der 1. Hälfte des 15. Jahrhunderts entstandenen Handschriften waren nach den Untersuchungen von Bozzolo/Ornato S. 67 aus Papier und Pergament gemischt.

[20] Wattenbach S. 301–317; Rockinger S. 19–22; Bischoff S. 26f.; die älteren lateinischen Palimpseste sind in Listen erfaßt, vgl. ebd. Anm. 28; G. Powitz, Libri inutiles in mittelalterlichen Bibliotheken, in: ders., Handschriften und frühe Drucke S. 82–112, hier: S. 97–101 mit weiterer Literatur.

2.2. Papier

Die übliche deutschsprachige Handschrift des 15. Jahrhunderts war der Papiercodex. Im 14. Jahrhundert war Pergament noch zu 69% das Material der gesamten Buchproduktion; im 15. Jahrhundert ging es auf 30% zurück.[21] Die Einführung und Verbreitung des neuen und gegenüber dem Pergament billigeren,[22] auch leichter beschaffbaren Materials verursachte seit dem 2. Viertel des 14. Jahrhunderts einen großen Umschwung im gesamten mittelalterlichen Buchwesen und ermöglichte eigentlich erst die Verbreitung der einfacheren Handschrift in der Volkssprache und damit Bücherbesitz auch für das laikale ungelehrte Publikum; die gegenüber der vorhergehenden Zeit enorm gesteigerte Handschriftenproduktion des 15. Jahrhunderts und vor allem auch der Buchdruck wären ohne die Einführung des neuen Beschreibstoffs nicht denkbar gewesen.

Papier wurde seit dem 13. Jahrhundert in Italien, Frankreich und Spanien hergestellt und dort auch schon für Codices verwendet.[23]

Eine solche, frühzeitig nach Deutschland gelangte Papierhandschrift ist das zwischen 1246 und 1260 in Lyon angelegte Briefregister des Passauer Domdekans Albert Behaim (Clm 2574 b), der als päpstlicher Legat an diesem damaligen Sitz der Kurie unter Innozenz IV. zeitweise beschäftigt war und das Kopialbuch in Lyon von seinen Kanzlisten auf Papier vermutlich spanischer Produktion anlegen ließ.[24] Tatsächlich im deutschsprachigen Raum geschriebene Papierhandschriften erscheinen erst gegen Ende des 13. Jahrhunderts; die Verwendung von Papier beschränkt sich zunächst auf Archivalien in Codexform, z. B. auf einfachere Exemplare von Urbaren, Kopialbüchern oder Traditionssammlungen, die nicht in Buchschrift, sondern in Verwaltungskursive aufgezeichnet wurden. Ein frühes Beispiel ist das 1288–90 angelegte Rechnungsbuch aus der Kanzlei des Grafen Meinhard von Tirol (Innsbruck, Tiroler Landesarchiv Hs.277).[25] Der Traditionscodex des Benediktinerklosters St. Emmeram in Regensburg (Clm 14992), der mit dem Jahr 1219 einsetzt, geht vom Jahr 1317, ab Bl. 33 von Pergament auf Papier über.[26]

---

[21] Diese Zahlen bei P. Needham, Res papirea (Anm. 10) S. 136 mit weiterer Literatur.

[22] Zur Preisrelation von Pergament zu Papier in Frankreich vgl. Bozzolo/Ornato S. 33–37; Neddermeyer S. 256–267, zu Papierpreisen S. 266f.; in der 2. Hälfte des 14. Jahrhunderts war Pergament viermal teurer als Papier, in der 2. Hälfte des 15. Jahrhundert sogar dreizehnmal.

[23] Santifaller (Anm. 7) S. 116–152; Literatur bei Bischoff S. 27f.; Boyle Nr. 1520–1526; Mazal S. 49–54 und S. 259.

[24] Das Brief- und Memorialbuch des Albert Behaim, hg. von T. Frenz und P. Herde (MGH Briefe des späteren Mittelalters 1), 2000; Klemm (S. 33 Anm. 58) Kat. IV Nr. 86 S. 105f. und Abb. 253f.

[25] Vgl. C. Haidacher, Die ältesten Tiroler Rechnungsbücher (Tiroler Geschichtsquellen 3), Innsbruck 1993, mit Edition und Abb.; M. Haltrich, Frühe Verwendung von Papier in der Tirolischen Kanzlei, in: Gazette 51 (2007) S. 53–56.

[26] Schneider, Got. Schriften I, S. 123–125, 209 und Anm. 11; eine Liste ältester Archivalien auf Papier bei Santifaller (Anm. 7) S. 147–151.

2. Beschreibstoffe

Eigentliche Buchhandschriften aus Papier mit wissenschaftlichen oder literarischen Texten – zunächst in lateinischer Sprache – sind im deutschsprachigen Raum nicht vor dem 2. Viertel des 14. Jahrhunderts belegbar.[27] Die ersten Papiercodices scheinen zunächst in Österreich und Südwestdeutschland konzentriert und wurden offensichtlich bevorzugt im lateinischen Schul- und Studienbetrieb verwendet, auch für katechetische Handbücher und Predigten sowie Sammlungen von Wissensstoff aller Art zum Privatgebrauch des Schreibers, ebenso wie für Konzepte. Ein Papiercodex ist z. B. die eigenhändige Konzeptschrift des ‚Liber certarum historiarum' des Johannes von Viktring (Clm 22107, um 1340–42) oder eine lateinische Sammelhandschrift mit deutschen Einsprengseln, überwiegend von einem Judocus in den Jahren 1338 und 1339 im Raum Landsberg/L. und Augsburg geschrieben (Clm 4350, vgl. Abb. 12).

Während lateinische Papierhandschriften in den vierziger Jahren des 14. Jahrhunderts schnell häufiger werden, lassen sich rein deutschsprachige Beispiele von Buchhandschriften aus dem neuen Beschreibstoff erst kurz vor und um die Mitte des 14. Jahrhunderts nachweisen.

Das älteste bisher bekannte datierte Exemplar dürfte Cgm 717 vom Jahr 1348 sein,[28] ein umfangreicher Sammelcodex in Quartformat aus dem ostschwäbischen Raum. Er enthält eine Mischung geistlicher und weltlicher Texte – Traktate, Gebete, Predigten, Verslegenden, geistliche Lieder, Mären und Minnereden – und ist in einer stilisierten Kanzleischrift von einer einzigen Hand geschrieben, möglicherweise zum Privatgebrauch. Es ist eine Handschrift ohne jeden repräsentativen Anspruch, aus verschiedenen Papiersorten z. T. leicht unterschiedlichen Formats zusammengestellt, die Texte ohne jede Rubrizierung teils ein-, teils zweispaltig platzsparend aufgezeichnet. Aus dem gleichen Zeitraum um die Mitte des 14. Jahrhunderts lassen sich zunächst nur wenige deutsche Papierhandschriften nachweisen: v. J. 1351 gereimte Evangelien und Bruder Philipps Marienleben (Admont Stiftsbibl. 797); v. J. 1353 ein Erbauungsbuch (Berlin mgq 1526). Die Beispiele werden in den sechziger Jahren häufiger: v. J. 1363 die St. Georgener Predigten u. a. (Wien Cod. 2702); v. J. 1365 Wirnts von Grafenberg ‚Wigalois' (Stuttgart HB XIII 5); v. J. 1367 die Weltchronik des Rudolf von Ems (Heidelberg cpg 146); v. J. 1367 und 1369 eine Evangelienharmonie und ein Epistolar (Cgm 532).

Doch beginnen deutschsprachige Papierhandschriften erst mit dem letzten Viertel des 14. Jahrhunderts den Pergamentcodices ernsthaft Konkurrenz zu machen und sie allmählich in die oben erwähnten Verwendungsgebiete zu verdrängen.

---

[27] Schneider, Got. Schriften II, S. 85–87 mit einer Liste früher datierter Papierhandschriften.
[28] Dat. Hss. München I, Abb. 4 und S. XIX; C. Gerhardt/N. Palmer, Das Münchner Gedicht von den 15 Zeichen vor dem Jüngsten Gericht (TdspMA 41), 2002, bes. S. 33–58, Abb. 6; Schneider, Got. Schriften II, S. 160f. und Abb. 162.

Sämtliches Papier der frühen Buchhandschriften des 14. Jahrhunderts wurde aus Frankreich, überwiegend aber aus Italien importiert; der Handel scheint relativ problemlos gewesen zu sein. Erst am 24. Juni 1390 gründete der Nürnberger Handelsherr Ulman Stromer die erste deutsche Papiermühle und berichtete darüber in seinem autobiographischen ‚Püchel von meim geslecht'.[29] Stromers Papierfabrikation wurde bald durch die Ravensburger Papiermacher überholt, die ein Jahr nach der Gründung der Nürnberger Mühle mit der Papierherstellung in Schwaben begannen und im 15. Jahrhundert den Markt für feines Schreibpapier beherrschten; zu dieser Zeit nahmen vielerorts im deutschsprachigen Raum die Einrichtungen von Papiermühlen zu.

Im Gegensatz zu den naturgegeben in gewissen Grenzen variablen Pergamentbögen waren die Standard-Papierformate seit dem 14. Jahrhundert stärker genormt und konstant. Die heute noch gebräuchlichen Buchformatbezeichnungen wie Folio, Quart, Oktav sind seit der 2. Hälfte des 15. Jahrhunderts in Italien belegt.[30]

Wasserzeichen

Papier ist im Gegensatz zum Pergament mit Hilfe seines Wasserzeichens ein zumeist relativ gut datierbarer Beschreibstoff. Die Wasserzeichenforschung hat sich in neuerer Zeit geradezu zu einem Zweig der Kodikologie entwickelt und ihre zunächst teilweise angezweifelte Glaubwürdigkeit hat sich in der überwiegenden Mehrzahl der Fälle erhärtet.[31]

Die Wasserzeichen im Papier entstehen durch Figuren, die aus Draht gebogen und auf dem siebartigen Drahtgeflecht der Schöpfformen befestigt werden; sie zeichnen sich auf dem geschöpften, gepreßten und getrockneten Papierbogen, gegen das Licht gehalten oder auch von bloßem Auge erkennbar, als hellere Linien ab, ebenso wie die starken senkrechten Binde- oder Kettdrähte des Schöpfsiebs, da die Papierschicht an diesen Stellen etwas dünner ist. Die frühen Wasserzeichen waren anfangs sehr einfache, später zunehmend komplizierte Gebilde; sie stellen die verschiedensten Figuren aus allen möglichen Bereichen dar. Am bekanntesten und verbreitetsten waren die Ochsenköpfe, die zuerst im Raum Bologna um 1325 nachweisbar sind, im 15. Jahrhundert aber in allen ihren Varianten die vorherrschenden

---

[29] Vgl. dazu oben S. 65 Anm. 115; W. von Stromer, Die erste Papiermühle in Mitteleuropa: Ulman Stromeirs ‚Hadermühle' Nürnberg 1390–1453 an der Wiege der Massenmedien, in: Produzione e commercio della carta e del libro sec. XIII–XVIII, hg. S. Cavaciocchi (Istituto internazionale di storia economica F. Datini, ser. II, vol. 23), Firenze 1992, S. 297–311, mit weiterer Literatur.

deutschen Papiermarken waren. Häufig kommen als Wasserzeichen auch die Kronen, Türme, Buchstaben des Alphabets, Wappen, Blätter, Früchte, Werkzeuge, Fabeltiere und vieles mehr vor.

Im Arbeitsgang des Papierschöpfens waren jeweils zwei Schöpfformen mit übereinstimmenden Wasserzeichen gleichzeitig in Gebrauch, die jedoch als handgefertigte Erzeugnisse nicht absolut identisch sein konnten; auch veränderten sie im Lauf des Gebrauchs geringfügig ihre Form, verrutschten oder verbogen sich; daher kommt es, daß innerhalb einer Handschrift das gleiche Papierzeichen fast immer geringfügige Varianten aufweist. Im Schöpfsieb, das die Größe eines Bogens hatte, waren die Wasserzeichen stets auf einer Seite angebracht;[32] in einer Foliohandschrift, für deren Format der Bogen nur einmal in der Mitte zum Doppelblatt gefaltet wurde, trägt also jeweils nur die eine Hälfte eines Doppelblatts das Wasserzeichen, das hier zwischen senkrechten Bindedrähten steht; in Quarthandschriften, für die der Bogen nochmals gefaltet wurde, kommt es in den Falz zu stehen und ist dann nur je zur Hälfte zwischen quer stehenden Bindedrähten zu erkennen. In Oktavhandschriften läßt sich je nach Zuschnitt des Papiers meist nur noch ein Viertel des Wasserzeichens überwiegend am oberen oder unteren Innenrand erkennen und es bedarf oft guter Kenntnis der geläufigen Wasserzeichenformen, um die Einzelteile zu einer Figur zu ergänzen, nach der in den Findbüchern oder Datenbanken gesucht werden kann.

Die Wasserzeichen waren in den seltensten Fällen Herstellermarken einzelner Papiermühlen; gängige Zeichen wie der Ochsenkopf oder die Krone wurden praktisch überall in den verschiedensten Varianten verwendet, auch gebrauchte ein und dieselbe Papiermühle mehrere ganz unterschiedliche Zeichen nebeneinander. Die Wasserzeichen sind also nicht neuzeitlichen Firmensigneten vergleichbar und lassen sich deshalb nur in seltenen Fällen bis zum direkten Produktionsort des Papiers und seinem Entstehungszeitpunkt zurückverfolgen. In vereinzelten Fällen haben sich verschiedene Papiermarken als eine Art Qualitäts- oder Gütezeichen eines bestimmten Papiers erwiesen.[33]

---

[30] Vgl. P. Needham (Anm. 10) S. 141–145.
[31] Boyle Nr. 1646–1652; Mazal S. 54–60 und 259f.; G. Piccard, Die Ochsenkopf-Wasserzeichen Bd. I, Stuttgart 1966, Einleitung; J. Irigoin, La datation par les filigranes du papier, in: Codicologica 5 (Litterae textuales 9), Leiden 1980, S. 9–36; T. Gerardy, Die Beschreibung des in Manuskripten und Drucken vorkommenden Papiers, ebd. S. 37–51; ders., Der Identitätsbeweis bei der Wasserzeichendatierung, in: Archiv für die Geschichte des Buchwesens 9 (1969), S. 733–778.
[32] Schematische Zeichnungen von der Lage der Wasserzeichen in den verschiedenen Formaten bei Irigoin (Anm. 31) S. 10f.; Lemaire S. 32f.; Bozzolo/Ornato S. 133–136.
[33] In einer Kanzleirechnung von 1476 ist das Ravensburger Ochsenkopfpapier um 20% teurer eingestuft als das Papier mit Wasserzeichen Horn; vgl. G. Piccard, Die Ochsenkopf-Wasserzeichen Bd. I, Stuttgart 1966, S. 25.

Erst um und nach 1500 werden Wasserzeichen manchmal mit den Herstellermarken, noch später mit den Initialen der Papiermühlenbetreiber verbunden[34], sie stellen dann tatsächlich eine Art Firmenzeichen dar und ermöglichen neben der zeitlichen Einordnung auch die exakte Lokalisierung des betreffenden Papiers.

Die Mehrzahl der zwischen dem 14. und 16. Jahrhundert verwendeten Wasserzeichen ist heute in Findbüchern oder Datenbanken erfaßt, in denen Kopien von Papierzeichen aus sicher datierten und lokalisierten Schriftstücken, vorwiegend aus Urkunden, Akten, Geschäftsbüchern und auch aus datierten Inkunabeln gesammelt und abgebildet sind. Sie stellen Belege dar für die Verwendungsdauer eines bestimmten Papiers und – mit Vorbehalt – auch für seinen hauptsächlichen Verbreitungsraum. Die Idee solcher Wasserzeichensammlungen als Grundlage zur Datierung zeitlich nicht fixierter Papierhandschriften verwirklichte als Erster in großem Stil der Schweizer Ch. M. Briquet,[35] dessen vierbändiger, mehrfach neu aufgelegter und überarbeiteter Katalog mit ca. 16000 Abbildungen heute noch für die Fälle unentbehrlich ist, die noch nicht von der neueren Forschung exakter erfaßt sind.

Denn wie über alle Pionierarbeiten ist die Entwicklung genauerer Methoden auch über Briquets Werk fortgeschritten. G. Piccard baute im Hauptstaatsarchiv Stuttgart eine umfangreiche Wasserzeichenkartei auf, aus der seit 1961 Findbücher veröffentlicht werden, die jeweils nur ein einzelnes Motiv (Turm, Ochsenkopf, Krone, Dreiberg) oder einen Themenkreis (Werkzeug und Waffen, Fabeltiere, Vierfüßler) in allen vorkommenden Varianten enthalten und abbilden.[36] Zu beachten ist, daß die Abbildungen der Kronenwasserzeichen im 1. Band nur mehr oder weniger stilisierte Typen darstellen, in denen die Varianten auf ihre wesentlichen Unterscheidungsmerkmale reduziert sind; danach kann das Papier zeitlich nur approximativ eingegrenzt werden, zur genaueren Datierung müßte der gefundene Typ in der Stuttgarter Kartei

---

[34] G. Piccard, Die Kronen-Wasserzeichen, Stuttgart 1961, S. 31.
[35] Ch. M. Briquet, Les filigranes, Dictionnaire historique des marques du papier, Bd. 1–4, Paris 1907; 2. Aufl. Leipzig 1928; Reprint New York 1966; The new Briquet. Jubilee edition, hg. von J. S. G. Simmons, Amsterdam 1968.
[36] G. Piccard, Die Kronen-Wasserzeichen, 1961; Die Ochsenkopf-Wasserzeichen, Bd. 1–3, 1966; Die Turm-Wasserzeichen, 1971; Wasserzeichen Buchstabe P, Bd. 1–3, 1977; Waage, 1978; Anker, 1978; Horn, 1979; Schlüssel, 1979; Werkzeug und Waffen, Bd. 1–2, 1980; Fabeltiere, 1980; Kreuz, 1981; Blatt, Blume, Baum, 1982; Lilie, 1983; Frucht, 1983; Vierfüßler, 1987; Dreiberg, 1996; Hand und Handschuh, 1997; jetzt online konsultierbar (http://www.piccard-online.de), vgl. P. Rückert, Piccard-online. Die digitale Präsentation von Wasserzeichen als neue Forschungsperspektive, in: Gazette 50 (2007) S. 40–50. Zu weiteren Text-Bild-Datenbanken von Wasserzeichen vgl. A. Haidinger, Wasserzeichen Klosterneuburger Handschriften, in: Gazette 32 (1998) S. 8–13; ders., Projekt ‚WZMA – Wasserzeichen des Mittelalters', Arbeitsstand und Perspektiven, in: Gazette 47 (2005) S. 42–45.

exakt bestimmt werden. Mehr Varianten bieten dagegen die nachfolgenden Bände mit den Ochsenkopfwasserzeichen und dem Turm. Von 1977 an mit der Inventarisierung des Wasserzeichens P ist das Unternehmen dazu übergegangen, möglichst alle Varianten eines Motivs so abzubilden, wie sie in Piccards Kartei erscheinen, sie also nicht mehr zu Typen zu reduzieren. Diese Methode verspricht für den Benutzer der neuen Bände bei vollständiger Übereinstimmung seiner Durchzeichnung mit der Abbildung eine viel genauere zeitliche Eingrenzung.

Im allgemeinen sind die Datierungen verläßlich, die so mit Hilfe der Wasserzeichen-Findbücher gewonnen werden. Piccard ging davon aus, daß Papier im allgemeinen etwa 3–4 Jahre nach seiner Herstellung aufgebraucht wurde und daß daher die auf den beschriebenen Papieren überlieferten Jahreszahlen auch für undatierte Dokumente mit gleichem Wasserzeichen gelten.[37]

Praktische Anwendung fand diese Theorie in den modernen Handschriftenkatalogen der Württembergischen Landesbibliothek Stuttgart, in denen mit Hilfe von Wasserzeichenexpertisen Piccards die undatierten Papierhandschriften auf einen Beschriftungszeitraum von 2–4 Jahren festgelegt werden. Gegen diese Methode wurden auch kritische Einwände erhoben; als Hauptargument läßt sich anführen, daß nicht bewiesen werden kann, ob ein bestimmtes Quantum Papier tatsächlich immer und regelmäßig innerhalb von 2–4 Jahren völlig verbraucht wurde. Zweifellos haben große Kanzleien und Skriptorien und natürlich die Buchdrucker ihre Papiervorräte schnell aufgebraucht, doch ist nicht abzuschätzen, wie lange einzelne Partien unverbrauchten Papiers in einem Personenkreis mit kleinerem Bedarf lagerten, zu dem beispielsweise Privatpersonen gehörten oder auch Ordensleute und Klosterfrauen, die z. T. Texte zum Privatgebrauch zusammenschrieben und wohl kaum Papier ballenweise[38] orderten und laufend verbrauchten. So schrieb z. B. ein Frater Thomas Phelkofer im bayerischen Benediktinerkloster Oberaltaich im Jahr 1456 den 2. Teil eines Vocabularius (Cgm 668) auf Papier, das laut Wasserzeichen in die Jahre 1415–18 datierbar ist.

Solche Bedenken sollten nicht grundsätzlich gegen die Vorzüge der Wasserzeichen als Datierungshilfe einnehmen, sondern nur davon abraten, diese mit den festen und eindeutigen Jahreszahlen echter Handschriftendatierung gleichzusetzen. Im allgemeinen hat die Über-

---

[37] Vgl. die Einleitungen Piccards zu den Findbüchern (Anm. 36); auch T. Gerardy in: Codicologica 5 (Anm. 31) S. 38 bestätigt, daß die Entstehungszeit eines undatierten Papiers in der Regel auf 4 Jahre eingegrenzt werden kann.

[38] 1 Ballen = 10 Ries, 1 Ries = 480 Bogen, der Bogen zu ca. 40–50 × 30–35 cm ergab einmal gefaltet ein Doppelblatt in Folioformat, zweimal gefaltet 2 Doppelblätter in Quartformat usw.; doch gab es auch Bogen kleineren Formats und das sog. Regalpapier in Großfolioformat.

prüfung der Wasserzeichen tatsächlich datierter Codices, die bei der Katalogisierung zur Objektbeschreibung gehört, bei genauer Übereinstimmung mit der betreffenden Abbildung sehr nahe zum Datum liegende, häufig sogar die gleichen Jahreszahlen ergeben. Man wird also je nach Handschriftentyp die Datierung des Wasserzeichens mehr oder weniger eng mit der Entstehungszeit des Codex gleichsetzen; bei sorgfältigen und gewerbsmäßig hergestellten Codices, die nur eine einzige Papiersorte verwenden, läßt sich die aus den Piccardschen Belegen gewonnene Datierung enger fassen; bei einfachen, privat zusammengeschriebenen Bändchen, die aus vielen verschiedenen Papier-Restbeständen mit ganz unterschiedlichen Wasserzeichen zusammengestellt sind, sollte die Wasserzeichendatierung nicht verabsolutiert und die mutmaßliche Entstehungszeit vorsichtiger auf etwa ein Vierteljahrhundert erweitert werden, wenn der Band keine anderen Anhaltspunkte zur Datierung bietet. Genaue Übereinstimmungen mit den Abbildungen der Findbücher sind die Voraussetzung; Angaben wie ‚ähnlich Briquet' helfen nicht zur genauen Datierung.[39]

Das Wasserzeichen genau und eindeutig festzustellen ist dann erschwert und wird ungenau, wenn es nicht exakt oder vollständig erkennbar ist. In Quart- oder Oktavhandschriften liegt es, wie oben erwähnt, ungünstig im Falz oder ist nur teilweise sichtbar und bei enger Bindung der Lagen oder auch bei dichter Beschriftung schlecht zu erkennen. Es gibt moderne technische Hilfsmittel zur genauen Wiedergabe der Wasserzeichen, unter denen die Betaradiographie besonders exakte Ergebnisse liefert,[40] die aber wie die Wasserzeichenfotografie oder Fotokopie dem Handschriftenbenutzer nur selten zur Verfügung stehen dürfte. Die einfachste Methode zum Erkennen und Bestimmen des Wasserzeichens ist das möglichst genaue Durchpausen der Figur nebst den benachbarten Bindedrähten auf Transparentpapier, indem man das Blatt mit dem Papierzeichen gegen eine Lichtquelle hält; dafür wurden Wasserzeichensucher in Form beleuchtbarer Platten entwickelt, die unter das betreffende Blatt gelegt werden. In Foliohandschriften läßt sich das Wasserzeichen auch gegen eine Glasscheibe durchzeichnen. Die Bindedrähte, zwischen denen das Wasserzeichen montiert ist, müssen ebenfalls durchgezeichnet werden, da auch ihre Abstände und die Lage des Zeichens wichtige Unterscheidungsmerkmale sind. Auch ist das ursprüngliche Format des Papierbogens zu be-

---

[39] Dagegen wendet sich auch T. Gerardy in: Codicologica 5 (Anm. 31) S. 37; A. Haidinger, Datieren mittelalterlicher Handschriften mittels ihrer Wasserzeichen, in: Anzeiger der phil.-hist. Kl. der Österreichischen Akademie der Wissenschaften 139 (2004) S. 5–31 verweist S. 13–17 auf die geringe Aussagekraft ‚ähnlicher' Wasserzeichen und gibt Beispiele für längere Beschriftungszeiträume.

[40] Vgl. The new Briquet (Anm. 35) S. 17* und Abb. *A–*C; Übersicht über weitere Reproduktionsverfahren bei Irigoin (Anm. 31) S. 19.

2. Beschreibstoffe

rücksichtigen, soweit es sich an der Plazierung des Wasserzeichens oder eventuell erhaltenen unbeschnittenen Außenrändern und -ecken erkennen läßt.[41] Papier in ursprünglichem Großfolioformat wird in den Piccardschen Findbüchern in eigenen Abschnitten behandelt. Kann man die Wasserzeichen aus den erwähnten Gründen nur bruchstückhaft erkennen, so läßt sich meist nur eine Gruppe oder ein Typ des Zeichens auffinden und die Datierung muß entsprechend weiter gefaßt werden.

Die Ortsangaben in den Findbüchern, die aus den untersuchten Papieren stammen, sind zu Lokalisierung einer Handschrift nur bedingt geeignet. Zwar kommen einzelne Zeichen in bestimmten Regionen besonders häufig vor, etwa der Buchstabe P, der ursprünglich in Burgund unter Herzog Philippe le Bon gebraucht wurde und sich vor allem entlang des Rheins verbreitet hat;[42] doch wurde Papier oft über weite Strecken verkauft und transportiert.[43] Es gibt Beispiele für starke Differenzen zwischen der Schreibsprache einer Handschrift und den regionalen Belegen für ihre Wasserzeichen.

In vielen Fällen ist die Wasserzeichenbestimmung hilfreich, wenn durch die Schrift allein keine eindeutige Datierung gewonnen werden kann; so gibt es z. B. zahlreiche kleinformatige, in Frauenklöstern in später Bastarda oder auch in völlig unzeittypischer Textualis geschriebene deutschsprachige Handschriften, die sich im äußeren Aspekt nicht von Codices des 15. Jahrhunderts unterscheiden und die sich nur durch die Wasserzeichen einer viel späteren Zeit zuweisen lassen.

So galt das Ebstorfer Liederbuch (Kloster Ebstorf Hs. VI 17) bisher als zwischen 1490–1520 entstanden, erst die Untersuchung der Wasserzeichen, die 1541–42 belegt sind, ergab eine spätere Entstehungszeit.[44] Ein niederdeutsches Gebetbuch (Cgm 4718) vom spätmittelalterlichen Buchtyp und in Bastarda geschrieben, ist z. B. nur durch sein Wasserzeichen ‚Basilisk mit Bischofsstab' (Briquet Nr. 1390) ins Ende des 16. Jahrhunderts datierbar; ein schwäbisches Gebetbuch, von einer Klosterfrau in altmodischer Bastarda geschrieben, kann nur durch das Papierzeichen der 2. Hälfte des 16. Jahrhunderts zugewiesen werden.

In einfachen Gebrauchshandschriften wurden sehr häufig mehrere Papiersorten mit den verschiedensten Wasserzeichen verwendet; lassen sie sich alle ungefähr dem gleichen Zeitraum von etwa 10–15 Jahren zuweisen, dann stützen sie sich gegenseitig und festigen den gewonnenen

---

[41] Vgl. P. Needham (Anm. 10) S. 128.
[42] Vgl. G. Piccard, Wasserzeichen Buchstabe P (Anm. 36) Bd. I S. 9.
[43] L. Sporhan-Krempel, Handel und Händler mit Ravensburger Papier, in: Papiergeschichte 22 (1972) S. 29 ff.
[44] R. Giermann und H. Härtel, Handschriften des Klosters Ebstorf, Wiesbaden 1994, S. 193–196; W. Irtenkauf, Die Ebstorfer Liederhandschrift, in: 800 Jahre Kloster Ebstorf, Ebstorf 1997, S. 123–134.

Zeitansatz. Erhebt sich umgekehrt der Verdacht, daß einzelne Faszikel einer Handschrift ursprünglich zeitlich nicht zusammengehörten, und läßt sich bei der Wasserzeichenbestimmung tatsächlich eine größere Zeitdifferenz feststellen, dann ist dies ein wichtiges Indiz für die unterschiedliche Entstehung dieser Faszikel, die zu verschiedenen Zeiten und Orten geschrieben wurden und erst später in dem betreffenden Band vereinigt wurden. Bei Handschriftendatierungen, die nicht zur verwendeten Schrift passen, kann schließlich das Wasserzeichen zusätzlich zur Schriftexpertise die Feststellung untermauern, daß das Datum aus einer älteren Vorlage abgeschrieben wurde. Das trifft z. B. zu für die 1417 datierte Abschrift des ‚Lehrsystems der deutschen Mystik' in Cgm 5233, die nach Schrift und Wasserzeichen erst um die Mitte des 15. Jahrhunderts entstanden sein kann.

2.3. Tinte

Über die Herstellungsmethoden der verschiedenfarbigen Tinten unterrichten zahlreiche handschriftlich überlieferte, lateinische und deutsche Rezepte.[45] Sie sind häufig auf freigebliebenen Blättern nachgetragen, finden sich aber auch in technologischen und Farbenrezeptsammlungen des späteren 15. Jahrhunderts wie dem ‚Liber illuministarum' (Cgm 821) aus dem bayerischen Kloster Tegernsee oder dem ‚Trierer Farbenbüchlein' (Trier StB Hs.1957/1491 8°), wohl aus dem Kloster Eberhardsklausen, die als wertvolle Quellen für die mittelalterliche Buchherstellung seit langem Beachtung gefunden haben.

Schwarze oder braune Tinte für den Text wurde teilweise auf der Basis von Ruß hergestellt, im 15. Jahrhundert überwog die Eisen-Gallus-Tinte aus Galläpfeln, die mit metallischen Salzen vermischt, mit Wasser, Wein oder Essig angesetzt und mit Gummi arabicum gebunden wurde.[46] Für rote und andersfarbige sowie Gold-und Silbertinten,[47] die zur Herstellung von Prachtcodices dienten, sind ebenfalls zahlreiche Rezepte bekannt. Unterschiedliche Tinten wurden zur speziellen Eignung für Pergament oder Papier empfohlen. Dem Tegernseer Codex ist zu entnehmen, daß Klosterateliers bisweilen ihre Spezialrezepte untereinander austauschten und die Herkunft bei der Niederschrift vermerk-

---

[45] Wattenbach S. 233–261; Rockinger S. 29–42 mit Abdruck mehrerer Rezepte; Bischoff S. 32–34; Mazal S. 75; Boyle Nr. 1543–45; Trost, Schreibkunst (Anm. 2) S. 114–116, 139f.

[46] M. Bat-Yehouda-Zerdoun, La fabrication des encres noires d'après les textes, in: Codicologica 5, Leiden 1980, S. 52–58.

[47] V. Trost, Gold- und Silbertinten. Technologische Untersuchungen zur abendländischen Chrysographie und Argyrographie von der Spätantike bis zum hohen Mittelalter (Beiträge zum Buch- und Bibliothekswesen 28), Wiesbaden 1991.

ten.[48] Häufig überliefert sind auch Rezepte für Geheimtinten: die zunächst unsichtbare Schrift wird erst durch eine spezielle Prozedur lesbar.

Gut erforscht und ausgewertet sind die reichlich überlieferten mittelalterlichen Farbrezepte für die Buchmalerei,[49] auf die hier nicht eingegangen werden soll.

2.4. Schreibgeräte

Geschrieben wurde während des ganzen Mittelalters mit kräftigen Vogelfedern, zumeist Gänsefedern, die an der Spitze gespalten und zugeschnitten wurden. Da sie sich beim Schreiben relativ schnell abnützten, mußte der Zuschnitt häufig wiederholt werden; in den Handschriften ist diese Prozedur deutlich am Wechsel von dicker stumpfer zu wieder klarer schärferer Schrift zu erkennen. Das Federmesser gehörte zur notwendigen Ausrüstung des Schreibers und ist auch auf bildlichen Darstellungen häufig zu sehen; als Radiermesser diente es auch zum Auskratzen fehlerhafter Wörter.[50]

Der Griffel aus Holz, Bein oder verschiedenen Metallen wurde als Schreibgerät vor allem auf Wachstafeln,[51] in Buchhandschriften des 8. und 9. Jahrhunderts nicht selten zum Eintrag von blind ins Pergament eingedrückten oder eingeritzten Glossen verwendet.[52] In Verbindung

---

[48] Cgm 821,94r–95r *Hic modus in Genniko* (Kartause Gaming/Österreich) *pro bono incausto efficiendo*, abgedr. bei Rockinger S. 34f.; 116r-v *incaustum de vino quem servamus in Tegernsee*, abgedr. bei Rockinger S. 30f.

[49] Außer der oben (Anm. 45) genannten Literatur vgl. H. Roosen-Runge, Farbgebung und Technik frühmittelalterlicher Buchmalerei (Kunstwissenschaftliche Studien 38), München/ Berlin 1967; F. Avril, La technique de l'enluminure d'après les textes médiévaux, Paris 1967; J. J. G. Alexandre, Medieval illuminators and their methods of work, New Haven 1992, bes. S. 35–51; Trost, Schreibkunst (Anm. 2) S. 140–147; A. Bartl, C. Krekel, M. Lautenschlager, D. Oltrogge, Der ‚Liber illuministarum' aus Kloster Tegernsee. Edition, Übersetzung und Kommentar der kunsttechnologischen Rezepte, Stuttgart 2005.

[50] Wattenbach S. 228–231; A. d'Haenens, Ecrire, un couteau dans la main gauche, in: Clio et son regard, Liège 1982, S. 129–141, mit zahlreichen Abbildungen handschriftlicher Darstellungen von Federmessern und zugeschnittenen Federn. – J. P. Gumbert, Les outils du copiste, in: Gazette 32 (1998) interpretiert S. 1–7 Illustrationen bekannter und unbekannter Schreibgeräte italienischer Schreibmeister des 16. Jahrhunderts.

[51] Vgl. unten S. 192.

[52] B. Bischoff, Über Einritzungen in den Handschriften des frühen Mittelalters, in: Mittelalterliche Studien I, Stuttgart 1966, S. 88–92; E. Glaser, Frühe Griffelglossierung aus Freising. Ein Beitrag zu den Anfängen althochdeutscher Schriftlichkeit (Studien zum Althochdeutschen 30), Göttingen 1996, mit einer Liste von Griffelglossenhandschriften (S. 55–63) und weiterer Literatur; E. Glaser/A. Nievergelt, Althochdeutsche Griffelglossen, Forschungsstand und Neufunde, in: Entstehung des Deutschen, FS H. Tiefenbach, hg. von A. Greule (Jenaer germanistische Forschungen 17), Heidelberg 2004, S. 119–132.

mit einem Lineal diente der Griffel zum Blindvorzeichnen von Schriftraum und Zeilen, seit dem späten 12. Jahrhundert zeichnete man die Linien auch sichtbar mit Bleistift vor. Verwendung von Rötel findet sich eher in Randnotizen und Federproben, vereinzelt für althochdeutsche Glossen.

3. Lagen

3.1. Lagenstärken

Eine Lage besteht aus mehreren Doppelblättern, die in der Mitte gefaltet und heftförmig ineinandergelegt und später in beschriebenem Zustand in der Mitte zusammengeheftet werden. Die Anzahl der Doppelblätter einer Lage variiert zeit- und materialbedingt im Schriftwesen des Mittelalters. Im Früh- und Hochmittelalter waren 4 Pergamentdoppelblätter pro Lage die häufigste Zusammensetzung;[53] sie ergaben Hefte zu 8 Einzelblättern oder 16 Seiten, den Quaternio. Pergamenthandschriften bestanden auch im 14. und 15. Jahrhundert meist aus Quaternionen. Zu Anfang und Ende einer solchen regelmäßig zusammengesetzten Handschrift können häufig dünnere Lagen stehen, ein Binio (2 Doppelblätter) oder Ternio (3 Doppelblätter). Vorausgehend dienten solche schmalere Lagen als Registerteil oder blieben als Vorsatzblätter unbeschrieben; am Ende der Handschrift war für den Schreiber vorauszusehen, wieviele Blätter er für den restlichen Text verbrauchen würde. Im 13. und 14. Jahrhundert kamen vielerorts umfangreichere Pergamentlagen auf, Quinternionen oder Quinionen (5 Doppelblätter) oder die besonders im 14. und 15. Jahrhundert mit der Einführung des neuen Beschreibstoffs Papier üblich werdenden Sexternionen oder Senionen (die mittelalterliche Bezeichnung ist sexternus), d. h. Lagen zu 6 Doppelblättern. Doch auch schon im 13. Jahrhundert gab es Lagen mit 7, 8 und mehr Doppelblättern. Besonders das in Frankreich für kleinformatige Bibeln und Liturgica gebrauchte sehr feine Pergament erlaubte Lagenstärken bis zu 15 Doppelblättern. So weist z. B. eine in Paris im 13. Jahrhundert geschriebene lateinische Bibel in Oktavformat (Hannover LB Cod. I,1) Lagen zu 12 Doppelblättern auf; eine Bibelhandschrift gleicher Provenienz und Entstehungszeit (Nürnberg StB Hert. Ms. 2) Lagen zu 10–15 Doppelblättern.

---

[53] Vgl. Bischoff S. 34f.; zu Lagenstärken auch Vezin, La réalisation matérielle S. 27–29; Lemaire S. 39–61 mit weiterer Literatur; Bozzolo/Ornato S. 123–212; F. M. Bischoff, Systematische Lagenbrüche, in: Rationalisierung der Buchherstellung S. 83f.

3. Lagen

Es fehlt noch an Untersuchungen, inwieweit sich aus der unterschiedlichen Lagenstärke von deutschen Handschriften etwa des 13. und 14. Jahrhunderts eventuelle regionale Einordnungsmerkmale gewinnen lassen können; solche Recherchen wären vollständig nur mit großem Zeitaufwand durch Autopsie durchzuführen, ähnlich der kodikologischen Untersuchung von italienischen humanistischen Pergamentcodices des 15. Jahrhunderts durch A. Derolez.[54] Einzelne Stichproben aus modernen Handschriftenkatalogen ergeben, daß etwa oberitalienische Pergamentcodices des 14. Jahrhunderts, die zu dieser Zeit häufig von deutschen Klöstern angekauft wurden, sehr oft aus Quinternionen zusammengesetzt sind. Die gleichen Lagenstärken finden sich, vielleicht unter italienischem Einfluß, in lateinischen Pergamenthandschriften des 14. Jahrhunderts aus Tirol, etwa aus Stams. Auffällig ist, daß viele deutschsprachige Pergamenthandschriften des 14. Jahrhunderts aus dem bayerisch-österreichischen Raum ebenfalls aus Quinternionen bestehen.

Beispiele sind u. a. folgende Handschriften der Wiener Nationalbibliothek: Cod. 2691, Johannes von Frankenstein, um Mitte des 14. Jahrhunderts; Cod. 2702, St. Georgener Predigten, v. J. 1363; Cod. 2720, Hadamar von Laber, 2. Hälfte des 14. Jahrhunderts; Cod. 2733, Jans Enikel, 2. Hälfte des 14. Jahrhunderts; Cod. 2735, Bruder Philipps Marienleben, 2. Hälfte 14. Jahrhunderts; Cod. 2670, Wolfram von Eschenbach: Willehalm, v. J. 1320; Cod. 2677, Sammlung kleinerer Dichtungen, 2. Viertel des 14. Jahrhunderts; Cod. 2765, Guilelmus Durandus deutsch, v. J. 1384; Cod. 2783, Psalter mit Glosse des Nicolaus de Lyra deutsch, 2. Hälfte des 14. Jahrhunderts.

Sexternionen dagegen anstelle der üblichen Quaternionen weisen viele deutschsprachige Pergamentcodices des 14. Jahrhunderts aus dem alemannischen Raum auf. Das prominenteste Beispiel ist die Manessische Liederhandschrift nebst zwei gleichzeitig im Zürcher Raum entstandenen Codices, der Weltchronik des Rudolf von Ems (St. Gallen Vadiana Ms. 302) und die Basler Handschrift B VIII 27 mit Hugos von Langenstein ‚Martina' und der Mainauer Naturlehre.

Weitere Beispiele alemannischer aus Sexternionen zusammengestellter Handschriften sind: Einsiedeln, Stiftsbibl. Cod. 277, Mechthilds von Magdeburg ‚Fließendes Licht der Gottheit', bald nach Mitte des 14. Jahrhunderts; Freiburg/Br. UB Hs. 41, Taulers Predigten, 3. Viertel des 14. Jahrhunderts; Wien NB Cod. 2707, Gottfrieds von Straßburg ‚Tristan', 2. Hälfte des 14. Jahrhunderts; Karlsruhe, St. Peter perg. 120, deutsches Lektionar, 1. Viertel des 14. Jahrhunderts; Berlin mgf 623, Rudolfs von Ems Weltchronik, zweites Viertel des 14. Jahrhunderts; Zürich ZB C 10a–b, Statutenbücher des Großmünsters Zürich ab 1346.

---

[54] A. Derolez, Codicologie des manuscrits en écriture humanistique sur parchemin (Bibliologia 5), Turnhout 1984, S. 33–39.

Die Papierhandschriften des späten 14. und des 15. Jahrhunderts sind – falls sie eine regelmäßige Lagenstruktur aufweisen – zum größten Teil aus Sexternionen zusammengestellt mit den oben erwähnten kleineren Abweichungen zu Anfang und Ende eines Codex, vereinzelt sind die Sexternionen auch mit eingeschalteten Quinternionen oder seltener mit Septernionen vermischt. Gegen Ende des 15. Jahrhunderts wurden Codices aus Quinternionen häufig; vor allem seit dem Ende des 15. und vermehrt im 16. Jahrhundert kehrte man zu den früher üblichen Quaternionenlagen zurück, die bisher nur für Pergamentcodices gebräuchlich waren, nun aber auch für einfachere Papierhandschriften die Regel wurden.

Solche relativ regelmäßige Lagenzusammensetzung gilt hauptsächlich für Handschriften mit einem gewissen Anspruchsniveau, für repräsentative Exemplare, jedenfalls für Codices mit einheitlicher Konzeption, Einrichtung und Schrift. Dagegen sind sehr viele vor allem quart- und oktavformatige Gebrauchs- und Sammelhandschriften des 15. Jahrhunderts aus Papier oft aus völlig unregelmäßig starken Lagen zusammengesetzt, die in ein und demselben Codex vom Binio und Ternio bis hin zu dicken Konvoluten aus 12 oder 15 Doppelblättern reichen können. Es kann sich dabei um Bände handeln, die zum Eigengebrauch zusammengeschrieben wurden und in denen der Schreiber oder die Schreiberin sukzessive solche Texte aufzeichnete, die für die eigenen Belange von Interesse waren. Eine solche unregelmäßige Lagenstruktur weist aber auch oft darauf hin, daß die betreffende Handschrift aus unterschiedlichen, ursprünglich nicht zusammengehörenden Einheiten zusammengebunden wurde.[55] Die Untersuchung der Lagenstruktur eines Codex kann wertvolle Hinweise auf sein Zustandekommen geben und sollte in jedem Fall durchgeführt werden.

Häufig wurden Einzelblätter zwischen die Doppelblätter der Lagen integriert, entweder an einem umgebogenen Randstreifen eingeheftet oder mit einem weiteren Einzelblatt zum Doppelblatt zusammengeklebt, auch an Falzstreifen oder das benachbarte Doppelblatt angeklebt, in Pergamenthandschriften zuweilen angenäht. Bis zum 12. Jahrhundert wurden in liturgischen illuminierten Prachthandschriften, z. B. in Evangeliaren[56] die Miniaturen auf Einzel- oder Doppelblättern gesondert vom Text angefertigt und den Textlagen dann beigebunden, wodurch sich Unregelmäßigkeiten im Lagenaufbau eines Codex ergaben. Deutsche illuminierte Handschriften haben noch in der 1. Hälfte des 13. Jahrhunderts an dieser getrennten Herstellung von Bild- und Textblättern festgehalten.

---

[55] Vgl. unten S. 178–181; vgl. dazu J. P. Gumbert, L'unité codicologique ou: a quoi bon les cahiers? in: Gazette 14 (1989) S. 4–8.
[56] Untersucht von F. M. Bischoff, Systematische Lagenbrüche (Anm. 53), S. 83–110, hier: S. 86f.,89f., 95f.

Die Berliner ‚Eneit' Heinrichs von Veldeke (mgf 282) enthält 71 in dieser Art beigebundene Bildseiten; in der Wolfram-Handschrift Cgm 19 ist jetzt noch ein einzelnes Doppelblatt mit Miniaturen ohne Text erhalten, das wohl als letzter Rest eines ursprünglich viel umfangreicheren beigebundenen Bilderzyklus zu sehen ist; aus dem gleichen Skriptorium stammt die Tristanhandschrift Cgm 51 mit jetzt noch 15 erhaltenen einzeln beigebundenen Bildblättern.

Einzelne Blätter z. B. mit Textergänzungen oder Anmerkungen, oft auch kleineren oder unregelmäßigen Formats, wurden vor allem in spätmittelalterliche Papiercodices mit wissenschaftlicher oder Predigtliteratur zum Eigengebrauch mit eingebunden, die sog. Schaltblättchen oder Schaltzettel. Einzelblätter blieben auch gelegentlich in sonst regelmäßigen Lagen übrig, etwa wenn Irrtümer beim Schreiben noch rechtzeitig erkannt wurden oder ein Text aus anderen Gründen eliminiert werden sollte und das fehlerhafte Blatt bis auf einen schmalen Falz herausgeschnitten wurde.

3.2. Lagenzählung

Nach vollendeter Schreibarbeit wurden die Lagen entweder vom Schreiber oder auch von anderer Hand gekennzeichnet, um dem Buchbinder ihre richtige Reihenfolge anzugeben. Diese Lagenbezeichnungen helfen zum Feststellen der Lagenzusammensetzung einer Handschrift. Es waren dafür unterschiedliche Systeme gebräuchlich; die ältere Methode ist die Lagenzählung.[57]

In den Pergamentcodices des 11.–14. Jahrhunderts wurde die Lagenzahl überwiegend in großen römischen Ziffern auf der ersten oder letzten Lagenseite, meist in der Mitte des Unterrands angebracht,[58] zwischen 2 Punkte gesetzt und oft durch auffällige Verzierungen in die Schriftseite integriert, entweder in Schnörkel auslaufend oder in einen ornamentierten Rahmen gesetzt. Solche Lagenzählungen, die auch als Kustoden bezeichnet werden, wurden später zunehmend kleiner und unauffälliger angebracht. Zu den älteren römischen Zahlen kommen im Lauf des 14. Jahrhunderts und vor allem im 15. Jahrhundert die verschiedensten Arten von Lagenbezeichnungen auf: neben die römischen treten die arabischen Ziffern, im 15. Jahrhundert ist eine kleine unauffällige arabische Lagenzählung auf dem ersten Rectoblatt der Lage die häufigste Kennzeichnung. Nicht selten werden auch römische und arabische Zahlenschreibungen vermischt; daneben kommen ausgeschriebene Zählungen vor, z. B. *primus – vicesimus sexternus* in Cgm 765 v. J. 1441; *ein – zweleve* in Hannover Cod. I 81, 2. Hälfte des

---

[57] Dazu vgl. Bischoff S. 40 f; Vezin, La réalisation matérielle S. 35 f.; Lemaire S. 61–67; zur Lagenzählung in italienischen humanistischen Handschriften vgl. Derolez, Codicologie (Anm. 54) S. 40–47.

13. Jahrhunderts; *der erst – daz ist der XII* in München UB 2° cod. ms. 47 v. J. 1432.

Weniger häufig ist die alphabetische Lagenzählung, meist mit Kleinbuchstaben, seit dem Ende des 14. Jahrhunderts; reichen die Buchstaben des Alphabets nicht aus, werden sie ab a wiederholt, eventuell als Majuskeln: a-z, A-Z in Cgm 624 um 1500. Auch doppelte, also numerische und alphabetische Lagenzählung kommt vor: *a primus – j nonus* in Cgm 724 v. J. 1457. Auch hier ist noch nicht untersucht worden, welchem Zeitraum und welcher Region der eine oder andere Usus angehört.

Innerhalb eines Sammelcodex können verschiedene Texte je eine eigene Lagenzählung haben, auch wenn er als Ganzes konzipiert ist: in Ms. 302 der Vadiana St. Gallen, Anfang des 14. Jahrhunderts, ist Rudolfs von Ems Weltchronik gezählt *I–XIXus*, Strickers Karl d. Gr. *I–VI*; in Cgm 5067, Mitte des 15. Jahrhunderts, ist das Speculum humanae salvationis gezählt *1–5*, ein Predigtcorpus Bertholds von Regensburg *I–XXI*.

Die Lagenzählung kann Auskunft geben über spätere Zufügung von Lagen z. B. zu Anfang oder Schluß einer Handschrift oder über die ursprüngliche Verteilung umfangreicher Texte, die jetzt auf mehrere Bände verteilt sind; so war die jetzt in 6 Bände aufgeteilte ‚Wenzelbibel' (Wien NB Cod. 2759–64) laut alter Lagenzählung I–LXIII und I–LVIII nur für 2 umfangreiche Bände geplant, die heutigen Cod. 2759–2761 Bl. 79 und Cod. 2761 Bl. 81–2764.

3.3. Reklamanten

Neben dieser älteren Art der Lagenbezeichnung kamen etwa im 12. Jahrhundert allmählich die sog. Wortreklamanten[59] auf, die ebenfalls dem Buchbinder zur Orientierung über die Lagenreihenfolge dienen sollen. Der Schreiber gab auf der letzten Lagenseite unten in der Mitte, später durchgehend in der rechten unteren Ecke den Textanfang der nächstfolgenden Lage an. Diese Reklamanten wurden nur selten als Bestandteil der Schriftseite besonders hervorgehoben, etwa wie in ‚Spamers Mosaiktraktat' (Karlsruhe St. Peter perg. 85, Mitte des 14. Jahrhunderts) durch gezeichnete hinweisende Hände kenntlich gemacht, oder in einem Cantionale aus der 2. Hälfte des 15. Jahrhun-

---

[58] Zu diesem älteren Stil der Lagenzählung vgl. auch J. P. Gumbert, De datering van het Haagse handschrift van de Limburgse sermoenen, in: Miscellanea neerlandica, FS für J. Deschamps, Leuven 1987, S. 167–181, hier: S. 168.

[59] Seltener werden sie in der Literatur auch als ‚Kustoden' bezeichnet, vgl. Bischoff S. 37; Gumbert, Utrechter Kartäuser S. 151; dieser Terminus geht später vor allem ins Vokabular des Buchdrucks ein.

derts (Cgm 716) in Spruchbänder gesetzt; häufig fielen sie mit dem Beschneiden des Buchblocks ganz weg oder blieben nur noch teilweise erkennbar. Der Gebrauch von Wortreklamanten ist in französischen, italienischen und spanischen Handschriften schon im späteren 11. und 12. Jahrhundert nachweisbar;[60] im deutschen Raum und vor allem in deutschsprachigen Handschriften erscheinen sie aber kaum vor dem Ende des 13. Jahrhunderts.

3.4. Lagenfoliierung

Neben diesen beiden Systemen zur Bestimmung der Lagenabfolge hat man seit dem 14. und vor allem im 15. Jahrhundert auch die Reihenfolge der Doppelblätter innerhalb einer Lage fixiert durch Lagenblattzählung oder Lagenfoliierung, auch als Lagensignaturen bezeichnet: die ersten 6 Blätter z. B. eines Sexternio bis zur Lagenmitte wurden gezählt (1–6, a–f oder auch mit zusätzlicher Angabe der Lagenzahl, z. B. a 1–6 – h 1–6), die zweite Hälfte der Lage nach der Mitte blieb ungezählt; die Zählung wiederholte sich mit jeder weiteren Lage. Selten nimmt die Lagenfoliierung auch andere, individuelle Formen an: in München UB 4° cod. ms. 488 v. J. 1429 stehen statt dessen Wortfolgen, die ein teilweise gereimtes Mariengebet ergeben.

3.5. Lagenbestimmung

Alle diese Angaben zur Reihenfolge von Blättern und Lagen sind gute Hilfsmittel zur Lagenbestimmung einer Handschrift.[61] Mit ihrer Hilfe lassen sich die Lagenanfänge und -enden leicht festlegen; einen weiteren Anhaltspunkt, um den Umfang und Aufbau einer Lage zu erkennen, gibt der Heftfaden in der Lagenmitte. Ein schmaler Blattstreifen, der zwischen 2 Blättern sichtbar wird, ist in der Regel der Rest eines herausgeschnittenen Blatts (Abb. 21) und hinterläßt eine Textlücke, kann aber auch bei lückenlos fortlaufendem Text und gegebenenfalls bei ununterbrochener alter Foliierung der Falz eines in die zugehörige Lagenhälfte eingebundenen Einzelblatts sein (Abb. 22). In den einfacheren Gebrauchshandschriften des 15. Jahrhunderts fehlen häufig Reklamanten und Lagenzählung oder sind vom Buchbinder völlig weggeschnitten worden, so daß das Bestimmen der Lagenanfänge und -schlüsse oft sehr mühsam ist; bei enger Bindung umfangreicher Handschriften ist zudem oft der Heftfaden schwer zu erkennen.

---

[60] J. Vezin, Observations sur l'emploi des réclames dans les manuscrits latins, in: Bibliothèque de l'école de chartes 125 (1967), S. 5–33. Zu den Reklamanten in italienischen humanistischen Handschriften vgl. Derolez, Codicologie (Anm. 54) S. 40–64.

[61] Vgl. dazu auch Löffler-Milde S. 66–72.

In Papiercodices hilft auch das Wasserzeichen, die Zusammengehörigkeit zweier Blätter zu einem Doppelblatt zu erkennen: in Foliohandschriften trägt nur die eine Hälfte des Doppelblatts das Wasserzeichen; in Quarthandschriften erscheint das Zeichen halbiert mitten im Falz, daher lassen sich zusammengehörige Doppelblätter dieses Formats am leichtesten erkennen. In Oktavhandschriften müßte am inneren Ober- oder Unterrand wenigstens je ein Viertel eines Wasserzeichens die Zusammengehörigkeit von zwei Blättern anzeigen. Es ist auch darauf zu achten, ob sich die Bindedrähte auf beiden Hälften des Doppelblatts an den gleichen Punkten befinden.

Um bei komplizierten Lagenverhältnissen die ursprüngliche Zusammensetzung mitsamt allen Verlusten, Zusätzen und Umstellungen klar herauszuarbeiten, empfiehlt es sich, Skizzen anzufertigen, in denen die Doppel- und Einzelblätter mit den Blattzahlen in ihrer Stellung in der Lage dargestellt sind (Abb. 21–22). Solche graphischen Darstellungen der Lagenstruktur[62] werden kodikologischen Untersuchungen einzelner Handschriften, etwa den Kommentaren zu Handschriftenfaksimiles beigegeben.

Neben der graphischen Darstellung ist die gebräuchlichste Art, die herausgearbeitete Lagenstruktur festzuhalten, die sog. Chroust'sche Lagenformel[63], in der die Anzahl der Doppelblätter einer Lage mit römischen, die der Einzelblätter mit arabischen Ziffern angegeben werden; in der Lage fehlende Blätter sind mit –, zusätzlich eingefügte mit + bezeichnet. Mehrere gleichstarke aufeinanderfolgende Lagen werden zusammengefaßt. Das letzte Blatt einer Lage kann mit der hochgestellten Blattzahl angegeben werden. Die in Abb. 21 und 22 dargestellten Lagen aus der St. Galler Weltchronik und dem Stricker werden z. B. mit der Lagenformel als $(VI-1)^{66}$ und $(VI+1)^{25}$ wiedergegeben.

Cgm 518, eine großformatige Papierhandschrift mit dem Traktat ‚Gemahelschaft Christi', 1470 im bayerischen Dominikanerinnenkloster Altenhohenau geschrieben, stellt sich mit der Lagenformel $(II-1) + VI^{12} + VII^{26} + 18\ VI^{242} + VII^{256}$ als ein überwiegend aus regelmäßigen Sexternionen zusammengestellter Codex dar, zwischen denen zwei Septernionen stehen; als Vorsatz vorausgebunden sind zwei unbeschriebene Doppelblätter, von denen eines zur Hälfte ausgeschnitten wurde.

Allerdings läßt die Formel nicht erkennen, zwischen welchen Blättern sich die Lücken oder Einschübe befinden; solche Unregelmäßigkeiten müssen zusätzlich angegeben werden. Regelmäßige, nicht allzu kompli-

---

[62] F. M. Bischoff, Methoden der Lagenbeschreibung, in: Scriptorium 46 (1992), S. 3–27, hier: S. 16–19 Erläuterung und Abbildungen zweier verschiedener Lagenschemata.
[63] Sie wurde von A. Chroust in seinen Monumenta palaeographica I, München 1902ff. verwendet; vgl. dazu Mazal S. 68; F. M. Bischoff (Anm. 62) S. 10f.

7. Lage: Bl. 56–66. Zwischen 56–57 fehlt 1 Blatt. Lagenzählung Bl. 66v: *VIIus*.

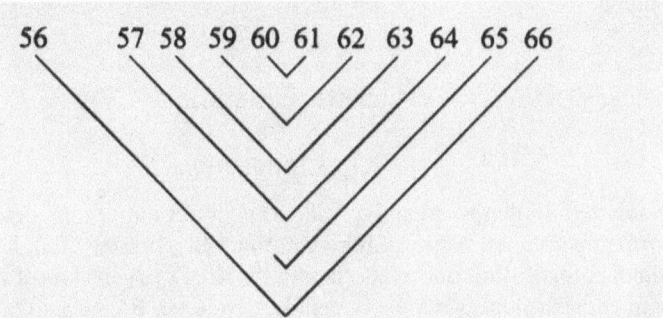

2. Lage: Bl. 13–25. Bl. 25 ist ein beigebundenes Einzelblatt. Lagenzählung Bl. 13r: *.II*.

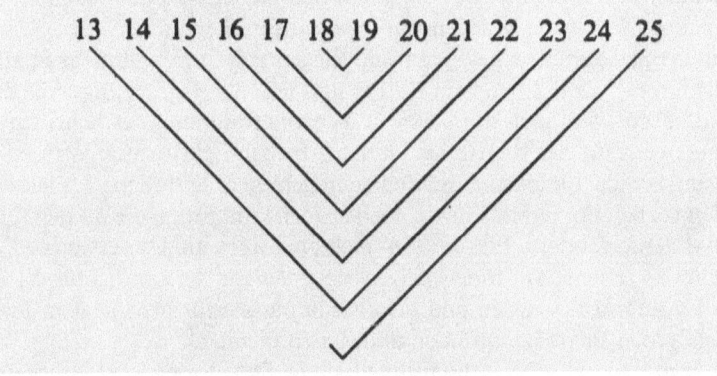

Abb. 21–22: Lagenschemata. Rudolf von Ems, Weltchronik. St. Gallen, Vadiana, Ms. 302 Vad., Bl. 56–66. Stricker, Karl d. Gr. ebd. Bl. 13–25 (aus: Kommentar zu Ms. 302 Vad., Luzern 1987, S. 20)

zierte Lagenverhältnisse lassen sich auch in Worte fassen (etwa: 6 Quaternionen, zu Anfang und Schluß je 1 Ternio). Weniger klar und informativ ist die Angabe lediglich der Blattzahlen der Lagenanfänge oder -enden.

4. Seiteneinteilung

4.1. Liniierung

Nach dem Falten wurden die Außenränder der auf Quart- oder Oktavformat gefalteten Bögen aufgeschnitten. In jüngster Zeit haben vor allem französische und niederländische Kodikologen darauf aufmerksam gemacht, daß vereinzelt auch die gefalteten Bögen im Ganzen unaufgeschnitten beidseitig beschrieben wurden nach der gleichen Methode wie die bedruckten Bögen, die bekanntlich erst nach dem Druck aufgeschnitten werden.[64] Auf diese Praktik sind bisher deutsche Handschriften nicht untersucht worden.

Stand das Format und die Art der Einrichtung für den aufzuzeichnenden Text fest, wurden Pergament und Papier zum Schreiben liniiert. Senkrechte Linien wurden zur beidseitigen Begrenzung des Schriftraums gezogen für eine oder zwei, gelegentlich für 3 und mehr Spalten, dazu waagrechte Linien zur oberen und unteren Begrenzung. Alle diese einfachen oder auch doppelten Linien zur Rahmung des Schriftraums laufen bis an die Blattränder hinaus. In den Schriftraum wurden die waagrechten Linien für die Zeilen eingetragen. Sämtliche Linien wurden vorbereitet durch Einstichlöcher oder Punkturen, die an den Ober- und Unterrändern für die senkrechten Linien und überwiegend am Außen-, seltener am Innenrand in regelmäßigen Abständen für die Zeilen angebracht wurden und die als Endpunkte für die mit dem Lineal gezogenen Begrenzungslinien und Zeilen dienten.[65]

Einzelne vor allem frühmittelalterliche Skriptorien sind an ihren eigenen Gewohnheiten des Punktierens und Liniierens erkennbar; so wurde etwa im Engelberger Skriptorium unter Abt Frowin (1147–

---

[64] Bischoff S. 38f., Anm. 9; Bozzolo/Ornato S. 123–212; J. Vezin, Manuscrits ‚imposés', in: Mise en page S. 422–425; P. Obbema, Een bijzondere manier van schrijven: werken op onopengesneden vellen, in: ders., De middeleeuwen in handen. Over de boekcultuur in de late middeleeuwen, Hilversum 1996, S. 49–68 mit Katalog, Abbildungen beschriebener unaufgeschnittener Bögen und weiterer Literatur. P. Needham, Res papirea (Anm. 10) weist S. 128 darauf hin, daß die gefalteten Druckbögen erst um etwa 1470 aufkamen; in den Anfangsjahren des Buchdrucks wurde auf vorher im gewünschten Format zugeschnittene Doppelblätter gedruckt.

[65] Bischoff S. 36f.; Vezin, La réalisation matérielle S. 30–35; Mazal S. 69; Boyle Nr. 1532–1542; Lemaire S. 95–125; Derolez, Codicologie (Anm. 54) S. 65–71, 81–123; Löffler-Milde S. 73f.

4. Seiteneinteilung

1178) jeweils ein aufgeschlagenes Doppelblatt in einem Arbeitsgang und nur auf der Vorderseite liniiert.[66] Die Punkturen konnten auf jedem Doppelblatt einzeln oder aber in einem einzigen Arbeitsgang durch eine ganze Lage hindurch angebracht werden, was bei Pergament ein sehr spitzes Punktiereisen und beträchtlichen Kraftaufwand erforderte; das letztere Verfahren ist an den vom ersten bis zum letzten Lagenblatt immer schwächer werdenden Punkturen zu erkennen.

Ob man sich zum Anbringen der Punkturen bestimmter Instrumente bediente, von denen keines erhalten geblieben ist, bleibt umstritten; in letzter Zeit haben sich mehrere Kodikologen gegen die Existenz etwa von Rädchen mit scharfen Spitzen ausgesprochen, die man an den Blatträndern abgerollt hätte.[67]

In den Papierhandschriften des späteren 14. und des 15. Jahrhunderts sind Punkturen an den Rändern nicht mehr durchgehend vorhanden, obwohl die Schrifträume auch hier fast durchweg vorgezeichnet sind. Die an den äußersten Rändern angebrachten Einstichlöcher wurden häufig vom Buchbinder weggeschnitten, blieben andererseits selbst in manchen repräsentativen Codices erhalten, wurden also offensichtlich vom mittelalterlichen Buchbesitzer nicht als störend empfunden. Aber es gibt auch Papierhandschriften mit den noch unbeschnittenen, unregelmäßigen Rändern des handgeschöpften Papiers, die keinerlei Punkturen aufweisen, so daß man auch andere Techniken zur Vorbereitung der Liniierung annehmen muß. J. P. Gumbert[68] konnte einige niederländische Handschriften des 15. Jahrhunderts nachweisen, deren Linien mit einem kamm- oder rechenartigen Instrument gezogen worden waren, das mehrere Zeilen in einem Arbeitsgang und nur jeweils mit einer einzigen Punktur vorzeichnen konnte. Daß es auch Holzrahmen mit aufgespannten Kordeln oder Drähten in der Größe des gewünschten Schriftraums gab, die man unter das Papierblatt legte und durchrieb, läßt sich an orientalischen und italienischen Handschriften nachweisen;[69] erhalten geblieben ist keines dieser Instrumente. In ei-

---

[66] A. Bruckner, Schreibschulen der Diözese Konstanz. Stift Engelberg (Scriptoria medii aevi helvetica 8), Genf 1950, S. 27.

[67] L. W. Jones, Pricking manuscripts: The instruments and their significance, in: Speculum 21 (1946), S. 389–403; J. A. Dane, On the shadowy existence of the medieval pricking wheel, in: Scriptorium 30 (1996), S. 13–21; D. Muzerelle, La machine a rouler ... les codicologues, in: Gazette 31 (1997), S. 22–30; den Gebrauch solcher Punktierrädchen in England im 19. Jahrhundert für Urkunden weist R. A. Rosenfeld nach: ‚Pricking wheels', in: Gazette 37 (2000) S. 18–25.

[68] Ruling by rake and board. Notes on some late medieval ruling techniques, in: The role of the book in medieval culture, hg. von P. Ganz (Bibliologia 3), Turnhout 1986, S. 41–54.

[69] Zur ‚tabula ad rigandum' in italienischen Handschriften vgl. Derolez, Codicologie (Anm. 54) S. 72–76; M. A. Casagrande/M. Brunello, La tabula ad rigandum, in: Gazette 37 (2000) S. 26–33 mit weiterer Literatur.

nem italienischen Schreibmeisterbuch von 1540 wird empfohlen, ein fett liniiertes Blatt unter die zu beschreibende Seite zu legen,[70] und es ist zu vermuten, daß diese Methode bei zunehmend feinerem und dünnerem Papier im späteren 15. Jh. schon verwendet wurde. Für die deutschen Pergamenthandschriften des 13. und 14. Jahrhunderts sowie für die spätmittelalterlichen Papierhandschriften sind bisher weder Form noch Herstellung von Punkturen und Liniierung im Zusammenhang hinterfragt worden; es läßt sich nichts darüber aussagen, ob sie irgendwelche Aufschlüsse zu geben vermöchten.

Vereinzelt sind mittelalterliche Vorschriften für das Einrichten und die Proportionen des Schriftraums erhalten geblieben; eine kurze Anweisung aus dem 15. Jahrhundert zum Vorzeichnen des Schriftraums und seiner Ausmaße enthält z. B. Clm 7755, Bl. 199r[71]. Nach dieser Regel sollte der obere und der innere Rand eines Blattes jeweils die gleiche Breite haben, der untere aber doppelt so breit und der äußere anderthalb mal so breit sein. Solche Regeln galten wohl in erster Linie für Repräsentationsmanuskripte. Nach einer weiteren Faustregel berechnete G. Powitz[72] die ursprünglichen Maße von nur noch fragmentarisch erhaltenen Codices: danach entsprach bei durchschnittlichen Texthandschriften die Höhe des Schriftraums etwa der Breite des Blatts, und die Breite des Schriftraums ungefähr der halben Blatthöhe. Viele einfachere Handschriften enthalten nur die Vorzeichnung des Schriftraums, während die Liniierung für die Zeilen fehlt. Ein geübter Schreiber kam wohl ohne solche Hilfslinien aus, wie etwa der Hauptschreiber der Wolframhandschrift Cgm 19. Ganz ohne Einhaltung eines Schriftraums bis an die Blattränder hinaus werden auch sehr einfache private Aufzeichnungen zum Eigengebrauch geschrieben, vorwiegend im späten 15. und im 16. Jahrhundert.

Die Linien für Schriftraum und Zeilen wurden im frühen Mittelalter und noch bis zum letzten Viertel des 12. Jahrhunderts blind mit dem Griffel ins Pergament eingedrückt. Bleistiftliniierung und Linien mit verdünnter Tinte lassen sich seit dem Ende des 12. Jahrhunderts[73], in deutschen Handschriften im 1. Viertel des 13. Jahrhunderts nachweisen[74]. Blinde, Bleistift- und Tintenlinien waren seit dem 13. Jahrhundert gleichermaßen üblich; blind liniiert ist z. B. Herborts von Fritzlar ‚Liet von Troye' (Berlin mgf 902, 1. Viertel des 14. Jahrhunderts). Ver-

---

[70] Vgl. Gumbert, Ruling (Anm. 68) S. 48.
[71] Abgedruckt von B. Bischoff, Anecdota novissima. Texte des 4.–16. Jahrhunderts (Quellen und Untersuchungen zur lateinischen Philologie des Mittelalters 7), Stuttgart 1984, S. 239f.
[72] G. Powitz, Die mittelalterlichen Handschriftenfragmente der Stadt- und Universitätsbibliothek Frankfurt/M., Frankfurt 1994, S. XVII.
[73] Vezin, La réalisation matérielle S. 34.
[74] Schneider, Got. Schriften I, S. 74, 79.

einzelt ist die Liniierung rot (Cgm 1146, i. J. 1516 für Herzogin Kunigunde von Bayern gefertigt) oder mehrfarbig (Cgm 452, 2. Hälfte des 15. Jahrhunderts). Die Humanisten kamen mit der Rückkehr zu den frühmittelalterlichen Schriften wieder auf die Blindliniierung zurück.[75] Die Schreiber besorgten in der Regel die Liniierung ihrer Handschriften selbst; das ist bei Handwechsel zu erkennen, der häufig mit einer Veränderung von Schriftraum und Zeilen zusammenfällt, z. B. in der St. Galler Weltchronik des Rudolf von Ems (St. Gallen Vadiana Ms. 302). Für spätmittelalterliche, gewerblich hergestellte Handschriften, etwa Universitätsschriften gab es im Handel wohl auch fertig vorliniierte Lagen.[76]

Die unterschiedlichen Muster und Systeme der Schriftraumvorzeichnung sind speziell in deutschen Handschriften bisher sehr wenig beachtet worden. Die horizontalen, bis zu den Blatträndern durchlaufenden Linien zur Begrenzung des oberen und unteren Schriftraums wurden im 13. und vor allem im 14. Jahrhundert sehr häufig doppelt gezogen mit einem mehr oder weniger großen Abstand, in den die erste und die letzte Schriftzeile[77] oder auch jeweils 2-3 oberste und unterste Zeilen[78] eingesetzt wurden. Erste deutschsprachige Belege für eine solche Einrahmung nur der obersten und untersten Zeilen stammen aus dem 13. Jahrhundert, in der 1. Hälfte des 14. Jahrhunderts verbreitete sich diese Art der Vorzeichnung des Schriftraums weiter und kam in Repräsentationscodices wie der Jenaer Liederhandschrift ebenso wie in kleinformatigen einfachen Prosahandschriften[79] und in Archivalien in Codexform[80] zur Anwendung. Zusätzlich zu den Doppellinien der oberen und unteren Zeilen wurden vereinzelt auch die Vorzeichnungen der 2 mittleren Zeilen einer Textseite bis an die Ränder hinaus gezogen.[81]

Es muß vorerst fraglich bleiben, ob eine systematische Inventarisierung dieser verschiedenen Schriftraummuster aufschlußreiche Ergebnisse bringen könnte. In zwei neueren Publikationen über einzelne Skriptorien und ihre Eigenheiten, P. Gumberts Untersuchung der Handschriften der Utrechter Kartause und A. Cohen-Mushlins Darstellung des Skriptoriums des Augustiner-

---

[75] Lemaire S. 113; Derolez, Codicologie (Anm. 54) S. 76.
[76] Lemaire S. 113f.
[77] Z. B. in Heidelberg cpg 350 oder Karlsruhe cod. Donaueschingen 738, Schneider, Gotische Schriften I, Abb. 138 und 139.
[78] Je 2 obere und untere Zeilen zwischen 2 durchlaufenden Linien z. B. in Cgm 5249/4a, je 3 Zeilen in Hamburg cod.18 in scrin., vgl. Schneider, Got. Schriften I, Abb. 169 und 163.
[79] Z. B. in Cgm 132 mit mystischen Texten, u. a. Davids von Augsburg, Bayern, Anfang des 14. Jahrhunderts, vgl. Schneider, Got. Schriften II, Abb. 11–12.
[80] Z. B. im Urbar des Bischofs Emicho von Freising v. J. 1305 (München, Bayer. HStA, Hochstift Freising, Literalien 7).
[81] Z. B. in 2 ostmitteldeutschen Passionalhandschriften aus der 1. Hälfte des 14. Jahrhunderts (Cgm 7369 und 8043) oder in einem bayerischen Schwabenspiegel um die Mitte des 14. Jahrhunderts (Cgm 21). Beispiele aus dem Skriptorium der Utrechter Kartäuser auch bei Gumbert S. 153–155.

chorherrenstifts Frankenthal bei Worms im 12. Jahrhundert[82] wurde in Handschriften selbst eines begrenzten Zeitraum eine große Variabilität verwendeter Schriftraummuster festgestellt, doch konnte kein System und keine klare Entwicklung im Gebrauch dieser Muster erkannt werden, die z. T. sogar innerhalb eines einzigen Codex wechseln. Immerhin sollten aber diese bisher wenig hinterfragten kodikologischen Fakten stärker beachtet werden.[83]

Die komplizierten Schriftraumvorzeichnungen nahmen seit der Mitte des 14. Jahrhunderts in Pergamenthandschriften allmählich ab zugunsten einer einfachen Vorzeichnung durch nur 4, bei Zweispaltigkeit mit 8 bis zu den Blatträndern durchlaufenden Linien. Mit den Aufkommen der Papierhandschrift in Kursive gegen Mitte des 14. Jahrhunderts wurde die einfache Schriftraumvorzeichnung ohne Doppellinien allgemein üblich, die auch für das 15. Jahrhundert fast ausschließlich gilt.

Die oberste horizontale Schriftraumbegrenzung diente bis gegen Ende des 12. Jahrhunderts gleichzeitig als erste Schriftzeile; diese alte Einrichtung findet sich noch im Heidelberger ‚König Rother' (cpg 390, 1. Viertel des 13. Jahrhunderts) und in der Donaueschinger Nibelungenhandschrift C aus dem 2. Viertel des 13. Jahrhunderts. Zwischen dem 12. und 13. Jahrhundert setzte sich, vor allem im lateinischen Schriftwesen, sehr schnell der Brauch durch, die oberste Zeile als Decklinie freizulassen und den Text auf der 2. Linie zu beginnen, so daß immer eine Zeile mehr pro Seite vorgezeichnet als beschrieben wurde.[84] Doch hielten viele Schreiber noch fast während des gesamten 13. Jahrhunderts an der alten Aufzeichnungsweise fest, in vielen deutschsprachigen Handschriften noch des 3. Jahrhundertviertels ist die oberste Zeile über der Schriftraumbegrenzung beschrieben, u.a. in der illuminierten fragmentarischen Handschrift von Wolframs ‚Willehalm' (Cgm 193/III), in Hartmanns von Aue ‚Iwein' A (Heidelberg cpg 397), in der Gothaer Handschrift der ‚Sächsischen Weltchronik' (Gotha Ms. Memb. I 90), im Predigtbuch des Priesters Konrad (Wien Cod. 2684*) oder der Mettener Predigtsammlung (Cgm 88).

Älter als die horizontalen Doppellinien sind die vertikalen Seitenbegrenzungen des Schriftraums durch 2 Parallellinien, durch die sich schmale, meist freibleibende Zusatzspalten rechts und links des Schrift-

---

[82] A. Cohen-Mushlin, A medieval scriptorium. S. Maria Magdalena de Frankendal (Wolfenbütteler Mittelalter-Studien 3), Wiesbaden 1983, Textbd. S. 25f.,30–32.

[83] Dazu forderte L. Gilissen auf: Les réglures des manuscrits, in: Scrittura e civilta 5 (1981), S. 231–252. Schriftraummuster wie auch weitere kodikologische Fakten sind den Abb. aus 52 französischen Handschriften des 13. Jahrhunderts beigegeben in: Album des manuscrits français du XIIIe siècle. Mise en page et mise en texte, hg. von M. Careri u.a., Rom 2001; Derolez, Codicologie (Anm. 54) inventarisierte S. 81–123 die Schriftraummuster italienischer Handschriften des 15. Jahrhunderts, mit Abb.

[84] Bischoff S. 40, Literatur Anm. 19; Steinmann 2004, S. 402f.

raums ergeben. Sie finden sich schon in Handschriften des 9. Jahrhunderts, etwa in Clm 6242[85], in der Münchner Handschrift des ‚Heliand' um 850 (Cgm 25), in Otfrieds Evangelienbuch F zwischen 883–906 (Cgm 14), im Windberger Psalter aus dem letzten Viertel 12. Jahrhunderts (Cgm 17). Seltener werden die vertikalen Doppellinien im 13. Jahrhundert, man findet sie z. B. noch in den ‚Carmina burana' um 1230 (Clm 4660), in der Mettener Predigthandschrift aus dem 3. Jahrhundertviertel (Cgm 88), vereinzelt noch im 14. Jahrhundert, z. B. in Konrads von Megenberg ‚Buch der Natur' in Cgm 38 aus der 2. Hälfte des 14. Jahrhunderts. Von den vertikalen Zusatzspalten bleibt jedoch im allgemeinen im 13. und 14. Jahrhundert mit wenigen Ausnahmen nur noch die linke schmale Spalte zu Textanfang übrig; in sie wurden hervorzuhebende Abschnittsinitialen eingetragen, bei den in deutschsprachigen Handschriften neu aufkommenden abgesetzt geschriebenen Versen diente die schmale Zusatzspalte vor dem Text zur Aufnahme der Versanfänge.

4.2. Spalten

Der Schriftraum wurde in der Regel zur ein- oder zweispaltigen Beschriftung eingerichtet, je nach Format und Art oder Umfang des Textes. Dreispaltigkeit kommt in der 1. Hälfte des 13. Jahrhunderts nach französischem Vorbild[86] in großformatigen Epenhandschriften mit abgesetzten Versen auf, ist aber im deutschsprachigen Schriftwesen nie so verbreitet gewesen wie im französischen Sprachraum.

Frühe dreispaltige Epenhandschriften sind die Berliner ‚Eneit' Heinrichs von Veldeke (mgf 282) und die Wolframhandschrift Cgm 19, beide aus der 1. Hälfte des 13. Jahrhunderts, sowie Wolframs ‚Willehalm' in mgf 1063 um 1300. Umfangreiche Sammelhandschriften wie Wien NB cod. 2775 aus dem 1. Viertel des 14. Jahrhunderts oder die Benediktbeurer Fragmente einer Kleinepiksammlung um 1300 (Cgm 5249/29 b) waren stellenweise dreispaltig angelegt; diese platzsparende Einrichtung war auch für die Codices der riesigen Weltchronik des Heinrich von München fast unumgänglich (Cgm 7330, 7377 u. a.); doch ging ein späterer Kopist dieser Chronik im Jahr 1449 in der Papierhandschrift Cgm 7364 zur üblichen Zweispaltigkeit über.

Prosa wurde wesentlich seltener dreispaltig aufgezeichnet: Reste einer dreispaltigen deutschen Bibelhandschrift großen Formats aus der

---

[85] Vgl. Bischoff, Kalligraphie (S. 20 Anm. 28) S. 16f. und Nr. 7.
[86] Vgl. G. Hasenohr, Les romans en vers, in: Mise en page S. 245–264; K. Klein, Französische Mode? Dreispaltige Handschriften des deutschen Mittelalters, in: Scrinium Berolinense, FS T. Brandis, hg. von P. J. Becker, Berlin 2000, S. 180–201 mit einer Liste deutscher dreispaltiger Handschriften und Fragmente; Wolf S. 88–96 und Diagramm 5–6.

2. Hälfte des 14. Jahrhunderts sind in Kassel 2°Ms. theol. 169 erhalten. Im 15. Jahrhundert ist Dreispaltigkeit bei fortlaufend geschriebenen Texten nur noch sehr selten anzutreffen; die alte Tradition der Epenaufzeichnung wird in einer Handschrift des „Jüngeren Titurel' von 1431 (Karlsruhe, St. Peter perg.29) und im Ambraser Heldenbuch zwischen 1504–1517 (Wien NB ser. nova 2663) nochmals aufgenommen. Für vierspaltige Epenhandschriften[87] gibt es im deutschen Schriftwesen keine Belege.

Mehrspaltig platzsparend aufgezeichnet wurden häufig Wortlisten, Glossare und Verzeichnisse: schon im Vocabularius sancti Galli (St. Gallen Stiftsbibl. Cod. 913) ist ein lateinisch-althochdeutsches Sachglossar vierspaltig angeordnet[88]; dreispaltig ist die Tegernseer Glossenhandschrift Clm 18140 aus der 2. Hälfte des 11. Jahrhunderts.[89] Mehrspaltigkeit findet sich auch in Handschriften des 15. Jahrhunderts z. B. für Pflanzen- und Heilmittelverzeichnisse, für Tabellen, Intervalltafeln und Cisioiani, daneben auch für Register. Bestimmte Texte wie Kalender oder astronomische Tafeln benötigten ebenfalls mehrere vorgezeichnete Spalten. Zwei schmale Zusatzspalten vor der Textspalte weisen zumeist die Handschriften des Vocabularius Ex quo auf, in denen die grammatikalischen Siglen des betreffenden Worts untergebracht wurden.

4.3. Aufzeichnung von Versen

Lateinische Verse waren schon frühzeitig und konsequent durch abgesetzte Schreibweise im Schriftbild erkennbar. Auch in der althochdeutschen Dichtung waren vereinzelt abgesetzt geschriebene Verse bekannt. So sind in allen Handschriften von Otfrids Evangelienbuch aus dem 9. und 10. Jahrhundert die Langzeilen voneinander abgesetzt und die einzelnen Verse durch einen Zwischenraum kenntlich gemacht. Abgesetzte Verse hat auch die Handschrift des Ludwigslieds aus der 1. Hälfte des 9. Jahrhunderts (Valenciennes, Bibl. mun. Ms. 150, 141v–143r).[90] Diese Aufzeichnungsart geriet nach dem 10. Jahrhundert in Vergessenheit, deutsche Verse wurden im 12. und bis ins 2. Viertel

---

[87] Vierspaltigkeit ist auch im französischen Schriftwesen selten; einige Beispiele bei G. Hasenohr (Anm. 86) S. 263 und Abb. 207. Ein verschollenes, angeblich vierspaltiges ‚Willehalm'-Fragment Fr 21 erwies sich nach der Rekonstruktion durch B. Bushey als zweispaltig beschriebenes Doppelblattbruchstück, vgl. W. Schröder (Hg.), Wolfram von Eschenbach: Willehalm, Berlin 1978, S. XLII f.
[88] Abb. von S. 183 bei S. Sonderegger, Schatzkammer deutscher Sprachdenkmäler, St. Gallen 1982, S. 181.
[89] Petzet-Glauning Taf.12.
[90] Abb. bei Fischer, Schrifttafeln (S. 21 Anm. 34) Taf.22.

des 13. Jahrhunderts hinein generell fortlaufend geschrieben wie Prosa, die Verse wurden durch Punkte optisch voneinander abgetrennt.

Die gesamte frühhöfische Epik und die frühmittelhochdeutsche geistliche Dichtung ist in dieser Art fortlaufend aufgezeichnet in den großen bekannten Sammelhandschriften, der Vorauer (Vorau, Stiftsbibl. cod. 276, Ende des 12. Jahrhunderts) und der Millstätter Handschrift (Klagenfurt Hs. 6/19, Anfang des 13. Jahrhunderts); in fortlaufenden Versen ist das Rolandslied in Heidelberg cpg 112 und in allen Fragmenten vom Ende des 12. und Anfang des 13. Jahrhunderts geschrieben, der ‚Wigalois' des Wirnt von Grafenberg in der Kölner Handschrift (Köln, StA W*6, um 1225), die Textzeugen des ‚König Rother' und des ‚Grafen Rudolf', auch die Münchner Fragmente einer sehr frühen Aufzeichnung von Wolframs ‚Willehalm' (Cgm 193/I, bald nach 1220). Noch im gesamten 13. und z.T. im 14. Jahrhundert wurden Verse vor allem geistlicher Reimpaardichtung fortlaufend geschrieben, wie Gundakers von Judenburg ‚Christi Hort' (Wien Cod.15225, 1. Viertel des 14. Jahrhunderts) oder Bruder Philipps ‚Marienleben' in Berlin mgf 737 und dem Fragment Cgm 5249/2 b, beide gegen Mitte des 14. Jahrhunderts aufgezeichnet; noch zu Anfang des 15. Jahrhunderts wurden die Verse von ‚Unser vrouwen hinvart' des Konrad von Heimesfurt fortlaufend geschrieben (Fragment Cgm 5249/71). Selbst von Heinrichs von Veldeke ‚Eneit' existiert eine zweispaltige Papierhandschrift aus dem letzten Drittel des 14. Jahrhunderts in unabgesetzten Versen (Cologny, Bodmeriana cod. Bodmer 83).

Die Mode der neuen abgesetzten Schreibweise für deutsche Verse kam wahrscheinlich zusammen mit den Vorlagen für die höfischen Reimpaardichtungen aus Frankreich. Allerdings lassen sich kaum altfranzösische Epenhandschriften nachweisen, die wesentlich älter wären als die ersten deutschen Handschriften mit abgesetzten Versen; die Entwicklung scheint sehr schnell von West nach Ost übergegriffen zu haben.[91] Die ältesten erhaltenen deutschen Handschriften mit abgesetzten Versen stammen aus dem süddeutschen Raum und aus den Jahren um 1220–30: die Verslegende des hl. Ulrich, in Cgm 94 unikal überliefert, die möglicherweise in der lateinisch-klerikalen Schrifttradition steht und nach dem Vorbild der lateinischen Dichtung die abgesetzte Schreibweise übernommen haben könnte, ist für die neue Entwicklung weniger aussagekräftig als die bekannte Berliner ‚Eneit' Heinrichs von Veldeke (Berlin mgf 282).[92] Diese beiden frühen Beispiele deutscher abgesetzter Verse zeigen, daß die neue Art der Textanordnung den Schreibern zunächst ungewohnt war: mehrfach schrieben sie, möglicherweise einer Vorlage folgend, nach dem Reimwort in der gleichen Zeile weiter und reihten auch mehrere Verse fortlaufend aneinander, bis sie wieder zur abgesetzten Schreibweise zurückfanden.

---

[91] Schneider, Got. Schriften I, S. 91 f.; G. Hasenohr (Anm. 86) S. 245–264 mit vielen Abbildungen; Wolf S. 73 f. mit Tafel 6–7.
[92] Faksimile mit Kommentar von N. Henkel und A. Fingernagel, Wiesbaden 1992.

Bei der Aufzeichnung abgesetzter Verse pflegte man im 13. und 14. Jahrhundert, wohl nach lateinischem und französischem Vorbild, den Versanfang mit einer Majuskel zu kennzeichnen und diese etwas vor den Text herauszuziehen; die Majuskel wurde vom restlichen Wort durch einen mehr oder weniger deutlichen Abstand getrennt. Eine Hilfe für diese Schreibweise boten die schmalen Zusatzspalten vor dem eigentlichen Schriftraum,[93] die zur Aufnahme der herausgezogenen Majuskeln dienten. In den Handschriften mit abgesetzten Versen werden zudem vor allem im 13. Jahrhundert unterschiedliche Praktiken deutlich: entweder wurden die Anfangsbuchstaben sämtlicher Verse gleichmäßig herausgezogen und untereinandergesetzt; das ist die Schreibweise französischer Epenhandschriften des 13. und 14. Jahrhunderts,[94] die sich im südwestdeutschen Raum auf die Aufzeichnung von Reimpaardichtungen auswirkte. Die andere Schreibweise bestand darin, die Majuskel des ersten oder Anverses eines Reimpaars vor die Textspalte herauszuziehen und den 2. oder Abvers einzurücken; in dieser Aufzeichnungsart erscheint das Reimpaar als optische Einheit.[95] Solche abwechselnd vor- und eingerückten Verse sind im 13. und in der 1. Hälfte des 14. Jahrhunderts ganz überwiegend in ostbairischen, österreichischen und böhmischen Handschriften festzustellen. Erst im Lauf der 2. Hälfte des 14. Jahrhunderts verwischen sich allmählich diese regionalen Unterschiede in der Aufzeichnungspraxis von Reimpaaren. Abwechselnd vor- und eingerückte Verse halten sich besonders in Weltchronikhandschriften südöstlicher Provenienz wohl vorlagenbedingt noch länger. Spätere Papierhandschriften von Reimpaardichtung gehen überwiegend zur gleichmäßigen Ausrichtung sämtlicher Versanfänge über, wie sie vorher schon in den südwestdeutschen, westdeutschen und zentralbairischen Handschriften üblich war.

Daß vereinzelt bei Reimpaaren oder auch mehreren Versen mit gleichem Endreim das Reimwort nur einmal geschrieben und die Verse mit ihm durch gerade, wellen- oder zackenförmige Linien verklammert werden, ist ein Brauch aus dem älteren lateinischen Schriftwesen.[96] So sind in den ‚Carmina burana' (Clm 4660) auf Bl. 4v fünf Verse durch rote Linien mit dem Reimwort verklammert, 6 und 7 Verse im Epilog Hugos von Trimberg zur ‚Vita BVM rhtythmica' in Clm 28841 v. J. 1336. Diese Aufzeichnungsart erscheint vereinzelt auch in deutschsprachigen Handschriften, z. B. im ‚Rheinischen Marienlob' (Hannover Ms. I 81) auf einigen Seiten (1r–2r, 10v, 16r-v, 93v), wo die Reimsilbe pro Reimpaar nur einmal geschrieben und mit den beiden Versen

---

[93] Vgl. oben S. 133.
[94] Beispiele bei G. Hasenohr (Anm. 86); vgl. Wolf S. 72f.
[95] Schneider, Got. Schriften I, S. 91f.

verklammert wird. Gelegentlich ist auch Verklammerung beider Verse eines vollständig ausgeschriebenen Reimpaars in deutschen Handschriften vom Ende des 13. und des 14. Jahrhunderts festzustellen, z. B. im ‚Buch der Rügen' (Berlin mgo 138, 1. Viertel des 14. Jahrhunderts) oder in Fragmenten der ‚Sieben Tagzeiten' des Hartwig von dem Hage (Cgm 5249/54, 3. Viertel des 13. Jahrhunderts).

War ein Vers zu lang für die vorgegebene Spalte, so wurde sein Ende, wenn es nicht einfach über den Spaltenrand hinausgeschrieben wurde, auf freigebliebenem Raum einer nächstoberen oder unteren Zeile untergebracht.[97]

Abgesetzte Verse gelten nur für Reimpaar-, nicht für strophische Dichtung; die Verse von Strophen wurden während des ganzen Mittelalters auch im lateinischen Schrifttum stets fortlaufend aufgezeichnet; höchstens wurden die einzelnen Strophen voneinander abgesetzt oder die Strophenanfänge durch Initialen kenntlich gemacht. In der Handschrift der ‚Carmina burana' (Clm 4660, Bl. 3v, 6v u. ö.) ist der Unterschied zwischen fortlaufender rhythmischer Dichtung und abgesetzten Hexametern mit dem Titel *versus* häufig auf ein und derselben Seite erkennbar. Fortlaufende Strophenschreibung haben sämtliche deutsche Liederhandschriften, angefangen bei der Heidelberger Handschrift A (cpg 357) über die Manessische, Weingartner, Jenaer, Würzburger Liederhandschrift bis hin zur Kolmarer Handschrift und zur Wiltener Meisterliedersammlung um 1500; gleiches gilt zum Teil auch für die strophischen Epen wie das Nibelungenlied,[98] den ‚Jüngeren Titurel'[99] und für spätere Dichtungen in Titurelstrophen, z. B. Ulrich Füetrers ‚Buch der Abenteuer'[100] oder Hadamars von Laber ‚Jagd' in Cgm 179.

---

[96] Vgl. dazu J. P. Gumbert, Zur ‚Typographie' der geschriebenen Seite, in: Pragmatische Schriftlichkeit im Mittelalter, hg. von H. Keller, K. Grubmüller und N. Staubach (Münstersche Mittelalter-Schriften 65), 1992, S. 288 mit weiterer Literatur und Abb. 39–40; Parkes, Pause and effect (S. 91 Anm. 208) S. 99 f., Taf. 45 S. 238 f.; Beispiele aus französischen Handschriften bei G. Hasenohr (Anm. 86).

[97] Vgl. Gumbert, Typographie (Anm. 96) S. 286 f.

[98] Handschriften des Nibelungenlieds mit fortlaufenden Versen: B (St. Gallen 857), C (Karlsruhe Don. 63), D (Cgm 31), ferner Cologny, Cod. Bodmer 117 und Wien ser. nova 2663; mit abgesetzten Versen: A (Cgm 34), Berlin mgf 474, 681, 855, Wien Cod. 15478; vgl. Becker S. 140–160; zur Einrichtung der Nibelungenhandschriften vgl. J. Bumke, Die vier Fassungen der ‚Nibelungenklage' (Quellen und Forschungen zur Literatur- und Kulturgeschichte 8 [242], Berlin/New York 1996, S. 217–219.

[99] Handschriften des ‚Jüngeren Titurel' mit fortlaufenden Versen: Berlin mgf 470, 475, Hannover Ms. IV 489, Cgm 8470, Wien Cod. 2675, 3041, 13711; mit abgesetzten Versen: Heidelberg cpg 383, 141, Karlsruhe St. Peter perg. 29, London BL Add. 30984.

[100] In Cgm 1, Wien Cod. 2888 und 3037–38.

4.4. Interlineare Aufzeichnung

Vor allem einige althochdeutsche Sprachdenkmäler sind als Interlinearversionen überliefert;[101] die in dieser Frühzeit deutscher Schriftlichkeit optisch als sekundär erscheinende volkssprachige Übersetzung ist zwischen die Zeilen des lateinischen Texts in meist kleinerer Schrift auf einfacherem kalligraphischem Niveau eingetragen. Älteste volkssprachige Beispiele dieser Aufzeichnungsart sind die zahlreichen Handschriften mit Interlinearglossen oder die Benediktinerregel in der St. Galler Handschrift Cod. 916 vom Anfang des 9. Jahrhunderts.[102] Noch zu Ende des 12. und zu Anfang des 13. Jahrhunderts erscheinen deutsche Übersetzungen von Benediktinerregel oder Psalter in interlinearer Darbietung: die Zwiefaltener Benediktinerregel (Stuttgart cod. theol. 4° 230), oder der Windberger und der Millstätter Psalter (Cgm 17, Wien Cod. 2682), wo der deutsche Text bei Platzmangel zwischen den Zeilen auch auf den Blatträndern untergebracht wird.[103]

Vor allem in Schultexten kam zu allen Zeiten die lateinische wie die volkssprachige Interlinearglossierung zur Anwendung und ist auch in Handschriften des 15. Jahrhunderts häufig anzutreffen, die für den Schulbetrieb entstanden.[104] Doch gibt es auch in diesem Bereich die fortlaufende Aufzeichnungsart von lateinischem Text und deutscher Übersetzung anstelle der Interlinearversion, etwa die Wort für Wort nacheinander folgende Darbietung;[105] zusammenhängende Verdeutschungen werden, wenn sie in Verbindung mit dem lateinischen Original dargeboten werden sollen, eher als Satz-für-Satz-Version oder abschnittsweise wechselnd, auch nebeneinander aufgezeichnet. Bei Versen ist die Aufzeichnung von je einem lateinischen und einem deutschen Reimpaar nicht selten.[106] In dieser Form sind, neben den bekannten ‚Cato'-Übersetzungen, z. B. lateinisch-deutsche Kalenderverse in Cgm 398, 27v–28r (2. Viertel des 15. Jahrhunderts) oder ein gereimtes ‚Re-

---

[101] H. Thoma, Interlinearversionen, in: Reallexikon der deutschen Literaturgeschichte 1, ²Berlin 1958, S. 750–752; N. Henkel, Die ahd. Interlinearversionen. Zum sprach- und literarhistorischen Zeugniswert einer Quellengruppen, in: Wolfram-Studien XIV (1996) S. 46–72.

[102] Abb. bei Fischer, Schrifttafeln (S. 21 Anm. 34) Taf.3; S. Sonderegger, Schatzkammer deutscher Sprachdenkmäler (Bibliotheca Sangallensis 7), St. Gallen 1982, S. 14 und Abb. 4; ders., ²VL 1, 704–707.

[103] Schneider, Got. Schriften I, S. 34–37, 105–107, Abb. 8 und 52.

[104] N. Henkel, Deutsche Übersetzungen lateinischer Schultexte. Ihre Verbreitung und Funktion im Mittelalter und in der frühen Neuzeit (MTU 90), 1988, S. 65–73, 103–109 u. ö. mit Abbildungen und weiterer Literatur.

[105] Henkel (Anm. 104) S. 109–122 mit Beispielen.

[106] Henkel (Anm. 104) S. 122–147 mit Beispielen; vgl. auch N. F. Palmer, Zum Nebeneinander von Volkssprache und Latein in spätmittelalterlichen Texten, in: Literatur und Laienbildung (S. 69 Anm. 128) S. 579–600 zu weiteren Darbietungsformen lateinischer Texte mit ihren deutschen Übersetzungen

gimen sanitatis' in Cgm 444, 32r–42r (1. Viertel des 15. Jahrhunderts) aufgezeichnet.

4.5. Text und Glosse

Zur Aufzeichnung der lateinischen exegetischen Literatur des Mittelalters gab es verschiedene Formen der Schriftraumvorzeichnung für Text und Kommentar bzw. Glosse.[107] Sie kommen in volkssprachigen kommentierten Texten nur selten zur Anwendung. Eine Ausnahme stellen die dreispaltig eingerichteten Handschriften des 11. und 12. Jahrhunderts von Willirams von Ebersberg Hoheliedkommentar dar: der lateinische Bibeltext steht in größerem Schriftgrad in einer schmalen Mittelspalte und ist synoptisch rechts vom lateinischen, links vom deutschen Kommentar flankiert.[108] Der lateinische Psalmentext und der verdeutschte Psalmenkommentar des Nicolaus de Lyra stehen in einigen Handschriften in zwei Spalten nebeneinander (Augsburg UB III.1.2° 35, 1. Viertel des 15. Jahrhunderts; Leipzig UB Ms. 59 v. J. 1459; Nürnberg StB Cent. IV,6 v. J. 1421).

Doch wurden im allgemeinen, besonders im späteren 15. Jahrhundert, Text und Glosse eher in fortlaufender als in mehrspaltiger Form aufgezeichnet und durch Verwendung verschiedener Schriftgrade oder unterschiedlicher Farben voneinander abgehoben: zwei verschiedene Schriftgrade wurden für Sachsenspiegel und Glosse in Cgm 517 verwendet, in drei Schriftgraden werden lateinischer und deutscher Bibeltext und der Kommentar in einem Lektionar Cgm 3966 unterschieden. Im Psalmenkommentar des Nicolaus de Lyra in Cgm 506 v. J. 1470–71 ist der Psalmentext rot vom Kommentar abgesetzt.

5. Textexterne Zusätze der Schreiber

5.1. Invokationsformeln

Zum Herstellungsprozeß einer Handschrift, den es nachzuvollziehen gilt, gehören neben Einrichtung und Aufzeichnung des Textes auch die teils formelhaften und herkömmlichen, teils selbst formulierten Beifügungen, in denen sich die Schreiber äußern. Neben den rein kodiko-

---

[107] Vgl. dazu G. Powitz, Textus cum commento, in: Powitz, Handschriften und frühe Drucke S. 57–81, und die einschlägigen Beiträge in: Mise en page.
[108] K. Gärtner, Zu den Handschriften mit dem deutschen Kommentarteil des Hoheliedkommentars Willirams von Ebersberg, in: Dt. Hss. S. 1–34 mit mehreren Abbildungen.

logischen äußeren Fakten tragen sie in hohem Maße dazu bei, jeder Handschrift ihre besondere Individualität zu verleihen.

Manche Schreiber begannen ihre Arbeit mit einer frommen Anrufung oder einem kurzen Stoßgebet um himmlischen Beistand und verzeichneten diese kurzen Texte meist am Oberrand der ersten Textseite über dem Schriftraum, jedenfalls vor der Titelzeile oder dem Initium des Textes.[109] Diese Invocationes sind zu unterscheiden von den persönlichen Eingangsformeln mancher Autoren, die fest mit bestimmten Texten verbunden sind, wie Thomas Peuntners Einleitung seiner sämtlichen Traktate mit *In einem waren cristenlichen glauben, in steter hoffnung* ... oder dem Initium des ‚Belial' *In dem namen der heiligen ungetaylten drivaltikeit* ...

Invokationsformeln sind in lateinischen wie deutschen Handschriften des 14. und 15. Jahrhunderts nicht allzu häufig. Auch in rein deutschsprachigen Codices verwendeten die Schreiber überwiegend die lateinischen Formeln; *In nomine domini amen,* in deutscher Fassung *In gotes namen amen, Veni sancte spiritus* oder einfach *Jesus* oder *Maria* sind die am häufigsten anzutreffenden Invokationen. *Assit principio sancta Maria meo* wird gelegentlich als Invokationsformel gebraucht (z. B. in Cgm 342 und 440, beide vom Ende des 14. Jahrhunderts); in der Kasseler Handschrift 2° ms. theol. 4, einer deutschen Weltchronik vom Jahr 1385 in italienischer Rotunda, setzt der Schreiber Federicus dazu: *got helf yechleichem menschen auz seinem leiden amen.* In einer Sammelhandschrift mit mystischen Predigten und Traktaten (Nürnberg StB Cent. IV 37, 1r) ist die lateinische Invocatio mit einem vierzeiligen Gedicht verbunden:

O du ewyge gotliche wesyn
hylf myr das ich dyt buch muße rechte lezin...

Der bayerische Schreiber Johannes Clingenstamm begann fünf seiner deutschen Handschriften mit der Invocatio *Divinum flamen inceptum compleat amen,*[110] die wie ein persönliches Signet wirkt.

Die Invocatio über dem Text wurde gelegentlich, nicht selten in deutschen Handschriften seit dem späteren 14. Jahrhundert, mit dem Datum des Schreibbeginns verbunden: die älteste Handschrift des ‚Trojanischen Kriegs' des Hans Mair von Nördlingen, Cgm 342, beginnt mit der Invocatio *Assit principio sancta Maria meo. 1393.*

---

[109] Frühmittelalterliche Beispiele bei Bischoff S. 66 f.
[110] Cgm 508, 564, 586, 604, 612, geschrieben zwischen 1453 und 1456; vgl. dazu G. Steer, Hugo Ripelin von Straßburg (Texte und Textgeschichte 2), Tübingen 1981, S. 331 f. und Abb. 29 von Cgm 508, 1r. – Diese Formel ist auch sonst als Schreiberspruch geläufig, vgl. Colophons (Anm. 111) Nr. 20659.

5.2. Kolophone

In vielen Handschriften werden dem Textschluß, vereinzelt auch schon dem Prolog oder vorangestellten Register, vom Schreiber Vermerke zugefügt, die teilweise in hierfür gebräuchlichen Formeln ohne konkrete Angaben bestehen können; in den meisten Fällen enthalten sie jedoch wichtige Informationen zur Entstehung dieser speziellen Handschrift und können in individueller Formulierung und unterschiedlicher Ausführlichkeit wertvolle Mitteilungen zu Zeit und Ort der Niederschrift, zu Namen und Stand des Schreibers, des Auftraggebers oder zu weiteren Umständen enthalten.

Lateinische und volkssprachige Schreiberkolophone aus mittelalterlichen Handschriften wurden von den Benediktinern von Le Bouveret gesammelt und in dem 6 Bände umfassenden Werk ‚Colophons de manuscrits occidentaux des origines au 16e siècle' publiziert.[111] Das umfangreiche, ca. 19.000 Schreibernamen umfassende Material wurde aus gedruckten Quellen, in erster Linie aus Handschriftenkatalogen exzerpiert, jedoch mit wenigen Ausnahmen nur etwa bis zum Jahr 1950; die moderneren Kataloge deutscher Handschriftensammlungen sind darin nicht mehr berücksichtigt, und auch einige ältere wichtige Verzeichnisse deutschsprachiger Bestände wie der Berliner Katalog Degerings oder der Wiener Katalog Menhardts wurden für die Sammung nicht ausgewertet. Wenn also auch nicht annähernd das gesamte erhaltene Material in diesen Bänden erfaßt ist und vor allem die deutschsprachigen Handschriften darin spärlich vertreten sind, empfiehlt es sich doch, Schreibernamen stets hier nachzuschlagen; nicht selten finden sich weitere Handschriften des gleichen Schreibers, unter Umständen mit zusätzlichen Angaben zu seinen Lebensumständen oder zur Lokalisierung.

Den gleichen Nutzen kann die Konsultation der Kataloge datierter Handschriften bringen, in denen übereinstimmende Schreibernamen durch die abgebildeten Schriftproben einwandfrei ein und derselben Hand zu- oder abgesprochen werden können, und die in der Mehrzahl der Fälle auch die Texte der Kolophone abdrucken. Den Bänden der datierten Handschriften in der Schweiz gab ihr Herausgeber B. M. von Scarpatetti zudem informative bio-bibliographische Schreiberverzeichnisse bei. Da die Handschriften eines einzelnen produktiven Schreibers unter Umständen im Lauf der Jahrhunderte weit verstreut wurden und

---

[111] Spicilegii Friburgensis Subsidia Bd. 2–7, Fribourg/Schweiz 1965–82. Die Bände 1–5 enthalten Kolophone mit Schreibernamen, alphabetisch nach Vornamen geordnet; Band 6 bringt Kolophone mit Ortsnamen und ein alphabetisches Verzeichnis von anonymen Schlußformeln. Eine Datenbank mittelalterlicher Schreibernamen auf CDROM erstellte S. Krämer (S. 69 Anm. 128).

heute in den entferntesten Bibliotheken liegen können, sollte die Nachforschung nicht nur auf einzelne Regionen beschränkt werden.

In der Vielfalt unterschiedlichster überlieferter Schreiberkolophone zeichnen sich zahlreiche Formeln ab, meist in einprägsamer Versform, deren Gebrauch wohl auch mit Zeit und Region wechselte. L. Reynhout[112] datierte und lokalisierte gängige lateinische Formeln mit ihren Varianten. Ansätze zu Typologien solcher fester Sprüche liegen nur für vereinzelte eng umrissene Gebiete vor,[113] für das deutschsprachige Schriftwesen fehlen solche Untersuchungen. Auch in deutschen Handschriften bediente sich mehr als die Hälfte der Schreiber der lateinischen Schlußformeln; erst gegen Ende des 15. Jahrhunderts nehmen hier deutschsprachige Kolophone mehr und mehr zu. Um und nach 1500 kommt vereinzelt statt *Explicit* oder *Finis* das griechische *telos* als Schlußformel aus italienischem Humanistengebrauch vereinzelt auch im deutschsprachigen Raum auf;[114] der Salzburger Übersetzer Wolfgang Walcher verwendet es z. B. in den autographen Niederschriften seiner Verdeutschungen um 1500 (Cgm 4393, 105v; 4394, 147v, 160v).

Einige Schreiber vervollständigten ihre Kolophone mit einem sog. Bücherfluch, in dem der Dieb des betreffenden Codex mit einer mehr oder weniger ernst gemeinten Verfluchung belegt wird. Die gängigen lateinischen Verse wurden auch von Schreibern deutschsprachiger Handschriften gelegentlich verwendet,[115] z. B. in Cgm 210 und 431: *Quis hoc furetur tribus lingnis associetur.* Viele deutsche Bücherflüche wie *Das puch ist mir lieb / wer mirs stilt der ist ein dieb* ... (z. B. in Cgm

---

[112] Formules latines de colophons (Bibliologia 25–26), Turnhout 2006.

[113] A. Derolez, Observations on the colophons of humanistic scribes in fifteenth-century Italy, in: Paläographie 1981, S. 249–261; zu den Kolophonen der datierten Handschriften in der Schweiz vgl. B. M. von Scarpatetti, Der Katalog der datierten Handschriften als ein bildungsgeschichtliches Instrument für die frühe Neuzeit, in: Studien zum städtischen Bildungswesen des späten Mittelalters und der frühen Neuzeit, hg. von B. Moeller u. a., Göttingen 1983, hier: S. 62–67; Th. Glorieux-De Gand, Formules de copiste. Les colophons des manuscrits datés (Catalogues des expositions de la bibliothèque Royale Bruxelles 232), 1991; vgl. auch die Beiträge in: Scribi e colofoni, le sottoscrizioni di copisti dalle origini all'avvento della stampa, hg. von E. Condello e G. di Gregorio (Biblioteca del Centro per il collegamento degli studi medievali e umanistici in Umbria 14), Spoleto 1995; K. O. Seidel, Tres digiti scribunt totum corpusque laborat. Kolophone als Quelle für das Selbstverständnis mittelalterlicher Schreiber, in: Der Schreiber im Mittelalter S. 145–156.

[114] D. Wuttke in: Das Verhältnis der Humanisten zum Buch, hg. von F. Krafft und D. Wuttke (Kommission für Humanismusforschung, Mitteilungen 4), 1977, S. 47–62; L. Reynhout (Anm. 112) S. 2.

[115] Zahlreiche Beispiele bei Wattenbach S. 527–533; Colophons (Anm. 111) Nr. 23260, 23267 u. ö.; M. Drogin, Anathema. Medieval scribes and the history of book curses, Totowa/New Jersey 1983.

445, 461 oder München UB 8°cod. ms. 276) wurden allerdings erst später von Vorbesitzern z. T. des 16. Jahrhunderts eingetragen.[116]

Als Beweis für ihre Kunstfertigkeit im Schreiben fügten manche Kopisten ihren Kolophonen besonders schwierige Schreibkunststücke an wie das Wort *in honorificabilitudinacionibus*, oder ein verbunden geschriebenes Alphabet, in dem nach jedem Buchstaben ein m eingeschaltet ist.[117] Beide Schreibübungen wurden aber auch als Federproben von anderen Händen nachträglich in Handschriften eingetragen, z. B. auf den vorderen Spiegelblättern von Clm 2566 oder Cgm 514.

In deutschsprachigen wie auch in lateinischen Handschriften erscheint zwischen der zweiten Hälfte des 14. und der Mitte des 15. Jahrhunderts nicht selten im Kolophon abschließend das Wort *bundschuch, puntschuch, etcetera puntschuch*, auch in Kombination mit anderen Schreibersprüchen. Es handelt sich nicht um einen Personennamen, und trotz verschiedenen Deutungsversuchen ist dieser Schreiberzusatz in seiner Bedeutung noch ungeklärt.[118] Als Sympathisanten der Bundschuh-Bewegungen, die sich seit der 2. Hälfte des 15. Jahrhunderts im Elsaß und Anfang des 16. Jahrhunderts in den süddeutschen Bauernkriegen formierten, können diese Schreiber jedenfalls nicht gesehen werden, da erste Belege um Mitte[119] und in den 60er Jahren des 14. Jahrhunderts im Südosten, Prag und Bayern-Österreich in lateinischen wie deutschen Handschriften nachweisbar sind. Meist wird *puntschuch* von weltlichen Lohnschreibern verwendet, die zusätzlich ihre Namen nennen und in ihren Kolophonen mehr oder weniger scherzhafte Sprüche in eigener oder gängiger Formulierung bringen. Im ostschwäbischen Raum signierte im 2. Viertel des 15. Jahrhunderts der bekannte Schreiber Jacob Käbitz sein Liederbuch (Cgm 811), um 1454 der Schreiber des ‚Augsburger Liederbuchs' (Cgm 379) mit *puntschuch*.

Im Rahmen des hier nachskizzierten Herstellungsprozesses einer Handschrift ist neben der Frage der Datierung[120] vor allem auch die der graphischen Gestaltung der Kolophone von Interesse. Zu allen Zeiten waren die Schreiber bemüht, sie vom Text optisch abzuheben und damit erkennbar zu machen, daß sie diesem nicht angehörten. In früh-

---

[116] Wattenbach S. 533f. Ein deutscher Bücherfluch vom Anfang des 16. Jahrhunderts von der Hand des Schreibers und Erstbesitzers in Trier StB 1935/1432.4°: *Dyt boich hort zo broder Johanne ... wer es stellet der mosse dauff und blynt werden*.
[117] Spilling, Schreibkünste S. 106–108 mit Beispielen.
[118] M. Lexer, Mhd. Handwörterbuch, Nachdr. 1992, Bd. I S. 384 erklärt es als Wortspiel zu etcetera punctum. Nur in der Bedeutung als ‚usw.' sieht es F. Liebrecht in: Germania 5 (1860) S. 482f.; viele Belege bei J. A. Schmeller, Bayerisches Wörterbuch 2,1, München 1877, Nachdr.1985, S. 391; vgl. auch Menhardt, Verzeichnis (S. 8 Anm. 20) S. 1587 mit Wiener Belegen.
[119] Ein früher Beleg von 1346 in Wien cod.15071, geschrieben in Freising von einem Schüler Mänhardus; um 1350 im Hausbuch des Michael de Leone (München UB 2° cod. ms. 731, 258r): *etc. bůtschuch*, zu Ende eines von der Haupthand A in Nachtrag I in Würzburg geschriebenen Textes.
[120] Vgl. unten S. 144–147.

mittelalterlichen Handschriften erscheinen sie häufig besonders hervorgehoben;[121] im 13. Jahrhundert sind sie oft in Urkundenschrift gegen den in Textualis oder Textura aufgezeichneten Text optisch abgesetzt.[122] Im späteren 14. und häufig im 15. Jahrhundert wird das Verfahren umgekehrt: von den in Kursive oder Bastarda geschriebenen Texten ist das Schreiberkolophon in Textualis oder sogar in besonders großer kalligraphischer Auszeichnungsschrift Textura abgehoben,[123] was auch ein bezeichnendes Licht auf das wachsende Selbstbewußtsein mancher Schreiber wirft: während die Kopisten des Früh- und Hochmittelalters – überwiegend Ordensleute, die für die Bibliothek ihres eigenen Konvents schrieben – höchstens ihren Namen, selten das Datum, eher aber den Namen ihres Abtes als Veranlasser der Schreibarbeit mitteilten,[124] signierten viele spätmittelalterliche Laienschreiber ihre Werke optisch auffällig und wortreich. Neben dem Wechsel der Schriftart kommt auch die Hervorhebung des Kolophons mit roter Tinte vor; seit der 2. Hälfte des 14. und im 15. Jahrhundert wird es häufig einfach oder mit Doppellinien unterstrichen, rot durchstrichen oder, meistens etwas eingerückt oder überhaupt in die Mitte unter den Text zentriert, in einen teilweise verzierten Rahmen gesetzt.

5.3. Datierung

Fest datiert ist eine Handschrift, wenn sie vom Schreiber mit einer eindeutigen Jahreszahl und eventuell zusätzlichen Monats- und Tagesdaten versehen wurde, die einer kritischen Überprüfung standhalten, d. h. mit anderen Kriterien wie der Schrift, dem Wasserzeichen des Papiers oder der bekannten Entstehungszeit eines Textes übereinstimmen. Im Früh- und Hochmittelalter ist der Anteil der datierten Codices an der Gesamtproduktion verschwindend gering;[125] dagegen stammen rund 85% der in die Kataloge datierter Handschriften aufgenommenen Codices aus der Zeit nach 1300. Vor allem im 15. Jahrhundert war der Usus des ausführlichen Datierens mit Jahres- und Tagesangabe weit verbreitet.

---

[121] Bischoff S. 108, S. 246.
[122] Schneider, Got. Schriften I, S. 19 und Anm. 35, S. 30, 191.
[123] Dat. Hss. München I S. XVI mit Beispielen: Abb. 29 von Cgm 1116 v. J. 1406, Abb. 38 von Cgm 1111 v. J. 1414.
[124] H. Hoffmann, Buchkunst und Königtum (S. 20 Anm. 30) S. 42–59.
[125] Darauf wies B. M. von Scarpatetti (Anm. 113) S. 56–59 hin; ders. in: Die datierten Handschriften. Erste Bilanz und Perspektiven (Gazette du livre médiéval, Rubricae 2), Paris 1985, S. 59–65; auch wird diese Tatsache fast regelmäßig in Rezensionen zu den Katalogen datierter Handschriften zur Sprache gebracht. – Zu häufig datierten Textsorten vgl. E. A. Overgaauw, Where are the colophons? On the frequency of datings in late-medieval manuscripts, in: Sources for the history of medieval books and libraries, hg. von R. Schlusemann u. a., Groningen 2000, S. 81–93.

5. Textexterne Zusätze der Schreiber

Um die mittelalterlichen Datierungen in neuzeitliche Daten aufzulösen, sind einige chronologische Kenntnisse notwendig.[126] Unentbehrliche Hilfsmittel zum Bestimmen von Daten sind in erster Linie die Handbücher von H. Grotefend.[127]

Jahreszahlen erscheinen in den spätmittelalterlichen Handschriften in unterschiedlichen Schreibungen: wörtlich ausgeschrieben in lateinischer wie in deutscher Sprache, mit römischen Ziffern, seit der 2. Hälfte des 14. Jahrhunderts auch mit arabischen Ziffern[128] oder in unterschiedlichen Kombinationen aus Worten und Zahlzeichen, wie z.B. *Millesimo CCCC° 18* für 1418 (Cgm 679); *1461III* für 1464 (Cgm 544); *I.V^c und im andren jar* für 1502 (Cgm 566);[129] vereinzelt werden Stellen als bekannt vorausgesetzt und weggelassen: *anno XX* für 1420 (Cgm 6617); *anno domini millesimo 142* für 1442 (Cgm 87). Nicht selten sind Zahlen mit falschem Stellenwert: *milesimo 1426* für 1426 (Cgm 654).

Die heute gebräuchlichen Tagesbezeichnungen mit Monat und Tageszahl waren zwar im späten Mittelalter bekannt und wurden auch zur Datierung verwendet, doch war diese Datierungsart bis etwa zur Mitte des 15. Jahrhunderts nicht allgemein gebräuchlich. Ein relativ frühes Beispiel ist die Datierung der Weltchronik Heinrichs von München in Cgm 7330 durch ihren Schreiber Heinz Sentlinger i. J. 1394 *in dem moned junius an dem dreizehendem tag*. Diese moderne Datierung wird in der 2. Hälfte des 15. Jahrhunderts auch in deutschsprachigen Handschriften häufiger, vor allem in den großen Städten zweifellos unter italienischem Einfluß. In Augsburg wurde die Datierung mit Monat und Tageszahl z.B. von den Brüdern Hector und Georg Mülich verwendet (Cgm 581 v. J. 1455, Cgm 1114 v. J. 1453), auch von dem Schreiber Johannes Erlinger in Cgm 568 v. J. 1470; in Nürnberg datierte Johannes Schedel, der Bruder Hartmann Schedels, Cgm 409 und 484 v. J. 1461 und 1458–62 nach italienischem Gebrauch.

Auch die Datierung nach dem römischen Kalender, also nach Kalenden, Nonen und Iden, war während des ganzen Spätmittelalters

---

[126] Vgl. Boyle Nr. 2151–2160; da die mittelalterlichen Datierungen im Urkundenwesen für den Historiker von großer Wichtigkeit sind, findet sich chronologische Literatur eher in archivalischen als in handschriftenkundlichen Handbüchern, z.B. in: Die archivalischen Quellen. Eine Einführung in ihre Benutzung, hg. von F. Beck und E. Henning, Weimar 1994, S. 227–232 und S. 279f.

[127] H. Grotefend, Zeitrechnung des deutschen Mittelalters und der Neuzeit, Bd. 1–2, Hannover 1891/98, Neudr. Aalen 1970; unerläßlich zum Ausrechnen von Datierungen ist in jedem Fall vom gleichen Autor: Taschenbuch der Zeitrechnung des deutschen Mittelalters und der Neuzeit, 13. Aufl. Hannover 1991.

[128] Vgl. oben S. 97 und Abb. 20.

[129] Zu den hochgestellten Tausender- und Hunderterstellen M und C vgl. Bischoff S. 233.

bekannt, ist aber öfter in lateinischen als in deutschen Handschriften nachweisbar; am ehesten wurde sie auch wieder in den größeren süddeutschen Städten verwendet: der oben erwähnte Augsburger Georg Mülich gebrauchte sie 1457 in seiner Abschrift von Meisterlins Augsburger Chronik (Stuttgart HB V 52), in der gleichen Zeit auch andere Augsburger Schreiber wie Johannes Layder i. J. 1460 (München UB 2°cod. ms. 487) oder der Berufsschreiber Heinrich Molitor, der in italianisierender Rotunda[130] zahlreiche lateinische Codices zwischen 1448–79 im Auftrag der Klöster Scheyern und Tegernsee herstellte und neben der römischen auch die moderne Datierung verwendete.

Die im Mittelalter gebräuchlichste Tagesbezeichnung richtete sich nach den Heiligen- und Festtagen des Kirchenjahrs. Die Heiligentage sind feste Daten, doch ist zu beachten, daß manche Heilige mehrere Feste im Jahr haben, etwa neben ihrem Hauptfest noch die Translatio oder *erhebung*, daß ihre Feste auch je nach Ort oder Bistum an unterschiedlichen Tagen gefeiert werden können und damit regionale Hinweise geben. Alle diese festen Heiligentage finden sich bei Grotefend im Heiligenverzeichnis. Das Datum kann auf den Heiligentag selbst fallen (*in die sancti Leonhardi; an sant Kunigunden tag*), auf den Tag davor (*vigilia* oder *abent*) oder auf den Tag danach (*in crastino, proxima die post ..., an dem nächsten tag nach ...*); auch der 8. Tag nach dem Heiligenfest dient als Datum (*in octava; an dem achten tag*).

Ist die Datierung auf bewegliche Feste (die Sonntage der Fastenzeit, Ostern, Pfingsten, Trinitatis, die Adventssonntage) oder Wochentage ausgerichtet, so muß ermittelt werden, auf welches Datum sie in dem betreffenden Jahr fallen. Grotefend gibt in Tab. XV für die einzelnen Jahre 35 mögliche Festzahlen, die den auf S. 144–213 abgedruckten Kalendern entsprechen; darin sind die Daten der Feier- und Wochentage leicht aufzufinden. Die im Spätmittelalter üblichen Bezeichnungen der Wochentage sind dominica = Sonntag, feria secunda – sexta = Montag (die Woche beginnt mit Sonntag) – Freitag, sabbatum = Samstag, diese Bezeichnungen wurden auch in deutscher Formulierung gelegentlich übernommen. Häufiger erscheinen aber die deutschen Wochentagsnamen, unter denen vor allem Dienstag und Donnerstag mundartliche Varianten aufweisen: der Dienstag heißt im bairisch-österreichischen Raum *erchtag, erichtag, ertag*, im schwäbischen und alemannischen Sprachgebiet *zinstag* oder *aftermentag*; als *pfincztag* wird im Bairischen der Donnerstag bezeichnet. Seltener wurden in lateinischen Datierungsformeln eher der 2. Hälfte des 15. Jahrhunderts auch die römischen Wochentagsnamen verwendet: dies solis, lunae, Martis, Mercurii, Jovis, Veneris und Saturni; *die martis* ist ein Augs-

---

[130] Vgl. oben S. 39f., 82.

5. Textexterne Zusätze der Schreiber   147

burger Stadtrecht v. J.1465 aus dem Besitz des Stadtschreibers Valentin Eber (Cgm 559) datiert.

Beispiel zur Umrechnung eines mittelalterlichen Datums: die Datierung in Cgm 237 (Otto von Passau: Die 24 Alten): *Anno domini M CCCC XXXVIII an dem nechsten afftermentag nach sant Bartholomeus tag* ist folgendermaßen aufzulösen: die Festzahl des Jahres 1438 ist 23 nach der Tabelle XV bei Grotefend, Taschenbuch S. 218; im entsprechenden Kalender Nr. 23 (S. 188 f.) fällt Bartholomäus (24. August) auf einen Sonntag, der nächste Dienstag danach ist der 26. August.

Bei Datierungen in die letzten Tage eines Jahres ist zu beachten, daß im deutschsprachigen Raum im späten Mittelalter der Jahresanfang auf den 25. Dezember fiel (Weihnachtsstil).

Häufig wird in Urkunden, seltener in spätmittelalterlichen Handschriften auch die Indiktion als Datierung genannt: sie gibt als zusätzliche Jahresbezeichnung die Zahl eines Jahres in einem 15jährigen Zyklus an, der mit dem Jahr 3 v. Chr. beginnt und sich ständig wiederholt.[131]

Der Brauch der Tagesdatierung nimmt in der 2. Hälfte des 15. Jahrhunderts allmählich ab und geht vor allem zu Anfang des 16. Jahrhunderts stark zurück; häufig wird dann nur noch die arabische Jahreszahl ohne weitere Zusätze an den Text angeschlossen.

Stets muß überprüft werden, ob ein angegebenes Datum wirklich zur Niederschrift in der betreffenden Handschrift gehört oder ob es von späterer Hand nachgetragen wurde und damit zweifelhaft ist, ob es sich auf den Korrekturdurchgang, die Rubrizierung oder den Kauf des Codex bezieht, das Abfassungsdatum des Textes wiedergibt oder, was nicht selten vorkommt, aus einer Vorlage unverändert abgeschrieben ist. Zu beachten ist auch, daß in manchen hochmittelalterlichen Kalendarien, die Psalterien, Missalien o. ä. vorangestellt sind, die beweglichen Feste in bestimmte feste Daten umgewandelt sind; vor allem das Osterfest wird hier meist zum 25. März angesetzt.[132] Kalendarien mit diesem Osterdatum lassen also keine Rückschlüsse auf ihr Entstehungsjahr zu.

Schreibtempo

Mehrere Datierungen eines Schreibers in ein und derselben Handschrift im Verlauf seiner Kopierarbeit können Auskunft über sein

---
[131] Vgl. Grotefend, Taschenbuch, Erklärung und Tabelle der Indiktionen; Die archivalischen Quellen (Anm. 126) S. 229.
[132] K. Kirchert, Der Windberger Psalter, Bd. I: Untersuchung (MTU 59), 1979, S. 87 f. mit Beispielen und weiterer Literatur.

Schreibtempo geben. J. P. Gumbert[133] errechnete überwiegend aus Kolophonen einen Schreibdurchschnitt von 2–3 handschriftlichen Blättern pro Tag, wobei natürlich je nach Format der Handschrift, verwendeter Schriftart und dem Motiv des Schreibens überhaupt große Schwankungen einzukalkulieren sind. Selten sind aufschlußreiche Selbstzeugnisse wie die Schlußbemerkung des Ulrich Jörgmair in Cgm 523 v. J. 1471: *... und innerhalb zwayer jare darvor* (d. h. vor 1471) *hab ich Ulrich Jörgmair allz ich ob acht und fünffczig jar alt gewesen pin, vier grosse pücher außgeschriben ...*

5.4. Bezeichnung freigebliebener Seiten

Leerstellen im Text einer Handschrift wurden vom Schreiber für Initialen oder Illustrationen ausgespart[134] oder können auf eine lückenhafte oder unleserliche Vorlage oder sonstige beabsichtigte, aber nicht verwirklichte Aufzeichnungen weisen.[135] In manchen Codices, vor allem in einfachen spätmittelalterlichen Papierhandschriften blieben gelegentlich im fortlaufenden Text ganze einzelne Seiten unbeschrieben. Teils wurden sie vom Schreiber aus Unachtsamkeit übersprungen, in den häufigsten Fällen aber blieb wegen durchschlagender Tinte die Rückseite von Papier minderer Qualität leer. Es war üblich, daß der Schreiber mit den Worten *Hic papirus defluit* (Wien NB Cod. 4868, 8vb), *Hic non est defectus; Nullus defectus* oder *Hie ist kain mangel nit* (Augsburg UB III.1.4°22, 26v) darauf hinwies, daß keine Textlücke vorlag. Hinweise in deutschen Handschriften sind bisweilen wortreicher: *Hy ist kain defect. Eß ist recht* (Cgm 515, Bl. 172v); *Es kert nichtz an daz plat* (Augsburg StB 2°cod.152, Bl. 94v–95r); *Daz hab ich übersechen. Cher umb und lis fürbaz* (Cgm 374, Bl. 204v–205r); *Hy ist keyn gebruch nicht sundern vorgeßinheit ist hy geschen* (Leipzig UB Ms.59, Bl. 52v).

5.5. Korrekturen

Je nach Persönlichkeit des Schreibers, seiner Bildung und Sorgfalt und den Umständen des Schreibvorgangs entstand beim Kopieren eines

---

[133] The speed of scribes, in: Scribi e colofoni (Anm. 113) S. 57–69 mit weiterer Literatur; vgl. auch Bozzolo/Ornato S. 46–48; M. Gullick, How fast did scribes write? Evidence from romanesque manuscripts, in: Making the medieval book, techniques of production, ed. L. L. Brownrigg, Vermont 1995, S. 39–58. Daß im Spätmittelalter Berufsschreiber im Durchschnitt ein schnelleres Schreibtempo erreichten als monastische Schreiber, stellte E. A. Overgaauw fest: Fast or slow, professional or monastic. The writing speed of some late-medieval scribes, in: Scriptorium 49 (1995), S. 211–227.

[134] Vgl. unten S. 157.

[135] Kornrumpf, Handschriftenkataloge (S. 10 Anm. 25) S. 16 f.

5. Textexterne Zusätze der Schreiber

Textes eine mehr oder weniger hohe Fehlerquote; kaum eine mittelalterliche Handschrift ist ganz frei von Fehlern.[136] Schon die mittelalterlichen Autoren und Leser klagten über nachlässige Schreiber und fehlerhafte Kopien.[137]

Manche Fehler und Verschreibungen wurden vom Kopisten noch während des Schreibvorgangs korrigiert, falls sie ihm auffielen.[138] Die Tilgung fehlerhafter Stellen oder Wortteile wurde durch Expungieren (auch: Unterpungieren) angezeigt, d.h. durch eine Reihe von Punkten unter der fehlerhaften, zu tilgenden Stelle. Diese Methode der Tilgung ist in deutschen Handschriften des 13. Jahrhunderts relativ häufig anzutreffen, z.B. in der Parzivalhandschrift G^m (Cgm 61, 2. Viertel des 13. Jahrhunderts) oder in der Nibelungenhandschrift A (Cgm 34, letztes Viertel des 13. Jahrhunderts), vereinzelt im Münchner Tristan (Cgm 51).[139] Auch in der 1. Hälfte des 14. Jahrhunderts wurde noch expungiert, etwa in der Kaiserchronik in Wien Cod.2685, in einem Salzburger Gebetbuch (Cgm 101), im ‚Wasserburger Codex' (Karlsruhe, Hs. Donaueschingen 74) oder in der St. Galler Weltchronik Rudolfs von Ems und des Strickers ‚Karl d. Gr.' (St. Gallen, Vadiana Ms. 302), besonders im Text des 2. Schreibers.

Doch tilgte man im 14. Jahrhundert zunehmend fehlerhafte Wörter durch einfache Durchstreichungen, die im 15. Jahrhundert zur üblichen Praxis wurden; auch rote Übermalungen oder, wie z.B. in Handschriften aus dem bayerischen Dominikanerinnenkloster Altenhohenau, gitterartige Durchstreichungen werden dann ganz geläufig, während Expungierung nur noch selten verwendet wird.

Auch eine weitere ältere Methode der Tilgung durch Rasur, d.h. durch Abkratzen der fehlerhaften Stelle mit dem Radiermesser, über die gegebenenfalls das korrekte Wort geschrieben wurde, war noch während des späten Mittelalters in Gebrauch. Umfangreichere Korrekturen wurden gelegentlich auch auf Pergament- oder Papierstreifen über die fehlerhafte Stelle geklebt.

---

[136] P. G. Schmidt, Probleme der Schreiber – der Schreiber als Problem, in: Sitzungsberichte der wissenschaftl. Gesellschaft der J. W. Goethe-Universität Frankfurt/M. XXXI,5, Stuttgart 1994, S. 7–18 mit weiterer Literatur.

[137] So bittet der anonyme Autor des Traktats ‚Gemahelschaft Christi' im Vorwort um Nachsicht und Verbesserung, falls *die schreiber hernach an irem schreiben felten* (Cgm 519, Bl. 1vb); der Korrektor des ‚Großen Tauler' in Stuttgart theol. et phil. 2° 283 v. J. 1445 beklagt, es sei *ein groß swer sach, solche künstliche dink so valsch und iemerlich zu schreiben…da ist ez zu mal kleglich, daz man solch gut materig verde[r]bt mit dem valschen schreiben*, vgl. W. Fechter, Deutsche Handschriften des 15. und 16. Jahrhunderts aus der Bibliothek des ehem. Augustinerchorfrauenstifts Inzigkofen (Arbeiten zur Landeskunde Hohenzollerns 15), Sigmaringen 1997, S. 181.

[138] Wattenbach S. 317–344; Bischoff S. 66 mit weiterer Literatur; Mazal S. 145; alle überwiegend zu Korrekturen in frühmittelalterlichen lateinischen Handschriften.

[139] Schneider, Got. Schriften I, S. 87, 127, 233.

Ein häufiger Abschreibefehler ist das Überspringen einzelner Worte oder ganzer Satzteile, wie dies leicht beim Kopieren schriftlicher Vorlagen geschehen kann, wenn das Auge auf ein gleiches Wort in einer anderen Zeile vor- oder zurückspringt. Einfügungen solcher übersprungener Stellen wurden interlinear über der Lücke oder auch an den Blatträndern nachgetragen und mit unterschiedlichen Einfügungszeichen gekennzeichnet, unter denen ein umgekehrtes V, Kreuze, parallele Schrägstriche usw. die häufigsten sind.

Manche dieser Verbesserungen und Ergänzungen stammen vom Schreiber selbst, der sein eigener Korrektor war. Das trifft in der Regel für diejenigen deutschsprachigen Codices zu, die für private Auftraggeber bestimmt waren. Viel akribischer und von einem speziellen Korrektor wurden lateinische Handschriften, in erster Linie Liturgica und Bibeltexte korrigiert, die für Klosterbibliotheken und andere Institutionen bestimmt waren. Besonders die Kartäuser und die Brüder vom gemeinsamen Leben bemühten sich um solche genauestens korrigierte Texte.[140] Ähnliche Sorgfalt wurde in manchen Frauenklöstern auf die korrekten Texte derjenigen Handschriften verwendet, die zum Vorlesen im Refektorium dienten. Das trifft für eine Anzahl von Büchern zu, die im Nürnberger Katharinenkloster nach Einführung der Ordensreform im 2. Viertel des 15. Jahrhunderts von den Schwestern selbst geschrieben wurden und Korrekturen von anderer Hand aufweisen,[141] wohl nach den Vorschriften im Ämterbuch des Johannes Meyer[142] und nach dem Vorbild des übergeordneten Nürnberger Predigerklosters, in dem sich u.a. ein Frater Johannes Rosenbach als Korrektor in 5 lateinischen Codices zwischen 1440–44 nennt.[143] Seelsorger betätigten sich nicht selten in Frauenklöstern als Korrektoren dort geschriebener Bücher; Kolophone wie *bittent got für die schriberin die dis buch mit irer hant geschriben hat und für den priester der es corrigieret und gebessert*

---

[140] M. und R. Rouse, Correction and emendation of texts in the fifteenth century, in: Scire litteras, FS für B. Bischoff, hg. von S. Krämer und M. Bernhard (Bayerische Akademie der Wissenschaften, phil.-hist. Kl., Abhandlungen NF 99), München 1988, S. 333–346; J. Wolf, Das ‚fürsorgliche' Skriptorium. Überlegungen zur literarhistorischen Relevanz von Produktionsbedingungen, in: Der Schreiber im Mittelalter S. 92–109.

[141] Vgl. dazu B. Hasebrink, Tischlesung und Bildungskultur im Nürnberger Katharinenkloster, in: Schule und Schüler im Mittelalter, hg. von M. Kintzinger, S. Lorenz und M. Walter (Beihefte zum Archiv für Kulturgeschichte 42), Köln/Weimar 1996, S. 187–216, hier: S. 203.

[142] Vgl. A. Hauber, Deutsche Handschriften in Frauenklöstern des späten Mittelalters, in: ZfB 31 (1914) S. 341–373, hier: S. 347; vgl auch W. Williams-Krapp, Die deutschen und niederländischen Legendare des Mittelalters (Texte und Textgeschichte 20), Tübingen 1986, S. 363 und Anm. 19.

[143] K. Schneider, Die Handschriften der Stadtbibliothek Nürnberg II,1: Theologische Handschriften, Wiesbaden 1967, S. XI f.

hat (Leipzig UB Ms.560, Bl. 165r, ‚Buch von geistlicher Armut' u. a., alemannisch v. J. 1429) sind nicht selten. Auch die Korrektoren nennen sich gelegentlich in den Handschriften, wie der oben erwähnte Nürnberger Frater Rosenbach oder ein C. J. mit Datum 1531 in der Augsburger mystischen Sammelhandschrift Cgm 782. Gebildete Bibliophile des 15. Jahrhunderts wie Hartmann Schedel oder Sigismund Gossembrot legten besonderen Wert auf den Besitz korrekter Texte und hinterliessen Korrekturen in den überwiegend lateinischen Handschriften ihrer Bibliotheken.[144]

Ein großer Prozentsatz spätmittelalterlicher deutscher Handschriften blieb allerdings völlig unkorrigiert und überliefert z. T. extrem fehlerhafte Texte voller Verlesungen und Sprünge, die oft sinnlose oder unverständliche Lesungen ergeben und dem Besitzer der betreffenden Handschrift wohl wenig Nutzen bringen konnten, auch dem modernen Herausgeber den Wert eines solchen Überlieferungsträgers stark schmälern.

In der deutschen mittelalterlichen Literatur sind nur wenige vom Autor selbst korrigierte Handschriften erhalten. Als eigenhändig korrigiert wird Otfrieds Evangelienbuch in der Wiener Handschrift V (Cod. 2687, 9. Jahrhundert) angesehen. Aus dem 15. Jahrhundert sind einige solcher Arbeitsmanuskripte bekannt: Michel Beheims Liedersammlung in Cgm 291, die ‚43 Gespräche' des Erhard Groß in Cgm 623 oder die Traktate des Heinrich Krauter in Nürnberg StB Cent. VII 94 weisen autographe Korrekturen ihrer Autoren auf.

6. Buchschmuck

Nach der Niederschrift des Textes war die Buchausstattung der nächste Arbeitsgang im Fertigungsprozeß vieler Handschriften. Ihre Art und Qualität hängt von Funktion und Inhalt des Codex ab, vom Anspruchsniveau, vom Rang eines Auftraggebers oder von den Vorstellungen und den finanziellen Möglichkeiten des Erstbesitzers.

Die eigentliche Buchmalerei bleibt im folgenden ausgeklammert. Bei der Beschäftigung mit illuminierten Handschriften ist für den Germanisten, den Mediävisten, den Kodikologen die Hilfe des Kunsthistorikers und der Dialog mit ihm unerläßlich. Auf diesem Gebiet interdisziplinärer Beziehungen ist speziell in den letzten Jahrzehnten bereits fruchtbar gearbeitet worden; nicht nur der Bezug zwischen Text und

---

[144] Z. B. in Clm 27419, Bl. 302r: *Anno 1445 ... rubricate correcteque per me Sigismundum Gossembrot et Bernhardum de Nörlinga scolarem Ulmensem*; die Korrekturen erstrecken sich über Bl. 3–71 und 160–322 der Handschrift.

Illustration ist seit längerem ins Blickfeld gerückt;[145] zur Bildüberlieferung einzelner Texte und Textgattungen liegen Monographien vor, die neben der kunsthistorischen Einordnung die kodikologischen Aspekte berücksichtigen.[146] Als wichtiges Arbeitsinstrument entsteht derzeit der Katalog der deutschsprachigen illustrierten Handschriften des Mittelalters[147], der sämtliche deutsche Handschriften und Frühdrucke mit Illustrationen oder Initialen, nach Stoffgruppen geordnet, mit ihren kodikologischen Fakten beschreibt und kunsthistorisch würdigt, auch in Abbildungen vorstellt. Unabhängig davon publizieren bedeutende Handschriftensammlungen in den letzten Jahrzehnten Spezialkataloge ihrer illuminierten Codices, in denen Miniaturen und Initialen der meist früh- und hochmittelalterlichen, fast ausschließlich lateinischen Handschriften nach Entstehungsraum und -zeit zusammengestellt werden; ihre Tafelbände enthalten reiches Abbildungsmaterial zu zeitlich und regional eingrenzbaren Motiven und Typen der Buchausstattung.[148] Neben neueren Einführungen in die mittelalterliche Buchma-

---

[145] W. Stammler, Wort und Bild. Studien zu den Wechselbeziehungen zwischen Schrift und Bildkunst im Mittelalter, Berlin 1962; H. Frühmorgen-Voss, Text und Illustration im Mittelalter, hg. von N. H. Ott (MTU 50), 1975; M. Curschmann, Pictura laicorum litteratura? Überlegungen zum Verhältnis von Bild und volkssprachlicher Schriftlichkeit im Hoch- und Spätmittelalter bis zum Codex Manesse, in: Pragmatische Schriftlichkeit im Mittelalter, hg. von H. Keller, K. Grubmüller und N. Staubach (Münstersche Mittelalter-Schriften 65) 1992, S. 211–229; N. H. Ott, Die Handschriftentradition im 15. Jahrhundert, in: Die Buchkultur im 15. und 16. Jahrhundert, Bd. I, Hamburg 1995, S. 47–124 zusammenfassend zu deutschsprachigen Bilderhandschriften; weitere Literatur bei Jakobi-Mirwald S. 225.

[146] N. H. Ott, Rechtspraxis und Heilsgeschichte. Zu Überlieferung, Ikonographie und Gebrauchssituation des deutschen ‚Belial' (MTU 80), 1983; J. U. Günther, Die illustrierten mittelhochdeutschen Weltchronikhandschriften (S. 50 Anm. 89).

[147] Begonnen von H. Frühmorgen-Voss, fortgeführt von N. H. Ott, hg. von der Kommission für Deutsche Literatur des Mittelalters der Bayerischen Akademie der Wissenschaften, München 1986 ff.; vgl. U. Bodemann, Zur Katalogisierung deutschsprachiger illustrierter Handschriften des Mittelalters, in: Sources (Anm. 125) S. 385–404.

[148] Zu dem Unternehmen vgl. E. Klemm, Katalogisierung der illuminierten Handschriften der Bayerischen Staatsbibliothek, in: Bibliotheksforum Bayern 9 (1981) S. 85–96; K. Dachs, Die Beschreibung des Buchschmucks in Handschriftenkatalogen, in: ZfB 29 (1982), S. 25–34. Einzelne deutschsprachige Handschriften enthalten die Bände von E. Klemm, Die illuminierten Handschriften des 13. Jahrhunderts (S. 33 Anm. 58), von B. Hernad, Die gotischen Handschriften deutscher Herkunft in der Bayerischen Staatsbibliothek, Teil 1: Vom späten 13. bis zur Mitte des 14. Jahrhunderts, Wiesbaden 2000; A. Fingernagel/M. Roland, Die illuminierten Handschriften der Österreichischen Nationalbibliothek, Mitteleuropäische Schulen I (ca. 1250–1350), Wien 1997; II (ca. 1350–1410), Wien 2002 (Österreichische Akademie der Wissenschaften, phil.-hist. Kl., Denkschriften 2, Bd. 10–11); Katalog der illuminierten Handschriften der Württembergischen Landesbibliothek Stuttgart, Bd. 3,1: Die gotischen Handschriften vom späten 12. bis zum frühen 14. Jahrhundert, bearb. von C. Sauer, Stuttgart 1996; 3,2: Vom späten 13. bis zum frühen 15. Jahrhundert, bearb. von P. Burkhart, Wiesbaden 2005.

lerei[149] sind für den Nicht-Kunsthistoriker vor allem die terminologischen Übersichten von H. Köllner[150] und C. Jacobi-Mirwald[151] äußerst nützlich, in denen die kunsthistorischen und andere handschriftenkundliche Fachtermini verständlich erklärt, in der letzteren Publikation zudem mit Zeichnungen verdeutlicht werden.

Eine durchschnittliche spätmittelalterliche Gebrauchshandschrift wurde im allgemeinen rubriziert, d. h. es wurden mit roter Tinte diejenigen Dekorationselemente eingetragen, die neben der ästhetischen auch eine gliedernde Funktion hatten und die noch in den Bereich der Kodikologie fallen. Diese Rubrizierung wurde nicht selten durch den Schreiber selbst ausgeführt, in vielen Handschriften stammen Text und rote Überschriften von derselben Hand. Daß aber auch in diesem Fall das Schreiben des Textes und das Rubrizieren zwei verschiedene, zeitlich aufeinander folgende Arbeitsgänge waren, ist aus den zahlreichen Vorgaben und Anweisungen zu erkennen, die der Schreiber bei den Freiräumen anbrachte, die er während des Kopierens entsprechend seiner Vorlage aussparte und die später durch Initialen, Überschriften oder Illustrationen gefüllt werden sollten. Die Buchstaben, die als einfache oder kunstvollere Initialen den Text gliedern und die Handschrift schmücken sollten, wurden dünn und unauffällig entweder im freien Spatium selbst oder weit außen an den Rändern angebracht; der Schreiber erwartete, daß sie später von der Farbe der Initiale verdeckt, am Außenrand abgeschnitten oder am Innenrand im Falz verschwinden würden, doch sind sie in vielen Fällen sichtbar geblieben.[152] Trotz dieser Vorgaben wurden von den Rubrikatoren nicht selten falsche Initialbuchstaben eingesetzt, wie dies z. B. im St. Galler Cod. 857 häufig zu beobachten ist; B. Schirok[153] stellte in seiner Untersuchung dieser Stellen fest, daß eine ursprüngliche Vorgabe der Initialbuchstaben wohl durch vorzeitiges Beschneiden der Ränder einiger Lagen vor der Rubrizierung weggefallen war; nachdem der Rubrikator hier offensichtlich orientierungslos besonders fehlerhaft gearbeitet

---

[149] O. Pächt, Buchmalerei des Mittelalters. Eine Einführung, München 1984; J. J. G. Alexander, Medieval illuminators (Anm. 49); C. de Hamel, Scribes and illuminators, London 1992. Weitere Literatur bei Boyle Nr. 1821–1868; Mazal S. 149–160, 176–210, 278–298; Löffler-Milde S. 121–141.

[150] H. Köllner, Zur kunstgeschichtlichen Terminologie in Handschriftenkatalogen, in: Zur Katalogisierung mittelalterlicher und neuerer Handschriften, hg. von C. Köttelwesch (S. 17 Anm. 21), 1963, S. 138–154.

[151] Vgl. Literaturverzeichnis.

[152] L. Gilissen, Un élément codicologique méconnu: l'indication des couleurs des lettrines jointe aux ‚lettres d'attente', in: Paläographie 1981 S. 185–191 und Taf. X-XIIIf.; Mazal S. 77 nennt die Vorgabebuchstaben ‚Repräsentanten'; danach auch B. Schirok, Wolfram von Eschenbach: Parzival (Litterae 110), 1989, S. XXI-XXV.

[153] Vgl. Anm. 152; kritisch zu Schiroks Folgerung N. F. Palmer, Der Codex Sangallensis 857, in: Wolfram-Studien XII (1992), S. 26 f.

hatte, wurden weitere Lagen von einem der Schreiber durch einen zweiten Vorgabendurchgang klarer gekennzeichnet. Im Skriptorium des St. Galler Codex arbeiteten offensichtlich Schreiber und Rubrikatoren fast gleichzeitig Hand in Hand. Die Beachtung solcher Vorgaben kann also über die Entstehungsmodalitäten und eventuell auch über den Entstehungsraum Aufschluß geben.

Nicht selten ist in Handschriften vor allem des 15. Jahrhunderts ein Schreiberversehen beim Aussparen von Spatien zu beobachten: er rückte zwar den Text für die vorgesehene Initiale ein, schrieb aber dann das erste Wort vollständig mitsamt dem Anfangsbuchstaben, so daß im fertig ausgestatteten Text der erste Buchstabe doppelt steht (z. B. *E ein*).

Neben den Angaben für Initialen sind gelegentlich umfangreichere Textvorgaben für rote Überschriften und auch Malanweisungen erhalten geblieben, die der Schreiber auf oder neben den Spatien für die vorgesehenen Illustrationen in die Handschrift eintrug. Solche Vorschriften belegen klar die Arbeitsteilung zwischen Schreiber und Buchmaler und dienten wohl dem letzteren als zusätzliche Stütze, da er in den meisten Fällen später auf die gleiche Vorlage zurückgegriffen haben dürfte, die schon der Schreiber für den Text benutzt hatte. Die Anweisungen sollten später durch den Deckfarbenauftrag übermalt werden, sind aber in manchen Fällen sichtbar geblieben. Wieder aufgedeckt wurden solche Malvorschriften nebst den Bildvorzeichnungen in Cgm 63 (Rudolf von Ems: Wilhalm von Orlens, um 1270–1275, mit Deckfarbenminiaturen) unter den nachträglich abgeriebenen und abgekratzten Illustrationen[154] und vermitteln eine gute Vorstellung von der Planung einer illuminierten Handschrift. Jans Enikels Weltchronik in Heidelberg cpg 336 um 1410 enthält präzise Anweisungen des Schreibers an Rubrikator und Buchmaler, die trotzdem nicht alle befolgt wurden.[155] Nicht selten kamen vorgesehene Illustrationen nicht zur Ausführung; nur die in diesem Fall sehr knapp gefaßten Malvorschriften (z. B. *wappen, streit*) stehen auf den ausgesparten Freiräumen in Cgm 2817 (Veit Arnpeck: Bayerische Chronik, um 1500). In einer zweibändigen deutschen Bibel, 1437 und 1445 im Nürnberger Katharinenkloster entstanden (Nürnberg StB Cent. III 40–41), vermerkte die Schreiberin Kunigunde Niklasin die Malanweisungen für die Bildinitialen auf kleinen Zetteln, die an den Unterrändern der betreffenden Seiten mit Faden angeheftet wurden und erhalten blieben (z. B. in Cent.

---

[154] Schneider, Got. Schriften I, S. 241 f.; J. C. Walworth, The illustrations of the Munich ‚Tristan' and ‚Wilhalm von Orlens' BSB Cgm 51 and 63, Diss. Yale 1991, S. 303–306; Klemm (S. 33 Anm. 58) S. 239–243, mit Abdruck der Texte.
[155] J. U. Günther (S. 50 Anm. 89) S. 170f., S. 43 weitere Beispiele.

III 40, Bl. 96vb *Item do molt einen alten krancken man an eim pet und ein iunge frawen pringt im zu essen*; dargestellt ist König David mit der Sunamitin Abisag, III Rg 1,3).

Unter dem Pauschalbegriff ‚rubriziert' ist eine einfache Buchausstattung mit roter Tinte zu verstehen; sie umfaßt die rot geschriebenen Textteile, vor allem die Überschriften und andere vom Haupttext optisch abzuhebende Partien wie die deutschsprachigen Anweisungen in lateinischen Liturgica für Klosterfrauen, Schreiberkolophone, Datierungen u. ä. Zur Rubrizierung gehören auch die gerundeten unverzierten Initialen des 14. und 15. Jahrhunderts zu Text- und Kapitelbeginn, die nach einem Terminus aus der Inkunabelkunde als Lombarden bezeichnet werden.[156] Weitere Elemente der Rubrizierung sind die roten Strichelungen, etwa der Majuskeln zu Satz- oder Abschnittsbeginn, der Eigennamen oder auch der Versanfänge. In manchen Handschriften, besonders Papiercodices des späten 14. und des 15. Jahrhunderts mit abgesetzten Reimpaaren vereinfachte der Rubrikator diese Tätigkeit, indem er einen einzigen senkrechten roten Strich durch sämtliche Versanfänge zog.

Beispiele für solche vereinfachte Strichelung sind u. a. Hannover Cod. I 85 (niederdeutsches Speculum humanae salvationis um 1400); Stuttgart cod. theol. 8° 144 (Walther von Rheinau: Marienleben, v. J. 1388); Heidelberg cpg 336 (Jans Enikel: Chronik, um 1410); Cgm 3970 (Hugo von Trimberg: Renner, v. J. 1440); jeweils 3 Verse sind mit einem roten Strich rubriziert in Cgm 1111 (Konrad von Ammenhausen: Schachbuch, v. J. 1414).

Auch konnte der Text durch rote Paragraphenzeichen oder Schrägstriche[157] untergliedert werden. Hervorzuhebende Worte wurden gelegentlich rot unter- oder durchstrichen, Autorennamen oft ganz in rot vom Text abgesetzt, ebenso wie Seitentitel. Verklammerungen von Reimpaaren, die in vereinzelten Aufzeichnungen abgesetzter Verse vorkommen,[158] können ebenfalls in rot gehalten sein.

Eine Stufe aufwendiger wird die Ausstattung, wenn zur Ausführung der genannten Ausstattungselemente neben der roten Tinte andere Farben verwendet werden; am häufigsten sind abwechselnd rote und blaue Lombarden und Paragraphenzeichen. Der Buchstabenkörper der Lombarde kann in eine rote und eine blaue oder andersfarbige Hälfte gespalten werden, oder es können in ihm Ornamente wie Bogenlinien, Vierpaß- und Blütenornamente oder Fabeltiere, sog. Drolerien ausgespart werden. Einfache Initialen können in Schnörkel oder lange, verschieden gestaltete und verzierte Randstäbe auslaufen, die sich an der

---

[156] Vgl. Köllner (Anm. 150) S. 154; Bischoff S. 298; Mazal S. 153; Jakobi-Mirwald S. 68.
[157] Vgl. S. 92f.
[158] Vgl. S. 136f.

linken Textseite bis an die Blattränder erstrecken, auch am Ober- und Unterrand des Textes umlaufen können.

Fleuronnée-Initialen in qualitätvoller reicher Ausführung stehen auf einer anspruchsvolleren Stufe der Buchdekoration, ihre Beurteilung und Einordnung gehört dem kunsthistorischen Bereich an.[159] Doch gibt es in spätmittelalterlichen Papierhandschriften viele einfach bis primitiv dekorierte Initialen auf der Grundlage von Lombarden, deren schlichte Füll- oder Randornamente dem Fleuronnée lediglich nachempfunden sind und in wenig mehr als parallelen Strichen und kunstlosen Schnörkeln bestehen. Im späteren 15. Jahrhundert beliebte Dekorationen bestanden darin, Profilfratzen an Lombarden anzusetzen, die stark verlängerte J-Majuskel zu einem Fischkörper umzugestalten oder ins Buchstabeninnere einer O-Initiale ein Gesicht einzuzeichnen; das alles sind relativ kunstlose Routinearbeiten eines einfachen Rubrikators, der auch mit dem Schreiber identisch sein konnte.

Mit schwarzer Schreibtinte und in den meisten Fällen wohl vom Kopisten selbst wurden manche kalligraphisch dekorierten oder zu Federzeichnungen ausgestalteten Ober- und Unterlängen in den ersten und letzten Zeilen ausgeführt. In Handschriften des 13. Jahrhunderts sind nur vereinzelt an den Ober- und Unterrändern nach dem Vorbild der Urkunden stark verlängerte und teilweise mit Schleifen versehene Schäfte festzustellen; in der 2. Hälfte des 14. und im 15. Jahrhundert wurden in manchen Handschriften diese verlängerten und vergrößerten Oberschäfte ornamentiert oder auch phantasievoll ausgestaltet, etwa zu Profilfratzen oder Tierzeichnungen, z. B. zu Fischen in einer Karlsruher Handschrift von ‚Spamers Mosaiktraktat' (St. Peter perg. 85 um Mitte 14. Jahrhunderts), die ihrerseits rubriziert wurden. Im Lauf des 15. Jahrhunderts wurden auch die sog. Kadellen[160] weiter ausgestaltet, kalligraphische Initialen, die mit schwarzer Schreibtinte aus vielen parallelen oder auch verschlungenen breiten Federstrichen gebildet wurden.

Bei der Beurteilung und Einordnung der eigentlichen Buchmalerei sollte der Nicht-Kunsthistoriker zwar Zurückhaltung üben, doch ge-

---

[159] G. Schmidt, Die Malerschule von St. Florian, Graz/Köln 1962, S. 173–189; H. Köllner (Anm. 150) S. 152–154; Bischoff S. 298; Mazal S. 154, 156; S. Scott-Fleming, Pen flourishing in 13th century manuscripts (Litterae textuales 11), Leiden 1989, mit Katalog und Abbildungen der einzelnen Formen; P. Stirnemann, Fils de la vierge. L'initiale a filigranes parisienne 1140–1314, in: Revue de l'Art 90 (1990) S. 58 – 73; Jacobi-Mirwald S. 67, 89–94; W. Augustyn, C. Jacobi-Mirwald, C. Sauer, M. Roland, Artikel ‚Fleuronnée' in: Reallexikon zur deutschen Kunstgeschichte 9 (1996) Sp. 1113–1196; Abbildungen kunsthistorisch datierter und lokalisierter Fleuronnée-Initialen in den Anm. 148 genannten Katalogen illuminierter Handschriften. – Günther, Weltchronikhandschriften (S. 50 Anm. 89) verwendet für das Fleuronnée den Terminus ‚Federwerk'.

[160] W. L. de Vreese, Over handschriften en handschriftenkunde, Zwolle 1962, S. 139; H. Köllner (Anm. 150) S. 154; Bischoff S. 298; Mazal S. 153; Jakobi-Mirwald S. 65.

hören Angaben über die in einer Handschrift verwendeten Initialtypen ebenso zur kodikologischen Beschreibung wie die Identifizierung der Bildthemen in den Illustrationen, historisierten Initialen und autonomen Randzeichnungen. Die Fachtermini der auch in deutschen spätmittelalterlichen Handschriften gebräuchlichen Initialtypen (historisierte, figurierte, Blattwerk-, Flechtband-, Rankeninitialen usw.) finden sich in der zitierten Übersicht von Jakobi-Mirwald und sind auch dem ‚Katalog der deutschsprachigen illustrierten Handschriften des Mittelalters'[161] oder den Katalogen illuminierter Handschriften einzelner Bibliotheken zu entnehmen. Erforderlich sind auch Angaben zur Technik (unkolorierte oder lavierte Federzeichnungen, Deckfarbenmalerei, Verwendung von Gold), zu den in den Initialen verwendeten Farben und schließlich die Maße, die bei Lombarden und einfacheren Initialen in Zeilenhöhe, bei gerahmten und kunstvollen Initialen und bei Illustrationen in cm/mm gegeben werden. Ob und wie die Miniaturen gerahmt sind oder ob sie frei stehen, sollte beachtet werden.

Für zahllose mittelalterliche Handschriften war zwar Buchschmuck vorgesehen, wie aus den freigelassenen Spatien und klein vorgegebenen Initialbuchstaben zu erkennen ist, doch ist die Ausführung, aus welchen Gründen auch immer, entweder ganz unterblieben oder in den Anfängen stecken geblieben. Speziell die für Bilderzyklen freigelassenen Lücken in einer Handschrift können auf ihre Vorlage und damit auf ihre Stellung in der Überlieferung weisen.

Daher werden solche Codices mit vorgesehenem, nicht ausgeführtem Bildschmuck zu Recht auch in den ‚Katalog der deutschsprachigen illustrierten Handschriften' aufgenommen. Er listet z. B. von Ottos von Passau ‚24 Alten' 42 illustrierte Handschriften auf, dazu 16 Codices mit freigelassenen Spatien für nicht ausgeführte Illustrationen.[162] Das illuminierte Gebetbuch für Elisabeth Ebran von Johannes von Indersdorf, Cgm 29, wurde kopiert in Cgm 255, doch sind hier die Bilder auf den freigelassenen Spatien nicht ausgeführt.[163] Vorgesehene Bilderzyklen fehlen u. a. auch in Handschriften des ‚Speculum humanae salvationis' (Cgm 202), des ‚Herzog Ernst F' (Cgm 224), des Etymachietraktats (Augsburg UB III.1.2°31); es fehlen die 12 Kalenderbilder in Cgm 223 und vorgesehene Passionszyklen in Cgm 468 und 4666; trotz der Anweisung *Hienach gehört die gemalt figur des pergs Synai* blieb in Cgm 298, der Pilgerreise des Jacobus de Verona, das betreffende Bl. 73v leer; solche Beispiele lassen sich beliebig vermehren.

---

[161] Anm. 147.
[162] Anm. 147, Bd. I S. 126–128; auch aus der Werkstatt Diebold Laubers stammen solche ‚Halbfertigprodukte', vgl. U. Bodemann, ebd. Bd. VII S. 20 f. u. ö.
[163] Vgl. B. Weiske, Bilder und Gebete vom Leben und Leiden Christi, in: Die Passion Christi in Literatur und Kunst des Spätmittelalters (Fortuna vitrea 12), Tübingen 1993, S. 113–168.

In manchen Handschriften wurde der Rest einer Zeile, die nach Textende leergeblieben war, mit sog. Zeilenfüllseln vervollständigt, um der Schriftseite ein kompaktes lückenloses Aussehen zu verleihen, auch unregelmäßig endende abgesetzte Verszeilen zu einer einheitlichen Spaltenbreite aufzufüllen.[164] Dafür waren verschiedene Formen und Zeichnungen in Gebrauch, meist mit roter Tinte, am häufigsten Wellen- und Zackenlinien oder Girlanden, die vereinzelt auch durch Striche oder Kreise unterbrochen werden konnten, wie in den ‚Carmina Burana' (Clm 4660, z. B. auf Bl. 6v) oder in der Donaueschinger Nibelungenhandschrift C, in der Leerstellen nach roten Überschriften mit diesem Muster ausgefüllt wurden. Auch rote Ranken oder Zierleisten kommen als anspruchsvollere Zeilenfüllsel vor, z. B. im Schwabenspiegel v. J. 1287 (Karlsruhe, Donaueschingen Hs. 738). Auf Zeilenfüllung durch Zeichen aus dem italienischen Schriftwesen wies C. Jeudy hin.[165] Auch Zeilenfüllung durch rot eingetragene, nicht mit dem Text in Bezug stehende Worte kommt in deutschen Handschriften des 15. Jahrhunderts vereinzelt vor: in einer Tegernseer Vitaspatrum-Handschrift (Cgm 4286, 3. Viertel des 15. Jahrhunderts) durch deutsche, in hebräischen Buchstaben verschlüsselte Einträge; in einem lateinischen kanonistischen Codex von 1439–40 (Clm 3061) füllte der Augsburger Schreiber Wilhelm Roßtauscher die Leerräume mit devisenartigen Kurzsprüchen wie *Ich hoff zu ir, Als ding ein weil* oder *Wie got will.*

Rubrikatoren nennen sich wesentlich seltener als die Schreiber und datieren nur in vereinzelten Fällen ihre Arbeit, etwa der Augsburger Benediktiner Narcissus Pfister in St. Ulrich und Afra, der in den zwanziger Jahren des 15. Jahrhunderts ältere Handschriften der Klosterbibliothek durcharbeitete, rubrizierte und diese Tätigkeit genau datierte (Augsburg StB 2° 290, 2°342c u. a.).

Eine andere Form des Buchschmucks sind schließlich die in die Handschriften eingeklebten Bilder. Es kann sich vereinzelt um gleichzeitig mit dem Text entstandene Illustrationen handeln, wie der Illustrationszyklus der ‚24 Alten' Ottos von Passau, der in je 24 einzelnen kolorierten Federzeichnungen wohl aus ein und derselben, auf Vorrat produzierenden Werkstatt in zwei verschiedene Handschriften eingeklebt wurde (München UB 2° cod. ms. 147 und Cgm 285, beide 3. Viertel des 15. Jahrhunderts).[166] Auch wurden aus anderen, z. T. älteren Codices ausgeschnittene Miniaturen oder Initialen zum Schmuck

---

[164] Vgl. Gumbert, Typographie (Anm. 96), S. 286.

[165] C. Jeudy, Signes de fin de ligne et tradition manuscrite, in: Scriptorium 27 (1973) S. 252–262, zu Füllungszeichen in Clm 18100, im 2. Viertel 14. Jahrhunderts in Bayern entstanden.

[166] Katalog der deutschsprachigen illustrierten Handschriften (Anm. 147) Bd. I, S. 127f., 182f., 190f.

6. Buchschmuck

in jüngere Handschriften eingeklebt und so durch Weiterverwertung erhalten; der bekannte Augsburger Schreiber Konrad Bollstatter dekorierte die für seinen Eigengebrauch geschriebenen Sammelhandschriften häufig mit solchen ausgeschnittenen und eingeklebten Miniaturen, auch mit Holzschnitten. Viel systematischer schmückte der Nürnberger Humanist die Bücher seiner bedeutenden Bibliothek mit eingeklebten Miniaturen und graphischen Blättern aus.[167] Beliebt war diese Illustrationsart auch in kleinformatigen Gebet- und Andachtsbüchern im Privatbesitz von Klosterfrauen gegen Ende des 15. und Anfang des 16. Jahrhunderts, die bisweilen auf dafür freigelassenen Seiten eingeklebte Darstellungen des Jesuskinds oder Passionszyklen als Andachtsbildchen enthalten.[168] Vielfach weisen nur noch Klebespuren oder eine rote Umrandung oder dekorierte Rahmung auf freigelassenen Seiten auf solche inzwischen entnommene oder herausgefallene Bildchen hin. Neben eingeklebten Holzschnitten, Metallschnitten und Teigdrucken[169] sowie frühen Kupferstichen[170] wurden seit der 2. Hälfte des 15. Jahrhunderts vereinzelt auch Holzschnitte in Handschriften direkt als Buchschmuck eingedruckt; ein 19teiliger Holzschnittzyklus zum Leben Jesu und Mariae ist auf unbeschriebenen Seiten eines privaten Laiengebetbuchs aus dem Nürnberger Raum v. J. 1466 (Augsburg UB I.3.8°5) eingedruckt und zum Teil koloriert; zwei Holzschnittinitialen wurden in eine Taulerhandschrift des späteren 15. Jahrhunderts (Cgm 282) zu Beginn von Register und Text gedruckt; auch in ein Pergamentgebetbuch (Cgm 105, Mitte des 15. Jahrhunderts) wurden 39 Holzschnitte eingedruckt und koloriert.[171]

Solche auf freigelassenen Spatien eingeklebte oder eingedruckte Illustrationen, die mit dem Text in Zusammenhang stehen, vom Schreiber beschriftet oder vom Rubrikator rot umrandet sind, können wohl in vielen Fällen zur Originalausstattung einer Handschrift gezählt werden. Doch ist nicht immer eindeutig zu entscheiden, ob eine solche Füllung ursprünglicher Leerräume in einem Text auf einen späteren Besitzer des Buchs zurückgeht, der damit einen Text nachträglich illu-

---

[167] B. Hernad, Die Graphiksammlung des Humanisten Hartmann Schedel, München 1990.
[168] P. Schmidt, Kleben statt malen: Handschriftenillustration im Augustiner-Chorfrauenstift Inzigkofen, in: Studien und Texte (oben S. 70 Anm. 132) S. 243–284.
[169] Nachschlagewerke: W. L. Schreiber, Handbuch der Holz- und Metallschnitte des 15. Jahrhunderts, Bd. 1–8, Leipzig 1926–30 (enthält auch die Teigdrucke); F. W. H. Hollstein, German engravings, etchings and woodcuts, ca. 1400–1700, Bd. 1 ff., Amsterdam 1954 ff.
[170] M. Lehrs, Geschichte und kritischer Katalog des deutschen, niederländischen und französischen Kupferstichs im 15. Jahrhundert, Bd. 1–9, Wien 1908–34.
[171] Weiske (Anm. 163) S. 118–121. Vgl. dazu P. Schmidt, Gedruckte Bilder und handgeschriebene Bücher. Studien zum Gebrauch von Druckgraphik zur Illustration süddeutscher Handschriften des 15. Jahrhunderts (Pictura et poesis 16), Köln 2003.

strieren wollte, oder dessen Zutaten rein dekorative Funktion haben, wie dies wohl häufig bei den in die Innendeckel eingeklebten Holzschnitten der Fall ist.

7. Orientierungshilfen für den Leser
7.1. Foliierung

Im Mittelalter galt die Blattzählung oder Foliierung, nicht wie im modernen Buch die Seitenzählung oder Paginierung. Die Foliierung ist auch heute die übliche Kennzeichnung der Blätter einer mittelalterlichen Handschrift. Die Blattzahl (Foliozahl) gilt für beide Seiten des Blatts; nach allgemein gültiger Regelung wird die Vorderseite mit ‚recto' (r) und die Rückseite mit ‚verso' (v) bezeichnet. In zwei- oder mehrspaltigen Codices werden die Spalten zusätzlich mit Kleinbuchstaben gekennzeichnet; 1ra ist die 1. Spalte der Vorderseite des 1. Blatts usw.

Alte, mit der Fertigung einer Handschrift zusammenhängende Foliierung erscheint zunächst in lateinischen Handschriften vereinzelt vom 12. Jahrhundert an.[172] Deutschsprachige alt foliierte Codices des 13. Jahrhunderts waren bisher nicht festzustellen, Foliierung läßt sich zögernd erst im 2. Viertel des 14. Jahrhunderts nachweisen. Ein frühes Beispiel alter Blattzählung ist das Speyerer Arzneibuch v. J. 1321 (Heidelberg cpg 214); alt foliiert sind ein ‚Renner' v. J. 1347 (Erlangen B 4), ein ripuarischer ‚Tristan' Gottfrieds von Straßburg (Berlin mgq 284, Mitte des 14. Jahrhunderts) und ein mitteldeutsches Erbauungsbuch v. J. 1353 (Berlin mgq 1526).

In der 2. Hälfte des 14. Jahrhunderts werden die Beispiele für alte Foliierung häufiger und vermehren sich im 15. Jahrhundert weiter. Lehmanns Feststellung, im 15. Jahrhundert sei die Menge foliierter Codices „geradezu überwältigend" gewesen,[173] gilt allerdings für lateinische Codices; einfachere deutsche Papierhandschriften weisen nur etwa zu einem Viertel alte Blattzählung aus der Entstehungszeit auf, doch auch großformatige repräsentative Codices blieben häufig unfoliiert. Nicht immer ist zu erkennen, ob die Foliierung zeitgenössisch ist oder etwa von einem späteren Besitzer stammt.

Im 14. und vereinzelt noch bis nach Mitte des 15. Jahrhunderts wurden die Blätter mit römischen Zahlen auf der Rectoseite in der Mitte des Oberrands bezeichnet; die Zahlen sind häufig sehr auffällig und

---

[172] Bischoff S. 41 und 292; Kirchner S. 13f.; Mazal S. 69f.; P. Lehmann, Blätter, Seiten, Spalten, Zeilen, in: ders., Erforschung des Mittelalters III, Stuttgart 1960, S. 1–59.
[173] Vgl. Anm. 172, S. 27.

7. Orientierungshilfen für den Leser

groß nach Art der alten Lagenzählungen, manchmal wie diese verziert, zwischen zwei Punkte gesetzt, gelegentlich auch rot oder andersfarbig (z. B. grün in Cgm 3384 v. J. 1424) angebracht. Vereinzelt wurden die römischen Foliozahlen auch schon wie im modernen Buch in die oberen Außenecken des Rectoblatts gesetzt, z. B. in einer lateinischen ‚Legenda aurea' des Jacobus de Voragine (Frankfurt/M. StB Ms. Barth. 115, Köln 1324), in der aber der für die Foliozahlen übliche Raum in der Mitte des Oberrands durch Seitentitel besetzt ist. Deutschsprachige Belege für römische Foliozahlen in den Außenecken stammen erst aus dem 15. Jahrhundert (Cgm 5937 v. J. 1445; Nürnberg GNM 2261 aus Kloster Pillenreuth v. J. 1482).

Neben der römischen kam im späten 14. Jahrhundert vereinzelt, häufiger ab dem 2. Viertel des 15. Jahrhunderts arabische Foliierung auf; die Ziffern wurden ebenfalls oft zwischen zwei Punkten sowohl in die Mitte wie in die Außenecke des Oberrands gesetzt. Wie in den Jahreszahlen[174] wurden nicht selten römische und arabische Ziffern miteinander kombiniert, es kam zu Schreibungen wie *II06* für 206 (Cgm 716, 2. Hälfte des 15. Jahrhunderts) oder zu mißverständlichen Angaben wie *10031*, also wie gesprochen, für 131 (Cgm 645, 3. Viertel des 15. Jahrhunderts); *02, 03* für 20, 30 (Schaffhausen Min. 81, mit Foliierung des 14. Jahrhunderts).

Vereinzelt stehen alte Foliozahlen auf den Verso- statt auf den Rectoseiten; die Belege stammen zumeist aus der 2. Hälfte des 14.[175] und der 1. Hälfte des 15. Jahrhunderts. Doppelte alte Foliierung auf den Recto- wie Versoseiten einander gegenüberstehend hat Cgm 284, ein Oberbayerisches Landrecht aus dem 3. Viertel des 14. Jahrhunderts, und Cgm 2155, ein Münchner Stadtrecht aus dem 3. Viertel des 15. Jahrhunderts, in beiden Rechtsbüchern wohl zur einfacheren Zitierbarkeit. Eine kombinierte Foliierung aus Zahlen und Buchstaben, die, im Zusammenhang gelesen, Worte ergeben, weist Cgm 574 auf, eine Augsburger Papierhandschrift aus der 2. Hälfte des 14. Jahrhunderts. Vierfach formulierte Foliierung von der Hand der Schreiberin (*1. I.ainß.primum*) steht in der erst nach 1528 entstandenen Handschrift München UB 2° cod. ms. 134.

Alte Foliierung beginnt stets mit dem ersten Textblatt und läßt eventuell vorgebundene Blätter wie Vorsatz oder Register ungezählt. Einzelne größere Texte in einer Handschrift werden nicht selten jeder für sich foliiert: in Schwabenspiegelcodices hat oft das Landrecht und das Lehenrecht je eine separate Blattzählung, ebenso wie das häufig mit

---

[174] Vgl. S. 145.
[175] Aus der 2. Hälfte des 14. Jahrhunderts: Augsburg UB III.1.2°38; Nürnberg GNM 42531; Wien Cod.1646; Cgm 5250/3 c.

dem Oberbayerischen Landrecht in der gleichen Handschrift zusammengestellte Münchener Stadtrecht.

Seitenzählung oder Paginierung war im Mittelalter kaum üblich[176] und erscheint auch in deutschsprachigen Handschriften nur in seltenen Beispielen aus dem späteren 15. Jahrhundert: sie findet sich streckenweise in Cgm 591 v. J. 1470/71; Cgm 339 (2. Hälfte des 15. Jahrhunderts) hat eine alte Paginierung *2–10014*, d. h. 114; in der Chronik Hermann Korners (Hannover Ms. XIII 757) geht die alte Foliierung zuweilen in Seitenzählung über. Die Seitenzählung, die heute in manchen mittelalterlichen Handschriften anzutreffen ist, stammt zumeist aus dem 19. Jahrhundert. Zu den vereinzelten Bibliotheken, die zu dieser Zeit die Seiten ihrer unfoliierten Handschriften nach dem Vorbild moderner Bücher paginierten, gehört z. B. die Stiftsbibliothek St. Gallen, deren Bibliothekar Ildefons von Arx die Codices für seinen Katalog durchpaginierte.[177] Auch Handschriften aus Privatbesitz sind mitunter modern paginiert.

Alte Spaltenzählung (Kolumnenzählung) kommt nur vereinzelt in deutschen Handschriften vor: mit A–Z, fünfmal wiederholt, werden die Spalten in München UB 2°cod. ms. 67 v. J. 1458–59 bezeichnet; *1–141* sind die Spalten eines Vocabularius auf 35 Blättern am Unterrand von Cgm 664 gezählt; in der Predigthandschrift in Leipzig UB 760 des 14. Jahrhunderts ist im 15. Jahrhundert eine Spaltenzählung 1–808 nachgetragen worden.

Grundsätzlich hat die alte Foliierung den Zweck, einen Text zitierbar und einzelne Textstellen leicht auffindbar zu machen. Sie findet sich daher überwiegend in viel benutzten Nachschlagewerken wie Rechtsbüchern, dem Schwabenspiegel, Bertholds Rechtssumme, Konrads von Megenberg Buch der Natur; auch in größeren Sammelwerken wie ‚Der Heiligen Leben‘, Predigtzyklen, Arzneibüchern mit Rezeptsammlungen. Auch Lieder- und Gedichtsammlungen wurden häufig alt oder wenigstens nicht lange nach ihrer Entstehung foliiert wie die Würzburger und Berner Liederhandschrift, die Handschrift A der geistlichen Lieder des Mönchs von Salzburg (Cgm 715) oder die Kolmarer Meisterliedersammlung (Cgm 4997), deren Blattzählung und Register vom Hauptschreiber A stammt; von ihren Autoren bzw. Sammlern selbst foliiert sind die Gedichte Michel Beheims in Cgm 291 und das Liederbuch Hartmann Schedels (Cgm 810).

---

[176] Frühmittelalterliche Beispiele für Paginierung in lateinischen Handschriften bei P. Lehmann (Anm. 172) S. 32.
[177] Vgl. J. Duft, Die Handschriften-Katalogisierung in der Stiftsbibliothek St. Gallen vom 9. bis zum 19. Jahrhundert, in: B. M. von Scarpatetti, Die Handschriften der Stiftsbibliothek St. Gallen, Codices 1726–1984, St. Gallen 1983, S. 70*–78*, hier besonders S. 76*.

7.2. Register

In solchen Nachschlagewerken und Textsammlungen gehört zu der alten Foliierung ein entsprechendes Register,[178] das nach Abschluß der Textabschrift erstellt und der Textsammlung vor- oder seltener nachgebunden wurde. Viele Register erschließen aber den Inhalt nicht über die Blattzahlen, sondern über die Numerierung der Texte. Besonders in den umfangreichen deutschen Sammelhandschriften des 14. Jahrhunderts sind die Texte vom Schreiber oder auch nachträglich auf Veranlassung eines Erstbesitzers zur besseren Orientierung durchgezählt und im Register übersichtlich auffindbar gemacht worden.

Ein frühes Beispiel ist die älteste Strickersammlung, (Wien Cod. 2705, 3. Viertel des 13. Jahrhunderts), deren Register Bl. 1r–2v von einem der an der Handschrift beteiligten Schreiber stammt; die Gedichte sind mit roten römischen Ziffern im Register und beim entsprechenden Text gezählt. Das gleiche Verfahren ist in der Heidelberger ‚Manessischen' Liederhandschrift C festzustellen. Im ‚Kalocsa-Codex' (Cologny, Cod. Bodmer 72, 1. Viertel des 14. Jahrhunderts) wurden etwas später um die Jahrhundertmitte die Texte mit roten römischen Ziffern I–CLXXXIII durchgezählt und mit ihren Überschriften in einem nachträglich vorgebundenen Register aufgelistet. In der Berner Liederhandschrift (Bern, Burgerbibl. cod. 260, um 1350) wurden zusätzlich zur alten Foliierung die Liedstrophen am Rand mit den sich stets wiederholenden Buchstaben a–z bezeichnet und danach im Register zitiert. Im Hausbuch des Michael de Leone (München UB 2° cod. ms. 731) wurden zusammengehörige Textgruppen als ‚Kapitel' durchgezählt und danach im Register verzeichnet. Pragmatische Kleintextsammlungen wie Arzneibücher wurden häufig durch Numerierung der Texte und Register leichter benutzbar gemacht: ein Fragment des ‚Bartholomäus' aus der Mitte des 14. Jahrhunderts (Cgm 5250/32 b) erhielt wenig später eine römische Bezifferung der Rezepte am Außenrand; das gleiche Werk sowie ein deutscher ‚Macer' aus dem Ende des 13. Jahrhunderts (Wien NB cod. 2524) wurde erst im 15. Jahrhundert zur besseren Benutzbarkeit mit solchen Nummern versehen. In einem bayerischen Arzneibuch (Cgm 725, Ende des 15. Jahrhunderts) wurden im 16. Jahrhundert sämtliche Rezepte durchnumeriert und dazu ein Register erstellt. Von der Hand des Schreibers Konrad von Butzbach stammen Textnu-

---

[178] Zu Registern, die seit dem 13. Jahrhundert nachweisbar sind, vgl. Bischoff S. 293. Es handelt sich in den meisten Fällen um Inhaltsübersichten; Register wie im neuzeitlichen Buch, alphabetische Namen- oder Sachverzeichnisse sind in der mittelalterlichen Handschrift selten: so ist in Cgm 5019 den Vaterunser-, Avemaria und Credo-Auslegungen Ulrichs von Pottenstein ein alphabetisches Sachregister vorangestellt, vgl. Dat. Hss. München I Abb. 101 f.; zu den alphabetischen Registern lateinischer Geschichtswerke vgl. A. D. von den Brincken, Tabula alphabetica, in: Festschrift für H. Heimpel, Göttingen 1972, S. 900–923; zu den Registern enzyklopädischer Werke vorwiegend bis zum 13. Jahrhundert vgl. H. Meyer, Ordo rerum und Registerhilfen in mittelalterlichen Enzyklopädiehandschriften, in: Frühmittelalterliche Studien 25 (1991), S. 315–339.

merierung und Register in der astronomisch-medizinischen Sammelhandschrift Salzburg UB M I 36 v. J. 1425.

Nicht alle großen bekannten Sammelhandschriften sind aber auf diese Weise übersichtlich erschlossen worden: die ‚Carmina burana', die kleine Heidelberger Handschrift A, die Weingartner und die Jenaer Liederhandschrift, auch die späte Wiltener Meisterliedersammlung haben keine Register, keine Textnumerierung und zumeist auch keine alte Foliierung.

Register dieses Typs nach Blattzahl oder Textnummern sind stets nur für die eine individuell zusammengestellte Handschrift angelegt worden. Ein anderer Registertyp verzeichnet die textinterne, auf den Autor zurückgehende Einteilung des betreffenden Werks z. B. in Bücher und Kapitel, ist damit unabhängig von dem jeweiligen Exemplar und kann aus der Vorlage unverändert abgeschrieben werden. M. B. Parkes wies nach, daß solche Gliederungen umfangreicherer Werke seit dem 13. Jahrhundert, ausgehend von den scholastischen Texten, immer mehr zunahmen und damit auch der Hang, die innere Gliederung durch äußere Gliederungsmittel in den Handschriften sichtbar zu machen.[179] Aus der lateinischen Literatur wurden solche Untergliederungen ins deutsche Schrifttum vorwiegend des späten Mittelalters übernommen. Für die Handschriftenkunde sind sie nur insofern von Belang, als die unterschiedlichen äußerlichen Gliederungsmittel wie Initialen, Überschriften in vom Text abweichender Farbe, Schriftart oder -größe, Illustrationen ohne oder mit Bildunterschriften, Seitentitel, Paragraphenzeichen usw. von den Schreibern individuell gestaltet werden konnten.[180] Register nach Buch- und Kapitelzählung (Capitulatio, Kapitelreihen[181]) faßten die Kapitelüberschriften nochmals übersichtlich zusammen und orientierten den Leser zu Anfang des Textes, bei umfangreicheren Prosawerken auch zu Beginn jedes Buchs über Abfolge und Inhalt der einzelnen Kapitel.[182]

---

[179] M. B. Parkes, The influence of the concepts of ordinatio and compilatio on the development of the book, in: Medieval learning and literature. Essays presented to R. W. Hunt, ed. J. J. G. Alexander and M. T. Gibson, Oxford 1976, S. 115–141 und Abb. IX–XVI; wieder abgedr. in: ders., Scribes, scripts and readers. Studies in the communication, presentation and dissemination of medieval texts, London 1991, S. 35–70.

[180] Dazu ausführlich N. F. Palmer, Kapitel und Buch. Zu den Gliederungsprinzipien mittelalterlicher Bücher, in: Frühmittelalterliche Studien 23 (1989), S. 43–88 mit weiterer Literatur. Zur Ausführung der verschiedenen Gliederungsmittel vgl. oben S. 153, 155.

[181] So bei Ch. Wulf, Tituli, Kapitelreihen, Buchsummarien. Überlegungen zu texterschließenden Beigaben in vorlutherischen Bibeln, in: Deutsche Bibelübersetzungen des Mittelalters, hg. von H. Reinitzer (Vestigia Bibliae 9/10), 1987/88, S. 385–399, hier S. 388 f.

[182] Parkes (Anm. 179) S. 123; Beispiele bei Palmer (Anm. 180) S. 50–56, 73, 77 ff.

7.3. Seitentitel

Viel älter als die zusammengefaßten Kapitelregister ist das seit dem 12. Jahrhundert wieder aufgenommene frühmittelalterliche Verfahren, Buch- und Kapitelangaben am Oberrand des jeweiligen Blatts oder der Spalte übersichtlich anzugeben, meist in abweichender Schriftart oder Farbe vom Text abgehoben, vereinzelt auch verziert.[183] Solche Seitentitel oder Seitenüberschriften können entweder nur auf der Rectoseite eines Blatts stehen oder über zwei einander gegenüberstehende Seiten des aufgeschlagenen Buchs verteilt sein, bei zweispaltigen Codices auch über die einzelnen Spalten (Kolumnentitel). Geläufig sind auffällig gestaltete Seitentitel etwa in abwechselnd roten und blauen Majuskeln in den lateinischen Bibelhandschriften des 13. und 14. Jahrhunderts, die in England und vor allem in Frankreich[184] und nach diesem Vorbild im 14. Jahrhundert im deutschen Raum entstanden.

Seitentitel hat z.B. die Würzburger Dominikanerbibel v. J. 1246 (Würzburg UB M.p.th.f.m.9); die Heisterbacher Bibel um 1240 (Berlin Ms. theol. lat. fol. 379); die Camper Bibel v. J. 1312 (Berlin SB Ms. Diez. C fol. 64); die Grillinger-Bibel, Salzburg 1428–30 (Clm 15701).

Die deutschsprachigen Bibelhandschriften übernehmen die zur schnellen Orientierung und leichteren Zitierbarkeit dienenden Seitentitel, die das jeweilige Bibelbuch angeben, fast durchgehend, nach lateinischem Vorbild in abwechselnd roten und blauen Majuskeln in der ‚Wenzelbibel' (Wien Cod. 2759–64) in den zwischen 1389–92 fertiggestellten und illuminierten Teilen; in roter Textualis in der ‚Augsburger Bibel' von 1350 (Augsburg StB 2° cod.3) oder in der ‚Ottheinrichbibel' (Cgm 8010, 30er Jahre des 15. Jahrhunderts); zu Anfang der Bibel Cgm 341 des späten 14. Jahrhunderts sind die Seitentitel mit der normalen schwarzen Tinte des Textes eingetragen.[185]

In den lateinischen wissenschaftlichen, z.B. scholastischen oder kanonistischen Codices sind Seitentitel geläufig und orientieren den Benutzer über die jeweiligen Distinctiones und Quaestiones. In Handschriften umfangreicher deutschsprachiger Texte, mit Ausnahme der oben genannten Bibeln, sind sie dagegen nur sporadisch anzutreffen. Unter den Weltchroniken finden sich Seitentitel fast ausschließlich in den Handschriften der Chronik Heinrichs von München; nur einzelne Codices von ‚Der Heiligen Leben' (München UB 2°cod. ms. 314), von

---

[183] Beispiele seit dem 5. Jahrhundert bei Bischoff S. 109; Parkes (Anm. 179) S. 122; vgl. auch Jakobi-Mirwald S. 124.

[184] J. Vezin, Les livres des évangiles, in: Mise en page S. 107–111.

[185] Zu weiteren deutschen illuminierten Bibelhandschriften des 15. Jahrhunderts mit Seitentiteln vgl. Katalog der deutschsprachigen illustrierten Handschriften (Anm. 147), Bd. II, S. 95–184.

Hugo Ripelins ‚Compendium theologicae veritatis' deutsch (Cgm 242) oder von Ottos von Passau ‚24 Alten' (Cgm 237) sind mit Seitentiteln versehen. Die Angabe der Kapitelzahlen als Seitentitel ist eine Gepflogenheit der Werkstatt Diebold Laubers, in der die unterschiedlichen Texte in den meisten Handschriften eine gleichartige Gliederung erfahren.[186] In kleinformatigen und einfacheren Handschriften wurde auf Seitentitel verzichtet.

7.4. Blattweiser

Zur schnellen Orientierung dienten auch die Blattweiser (auch als ‚Signakel' bezeichnet), die am vorderen Schnitt mancher als Handbücher gebrauchter Codices angebracht wurden. Kleine Streifchen aus verschiedenfarbigem Leder, Pergament oder auch Papier wurden versetzt an die Blattränder der Textanfänge geklebt, seltener auch angenäht. Ihre Funktion ist die gleiche wie die der Seitentitel, Voraussetzung ist die intensive Benutzung des betreffenden Buchs. Sie dienten zum raschen Auffinden von Kapiteln oder Abschnitten etwa in Lektionaren, Psalterien, Predigtzyklen, Handbüchern wie Hugo Ripelins ‚Compendium theologicae veritatis', Bertholds Rechtssumme, Konrads von Megenberg ‚Buch der Natur', oder sie gaben in Vokabularen den gesuchten Buchstaben im Alphabet an, das in einzelnen Exemplaren (z. B. Cgm 624, 678) auch auf den Schnitt aufgemalt wurde. In den meisten Fällen ist allerdings schwer zu entscheiden, ob die Blattweiser gleichzeitig mit dem Einband angebracht wurden oder von einem späteren Besitzer stammen. Vermutlich von späteren Benutzerinnen wurden die farbigen Seidenfäden als Blattweiser in die Pergament-Blattränder eingeknüpft, die in ‚Spamers Mosaiktraktat' (Karlsruhe St. Peter perg. 85, um Mitte 14. Jahrhunderts), in einer deutschen Evangelienhandschrift (Leipzig UB Ms. 34 v. J. 1343) oder in einer alemannischen mystischen Sammelhandschrift (Cologny, Cod. Bodmer 59, 2. Hälfte des 15. Jahrhunderts) erhalten geblieben sind.

7.5. Randnotizen

Die Textränder dienten den Schreibern oder Rubrikatoren nicht nur zum Unterbringen von Korrekturen, Nachträgen oder auch Textnumerierungen und Kurztiteln, sondern hier wurden dem Leser auch inhaltsbezogene Hinweise auf bemerkenswerte Textstellen durch das Wort *Nota* u. ä. oder durch die bekannten gezeichneten Hände mit

---

[186] Vgl. Palmer (Anm. 180) S. 74–76; ebd. S. 69 zu den Seitentiteln der G-Handschriften des ‚Welschen Gasts'.

ausgestrecktem Zeigefinger gegeben; Autorennamen wurden am Rand, z.T. rot, wiederholt, auf Bibelzitate hingewiesen; auch interne Textgliederung wurde am Rand durch Numerierung kenntlich gemacht.[187] Allerdings müssen die verschiedenen zeitlichen Schichten solcher Randnotizen gut beachtet und voneinander geschieden werden: jüngere Marginalien können auf spätere Benutzer und Besitzer weisen und können, falls sie durch Schriftvergleich identifiziert werden, zur Aufklärung der Provenienz der betreffenden Handschrift beitragen.

8. Einband

Die Einbandforschung[188] räumt vor allem den früh- und hochmittelalterlichen abendländischen Bucheinbänden einen großen Raum ein. Für den Germanisten sind Fragen und Darstellungen älterer Einbandtechnik[189] nur insofern von Interesse, als sie ihm eine Vorstellung von den Originaleinbänden deutscher Handschriften bis zum 13. Jahrhunderts vermitteln, die in keinem Fall erhalten geblieben sind. Die älteren deutschsprachigen Codices wurden sämtlich im Lauf ihrer Geschichte neu gebunden; auch die Handschriften des 14. und frühen 15. Jahrhunderts lassen selten klar erkennen, etwa durch datierbare Einträge in den Deckeln, ob sie noch ihren Originaleinband tragen. Im späteren 15. Jahrhundert ließen viele Klosterbibliotheken ihre schadhaft gewordenen Altbestände einheitlich neu einbinden, z.B. St. Emmeram in Regensburg unter dem Prior und Bibliothekar Laurentius Aicher[190] oder Tegernsee seit 1464, besonders zahlreich unter Abt Quirin Regler kurz vor 1500.[191] Ältere Codices, die in private fürstliche Sammlungen gelangten, erhielten meist im 17. und 18. Jahrhundert gleichförmige zeit-

---

[187] Parkes (Anm. 179) S. 116f., 121f.; vgl. dazu Palmer (Anm. 180) S. 72f.; Lemaire S. 169.
[188] Wattenbach S. 386–405; Bischoff S. 50–52; Mazal S. 211–234, Literatur S. 298–303; ders., Einbandkunde (Elemente des Buch- und Bibliothekswesens 16), Wiesbaden 1997; Jakobi-Mirwald S. 112–116, weitere Literatur S. 234; Löffler-Milde S. 41–55; Bibliographien: Boyle Nr. 1597–1615; F. A. Schmidt-Künsemüller, Bibliographie zur Geschichte der Einbandkunst von den Anfängen bis 1985, Wiesbaden 1987, zum mittelalterlichen Einband bes. Nr. 2092–2141. Über die bei der Einbandbeschreibung zu berücksichtigenden Punkte vgl. G. Pollard, Describing medieval bookbindings, in: Medieval learning and literature, essays presented to R. W. Hunt, hg. v. J. J. G. Alexander und M. T. Gibson, Oxford 1976, S. 30–65; E. Hanebutt-Benz, Bucheinbände im 15. und 16. Jahrhundert, in: Die Buchkultur im 15. und 16. Jahrhundert, Bd. I, Hamburg 1995, S. 265–335.
[189] I. Schäfer, Buchherstellung im frühen Mittelalter. Die Einbandtechnik in Freising (Wolfenbütteler Mittelalter-Studien 14), Wiesbaden 2000.
[190] C. Ineichen-Eder, Die Bistümer Passau und Regensburg (MBK IV,1), 1977, S. 122; E. Wunderle, Die Handschriften aus St. Emmeram in Regensburg, Bd. 1: Clm 14000–14130 (Katalog der lateinischen Handschriften der Bayerischen Staatsbibliothek München, Series nova II,1), Wiesbaden 1995, S. XVII.

typische Maroquineinbände, wie z. B. viele Bände der ehemals Oettingen-Wallersteinschen Bibliothek (jetzt UB Augsburg) oder der kurfürstlichen Bibliothek in Mannheim (jetzt BSB München); in der Wiener Hofbibliothek wurden seit dem 17. Jahrhundert schadhafte ältere Einbände einheitlich in weißes Pergament gebunden. Originaleinbände des 11.–12. Jahrhunderts sind in einigen provenienzmäßig geschlossen überkommenen Beständen ausschließlich lateinischer Handschriften, wie etwa der Ministerialbibliothek von Schaffhausen, erhalten geblieben.[192]

8.1. Holzdeckeleinband

Die einzelnen Arbeitsgänge der Anfertigung eines mittelalterlichen Einbands sind bereits mehrfach mit Skizzen und Abbildungen anschaulich dargestellt worden,[193] so daß im folgenden nicht jedes Detail wiederholt werden soll.

Der geläufigste Bucheinband war während des gesamten Mittelalters der Holzdeckelband. Die starken, durch Schließen zusätzlich zusammengehaltenen Deckel beschwerten durch ihr Gewicht die oft sperrigen und welligen Pergamentblätter. Auch nach Einführung des glattliegenden Papiers änderte sich im späteren 14. und im 15. Jahrhundert zunächst nichts an dieser Art des Bucheinbands, die gleichermaßen für Handschriften und Inkunabeldrucke galt. Um die Verbindung der einzelnen Lagen untereinander und des so entstandenen Buchblocks mit den Holzdeckeln haltbar zu machen, wurden auf der Lagenrückseite, am späteren Buchrücken, bereits beim Heften der Lagen im gleichen Arbeitsgang die Bünde – Streifen aus starkem Leder oder kräftige Hanfschnüre – mit angenäht. Große Formate oder umfangreiche Buchblöcke erforderten zur Verstärkung doppelte Bünde, d.h. jeweils 2 nebeneinanderliegende Streifen. Die Anzahl der Bünde pro Buchrücken war je nach Format unterschiedlich: bei kleineren Formaten genügten 3 Bünde, um den Buchblock fest im Deckel zu halten, größere Codices wurden über 5–8 Bünde geheftet, die als Wülste am lederüberzogenen Buchrücken hervortreten.

---

[191] G. Glauche, Das Bistum Freising (MBK IV,2), München 1979, S. 745; C. Bauer, Geistliche Prosa im Kloster Tegernsee (MTU 107), 1996, S. 40 Anm. 49.

[192] R. Gamper, G. Knoch-Mund, M. Stähli, Katalog der mittelalterlichen Handschriften der Ministerialbibliothek Schaffhausen, Dietikon-Zürich 1994, zu den Einbänden R. Gamper S. 38–41.

[193] Vezin, La réalisation matérielle S. 36–51; L. Gilissen, La reliure occidentale antérieure a 1400 (Bibliologia 1), Turnhout 1983; Mazal, Buchkunst der Gotik S. 191–207; Jakobi-Mirwald S. 113.

8. Einband

Trotz der Kennzeichnung der Lagen durch Zählung oder Wortreklamanten[194] kam es nicht selten vor, daß Lagen in falscher Reihenfolge in den Buchblock eingeheftet wurden. Häufig sind auch Vertauschungen einzelner oder mehrerer Doppelblätter innerhalb der Lagen: Einzelblätter wurden an falscher Stelle eingefügt oder Doppelblätter in falscher Richtung gefaltet, so daß die Verso- vor der Rectoseite steht.

Schon die Leser des 15. Jahrhunderts brachten oft entsprechende Hinweise auf die verbundenen Lagen oder Blätter in den Handschriften an. In Nürnberg Cent. IV 30 (Quaestiones des Meister Heinrich, 1461 im Nürnberger Katharinenkloster geschrieben) machte ein Korrektor auf Bl. 112v auf gestörte Reihenfolge aufmerksam: *Dy nachgeschriben vir pleter sein verseczt*. Wohl in einem Frauenkloster entstanden die originellen Hinweise auf stark verbundene Lagen in einer mystischen Sammelhandschrift v. J. 1450 (Augsburg UB cod. III.1.4°33) mit Hilfe von eingelegten Leinenstreifen und angenähten Pergamentzetteln, auf die an den gestörten Stellen hingewiesen wird: *nun sůhent die pretig bey dem fleklein*, bzw. *bey dem prif*. Noch im 16. Jahrhundert trug ein aufmerksamer Leser des Cgm 4288 (1. Hälfte des 15. Jahrhunderts, in altem Tegernseer Einband) Hinweise auf 2 verbundene Doppelblätter ein.

Nach dem Heften wurde der Buchblock an den drei Außenkanten beschnitten, wodurch z. T. die Wortreklamanten und andere an den Rand hinausgerückte Vorgaben wegfielen; radikalerer Zuschnitt, durch den etwa Randnotizen, die alte Foliierung oder die Ober- und Unterlängen der ersten und letzten Zeilen bis hin zum Textverlust tangiert sind, weist auf Neubindung in späterer Zeit hin. Der Schnitt, wie die drei Außenkanten des beschnittenen Buchblocks genannt werden, blieb bei Pergamenthandschriften durch die naturgegebene Ungleichmäßigkeit des Materials meist unregelmäßig. Ein glatter gleichmäßiger Schnitt war bei Papier möglich; er wurde nicht selten gelb gefärbt, während grüne oder rote Schnitte zumeist erst auf das 16. Jahrhundert hindeuten. Auf den unteren oder oberen Schnitt der im Mittelalter liegend aufbewahrten Bücher wurde zur schnellen Orientierung gelegentlich der Titel meist in großer Textura geschrieben; Rückentitel erhalten erst mit der späteren stehenden Aufbewahrung ihren Sinn. Vereinzelt kommen dekorierte, mit farbigen Blumenranken bemalte oder gepunzte Schnitte vor.

Die langen, beidseitig über den Buchrücken überstehenden Enden der Bünde wurden anschließend auf unterschiedliche Art mit den Holzdeckeln verbunden und in ihnen befestigt: in früherer Zeit führte man die Lederstreifen auf der Innenseite des Deckels durch mehrere ausgebohrte Löcher hindurch; im 15. Jahrhundert, aus dem die meisten aller erhaltenen mittelalterlichen Einbände stammen, wurde es

---

[194] Vgl. S. 124f.

üblich, die Bünde von außen her zur Innenseite des Holzdeckels zu ziehen, wo sie in Vertiefungen weitergeführt und an den Enden befestigt, verpflockt oder im späteren 15. Jahrhundert auch angenagelt wurden.

In der Regel erhielten die Holzdeckel einen Lederüberzug. Dafür wurde vor dem 12., aber auch noch häufig im 15. Jahrhundert weißgegerbtes, ungefärbtes Leder verwendet, das heute beige-grau nachgedunkelt erscheint. Für das gefärbte Leder der spätmittelalterlichen Buchüberzüge waren verschiedene Brauntöne üblich, für das starke genarbte Rindleder bevorzugt dunkelbraun, für das glatte Kalbleder meist hellere Brauntöne, außerdem Rot-, Grün-, seltener Blaufärbung. Viele einfachere Gebrauchshandschriften haben Schafledertüberzüge aus weichem, nicht sehr haltbarem Material, das durch Reibung und Verkratzen leicht Schadstellen bekommt; es wurde häufig rot gefärbt. Das Nürnberger Katharinenkloster ließ seine deutschen Handschriften überwiegend in solche roten Schafledertüberzüge binden. Daneben war auch das gelbliche Schweinsleder in Gebrauch, das an seiner charakteristischen Struktur – es weist jeweils drei nahe beieinanderstehende Borstenlöcher auf – erkennbar ist, sowie rauhes Wildleder, das naturfarben belassen oder auch häufig blaugrün eingefärbt wurde. Gelegentlich wurden unregelmäßige Lederstücke zu anspruchslosen Einbandüberzügen zusammengenäht. Der Lederbezug bedeckte in der Regel die gesamten Buchdeckel; weniger häufig sind die Halblederbände, bei denen nur der Rücken und die angrenzenden Drittel der Deckel mit Leder überzogen waren, die vorderen zwei Drittel der Holzdeckel blieben unbezogen. Neben Leder wurde seltener auch Pergament, in einzelnen Fällen Stoff zum Überzug der Holzdeckel verwendet. Andere Materialien, wie das Seehundsfell als Einbandüberzug allerdings erst des 16. Jahrhunderts des Codex Rastedensis (Oldenburg, Niedersächsiches Staatsarchiv Best. 23–1, A 6.1, 12.–14. Jahrhundert) sind Ausnahmefälle.

Um die Befestigungen der Bünde in den Innendeckeln und die um die Deckelränder geklebten Kanten des Lederbezugs zu verdecken, wurden die Innendeckel meist mit Spiegelblättern überklebt. Als Spiegel dienten häufig die zu diesem Zweck leergelassenen ersten und letzten Blätter des Buchblocks, oder man verwendete Pergament- und Papiermakulatur aus aufgelösten Codices oder ausgemusterten Archivalien.[195]

8.2. Metallteile

Zum mittelalterlichen Holzdeckeleinband gehören die Schließen. Die welligen und sich bei Feuchtigkeit leicht aufwerfenden Pergamentblät-

---
[195] Vgl. S. 181 ff.

ter wurden dadurch fest zusammengehalten, Schließen hatten aber auch die Einbände von Papierhandschriften und Frühdrucken. Im deutschen Raum und im 15. Jahrhundert waren die Lederriemen mit den Schließen üblicherweise am Rückendeckel befestigt und greifen nach vorn in Stifte oder Schließrasten ein; seltener sind sie, wohl nach französischem oder italienischem Vorbild, am Vorderdeckel angebracht und schließen am Rückendeckel. Je nach Format waren eine, zwei oder drei Schließen am Vorderrand notwendig; Schließen am Ober- und Unterrand kommen vereinzelt, u. a. an italienischen Einbänden vor.

Um das Leder der im 15. Jahrhundert noch liegend aufbewahrten Codices zu schützen und die Ecken vor dem Abstoßen zu bewahren, erhielten die Einbände Metallbeschläge, in der Regel an allen vier Ekken und in der Deckelmitte. Die Formen solcher Beschläge wie auch der Schließen waren vielfältig und reichten von unverzierten runden Messingbuckeln und -nägeln bis zu kunstvoll ziselierten Metallarbeiten, in die auch Inschriften eingraviert werden konnten. Statt der Metallbuckel wurden gelegentlich beinerne Knöpfe verwendet, z. B. auf Ms. 365 der UB Leipzig v. J. 1418-22 oder auf einem Band mit Konstanzer Konzilsakten (Uppsala UB C II). Manchmal wurden die Ecken zusätzlich durch aufgenagelte Blechstreifen (Kantenbleche) geschützt.

In manchen mittelalterlichen Bibliotheken waren die Codices zur Sicherheit an die Lesepulte angekettet; meist am Rückendeckel oben war eine Metallöse mit starken Nägeln befestigt, in die das erste Kettenglied eingriff. Vereinzelte Exemplare solcher Codices catenati mit noch vollständigen Ketten sind erhalten geblieben, z. B. mehrere Pergamenthandschriften aus St. Peter im Schwarzwald,[196] auch die ehemalige Kirchenbibliothek von Lüben[197] war eine Kettenbibliothek. Als man im 16./17. Jahrhundert dazu überging, in Bibliotheken die Bücher – auch Codices – aufrecht aufzustellen, wurden die vorstehenden Metallteile an den Buchdeckeln vielerorts als hinderlich empfunden und in einigen Sammlungen systematisch entfernt, gingen auch mit der Zeit verloren, so daß heute mittelalterliche Einbände mit sämtlichen noch erhaltenen Metallbeschlägen in öffentlichen Bibliotheken in der Minderzahl sind. Doch auch wenn die Ketten entfernt wurden, ist noch die Kettenöse oder wenigstens ihre Befestigungsspur am Rückendeckel sichtbar.

---

[196] Karlsruhe St. Peter perg. 2, 3, 3a, 12, 87, 121, 123; Abbildung eines dieser Kettenbände vgl. F. Heinzer und G. Stamm Die Handschriften von St. Peter im Schwarzwald, Teil 2: Pergamenthandschriften, Wiesbaden 1984, Abb. 27.

[197] Heute Lubin (Polen), Handschriften dieser Provenienz mit erhaltenen Ketten in Berlin unter theol. lat. fol. eingereiht.

Vereinzelte Handschriften mit geheim zu haltendem Inhalt wurden mit versperrbaren Schließvorrichtungen versehen, die nur von ihrem Besitzer geöffnet werden konnten. Verschließbar waren z. B. Feuerwerksbücher mit Herstellungsanleitungen für Schießpulver und verschiedenes Kriegsgerät: im Vorderdeckel einer solchen Handschrift (Cgm 399) ist ein kompliziertes Schloß mit 8 Riegeln noch erhalten, ein kulturhistorisch interessantes Stück spätmittelalterlicher Schmiedearbeit; Cgm 734 enthielt ein jetzt entferntes Schloß. Verschließbar war auch eine deutsche medizinische Sammelhandschrift von 1446 (Augsburg StB 2° cod.572).

8.3. Stempelverzierung

Die Lederüberzüge der Einbanddeckel wurden häufig durch Blindeinpressungen verschiedener Art verziert. Ganz unverziert waren zumeist die früh- und hochmittelalterlichen Einbände, vereinzelte kleine Stempel sind nur auf wenigen Bänden des 8.–10. Jahrhunderts erhalten.[198] Auch unter den romanischen Einbänden des 12. und 13. Jahrhunderts sind nur insgesamt 139 erhaltene abendländische Exemplare mit Stempelverzierung bekannt,[199] deutschsprachige Handschriften sind nicht darunter. Im 14. und 15. Jahrhundert nehmen die Verzierungen der Einbände besonders durch Blindstempel zu, doch haben zahlreiche einfache spätmittelalterliche Gebrauchshandschriften unverzierte Einbände. Die einfachste Dekoration, die auf den meisten Bänden des 15. Jahrhunderts zu finden ist, war die Verzierung durch Streicheisenlinien, blind in das Leder eingedrückte Linien, die entweder parallel zu den Rändern umlaufen, ein Mittelfeld vorgeben oder diagonal verlaufend ein Rautenmuster bilden. Vielfach waren solche Streicheisenmuster der einzige Einbandschmuck, gaben aber auch den Rahmen vor für die zusätzliche Blindstempeldekoration.

Die Blindstempel auf den Einbänden des 14. und vor allem des 15. Jahrhunderts waren überwiegend Einzelstempel. In der 2. Hälfte des 15. Jahrhunderts kam der Rollenstempel dazu, ein abrollbarer Zylinder, mit dem sich das gleiche Motiv, meist eine Bordüre, endlos wiederholen ließ. Mit den größeren Plattenstempeln, die nicht wie die Einzelstempel von Hand, sondern mit einer Presse eingedrückt wurden, konnte gegen Ende des 15. Jahrhunderts das gesamte Mittelfeld eines Buchdeckels mit einem komplizierteren Motiv gefüllt werden. Vereinzelt kommt neben Blind- auch Goldprägung vor; eine Werkstatt im Raum Augsburg dekorierte im 3. Viertel des 15. Jahrhunderts eine An-

---

[198] Zu den karolingischen Stempeln vgl. Vezin, La réalisation matérielle S. 42f. mit weiterer Literatur und Abb. 5–11.
[199] Verzeichnis von F. A. Schmidt-Künsemüller, Die abendländischen romanischen Blindstempeleinbände, Stuttgart 1985.

zahl deutscher Handschriften mit goldgeprägten Stempeln.[200] Die Anordnung solcher Stempel auf dem Bucheinband war der Phantasie des Buchbinders überlassen und reicht von einfacher Verteilung oder Aneinanderreihung bis zur Zusammensetzung zu kunstvollen Mustern. Die unterschiedlichen Motive der Stempel stammen überwiegend aus dem Pflanzen- und Tierbereich; landschaftlich kaum eingrenzbar wurden zahllose Varianten von Rosetten, Blattmotiven, Laubstäben, Blüten oder Schriftbändern, meist mit Inschrift ‚Maria' verwendet. Die Entwicklung geht von einfachen Formen hin zu zunehmend komplizierten Darstellungen. Manche Motive wurden von mehreren Buchbindern gleichzeitig verwendet, die Stempel sind, sofern sie geschnitten wurden, als handwerkliche Produkte aber wenigstens in kleinen Details zu unterscheiden; allerdings gab es im späteren 15. Jahrhundert auch gegossene, also in mehreren Exemplaren identische Stempel. Die Zusammenführung wirklich identischer Einbandstempel ermöglicht es, die Produktion einzelner Buchbinderwerkstätten zu erschließen; die Stempel sind damit auch ein wichtiges Hilfsmittel zur Provenienzbestimmung und Geschichte einer Handschrift.

Es empfiehlt sich, zu identifizierende Stempel eines Einbands möglichst vollständig zu erfassen, indem man sie mit einem weichen Bleistift vorsichtig auf ein darübergelegtes Papierblatt durchreibt; oft sind ihre Motive auf der Durchreibung klarer zu erkennen als auf dem teilweise schon abgewetzten Leder. Als Findbuch für Stempel von 186 mittelalterlichen Werkstätten überwiegend des süddeutschen Raums ist das vierbändige Werk von Ernst Kyriss[201] bis heute grundlegend geblieben. Darüber hinaus sind zahlreiche Einzeluntersuchungen verschiedener Autoren zu mittelalterlichen deutschen Buchbinderwerkstätten erschienen, deren Publikationsorte meist die buchgeschichtlichen Zeitschriften wie das Gutenberg-Jahrbuch, das Archiv für Geschichte des Buchwesens, vereinzelt auch die Organe der regionalen Geschichtsvereine sind.[202] Einige Handschriften- und Inkunabelsammlungen mit provenienzmäßig zusammenhängenden Beständen haben ihren Einbänden Spezialkataloge gewidmet[203] oder geben ihren Textka-

---

[200] Z. B. Cgm 205, 312, 402, 552, 568, 629, 4482.
[201] Verzierte gotische Einbände im alten deutschen Sprachgebiet, Bd. 1–4, Stuttgart 1951–58. Stempel weiterer Werkstätten bei I. Schunke, Die Schwenke-Sammlung gotischer Stempel- und Einbanddurchreibungen, Bd. I Einzelstempel, Berlin 1979; Bd. II I. Schunke und K. von Rabenau: Werkstätten, Berlin 1996 (Beiträge zur Inkunabelkunde, 3. Folge 7 und 10). Für Renaissance-Einbände vgl. K. Haebler, Rollen- und Plattenstempel des 16. Jahrhunderts, Bd. 1–2 (Sammlung bibliothekswissenschaftlicher Arbeiten 41–42), Leipzig 1928–29, Repr. Wiesbaden 1968.
[202] Vgl. F. A. Schmidt-Künsemüller, Bibliographie (Anm. 188) bes. Nr. 2142–68.
[203] Z. B. E. Kyriss Die Einbände der Handschriften der UB Erlangen, Erlangen 1936; I. Salzbrunn, Die Einbandsammlung der Stadtbibliothek Augsburg (Veröffentlichungen der Stadtbibliothek Augsburg 1), 1976; K. Holter, Verzierte Wiener Buch-

talogen Abbildungen charakteristischer Einbandstempel bei. Eine DFG-geförderte Einbanddatenbank (http://www.hist-einband.de) wird derzeit durch die Bibliotheken in Berlin, München, Stuttgart und Wolfenbüttel erstellt und erfaßt Einbandstempel des 15. und 16. Jahrhunderts.

Wesentlich seltener als die mit Stempeln verzierten Einbände waren die Lederschnittbände: mit einem Messer wurden mehr oder weniger komplizierte Vorzeichnungen ins Leder des Einbands geschnitten. Solche Einbände waren stets Einzelexemplare, repräsentative Bände nach den Ansprüchen eines Vorbesitzers gefertigt.[204]

Die Prachteinbände des Hochmittelalters mit ihren mit Goldblech überzogenen und mit Steinen oder Elfenbeinreliefs geschmückten Buchdeckeln kommen für den Germanisten nicht in Betracht. In solche Einbände wurden lateinische mit kostbaren Miniaturen verzierte Liturgica für weltliche und geistliche Herrscher gebunden, die nachmals zum Kirchenschatz von Abteien und Kathedralen gehörten; mit ihnen hat sich die Forschung ausführlich beschäftigt.[205]

Die namentlich bekannten spätmittelalterlichen Buchbinderwerkstätten und ihre Produktion stellte Ernst Kyriss zusammen;[206] die meisten Werkstätten sind jedoch anonym und lassen sich nur anhand der Provenienzen ihrer Produktion größeren Städten zuordnen. Auch viele größere Klöster unterhielten eigene Werkstätten, die durch ihre charakteristischen Stempel identifizierbar und vereinzelt auch durch Besitzerstempel oder eingeprägte Kloster- oder Ordenswappen erkennbar sind, wie die bayerischen Klöster Tegernsee, Ebersberg, Rebdorf und Benediktbeuern;[207] das schwäbische Kloster Kaisheim verwendete einen Stempel mit dem Zisterzienserwappen.

Eine singuläre Persönlichkeit unter den klösterlichen Buchbindern war der Nürnberger Dominikaner Konrad Forster, der auch als Schreiber mehrerer z. T. deutscher Handschriften bekannt ist; er verwendete seit 1433, kurz vor und parallel zu Gutenberg, bewegliche Lettern als Einbandstempel und druckte mit ihnen längere Inschriften auf die Deckelüberzüge ein, die meist um die vier Ränder herumlaufen und das Datum des Einbands, seinen eigenen Namen, zum Teil auch die Namen seiner Mitarbeiter nennen. Er arbeitete für

---

einbände der Spätgotik und Frührenaissance (Codices manuscripti 1977, Sonderheft); Die verzierten Einbände der Handschriften der Erzabtei St. Peter zu Salzburg bis 1600, bearb. von P. Wind (Österr. Akademie der Wissenschaften, phil.-hist. Kl., Denkschriften Bd. 159), Wien 1982.

[204] Zusammengestellt von F. A. Schmidt-Künsemüller, Corpus der gotischen Lederschnitteinbände aus dem deutschen Sprachgebiet, Stuttgart 1980.

[205] F. A. Schmidt-Künsemüller, Bibliographie (Anm. 188) Nr. 2238–2579.

[206] E. Kyriss, Deutsche Buchbinder der Spätgotik und Renaissance, in: Archiv für Geschichte des Buchwesens 3 (1960), S. 181–204, spätgotische Werkstätten bis S. 195.

[207] F. Geldner, Bekannte und unbekannte bayerische Klosterbuchbindereien der spätgotischen Zeit, in: Archiv für Geschichte des Buchwesens 2 (1960), S. 154–160.

sein Kloster und für das Nürnberger Katharinenkloster; 85 erhaltene betextete Einbände zwischen 1433 und 1459 konnten bisher nachgewiesen werden.[208]

Eingeprägte Einbanddatierungen sind im übrigen relativ selten; Bindevermerke und -datierungen werden eher gelegentlich handschriftlich im Innendeckel vermerkt, z. B. in einigen Codices des Klosters Tegernsee, wo um 1500 unter dem Bibliothekar Ambrosius Schwerzenbeck viele Handschriften neu eingebunden, auch Einzelfaszikel[209] zusammengebunden wurden; im Vorderdeckel von Cgm 731 wurde eingetragen: *1497 illigatus est*, in Cgm 739: *inligatus anno 1504*.

Auf dem Vorderdeckel eingeprägte Buchtitel wurden erst im späten 15. und frühen 16. Jahrhundert gebräuchlich. Üblich waren statt dessen, neben den selteneren oben erwähnten Titeln am oberen oder unteren Schnitt, Titelschilder aus Pergament oder Papier, die auf den Vorderdeckel geklebt wurden, wenn nicht der Titel einfach mit Tinte direkt auf das Leder geschrieben wurde. Bisweilen wurde das Titelschild mit einem durchsichtigen dünnen Hornplättchen geschützt, das durch aufgenagelte Messingstreifen festgehalten wurde.

8.4. Koperteinbände

Neben dem überwiegend gebräuchlichen Holzdeckeleinband war eine einfachere Form des Bucheinbands während des gesamten Mittelalters üblich, das sog. Kopert, ein flexibler Einband ohne feste Holzdeckel.[210] Als Umschlag für den Buchblock dienten verschiedene Materialien, in früherer Zeit Leder wie für die in Fulda entstandenen, jetzt in der UB Basel aufbewahrten karolingischen Koperteinbände des 8.–10. Jahrhunderts[211]; im 15. Jahrhundert wurde zumeist starkes Pergament ver-

---

[208] F. Bock, Die Einbände des Nürnberger Dominikaners Konrad Forster, in: Jahrbuch für Einbandkunst 2 (1928), S. 14–32; W. Frhr. von Stromer, Fränkische Buchkultur zur Gutenberg-Zeit, in: Jahrbuch für fränkische Landesforschung 52 (1992), S. 349–366 mit weiterer Literatur und Abbildungen.

[209] Vgl. S. 178–181.

[210] Bischoff S. 51 f.; H. Knaus, Hochmittelalterliche Koperteinbände, in: Zeitschrift für Bibliothekswesen und Bibliographie 8 (1961), S. 326–337; W. Schmidt, In einem Kopert gebunden, in: Aus der Arbeit des Bibliothekars, FS F. Redenbacher, Erlangen 1960; wieder abgedr. in: ders., Kleine Schriften, Wiesbaden 1969, S. 64–85; G. Brinkhus, Koperte, die Vielfalt des Unscheinbaren. Die flexiblen Bucheinbände der Bibliotheca Amploniana, in: Der Schatz des Amplonius. Die große Bibliothek des Mittelalters in Erfurt, hg. von K. Paasch, Erfurt 2001, S. 76–83; A. Scholla, Libri sine asseribus. Zu Einbandtechnik, Form und Inhalt mitteleuropäischer Koperte des 8.–14. Jahrhunderts, Diss. Leiden 2002, mit Skizzen und einem Katalog von 89 Koperteinbänden.

[211] Basel UB F III 15 a–f, I; V, 33 und 37; vgl. B. van Regemorter, La reliure souple des manuscrits carolingiens de Fulda, in: Scriptorium 11 (1957), S. 249–257, Abb. Pl. 32; Knaus (Anm. 210) S. 328f.

wendet, unbeschriebenes Material mit gewachster, gelblich glatter Außen- und weißer Innenseite; zum gleichen Zweck wurden aber sehr oft auch ausgediente Pergamenturkunden oder Blätter aus aufgelösten Pergamenthandschriften gebraucht, je nach Stärke einzeln oder aus 2 Blättern zusammengeklebt oder -genäht. Als Innenverstärkung konnte beschriebenes oder bedrucktes Papier dienen, das gegen den Pergamentumschlag geklebt wurde. Die Lagen der so zu bindenden Handschrift wurden direkt mit dem Umschlag in einem Arbeitsgang zusammengeheftet, entweder mit Kettenstich oder Langstich. Die Heftfäden der Langstiche, die am Buchrücken sichtbar waren, wurden nicht selten mit kunstvollem Flechtmuster umstochen. Umfänglicheren Bänden nähte man am Rücken zur Verstärkung einen starken Lederstreifen z. T. mit Kettenstich auf, der mit ausgeschnittenen Ornamenten, z. B. Rosetten verziert werden konnte. Rückenverstärkungen mit aufgenähten Hornplättchen haben sich an Koperteinbänden des späten 14. Jahrhunderts erhalten, z. B. an Cgm 4884 (Grimlaicus: Regula solitariorum deutsch, zwischen 1370–80) oder an Cgm 5141 (St. Georgener Predigten u.a., Ende des 14. Jahrhunderts). Vereinzelt diente ein dünnes Holzstück als Rückendeckel wie am Einband von München UB 8°cod. ms. 279 zur Verstärkung eines Buchblocks von 189 Blättern; einen Holzrücken mit Lederüberzug hat Leipzig UB Ms. 1095.

Auch die flexiblen Koperteinbände waren zum Schließen eingerichtet. Meist ist der Rückendeckel breiter als der Vorderdeckel und greift mit einer Klappe nach vorn über, an der lederne, pergamentene oder textile Schließbänder oder Schnüre befestigt waren. Sie wurden um Blei- oder Lederknöpfe gewickelt, die meist am Rücken angebracht waren.

Koperteinbände wurden vor allem für qualitätsmäßig einfachere Handschriften verwendet, nicht selten für private Aufzeichnungen z. B. von Arzneibüchern, chronikalischen Texten und vor allem für Archivalien. In mittelalterlichen Bücherverzeichnissen werden sie oft eigens als *libri sine asseribus, büchlein in einem copert, in ein copert gebunden* erwähnt,[212] während die Holzdeckelbände als *libri cum asseribus, in bretter gebunden* erscheinen.

8.5. Hüllen- und Beutelbücher

Vereinzelt sind Codices erhalten, die über dem üblichen Holzdeckeleinband mit Lederüberzug einen zweiten Leder- oder Stoffumschlag aufweisen, der zum Teil an den Seiten-, Ober- und Unterkanten übersteht,

---

[212] Im Raum Nürnberg galt dafür die Bezeichnung *compert* in Anlehnung an das Praefix con-; *copert* leitet sich aus cooperire, coopertum (bedecken, umhüllen) ab.

also dort nicht umgeschlagen und im Innendeckel befestigt ist. Solche zusätzlichen Umschläge sind wohl als Schutzhülle zu sehen, in die der Band ursprünglich ganz eingeschlagen werden konnte; sie sind in späterer Zeit meist abgeschnitten worden.[213]

Bekannter sind die Beutelbücher, die im späten Mittelalter relativ verbreitet gewesen sein dürften, da man sie häufig auf Gemälden und Graphik vor und um 1500 abgebildet sieht.[214] Es handelt sich meist um kleinformatige Gebetbücher, Breviere oder Psalterien, Handschriften wie Drucke; der Lederüberzug der Deckel war an den Unterkanten stark verlängert, so daß man ihn als Beutel greifen, auch an den Gürtel hängen konnte. Es sind im ganzen bisher nur 24 erhaltene Exemplare bekannt.[215] Da oft in späterer Zeit das überstehende Leder abgeschnitten wurde, bleibt in manchen Fällen unklar, ob es sich ursprünglich um einen Buchbeutel oder einen Hüllenband gehandelt hat.

8.6. Faltbücher

Um häufig gebrauchte Texte, vor allem Kalender mit den entsprechenden komputistischen Texten, gebrauchsbereit und in handlicher Form mit sich führen zu können, wurden sie gelegentlich als Faltbüchlein angelegt.[216] Die Pergamentblätter wurden zu schmalen Streifen gefaltet und unten an herausstehenden dreieckigen Zungen zusammengefaßt, also nicht wie die Doppelblätter von Codices in der Mitte geheftet; außen waren sie meist durch eine flexible Einbanddecke geschützt. Derartige Faltbüchlein, die man wie Beutelbücher an den Gürtel hängen konnte, waren in Frankreich, Italien, England ebenso wie im deutschsprachigen Raum im späteren Mittelalter gebräuchlich, erhalten sind jedoch nur einzelne Exemplare.

---

[213] F. A. Schmidt-Künsemüller in: Lexikon des gesamten Buchwesens 3, 1989, S. 545f.; U. Bruckner, Das Beutelbuch und seine Verwandten – der Hülleneinband, das Faltbuch und der Buchbeutel, in: Gutenberg-Jahrbuch 1997, S. 307–324, hier: S. 308–310 und Abb. 2, mit weiterer Literatur.

[214] W. Schmidt (Anm. 210) S. 66 Anm. 2–3; R. Neumüllers-Klauser und U. D. Oppitz, Beutelbuch-Darstellungen in der Kunst der Spätgotik, in: Anzeiger des germanischen Nationalmuseums 1996, S. 77–92; U. Merkl, Neuentdeckte Darstellungen von Beutelbüchern, in: Gutenberg-Jahrbuch 1997, S. 303–306; alle mit weiterer Literatur.

[215] Verzeichnet und beschrieben von U. Bruckner, Beutelbuch-Originale, in: Studien zum Buch- und Bibliothekswesen 9 (1995), S. 5–23; dies. in: Gutenberg-Jahrbuch 1997 (Anm. 213) S. 312–320, mit weiterer Literatur.

[216] Bischoff S. 54; J. P. Gumbert, Über Faltbücher, vornehmlich Almanache, in: Rationalisierung der Buchherstellung S. 111–121 mit Abbildungen und Literatur; U. Bruckner, Das Beutelbuch (Anm. 213) S. 311f. und Abb. 3.

8.7. Lesezeichen

In vielen Handschriften liegen alte Lesezeichen ein. Zum Originaleinband dürften wohl nur die am oberen Kapital befestigten Lesezeichen gehört haben, während die lose eingelegten Einmerker meist von späteren Lesern stammen. Man benutzte dafür Lederstreifen, textile Bändchen, Hanfschnüre oder Seidenfäden, von denen meist mehrere oben in einem Knopf zusammengebunden oder -geflochten wurden. Wohl zur Originalausstattung einer Handschrift gehörten die sog. Leserädchen aus Pergament oder Leder, die an den Bändern befestigt sind und auf denen die Spalten der betreffenden Seiten, mit A-D bezeichnet, auf einer verschiebbaren Scheibe eingestellt werden können.[217]

8.8. Zusammengebundene Faszikel

Neben den als homogenes Ganzes konzipierten und nach der Niederschrift gebundenen Codices existierten handschriftliche Texte, die zunächst nicht eingebunden wurden und über längere Zeit in Form einer oder mehrerer loser Lagen aufbewahrt wurden. B. Bischoff[218] stellte eine Liste von lateinischen Codices des 8.–11. Jahrhunderts zusammen, in denen ihm einzelne mitgebundene, ehemals gefaltete Lagen aufgefallen waren, die also zunächst, bevor sie in den betreffenden Band mit integriert wurden, ungebunden gewesen waren. Im lateinischen Schriftwesen waren solche einzelne Lagen als Erstaufzeichnungen und Entwurfhefte, die dann als Vorlagen für handschriftliche Kopien dienten, vor allem bei den Autoren der Bettelorden üblich; einige autographe Einzellagen (Quaterni) sind z.B. von Werken des Thomas von Aquin erhalten.[219] Als seit der 2. Hälfte des 15. Jahrhunderts viele Klosterbibliotheken sich der Pflege und Ordnung ihrer Bibliotheken intensiver zuwandten, wurden im Zuge der Neubindung alter schadhafter Einbände oftmals auch solche bisher ungebunden vorhandenen Einzelfaszikel in festen Einbänden zusammengefaßt. In solchen Sammelbänden stehen seither verschiedene selbständige Handschriften oft unterschied-

---

[217] Bischoff S. 41 mit weiterer Literatur; H. Hummel, Bibliotheca Wiblingiana, in: Studien und Mitteilungen zur Geschichte des Benediktinerordens 89 (1978), S. 510–570, hier:S. 517; G. Franz, Drehbare Lesezeichen und Stecklesezeichen aus der Trierer Kartause und aus anderen Klosterbibliotheken, in: Ars et ecclesia, Festschrift für F. J. Ronig, hg. von H. W. Storck, C. Gerhardt u. a. (Veröffentlichungen des Bistumsarchivs Trier 26), 1989, S. 119–134.

[218] Über gefaltete Handschriften, vornehmlich hagiographischen Inhalts, in: ders., Mittelalterliche Studien 1, Stuttgart 1966, S. 93–100.

[219] J. Koch, Meister Eckhart, Die lateinischen Werke, Bd. IV, Stuttgart 1956, S. XX und Anm. 2.

lichen Alters zusammen, die auch provenienzmäßig ursprünglich nicht zusammengehört haben; der Einband ist das einzige Gemeinsame. Verschieden alte Faszikel wurden nicht selten beim Zusammenbinden so nach ihrem Alter geordnet, daß der jüngste voran, der älteste am Schluß stand.

In zwei kleinformatigen schwäbischen Sammelbänden mit Erbauungsliteratur (Augsburg UB Cod. III.1.8° 31 und 32) sind 10 bzw.6 Faszikel des 14. bis 16. Jahrhunderts vereint, von denen die Lagen des 14. Jahrhunderts zuletzt eingebunden sind; gleiches gilt für die bairischen Sammelbände Cgm 746 und 778 sowie für Hs.490 der UB Freiburg/Br. aus Inzigkofen.[220]

Solche ursprünglich selbständigen Einzelfaszikel[221], die von einer oder mehreren Händen geschrieben sein können, enthalten jeweils vollständige abgeschlossene Texte und unterscheiden sich von den mit ihnen zusammengebundenen Handschriftenteilen durch abweichende Einrichtung, also Schriftraum, Zeilenzahl und Ausstattung, gelegentlich auch durch unterschiedliche Beschreibstoffe. Schrift und gegebenenfalls das Wasserzeichen des Papiers lassen oft weit auseinanderliegende Entstehungszeiten der Faszikel erkennen, Schreibsprache und Orthographie zeigen unter Umständen entfernte Entstehungsregionen an. Manche solcher Faszikel haben eigene Lagenbezeichnungen und manchmal eigene alte Blattzählung, die auf ursprüngliche Selbständigkeit weisen. Oft geben die vergilbten oder angeschmutzten ersten und letzten Textblätter mit teilweise verblaßter Schrift zu erkennen, daß es sich um einen ehemals ungebundenen Faszikel handelt, der längere Zeit dem Staub und der Lichteinwirkung ausgesetzt war. Manchen umfangreicheren losen Faszikeln sind Anfang oder Schluß abhanden gekommen. Vereinzelt sind solche Faszikel bis heute in ungebundenem Zustand erhalten geblieben: etwa Augsburg UB I.3.2°4, eine Margaretenlegende aus der Mitte des 15. Jahrhunderts in einem losen Sexternio.

Nicht nur ehemals selbständige ungebundene Einzelfaszikel, sondern auch Teile oder Texte aus älteren aufgelösten Handschriften wurden im späteren 15. Jahrhundert mit neueren Partien zusammengestellt oder mit ergänzenden Texten auf Veranlassung eines späteren Besitzers neu gebunden. Dazwischen können unbeschriebene Papierdoppelblät-

---

[220] Fechter, Inzigkofen (S. 55 Anm. 96) S. 121.
[221] Vgl. dazu P. Robinson, The ‚booklet'. A self-contained unit in composite manuscripts, in: Codicologica 3 (Litterae textuales), Leiden 1980, S. 46–69 anhand englischer Beispiele; J. P. Gumbert, L'unité codicologique ou: a quoi bon les cahiers?, in: Gazette 14 (1989), S. 4–8; ders., One book with many texts, in: Codices miscellaneorum, hg. von R. Jansen-Sieben und H. van Dijk (Archives et bibliothèques de Belgique 60), Brüssel 1999, S. 27–36; E. Kwakkel, Towards a terminology for the analysis of composite manuscripts, in: Gazette 41 (2002), S. 12–19.

ter oder ganze Lagen mit eingebunden sein, die sich durch ihre Wasserzeichen von den Papieren der Textfaszikel unterscheiden und den Zeitpunkt des Zusammenbindens erkennen lassen.

Doch handelt es sich nicht in jedem Fall um ursprünglich selbständige Einzelfaszikel, wenn in einem Sammelcodex Textanfänge mit Handwechsel und neuem Lagenbeginn zusammenfallen. Es muß in jedem Fall sorgfältig überprüft werden, ob eine solche Handschrift nicht etwa text- oder lagenweise zwar von mehreren Händen, aber im gleichen Zeitraum und am gleichen Ort geschrieben wurde, also in einem Klosterskriptorium oder einer Schreiberwerkstatt in rationalisierender Arbeitsweise unter mehrere Schreiber aufgeteilt wurde. Wenn auch das System der Pecien nur für die lateinischen Codices an den italienischen und französischen Universitäten gilt,[222] so gibt es auch unter den deutschsprachigen Handschriften Beispiele für simultan entstandene Gemeinschaftsproduktionen.

Cgm 4698 enthält 11 Texte zum geistlichen Leben, darunter die Benediktinerregel, ein Evangelistar, Spruchsammlungen, eine Predigt und Gebete, von 7 verschiedenen Händen geschrieben, wobei Textanfänge meist mit neuer Lage beginnen und nach Textende übriggebliebene Blätter einer Lage leergelassen wurden. Die Handschrift wurde aber laut Schlußschrift 1469 von einem Bruder Albrecht für die Laienbrüder von St. Emmeram in Regensburg in Auftrag gegeben, ist also eine Kollektivarbeit; die einzelnen Hände sind auf einen ähnlichen Schrifttyp eingeübt.

Die unterschiedlichen Bestandteile eines nachträglich aus Einzelfaszikeln zusammengestellten Codex sind als ursprünglich eigenständige Handschriften klar voneinander abzugrenzen. Wer mit einem in dieser Form überlieferten Text konfrontiert wird, muß sich darüber klar sein, daß die Texte der ihm benachbarten Faszikel jedenfalls zu einem späteren Zeitpunkt und in vielen Fällen rein zufällig mit ihm vereinigt wurden. Texte, die als Gemeinsames nur den Einband haben, kann man nur bedingt untereinander in Beziehung setzen; sie gelten nicht in dem Maße als Mitüberlieferung wie die Texte der als Einheit geplanten Handschrift. Auch äußere Fakten wie Datierung und Lokalisierung betreffen nur jeweils den einen, eventuell mit Jahreszahl fest datierten Faszikel und können nicht, wie dies in älteren Publikationen gelegentlich zu lesen ist, generell auf die anderen Teile des Codex mit ausgedehnt werden.

---

[222] Bischoff S. 65 mit weiterer Literatur; La production du livre universitaire au moyen âge, exemplar et pecia, hg. von L. G. Bataillon, B. Guyot, R. Rouse, Paris 1988; R. H. und M. Rouse, The dissemination of texts in pecia at Bologna and Paris, in: Rationalisierung der Buchherstellung S. 69–77; F. Soetermeer, Utrumque ius in peciis. Aspetti della produzione libraria a Bologna fra due e trecento, Milano 1997; G. Powitz, Pecienhandschriften in deutschen Bibliotheken, in: Bibliothek und Wissenschaft 31 (1998) S. 211–231.

Im allgemeinen wurden trotzdem Texte unterschiedlicher Faszikel nicht planlos und zufällig, sondern unter bestimmten Sammel- und Ordnungsprinzipien nachträglich zusammengebunden.

Unter den Arzneibüchern und Handschriften naturwissenschaftlichen Inhalts sind nicht wenige Exemplare aus diversen Einzelsammlungen von ihren späteren Besitzern zusammengestellt worden, z. B. Cgm 415, 721, 3724; auch das Tegernseer kunsttechnische Handbuch Cgm 821 ist aus 2 unterschiedlich alten Teilen zusammengebunden. Unterschiedliche Vokabulare wurden ebenso in Sammelbänden zusammengefaßt (Cgm 641, 666, 684) wie historiographische Einzeltexte: extreme Beispiele sind die beiden Tegernseer Sammelbände Cgm 1585–1586, in denen der Klosterbibliothekar Konrad Sartori im frühen 16. Jahrhundert 80 bzw. 138 Einzeltexte historischen Inhalts zusammenstellte, darunter Lagen, Doppel- und Einzelblätter unterschiedlichen Alters vom 2. Viertel des 15. Jahrhunderts an, auch Drucke; zahlreiche dieser Faszikel waren ursprünglich gefaltet aufbewahrt worden. Erbauungsschrifttum in unterschiedlichen Faszikeln wurde im späten 15. Jahrhundert in Klöstern zusammengebunden, derartige Sammelbändchen z. B. des Nürnberger Katharinenklosters wurden im alten Bibliothekskatalog als *gesamete hab* gekennzeichnet.[223] Wie in den Klöstern wurden auch von privaten laikalen Vorbesitzern Einzelfaszikel gesammelt und ursprünglich selbständige Handschriften zu Sammelcodices zusammengestellt; die Handschrift H des ‚Ackermann' Cgm 579 ist als 2. Teil Seifrits ‚Alexander' und das ‚Buch von Troja' v. J. 1478, als 3. Teil die deutschen ‚Gesta Romanorum' v. J. 1447 beigebunden sowie ein jetzt entnommener Druck. Deutschsprachige Sammelbände sind aus dem Besitz Hartmann Schedels erhalten (Cgm 367, 439); der bekannte Augsburger Schreiber Konrad Bollstatter fügte zwischen seine persönlichen Arbeitsmanuskripte Faszikel aus z. T. älteren Handschriften ein;[224] die Sammelbände des Augsburgers Claus Spaun aus dem frühen 16. Jahrhundert enthalten neben handschriftlichen auch gedruckte Faszikel.[225]

8.9. Einbandmakulatur

Neben Holz und Leder verwendeten die Buchbinder des 15. und 16. Jahrhunderts Pergament zur Verstärkung verschiedener besonders beanspruchter Stellen in den Einbänden der Handschriften und vor allem der Frühdrucke, die in immer größeren Quantitäten produziert wurden. Für Repräsentationsbände diente zu diesem Zweck neues unbeschriebenes Material; doch im allgemeinen griff man dafür auf das reichlich vorhandene bereits beschriebene Pergament aus aufgelösten Codices oder nicht mehr benötigten Urkunden zurück. Besonders in der Zeit um 1500 wurden unvorstellbar viele als überflüssig einge-

---

[223] MBK III,3 S. 632, zu Nürnberg StB Cent. VI 91.
[224] Schneider, Berufs- und Amateurschreiber (S. 69 Anm. 127) S. 15 Anm. 17.
[225] Schneider (S. 69 Anm. 127) S. 25f.

schätzte ältere Handschriften, die bis dahin erhalten geblieben waren, aus den Bibliotheken ausgesondert und der Schere des Buchbinders überantwortet.[226]

Pergament wurde zur Verstärkung der Papierlagen gebraucht: damit der Faden beim Heften nicht durch das weiche Material schneiden konnte, wurden 1–2 cm breite Pergamentstreifen in der Mitte gefaltet und im Lageninnern mitgeheftet. Manche Lagen sind auch außen durch zusätzliche Pergamentfälze verstärkt. Das Zerschneiden von beschriebenem Pergament zu solchen Falzstreifen war nahezu die radikalste Art, einen Text zu zerstören. Wenn der Zuschnitt parallel zu den Zeilen verlief, blieben immerhin jeweils einzelne zusammenhängende Zeilen erhalten; doch sehr häufig wurde ein beschriebenes Blatt in senkrechte Streifen zerschnitten, auf denen nur einzelne Buchstabengruppen stehenblieben. Vereinzelt konnten sich auch bei dieser Methode größere zusammenhängende Textstücke erhalten, wenn Falzstreifen aus einer aufgelösten Handschrift sukzessive zerschnitten und in die Lagen ein und desselben Codex eingearbeitet wurden.

So konnte der einzige fragmentarische Textzeuge der Versdichtung ‚Die Schlacht von Alischanz' (Cgm 5349/20, 4. Viertel des 13. Jahrhunderts) aus 21 vertikal zugeschnittenen Falzstreifen wieder zu 4 teils unvollständigen Blättern zusammengesetzt werden; ein fast vollständiges Doppelblatt einer Handschrift des 11. Jahrhunderts von Notkers Psalmenübersetzung wurde aus 39 horizontal zum Text zerschnittenen Falzstreifen wiedergewonnen, die in 2 ehemals Maihinger Handschriften von 1491 und 1499 verbunden waren (heute Augsburg UB Cod. I.3.2°23).

Die meisten Falzstreifen wurden wohl in den Werkstätten auf Vorrat zugeschnitten und beim Binden miteinander vermischt; zahlreiche Einbände enthalten Fälze aus verschiedenen Codices und Urkunden, oder sie stammen aus unterschiedlichen Partien ein und derselben Handschrift und lassen sich nicht zu einem fortlaufenden Text zusammenfügen.

Breitere Pergamentstreifen, teilweise halbe Blätter dienten zu sog. Flügelfälzen, die eine zusätzliche Verbindung zwischen Buchblock und Holzdeckel bildeten. Sie wurden entweder um die erste und letzte Lage gelegt und mitgeheftet, oder sie laufen über den Rücken des Buchblocks; im Vorder- und Rückendeckel sind sie als mehr oder weniger breite Streifen festgeklebt. Darüber wurden die Spiegelblätter ge-

---

[226] G. Powitz, Libri inutiles (Anm. 20) spricht zu Recht von einer großen „Makulierungswelle", einem „Zerstörungswerk" und „Büchersterben der Zeit um 1500", S. 102f.; vgl. auch K. Haebler, Makulatur-Forschung, in: ZfB 25 (1908), S. 535–544; E. Pellegrin Fragments et membra disiecta, in: Codicologica 3 (1980), S. 70–95; wieder abgedr. in: Dies., Bibliothèques retrouvées, Paris 1988, S. 343–364.

8. Einband

klebt, die als erste und letzte Blätter des Buchblocks zu diesem Zweck freigelassen wurden, oder als Einzelblätter um die ersten und letzten Lagen mitgeheftet sind und am Lagenende als schmaler Falz erscheinen. Urkunden als Spiegel wurden oft mit der Schriftseite nach innen verklebt. Auch zu Vor- und Nachsatzblättern diente häufig Pergamentmakulatur. Solche größeren Zuschnitte oder ganze Einzel- und Doppelblätter mit umfangreicheren Textstücke sind nicht selten als wichtige Überlieferungsträger erhalten geblieben.

Der lateinische Versroman ‚Ruodlieb' aus dem letzten Drittel des 11. Jahrhunderts konnte bruchstückhaft aus den spätmittelalterlichen Tegernseer Einbänden zurückgewonnen werden, in denen die sehr einfache, wohl ursprünglich nicht gebundene Originalhandschrift zu Spiegelblättern und Flügelfälzen verarbeitet worden war.

Heute entfernte Flügelfälze und Spiegel, die mit der Schriftseite in die Deckel geklebt waren, haben oft auf der Verleimung des Deckels ihren spiegelbildlichen Textabdruck hinterlassen, der in einzelnen Fällen identifiziert werden kann.

Eine weitere Verwendungsmöglichkeit für beschriebenes Pergament bestand darin, selbst als Einband zu dienen. Für die Koperteinbände des 14. und 15. Jahrhunderts[227] wurden häufig Einzel- oder Doppelblätter aus Urkunden oder Codices als Umschlag verwendet. Auch die späteren Pappdeckelbände von Drucken des 16. und 17. Jahrhunderts erhielten nicht selten Pergamentüberzüge aus beschriebenem, aus Handschriften ausgelöstem Material. In viel größerem Ausmaß als in den Bibliotheken waren Umschläge aus makuliertem Pergament im Archivwesen des 16. und 17. Jahrhunderts üblich. Die Akten und Verzeichnisse aller Art der städtischen, kirchlichen und privaten Verwaltung und des Gerichtswesens wurden nach Jahrgängen archiviert, die Funktion des späteren Aktendeckels hatten Einzel- oder Doppelblätter aus mittelalterlichen Pergamenthandschriften. Auf diese Weise sind manche spärlich oder unikal überlieferte früh- und hochmittelalterliche deutsche Texte wenigstens fragmentarisch erhalten geblieben. Wo größere Archivalienbestände bis heute zusammengeblieben sind, die in einer bestimmten Zeitspanne in der gleichen Werkstatt gebunden wurden, lassen sich gelegentlich mehrere Blätter der gleichen Handschrift wieder zusammenführen.[228]

---

[227] Vgl. S. 175f.
[228] So wurde in den alten Oxforder Collegebibliotheken zum Einbinden von Drucken hauseigene mittelalterliche Pergamentmakulatur verwendet, die z. T. wieder zusammengesetzt werden konnte; vgl. N. Ker, Fragments of medieval manuscripts used as pastedowns in Oxford bindings, Oxford 1954.

Im Stadtarchiv Rosenheim kamen bei systematischer Durchsicht der Archivalien des 17. Jahrhunderts, die fast durchgehend in Umschläge aus älterem beschriebenem Pergament gebunden waren, neben zahlreichen lateinischen Fragmenten des 10.–15. Jahrhunderts auch Bruchstücke der Nibelungenhandschrift Q und eines Codex mit Predigten Bertholds von Regensburg zutage, beide aus dem 14. Jahrhundert.[229]

Papier aus aufgelösten Handschriften wurde seltener zu Einbandmakulatur verarbeitet, da unbeschriebenes Papier etwa für Spiegelblätter überall zur Hand war; zur Einbandverstärkung war es materialbedingt kaum geeignet. Buchdeckel des 16. Jahrhunderts bestehen gelegentlich aus mehreren Lagen zusammengeklebter Papierblätter, einem Vorläufer der Pappdeckel; dazu wurden häufig die in Druckereien anfallenden verdruckten Bögen verwendet, aber auch Blätter von Papierhandschriften.

Aus einem deutschen Arzneibuch, einer elsässischen Papierhandschrift des 2. Viertels des 15. Jahrhunderts sind 44 Längsstreifen erhalten (Cgm 5146), die in den Einband eines Dictionarium von 1595 (Cgm 3656) verarbeitet waren. Als Einbandverstärkung von Gerichtsbüchern in Scheinfeld (Mfr.) dienten Doppelblätter aus einer späten Papierhandschrift von Gottfrieds von Straßburg Tristan (Cgm 5249/75).

Unter der in mittelalterliche und neuzeitliche Einbände verarbeiteten Pergamentmakulatur sind Fragmente aus lateinischen Codices mengenmäßig gegenüber den deutschsprachigen bei weitem in der Überzahl.[230] Die Liturgica sind unter den zu Makulatur verarbeiteten lateinischen Codices die umfangreichste Gruppe; sie wurden einerseits durch besonders intensive Benutzung, andererseits durch die Liturgiereformen schneller hinfällig, wurden auch frühzeitig, wie auch die theologisch-philosophische Standardliteratur, durch gedruckte Ausgaben ersetzt.

Den nächstgrößten Anteil an der Einbandmakulatur stellen die Urkunden und Archivalien in lateinischer wie in deutscher Sprache. Man kann für das 15. Jahrhundert davon ausgehen, daß Buchbinderwerkstätten im allgemeinen obsolet gewordenes, nicht mehr rechtskräftiges

---

[229] P. Miesbeck, Zerschnittene Bücher, in: Das bayerische Inn-Oberland 46 (1986), S. 7–26 (Gesamtüberblick); H. F. Rosenfeld, Die Rosenheimer Fragmente der Handschrift Q des Nibelungenliedes, ebd. S. 27–110; K. Schneider, Fragmente aus einer Sammlung deutscher Predigten des Berthold von Regensburg, ebd. S. 113–122.

[230] Das Zahlenverhältnis wird deutlich am Bestand mittelalterlicher Fragmente in der Bayerischen Staatsbibliothek München: rund 2.800 lateinische gegen 385 deutschsprachige Fragmente veranschaulichen die Relation der Überlieferung des lateinischen zum volkssprachigen Schrifttum des Mittelalters überhaupt. Einen Anteil von nicht ganz 10% der deutschsprachigen an der gesamten mittelalterlichen Handschriftenproduktion hält auch B. C. Bushey für typisch in: Die deutschen und niederländischen Handschriften der Stadtbibliothek Trier bis 1600, Wiesbaden 1996, S. XI.

8. Einband

Urkundenmaterial aus dem eigenen Umkreis verwendeten. Den Klosterbindereien dienten ausrangierte ältere Dokumente aus der eigenen Verwaltung als Makulatur, Einbände von Codices in Privatbesitz enthalten nicht selten ältere Urkunden aus dem eigenen Archiv des Buchbesitzers. Urkundenmakulatur kann also wertvolle Hinweise auf Handschriftenprovenienzen geben, daher sollten soweit möglich und erkennbar die darin überlieferten Orts- und Personennamen beachtet und identifiziert werden.

In Einbänden aus Tegernsee sind mehrfach Tegernseer Klosterurkunden verarbeitet, z. B. Pachtverträge in Cgm 779, 780, 1138; Cgm 655 aus Kloster Fürstenfeld enthält eine deutsche Fürstenfelder Urkunde. Ein Oberbayerisches Landrecht, geschrieben in Landsberg i. J. 1436 (Cgm 1527), enthält Makulatur aus Landsberger Urkunden und aus einer Bürgerliste; ein Augsburger Urkundenformular (Cgm 2517) ist als Kopert in eine Augsburger Urkunde gebunden; die Fälze in Cgm 375 aus dem Besitz von Ortolf von Trenbach stammen aus einer von ihm selbst ausgestellten Urkunde; im Einband von Cgm 526 aus Erstbesitz von Hans von Degenberg ist eine Degenberger Privaturkunde verarbeitet. – Bei Handschriften ohne Herkunftsvermerk gibt die Urkundenmakulatur in Übereinstimmung mit der Schreibsprache Hinweise auf die mutmaßliche Provenienz: Fälze aus Urspringer Urkunden in Cgm 5141 (St. Georgener Predigten, schwäbisch, Ende des 14. Jahrhunderts) lassen auf das Benediktinerinnenkloster Urspring als Erstbesitzer schließen.

Während im 15. Jahrhundert die Pergamentmakulatur noch größtenteils aus dem näheren Umkreis der Buchbinderwerkstätten gestammt haben dürfte, deckten die Buchbinder späterer Zeit ihren Bedarf wohl auch beim Altpergamenthandel; Blätter der gleichen Handschrift wurden gleichzeitig an verschiedenen Orten verarbeitet.[231] Dieser Handel mit Pergament aus aufgelösten Codices und vor allem aus Archivbeständen blühte besonders im 18. und noch im 19. Jahrhundert,[232] doch wurde das Material zu dieser Zeit weniger zu Einbandzwecken, sondern zu verschiedenen handwerklichen Arbeiten gebraucht, speziell für die Goldschlägerei. Als Abdichtung der Orgelpfeifen in der Klosterkirche von Benediktbeuern wurden zu Ende des 17. Jahrhunderts Pergamentstreifen aus einer deutschen Sammelhandschrift verarbeitet, die Kleinepik, u. a. Hartmanns von Aue ‚Armen Heinrich', die ‚Gute Frau' und Verse aus dem ‚Cato' und Freidank enthalten hatte (Cgm 5249/29 b, Ende 13./Anfang des 14. Jahrhunderts).

---

[231] Vgl. Schneider, Fragmente (Anm. 229) S. 114.
[232] Zu Altpergamentversteigerungen in Fürth noch in der 2. Hälfte des 19. Jahrhunderts vgl. L. Kurras, Handschriften und Handschriftenpraxis in der Frühzeit des Germanischen Nationalmuseums, in: Bibliotheksforum Bayern 9 (1981), S. 146–155, hier: S. 147.

II. Handschriftenkunde

Fragmente aus deutschen Pergamenthandschriften

Etwas mehr als drei Viertel der gesamten handschriftlichen Überlieferung deutschen Schrifttums bis zum Ende des 14. Jahrhunderts sind nur in fragmentarischer Form erhalten geblieben.[233] Einzelne Werke und auch ganze literarische Gattungen lassen an ihrer stärkeren fragmentarischen Überlieferung erkennen, daß man im späteren 15. Jahrhundert kaum mehr Wert auf ihre Erhaltung legte.

Es versteht sich von selbst, daß von wenig verbreiteter Literatur wie etwa dem althochdeutschen Schrifttum auch nur wenige Fragmente erhalten blieben. Doch sind von den älteren deutschen Handschriften des 9.–12. Jahrhunderts (darunter auch lateinische Handschriften mit deutschen Einträgen) fast mehr als die Hälfte vollständig erhalten.[234] Es scheint, daß der antiquarische Wert dieser alten deutschen Codices auch in der Zeit des Humanismus in vielen Fällen erkannt und gewürdigt wurde, vor allem in den Klöstern, in deren Besitz die meisten dieser frühen Handschriften im 15.–16. Jahrhundert waren. Die Relation zwischen erhaltenen Codices und fragmentarischer Überlieferung ändert sich jedoch auffällig vor allem im Bereich der Epenhandschriften des 13. und 14. Jahrhunderts, bereits erkennbar in der eher spärlichen Überlieferung der frühhöfischen Epik in Abschriften des 13. und 14. Jahrhunderts.[235] Besonders augenfällig stellt sich die Zerstörung alter Pergamenthandschriften in der Überlieferungsgeschichte von Wolframs ‚Parzival‘ und ‚Willehalm‘ dar mit 66 bzw. 64 Fragmenten gegen 9 bzw. 8 vollständigen Pergamenthandschriften bis 1400. Gleiches gilt für die sog. nachklassische Artusepik,[236]

---

[233] Die vollständig erhaltenen deutschsprachigen Handschriften des 12.–14. Jahrhunderts machen nach Wolf unter 25% der Gesamtüberlieferung aus, während je nach Textsorte 75–80% nur fragmentarisch erhalten blieben (S. 20–27 und Diagramme 1–2). – Schwer zu schätzen ist der Anteil an der handschriftlichen deutschsprachigen Überlieferung, der im Lauf der Jahrhunderte völlig verlorengegangen ist. Durch alte Inventare läßt sich die Existenz einzelner heute nicht mehr vorhandener Codices belegen; mehrfach wurde versucht, die mutmaßliche Gesamtproduktion mittelalterlicher Handschriften hochzurechnen. G. Eis, Von der verlorenen altdeutschen Dichtung, in: Germanisch-romanische Monatsschrift 37 (1956), S. 175–189, wieder abgedr. in: ders., Vom Werden altdeutscher Dichtung. Literarhistorische Proportionen, Berlin 1962, S. 7–27 schätzte die Relation zwischen einst vorhandenen und tatsächlich erhaltenen Handschriften sehr hoch ein, 150 : 1; Neddermeyer rechnet die Gesamtzahl abendländischer (also lateinischer wie volkssprachiger) Handschriften hoch und kommt zu dem Schluß, daß kaum mehr als 3–4% aller ehemals vorhandenen Handschriften von den Anfängen bis zum 16. Jahrhundert erhalten blieben, ganz überwiegend lateinische Codices (S. 73–75, 79–85).

[234] Z. B. Überlieferung des ‚Heliand‘: 2 Codices, 3 Fragmente; Otfrid: 3 Codices, 1 Discissus; Williram von Ebersberg, deutscher Hoheliedkommentar: 14 Codices, 5 Fragmente. Das gleiche Bild ergibt sich aus E. Hellgardts Verzeichnis erhaltener deutscher Handschriften des 11. und 12. Jahrhunderts (S. 21 Anm. 36), das rund 150 vollständige Codices und 125 Fragmente enthält.

[235] Rolandslied: 1 vollständiger Codex, 5 Fragmente; Nibelungenlied: 5 Codices, 19 Fragmente bis 1400; Kaiserchronik: 6 Codices, 21 Fragmente.

[236] H. J. Schiewer, Beobachtungen zur Überlieferung des nachklassischen Artusromans im 13. und 14. Jahrhundert, in: Dt. Hss. S. 222–278, stellt 6 vollständige Codices und 53 zerschnittene Handschriften zusammen.

von der manche Werke überhaupt nur bruchstückhaft oder in einer späten Papierhandschrift des 15. Jahrhunderts überliefert sind. Geistliche Dichtung in Handschriften bis 1400 wurde meist nicht weniger makuliert als weltliche Epik; Werke, deren Beliebtheit sich auch im 15. Jahrhundert fortsetzte wie Bruder Philipps ‚Marienleben', Konrads von Megenberg ‚Buch der Natur', der Sachsen- und Schwabenspiegel, blieben auch in ihren älteren Pergamenthandschriften häufiger erhalten.[237]

Die Zerstörung alter Codices wurde im 19. Jahrhundert abgelöst durch die neu erwachende Wertschätzung der mittelalterlichen Handschrift in den Kreisen von Literatur- und Sprachhistorikern, Bibliothekaren und privaten Sammlern. Die Vertreter der frühen Germanistik und ersten Herausgeber der wesentlichen Texte, etwa die Brüder Grimm,[238] F. H. von der Hagen, Hoffmann von Fallersleben,[239] B. J. Docen, K. Roth, H. F. Maßmann oder F. Pfeiffer schenkten der fragmentarischen Überlieferung die gleiche Aufmerksamkeit wie den vollständig erhaltenen Handschriften; die wichtigsten deutschen Fragmente sind seit dieser Zeit bekannt. Viele Bruchstücke wurden damals nicht nur in Einbänden, sondern auch durch gezielte Suche in Werkstätten und bei Trödlern entdeckt und vor dem Untergang bewahrt. Im vorigen und noch zu Anfang dieses Jahrhunderts wurde in vielen Bibliotheken fast systematisch die Makulatur aus Handschriften und Drucken ausgelöst.[240] Leider entnahm man zu dieser Zeit viele Fragmente ohne Angabe des Fundorts aus ihren Einbänden und verschüttete damit unwiederbringlich die Möglichkeit, ihre Herkunft festzustellen. Heute kommt der Wandel in der Bewertung des mittelalterlichen Codex vom bloßen Textträger zum rezeptionsgeschichtlich und archäologisch interessanten Objekt auch in der Behandlung der eingebundenen Ma-

---

[237] Bisher ist nicht untersucht worden, ob in manchen Regionen des deutschen Sprachraums mehr Handschriften zu Buchbindezwecken zerschnitten wurden als in anderen. Die Totalverluste an mittelalterlichen Codices sind zweifellos regional unterschiedlich, und es dürften etwa im Norden Deutschlands durch die Reformation und durch Kriegseinwirkung mehr Handschriften zerstört worden sein als im Süden, wo u. a. die Klosterbibliotheken als Bewahrer mittelalterlicher Büchersammlungen länger bestehenblieben; doch zeigt die Erfahrung am süddeutschen Material, daß gerade auch dort in den Klöstern in hohem Maß ältere Codices ausgesondert und zerstört wurden.
[238] Zu Fragmenten deutscher Handschriften aus ihrem Besitz, jetzt im Grimm-Nachlaß, vgl. P. J. Becker, Die deutschen Handschriften der Staatsbibliothek Preußischer Kulturbesitz Berlin bis zum Jahre 1400, in: Dt. Hss. S. 330–340, hier: S. 336–338.
[239] Zu deutschen Fragmenten aus dem Nachlaß Hoffmanns von Fallersleben, ehem. Berlin mgo 676, jetzt Fragm. 95–98, vgl. U. Winter, Die Fragmentensammlung der Deutschen Staatsbibliothek, Katalog der Fragmente des 4. bis 10. Jahrhunderts, in: Studien zum Buch- und Bibliothekswesen 4 (1986), S. 7–24, hier: S. 7 f.
[240] Noch Kirchner, Handschriftenpraxis S. 10 gab praktische Hinweise zum einfachen Auslösen von Fälzen aus Codices, ein wenig empfehlenswertes und heute nicht mehr praktiziertes Verfahren.

kulatur zum Ausdruck: sie wird nur in seltensten Fällen ganz herausgelöst, meist bei Einbandrestaurierungen beidseitig lesbar in dem Einband belassen, mit dem sie über Jahrhunderte eine Einheit gebildet hat.

Daß auf dem Gebiet der Makulaturforschung auch heute noch zum Teil spektakuläre Entdeckungen möglich sind, wird durch die zahlreichen neueren und neuesten Publikationen von Fragmentenfunden belegt.[241] Bei der kodikologischen Beschreibung eines solchen Fundstücks kommt es darauf an, den zerstörten Codex erkennbar zu machen, zu dem es ehemals gehörte und den es repräsentiert. Ein möglichst deutliches Bild der ehemaligen Handschrift vermitteln nicht nur die Datierung und Lokalisierung des Fragments, sondern auch genaue und vollständige Angaben der kodikologischen Daten; denn noch der kleinste Streifen ist der Überrest einer verlorenen Handschrift und damit ein mehr oder weniger deutliches Zeugnis ihrer einstigen Textfassung, ihrer zeitlichen und räumlichen Entstehung, ihres Schriftbilds und ihrer Ausstattung. Die ursprüngliche Zeilenzahl und eventuell die Stellung des betreffenden Blatts innerhalb einer Lage sowie der Lagenumfang lassen sich bei publizierten Texten meist errechnen, die Maße der Originalhandschrift können nach der durchschnittlichen Einrichtung des Schriftraums annähernd geschätzt werden.[242]

Nicht selten sind versprengte Bruchstücke (membra disiecta) einer Handschrift heute in verschiedene Sammlungen zerstreut: aus der Handschrift der ‚Wien-Münchener Evangelienübersetzung' um 1200 sind bis heute 51 Fragmente wieder aufgefunden worden, die in München (Cgm 5250/1), Wien (ser. nova 249) und Oxford (Bodleian Library Ms. germ. b 3) aufbewahrt werden. Genaue kodikologische Angaben zu einem Fragment können daher zur Zuordnung weiterer versprengter Bruchstücke einer Handschrift helfen. Letzte Gewißheit über die Zusammengehörigkeit solcher membra disiecta gibt allerdings nur der Schriftvergleich; daher sind Abbildungen bei der Vorstellung einzelner neu entdeckter Fragmente äußerst nützlich und wären auch wün-

---

[241] Vgl. u.a. die Beiträge ‚Handschriftenfunde zur Literatur des Mittelalters' in der ZfdA; Bibliographie auch im ‚Bulletin codicologique' in: Scriptorium.

[242] H. Butzmann, Gedanken und Erfahrungen bei der Katalogisierung von Handschriftenfragmenten, in: ders., Kleine Schriften (Studien zur Bibliotheksgeschichte 1), Graz 1973, S. 164–174; H. Hauke, Überlegungen zur Bearbeitung von Fragmenten, in: Beiträge zur Handschriftenkunde und mittelalterlichen Bibliotheksgeschichte, hg. von W. Neuhauser (Innsbrucker Beiträge zur Kulturgeschichte, Sonderheft 47), 1980, S. 27–32; W. Neuhauser, Die Bearbeitung von Fragmenten an österreichischen Bibliotheken, in: Biblos 35 (1986), S. 352–371; G. Powitz, Mittelalterliche Handschriftenfragmente der StUB Frankfurt/M., Wiesbaden 1994, Einleitung.

schenswert in Verzeichnissen größerer Bestände.[243] Hier könnten sich Aufgaben für künftige Datenbanken eröffnen.

9. Andere Überlieferungsträger

9.1. Rollen

Die in der Antike übliche Buchform, die Rolle, war im Mittelalter vom Codex nicht völlig verdrängt worden, sondern – auf wenige Gebiete eingeschränkt – weiterhin in Gebrauch.[244] Rotuli bestanden aus aneinandergenähten oder -geklebten Streifen von Pergament, seltener auch von Papier unterschiedlicher Länge und wurden zumeist nur auf einer Seite in Längsrichtung beschrieben; zur Aufbewahrung rollte man sie um einen Holzstab. Rollen fanden im Mittelalter vor allem für Archivalien Verwendung; umfangreiche Urkunden, Verzeichnisse und Rechnungen in Rollenform sind erhalten. Bekannt sind die Totenrotuli, klösterliche Todesanzeigen, die den in Gebetsbrüderschaft verbundenen Konventen zugeschickt wurden. In jedem Kloster wurde ein kurzer Segenswunsch unter die Todesnachricht gesetzt; auf diese Weise ergeben sich lange Reihen verschiedener Unterschriften auf den Rotuli, die von historischem wie paläographischem Interesse sind. Etwa 160 solcher Totenrotuli aus dem europäischen Mittelalter sind überwiegend in Klosterarchiven erhalten geblieben.[245] Als Rotuli sind u. a. Verzeichnisse von Reliquien und deren Ablässen oder Wappensammlungen wie die Zürcher Wappenrolle aus dem 14. Jahrhundert (Zürich, Schweizerisches Landesmuseum) erhalten; bekannt sind auch niederländische und französische Gebetsrollen des 15. Jahrhunderts.[246]

---

[243] Realisiert wurden bebilderte Verzeichnisse z. B. von H. Gröchenig, G. Hödl und E. Pascher, Handschriftenfragmente von 500–1500, Ausstellungskatalog St. Paul/Lanvanttal (Armarium 1), Klagenfurt 1977; U. D. Oppitz, Deutsche Rechtsbücher des Mittelalters, Bd. III,1–2: Abbildungen der Fragmente, Köln/Wien 1992. – Die Reihe ‚Litterae' bringt die gesamte handschriftliche, also auch fragmentarische Überlieferung jeweils eines Werks oder Autors in Abbildungen.

[244] Zur antiken Buchrolle vgl. Santifaller (Anm. 6) S. 153–162; Mazal S. 63–65; zur Rolle im Mittelalter Wattenbach S. 157–174; Bischoff S. 52–54; Boyle Nr. 1547–1554; B. Studt, Gebrauchsformen mittelalterlicher Rotuli, in: Vestigia Monasteriensia, hg. von E. Widder, M. Mersiowsky, P. Johanek, Bielefeld 1995, S. 325–350 mit weiterer Literatur.

[245] Bischoff S. 54 mit Literatur; J. Dufour, Les rouleaux des morts, in: Codicologica 3, Leiden 1980, S. 96–102 mit Abbildungen; G. Signori, Totenrotel und andere Medien klösterlicher *memoria* im Austausch zwischen spätmittelalterlichen Frauenklöstern und -stiften, in: Nonnen, Kanonissen und Mystikerinnen. Religiöse Frauengemeinschaften in Süddeutschland, hg. von E. Schlotheuber, H. Flachenecker, I. Gardill (Veröffentlichungen des Max-Planck-Instituts für Geschichte 235, Studien zur Germania Sacra 31), Göttingen 2008, S. 281–296.

Als deutsche literarische Texte sind vor allem zwei geistliche Spiele in Rollenform überliefert. Das Osterspiel von Muri[247] aus dem 3. Viertel des 13. Jahrhunderts, nur fragmentarisch erhalten, war ursprünglich auf einer etwa 2 Meter langen und 20 cm breiten, aus 3 Stücken zusammengesetzten Rolle zweispaltig aufgezeichnet; das erhaltene Bruchstück war im späten 15. Jahrhundert als Makulatur im Einband eines Bibeldrucks verwendet worden. Vollständig erhalten ist die Frankfurter Dirigierrolle[248] aus der 1. Hälfte des 14. Jahrhunderts, aus 8 Pergamentstücken zu einer Länge von fast 4,5 Metern zusammengeklebt.

Erst vor kurzem wurden Belege dafür aufgefunden, daß die Schriftrollen in den Händen der Minnesänger und Spruchdichter etwa in den Miniaturen der Großen Heidelberger ‚Manessischen' Liederhandschrift tatsächliche Rotuli darstellen, die zur Erstaufzeichnung der Lieder und Sprüche dienten, bevor diese in Abschriften. etwa in den großen Sammelhandschriften zusammengestellt wurden. R. Rouse[249] entdeckte im Einband einer ursprünglich aus St. Emmeram/Regensburg stammenden Inkunabel Pergamentmakulatur mit Strophen Reimars von Zweter, die aus einer langen schmalen und einseitig beschriebenen Rolle aus dem letzten Viertel des 13. Jahrhunderts stammten. Ein weiteres Rollenfragment mit Sangspruchdichtung des Marners, des Kanzlers und Konrads von Würzburg um 1300, diesmal beidseitig beschrieben, wurde im Einband einer Basler Handschrift von M. Steinmann aufgefunden.[250] Ein gereimter Liebesbrief in Rollenform (Cgm 189, 3. Viertel des 14. Jahrhunderts) ist schon länger bekannt.[251]

---

[246] Frankfurt/M. StB Ms. germ. oct. 27, niederländische Gebetsrolle; Clm 28961, lateinisch-französische Gebetsrolle mit Miniaturen, vgl. H. Rosenfeld, Die Münchner Gebetsrolle Clm 28961, in: Gutenberg-Jahrbuch 1976, S. 48–56; H. Becker, Ein Gebetsrotulus des 15. Jahrhunderts, ebd. S. 57–63.

[247] Aarau, Kantonsbibliothek Ms. Mur F 31a; R. Bergmann, Katalog der deutschsprachigen geistlichen Spiele und der Marienklagen des Mittelalters, München 1986, S. 37–39 Nr. 2; Schneider, Got. Schriften I, S. 183 und Abb. 105, mit weiterer Literatur.

[248] Frankfurt/M. Ms. Barth. 178; Bergmann (Anm. 247) S. 113–116, Nr. 43.

[249] R. Rouse, Roll and Codex. The transmission of the works of Reimar von Zweter, in: Paläographie 1981, S. 107–123, Abb. XI–XV; R. Rouse und F. Bäuml, Roll and Codex: a new manuscript fragment of Reinmar von Zweter, in: PBB 105, Tübingen 1983, S. 192–231, 317–330.

[250] M. Steinmann, Das Basler Fragment einer Rolle mit mittelhochdeutscher Spruchdichtung, in: ZfdA 99 (1988), S. 296–310.

[251] Abgebildet bei Petzet-Glauning Taf. 54; vgl. dazu T. Brandis, Mittelhochdeutsche, mittelniederdeutsche und mittelniederländische Minnereden (MTU 25), 1968, Nr. 159 S. 69; J. Schulz-Grobert, Deutsche Liebesbriefe in spätmittelalterlichen Handschriften, Tübingen 1993, S. 16–22.

9.2. Einzelblätter

Daß mittelhochdeutsche Lieder und auch andere kurze Texte auf Einzelblättern aufgezeichnet wurden und in dieser Form im Umlauf waren, läßt sich durch weitere Funde belegen. Die Einzelblattaufzeichnung war dem ganzen Mittelalter für Urkunden und Briefe geläufig, die während der Dauer ihrer Rechtskräftigkeit als wichtige Dokumente meist sorgfältig aufbewahrt wurden, während der Erhaltung von Blättern mit literarischen Texten und anderen volkssprachigen Aufzeichnungen weniger Aufmerksamkeit geschenkt wurde. Es sind häufig, wie am Schriftniveau erkennbar, einfache ad hoc-Aufzeichnungen, deren Träger, durch keine Buchdeckel geschützt, schnell unansehnlich und verbraucht wurden; Pergament-Einzelblätter wie auch manche Rollenbruchstücke blieben nicht selten als Einbandmakulatur erhalten.

Der ‚Heimliche Bote', eine frühe Minnelehre in Reimpaarversen, ist auf einem Einzelblatt im 1. Viertel des 13. Jahrhunderts aufgezeichnet und nachträglich einem lateinischen Codex, Clm 7792 beigebunden worden.[252] Liedüberlieferung auf Einzelblättern wird bezeugt durch das Dießenhofener Liederblatt[253], ein gefaltetes beidseitig beschriebenes Papierblatt aus dem 4. Viertel des 14. Jahrhunderts (in Privatbesitz). Auf einem Papierstreifen wurde im 3. Viertel des 15. Jahrhunderts Nr. 4 Str. 1 des Lochamer-Liederbuchs mit der Melodie aufgezeichnet (Cgm 5249/76). Die Einzelaufzeichnung von Strophen wird auch belegt durch Cgm 5249/27, eine deutsche Urkunde von 1323, auf deren Rückseite und Rändern wenig später Strophen Reinmars von Brennenberg aufnotiert wurden. Auf Einzelblättern sind, der Form der gängigen Briefmitteilungen angeglichen, gereimte Liebesbriefe erhalten.[254] Einzelblätter mit Aufzeichnungen von Segen und Gebeten des 14. Jahrhunderts sind als Einbandmakulatur erhalten: ein ehemals gefaltetes Pergamentblatt, von einer Katharina eng mit Gebetsanrufungen und Segensformeln beschrieben, diente einem Regensburger Einband des späten 15. Jahrhunderts als Spiegel (Cgm 5250/24 b); offensichtlich aus einem großformatigen Blatt stammen Falzstreifen, auf denen bruchstückhaft beidseitig Zeichnungen und Kryptogramme mit beigeschriebenen lateinischen und deutschen Segen und Beschwörungen angeordnet sind (Cgm 5250/24 a). Auch medizinische Texte auf Einzelblättern sind nachweisbar: eine niederdeutsche Aderlaßtafel auf einem ehemals gefalteten Pergamentblatt aus der 2. Hälfte des 14. Jahrhunderts (Cgm 5250/33 a) oder ein bairisches Pestregimen auf einem Papierblatt um 1500 (Cgm 5250/34 b). Die handschriftlichen Papier-Einzelblätter des späteren 15. Jahrhunderts weisen häufig Parallelüberlieferung mit den gleichzeitigen Einblattdrucken auf.

---

[252] Schneider, Got. Schriften I, S. 109 und Abb. 54.
[253] E. C. Lutz, Das Dießenhofener Liederblatt. Ein Zeugnis späthöfischer Kultur, Freiburg/Br. 1994 mit Faksimile, Abdruck und Untersuchung.
[254] Brandis (Anm. 251) Nr. 76, 96–118, 143f.; Schulz-Grobert (Anm. 251) S. 14–29.

9.3. Tafeln

Stabile Form und ein stark vergrößertes Format nahm die Einzelblattüberlieferung gelegentlich zu Ende des 15. und Anfang des 16. Jahrhunderts in der Gestalt von Tafeln an. Sie wurden nicht selten in Kirchen aufgehängt zur Unterweisung im Katechismus oder zur Bekanntgabe von Ablässen;[255] zum Schulunterricht dienten Lesetafeln und Karten, in einigen Bibliotheken wurden Tafeln mit Wandkatalogen angebracht.[256] Genealogische Tafeln wie die als Tafel nicht erhaltene, aber in Codices des 15. Jahrhunderts vielfach abgeschriebene Fürstentafel von Scheyern[257] oder Ordenstraditionen wie die Zusammenstellung bedeutender Benediktiner durch den Augsburger Kalligraphen Leonhard Wagner (Augsburg StB, Tabula von 1493) wurden in Kirchen und Klöstern zur Schau gestellt. In der Form von Pergamentblättern, auf Holz montiert, gehören solche Tafeln noch zur eigentlichen handschriftlichen Überlieferung; der Übergang zur Tafelmalerei wird fließend, wenn die Texte direkt mit Ölfarbe auf die Holztafeln aufgebracht werden.

9.4. Wachstafeln

Für den Germanisten kommen die Wachstafeln als Überlieferungsträger weniger in Betracht, die während des gesamten Mittelalters zur Aufzeichnung von Notizen aller Art dienten.[258] Mehrere solcher mit Wachs ausgefüllter Holztäfelchen konnten am Rücken zu einer Art Codex vereint werden. Die mit dem Griffel in das Wachs blind eingeschriebenen Texte sind überwiegend Wirtschaftsnotizen, nicht selten auch in deutscher Sprache, wie z. B. auf den 6 schwäbischen Tafeln vom Ende des 14. oder Anfang des 15. Jahrhunderts (Augsburg StB 2°cod. 568).

---

[255] Bischoff S. 54f.; H. Boockmann, Über Schrifttafeln in spätmittelalterlichen deutschen Kirchen, in: Deutsches Archiv 40 (1984), S. 210–224.

[256] V. Honemann, Ein Bücherverzeichnis aus der Zeit der Klosterreform: Der Tafelkatalog von St. Egidien in Nürnberg, in: Mittellateinisches Jahrbuch 21 (1986), S. 239–256.

[257] A. Siegmund und F. Genzinger, Zur Scheyerer Tabula Perantiqua, in: Wittelsbach und Bayern, Ausstellungskatalog Bd. I,1, München 1980, S. 151–153; ebd. Bd. I,2 S. 30f. Nr. 36.

[258] Literatur zu Wachstafeln vgl. Wattenbach S. 51–89; Bischoff S. 28–30; Boyle Nr. 1527f.; Vezin, La réalisation matérielle S. 17 und Anm. 4; R. Büll, Vom Wachs (Höchster Beiträge zur Kenntnis der Wachse I,9), Frankfurt/M.-Höchst 1968; E. Lalou, La mise en page des tablettes de cire, in: Actas del VIII coloquio del CIPL, Madrid 1990, S. 115–123; dies., Les tablettes a écrire de l'antiquité a l'époque moderne (Bibliologia 12), Turnhout 1992, S. 233–285, mit einem Katalog aller erhaltenen mittelalterlichen Wachstafeln; zu den Göttinger Ratsstatuten auf Wachstafeln um 1330 vgl. D. Neitzert, Die Göttinger Wachstafeln, in: Göttinger Jahrbuch 39 (1991), S. 47–54; P. Hoheisel, Die Göttinger Stadtschreiber bis zur Reformation, Göttingen 1998, S. 17, 42.

III. PROVENIENZEN

Mit der überlieferungsgeschichtlichen Forschung, die seit den siebziger Jahren intensiv betrieben wird, erhielt die Frage nach Gebrauch und Vorbesitz mittelalterlicher Handschriften einen wichtigen Stellenwert. Es eröffnete sich damit ein neuer Aspekt des handgeschriebenen Codex, der nicht mehr lediglich als Text- und Lesartenträger galt, sondern auch als Zeugnis dafür, welche Leser zu welcher Zeit und an welchem Ort Interesse an einem bestimmten Werk hatten.[1] Die Überlieferungs- und Rezeptionsgeschichte der Texte hatte in der Vorkriegsgermanistik eine untergeordnete Rolle gespielt, wie sich aus den knappen oder ganz fehlenden Provenienzangaben in den meisten älteren Handschriftenkatalogen und Monographien ablesen läßt. W. Fechter, der 1935 als Erster eine Untersuchung über die Rezipienten höfischer Dichtung anhand der handschriftlichen Überlieferung veröffentlichte, sah sich einem „so gut wie nicht gesichteten Material gegenüber" und sprach von den Handschriften als einer „seltsamerweise fast nicht benutzten Quelle".[2]

Wie im vorhergehenden kodikologischen Abschnitt werden im folgenden lediglich die textexternen Daten aufgeführt, die in einer Handschrift selbst Aufschlüsse über ihre Bestimmung und Geschichte zu geben vermögen; Fragestellungen der literarhistorischen Überlieferungsgeschichte dagegen, die sich auf den Text selbst und seine Geschichte, seine Veränderungen und Anpassungen an neue Gebrauchssituationen konzentrieren, bleiben ausgeklammert.[3]

Viele Handschriften enthalten Spuren, an denen sich ihre ursprüngliche Bestimmung, ihr Gebrauch und ihr späteres Schicksal wenigstens punktuell erkennen läßt.[4] Diese Hinweise zu erkennen und richtig zu interpretieren ist ein weiterer Schritt bei der Beurteilung und Beschreibung einer Handschrift.

---

[1] Ruh, Überlieferungsgeschichte (S. 5 Anm. 7) S. 262–272.
[2] W. Fechter, Das Publikum der mittelhochdeutschen Dichtung, Frankfurt/M. 1935, Nachdr. Darmstadt 1966, hier: S. 2 und 23.
[3] Dazu vgl. G. Steer, Gebrauchsfunktionale Text- und Überlieferungsanalyse, in: Überlieferungsgeschichtliche Prosaforschung (S. 5 Anm. 7), S. 5–36, hier besonders S. 11–15.
[4] J. M. M. Hermans, Ex origine lux. Besitz- und Benutzerangaben als Schlüssel zum Verständnis von Handschrift und Frühdruck, in: Provenienzforschung und ihre Probleme (Wolfenbütteler Notizen zur Buchgeschichte 29), 2004, S. 5–19.

1. Handschriften in Privatbesitz

1.1. Auftraggeber

Von primärem Interesse für die Rezeptionsgeschichte eines bestimmten Werks ist die Frage, von wem eine bestimmte Handschrift dieses Textes in Auftrag gegeben, zuerst erworben oder auch zum Eigengebrauch selbst abgeschrieben wurde. Die Anzahl der Codices, in denen klare Aussagen hierzu vom Schreiber oder vom Erstbesitzer eingetragen wurden, ist innerhalb der großen Masse anonymer Provenienzen gering; weniger als die Hälfte der erhaltenen deutschsprachigen Handschriften enthält mehr oder weniger deutliche Hinweise auf ihren ersten Besitzer, davon fallen rund zwei Drittel auf ursprünglichen Kloster- und nur etwa ein Drittel auf privaten Besitz. Vor allem die Handschriften weltlichen literarischen Inhalts, speziell der höfischen Dichtung waren und blieben zumeist im Besitz laikaler Interessenten und wanderten nur in seltenen Fällen später in Klosterbibliotheken weiter.[5] Ihre Erstbesitzer wurden, soweit sie bekannt sind, von W. Fechter[6] und neuerdings von P. J. Becker erfaßt und analysiert und sollen hier nicht nochmals aufgelistet werden.

Private Auftraggeber deutscher Handschriften wurden in einzelnen Fällen, besonders wenn es sich um hochgestellte oder zahlungskräftige Persönlichkeiten handelte, bereits vom Schreiber im Kolophon genannt. Andere Eigentümer trugen selbst einen Besitzvermerk in die Handschrift ein, in dem auch der Wohnort angegeben werden konnte, um im Fall eines Verlustes das Buch zurückzuerhalten;[7] der Besitzeintrag war bisweilen mit einem Bücherfluch verbunden.[8]

---

[5] Becker nennt unter den Handschriften mittelhochdeutscher Epen nur 3 im 18. Jahrhundert in Klosterbibliotheken integrierte Codices: St. Gallen Stiftsbibl. Cod. 857 (S. 78f.), Karlsruhe St. Peter perg. 29 (S. 134f.), Paris BN Ms. all. 115 (S. 71f.).

[6] Vgl. Anm. 2.

[7] *Liber doctoris Hartmanni Schedel Nurembergensis* (bzw. *de Nuremberga*) trug Hartmann Schedel meist mit roten Majuskeln im Vorderdeckel seiner lateinischen wie deutschen Handschriften ein; vgl. dazu B. Hernad, Die Graphiksammlung des Humanisten Hartmann Schedel, München 1990, S. 35; Besitzeinträge mit Angabe des Wohnorts z. B. in Cgm 439 (Fastnachtspiel, Minnereden u. a.): *Dys puchlein ist Anthony Hallers zu der grünen linten in Nurmberg*; in Cgm 514 (Erbauungsbuch): *Das puch ist Jorg Werder zu Munchen am rindermarckt gesessen*; Cgm 5249/21, Fragment eines ‚Barlaam' Rudolfs von Ems, Ende des 13. Jahrhunderts, trägt 2 Besitzervermerke: *Wer dys buch findet der sol es Hans von Wintertur wydergeben* (2. Hälfte des 14. Jahrhunderts), *Dis buch ist junckherr Martin Sturm ... in der kramgaß...* (um 1500).

[8] Zu den Bücherflüchen vgl. oben S. 142f.; allgemein zu Besitzeinträgen privater Vorbesitzer vgl. C. Coppens, Provenances and private libraries of the fifteenth century: a bookhistorical point of view, in: Scriptorium 50 (1996), S. 325–330.

1.2. Exlibris

Das eingeklebte Exlibris ersetzte in späterer Zeit den handschriftlichen Besitzeintrag. Früheste Holzschnitt-Exemplare sind bereits aus der 2. Hälfte des 15. Jahrhunderts in Süddeutschland bekannt.[9] Die Mode der Exlibris verbreitete sich seit dem 16. Jahrhundert nicht nur in privaten und fürstlichen Büchersammlungen,[10] auch zahlreiche Klosterbibliotheken versahen ihre Bücher mit eingeklebten Exlibris. Bis ins 18. Jahrhundert hinein sind auf ihnen fast ausschließlich die Wappen der Eigentümer, private oder Klosterwappen, dargestellt. Eine nachmittelalterliche Bibliothekskennzeichnung ist das Supralibros, ein Wappenstempel, der auf dem Einband eingeprägt wurde.[11] So erhielten viele Codices aus Nürnberger Klosterbibliotheken, die nach der Reformation in städtischen Besitz übergingen, unter der Pflegschaft des Hieronymus Baumgartner in der 2. Hälfte des 16. Jahrhunderts Supralibros, die sein Wappen vereint mit dem Nürnberger Stadtwappen zeigen.[12] Die Benediktinerinnen von Nonnberg/Salzburg ließen 1728 in Wien einen Exlibris-Stempel anfertigen, der die hl. Erentrudis mit dem Klosterwappen darstellt und der ca. 500 Bänden der Klosterbibliothek aufgeprägt wurde.[13] Bekannt sind auch die Plattenstempel auf den Heidelberger Renaissance-Einbänden des bibliophilen Pfalzgrafen Ottheinrich, die sein Wappen und Porträt zeigen.

1.3. Wappen

Wird der ursprüngliche Eigentümer in einer Handschrift nicht namentlich genannt, so können gelegentlich andere Indizien wenigstens zur Feststellung des Vorbesitzers weiterhelfen. Nicht selten wurde das Wappen des Auftraggebers in eine oder mehrere Initialen eingesetzt oder in Prachthandschriften auch ganzseitig in Deckfarben auf dem

---

[9] Holzschnitt-Exlibris des Hans Igler genannt Knabensberg mit Darstellung eines Igels, darüber in einem Spruchband: *Das dich ein igel küss*; Igler trug den gleichen Scherzspruch handschriftlich auch in Cgm 1131 und Clm 23972 ein; erhalten ist das Wappen-Exlibris des Wilhelm von Zell in Augsburg UB Cod. III.1.4°26; zu diesen frühen bayerisch-schwäbischen Holzschnitt-Exlibris vgl. G. Meyer-Noirel, L'Exlibris. Histoire, art, techniques, Paris 1989, S. 39f. und Abb. 32 (Igler); Findbuch für Exlibris: F. Warnecke, Die deutschen Bücherzeichen (Exlibris) von ihrem Ursprung bis zur Gegenwart, Berlin 1890.
[10] Vgl. z. B. F. Dressler, Die Exlibris der Bayerischen Hof- und Staatsbibliothek, Wappenerklärungen von B. Schröder, Wiesbaden 1972.
[11] G. Meyer-Noirel (Anm. 9) S. 19f.
[12] Die Handschriften der Stadtbibliothek Nürnberg II,1 (1967), S. XIV; II,2 (1987), S. XI; II,3 (1991), S. VII.
[13] Z. B. auf Cgm 534 und 617; vgl. B. Huemer, Die Exlibris und Supralibros des Benediktinerinnenstiftes Nonnberg, in: Österreichische Exlibris-Gesellschaft, 18. Jahrbuch (1920), S. 3 mit Abb.

Vorsatzblatt angebracht, auch am oberen oder unteren Schnitt des Einbands konnte das Buch als Familieneigentum gekennzeichnet werden.[14] Als Vorläufer der späteren gedruckten Exlibris können in die Buchdeckel geklebte kolorierte Federzeichnungen von Wappen der Vorbesitzer gelten.[15] Genauere Auskünfte über die Person des Vorbesitzers geben meist die Allianzwappen, in denen die Wappen von Eheleuten kombiniert dargestellt sind. Stadtwappen oder die Wappen von Ratsmitgliedern in Rechtshandschriften können Hinweise auf Auftraggeber und den Geltungsbereich des betreffenden Rechtstextes geben.[16]

Zur Identifizierung von Wappen und Namen sind neben den großen gedruckten Wappenrepertorien von Rietstap[17] und vor allem von Siebmacher[18] zahlreiche regionale und ständische Spezial-Wappensammlungen und Genealogien zu konsultieren;[19] darüber hinaus können handschriftliche Wappenbücher des 16.–18. Jahrhunderts wertvolle genealogische Auskünfte enthalten, die nicht in den Druck gelangt sind.[20] Doch lassen sich nicht alle mittelalterlichen Wappen eindeutig identifizieren. Gleiches gilt für die anonymen Hauszeichen,[21] die sich in manchen Handschriften als Markierung der Eigentümer finden, die jedoch ohne die beigefügten Namen der Vorbesitzer kaum identifizierbar sind.

1.4. Urkundenmakulatur

Auf Erstbesitzer oder wenigstens auf den Entstehungsraum einer Handschrift können auch Urkundenfragmente hinweisen, die als Ein-

---

[14] Z. B. Cgm 555 mit Wappen der bayerischen Familie Thor von Eurasburg am oberen Schnitt; Cgm 616 mit Wappen der Münchner Familie Weissenfelder am unteren Schnitt und im Vorderdeckel.

[15] Z. B. in den Handschriften des Hans Stupff, Cgm 401 und 587.

[16] U. Lade-Messerschmied, Illuminierte Rechtshandschriften im Westniederdeutschen. Auftraggeber- und Besitzerhinweise im Buchschmuck, in: Niederdeutsches Wort 29 (1989), S. 27–46 und Taf. I–VI.

[17] J. B. Rietstap, L'Armorial général, 2 Bde, Gouda 1884, 1887; 7 Erg.bde hg. von V. Rolland, 1904–1954.

[18] J. Siebmacher, Großes und allgemeines Wappenbuch, neu hg. von O. T. von Hefner u. a., Bd. 1–7, Nürnberg 1854–1961, Registerband 1964, Nachdr. Neustadt/Aisch 1970 ff.

[19] Einführend mit Bibliographien u. a. R. Klauser und O. Meyer, Clavis medievalis, Wiesbaden 1966, S. 265–271, 292f.; W. Schupp, Wappen, in: Die archivalischen Quellen. Eine Einführung in ihre Benutzung, hg. von F. Beck und E. Henning, Weimar 1994, S. 219–226 und 277–279; über die Schwierigkeiten der Wappenbestimmung vgl. M. Pastoureau, L'héraldique au service de la codicologie, in: Codicologica 4 (1978), S. 75–88.

[20] Z. B. J. M. W. von Prey, Sammlung zur Genealogie des bayerischen Adels, 1740, 31 und 7 Bände (Cgm 2290–91, z. T. digitalisiert).

[21] Abbildungen von Regensburger Hauszeichen im Regensburger Urkundenbuch I (Monumenta boica 53), 1912, S. 777.

bandmakulatur verwendet wurden. Dabei ist allerdings zu beachten, daß besonders ältere Handschriften des 13. und 14. Jahrhunderts im späteren 15. Jahrhundert neu gebunden wurden und daß in diesem Fall die Namen und Orte in der betreffenden Urkunde nur zum jüngeren Einband, nicht aber zum Erstbesitzer der Handschrift selbst in Beziehung stehen können. Bei spätmittelalterlichen Codices mit Originaleinbänden stimmen jedoch die in der Urkundenmakulatur genannten Ortsnamen in vielen Fällen zur Schreibsprache der Handschrift. In einzelnen Codices, deren erster Vorbesitzer bekannt ist, wurden Urkunden zu Spiegeln und Fälzen verarbeitet, die ihn persönlich oder seine Familie betreffen und offensichtlich aus seinem eigenen Archiv ausgesondert wurden.

Der Parzivalcodex in Bern, Burgerbibl. AA 91 v. J. 1467 enthält als Pergament-Nachsatzblatt ein Testament, das vom Vater des Erstbesitzers Jörg Friburger stammt; Cgm 375, eine österreichische Chronik und ein Schachbuch aus dem Besitz von Ortolf von Trenbach d. J., dem noch weitere deutsche Codices gehörten, enthält als Einbandmakulatur Fragmente einer Urkunde seines gleichnamigen Vaters.[22]

1.5. Besitzereinträge

Private Erstbesitzer oder spätere Eigentümer können vereinzelt, auch wenn sie sich nicht namentlich nennen, durch ihre Einträge in die Handschriften identifiziert werden; gelegentlich führt ihre Schrift zur Feststellung der Person.[23] Manche Buchbesitzer benutzten leergebliebene Blätter des Codex zur Aufzeichnung von privaten Einträgen, z. B. kurzen Familienchroniken, die vor allem Geburten und Todesfälle festhalten, oder von Haushaltsrechnungen, Urkundenabschriften, Einträgen über Geldverleih[24] und ähnlichen Notizen.

In Cgm 399, ein Feuerwerks- und Arzneibuch aus der 2. Hälfte des 15. Jahrhunderts, trug der Vorbesitzer Hans Sänftl nach und nach seine Familienchro-

---

[22] Die Berner Parzival-Handschrift Cod. AA 91, mit Volltranskription und einer Einführung hg. von M. Stolz, Simbach/Inn 2009. – Zu Ortolf von Trenbach vgl. auch oben S. 185; zu den Handschriften Trenbachs vgl. Fechter (Anm. 2) S. 42 f.; G. Steer, Hugo Ripelin von Straßburg (Texte und Textgeschichte 2), Tübingen 1981, S. 249–261; Katalog der deutschsprachigen illustrierten Handschriften 2, 1993/1996, S. 26 f. und 280.
[23] P. Joachimsohn, Aus der Bibliothek Sigismund Gossembrots, in: Zentralblatt für Bibliothekswesen 11 (1894), S. 249–268, 297–307 erschloß Handschriften aus Gossembrots Besitz anhand seiner Randbemerkungen.
[24] Allerdings dürfte der sehr häufig als Schuldner genannte ,Hans Schmid' eher als Federprobe zu werten sein; vgl. dazu H. Hilg, Das Marienleben des Heinrich von St. Gallen (MTU 75), 1981, S. 9. In Cgm 5249/4 e, dem Fragment einer ,Willehalm' - Handschrift des 14. Jahrhunderts, hat ein späterer Besitzer in Federproben den gängigen *Hans Schmid* zu *Magister Johannes Schmid* variiert.

nik ein, die bis 1518 reicht; eine Chronikhandschrift Cgm 3890 gehörte, aus Familiennotizen erschließbar, einer Tiroler Familie von Thurn. Manche dieser Familienchroniken bleiben allerdings anonym (Cgm 477, 728). Cgm 585, Konrads von Megenberg ‚Buch der Natur' von 1476, enthält Haushaltsrechnungen des Erstbesitzers Diepold von Waldeck aus den Jahren 1477–82. Am Schluß eines deutschen Lektionars (Cgm 300) trug sein Eigentümer Sigmund von Gebsattel Notizen über seine Turniere 1484–87 ein.

Von solchen älteren, meist mit dem Erstbesitz der betreffenden Handschrift verknüpften Indizien sind die jüngeren Schichten von Einträgen zu unterscheiden, die über die späteren Etappen ihrer Geschichte unterrichten können. Nur ganz vereinzelte Codices enthalten klare Auskünfte über größere Zeitabschnitte ihrer Besitzgeschichte, aus denen die Namen und Persönlichkeiten mehrerer aufeinander folgender Eigentümer erkennbar sind, ebenso wie auch die Art des Besitzerwechsels durch Kauf, Schenkung oder testamentarisches Vermächtnis.

1.6. Stammbucheinträge

Viele Handschriften und Frühdrucke aus Privatbesitz überliefern auf Spiegeln, Vor- und Nachsatzblättern oder sonstigen Leerstellen Einträge und Namen aus verschiedenen Jahrhunderten, die häufig schwer zu entziffern und noch schwieriger zu identifizieren sind. Eine spezielle Art solcher Namenseinträge mit Daten des 16. und 17. Jahrhunderts findet sich in manchen deutschen literarischen Codices; ein bekanntes Beispiel ist die Berliner Handschrift mgf 282 der ‚Eneit' Heinrichs von Veldeke aus der 1. Hälfte des 13. Jahrhunderts, die auf beiden Spiegeln Einträge von kurzen Sprüchen mit Jahreszahlen (1546, 1547, 1562) und Namen trägt, die bisher nicht identifiziert werden konnten.[25] Ähnliche Einträge stehen auch in anderen Handschriften aus Privatbesitz, etwa die Namenszüge der Herzogin Jakobäa von Bayern und der Damen ihres Hofstaates von 1530 in Cgm 581 (Hartlieb: Alexander, aus Erstbesitz Hector Mülichs).[26] Sie sind wohl kaum als Besitzer-, sondern eher als Stammbucheinträge zu werten. Der Brauch, Namenseinträge von Personen des näheren Umkreises zum Andenken zu sammeln, kam im 16. Jahrhundert auf; um die Jahrhundertmitte entstanden die ältesten bekannten Exemplare einer eigenen Buchgattung, des Stamm-

---

[25] D. und P. Diemer, Die Bilder der Berliner Veldeke-Handschrift, in: Heinrich von Veldeke, Eneasroman, hg. von H. Fromm (Bibliothek des Mittelalters 4), Frankfurt/M. 1992, S. 926, 938–940 Anm. 38 mit Transkription der Einträge; N. Henkel im Kommentarband zum Faksimile (vgl. S. 135 Anm. 92) S. 21.

[26] Eigenhändige Einträge der Herzogin Jakobäa und Herzog Wilhelms IV. von Bayern von 1534 mit Wappen und der gleichen Devise auch im Gebetbuch Pommersfelden Hs. 345, vgl. L. Kurras in: Anzeiger des Germanischen Nationalmuseums 1989, S. 194 f.

buchs.[27] Als Vorläufer der Stammbücher wurden bereits im früheren 16. Jahrhundert gelegentlich die leeren Blätter von mittelalterlichen Codices wie auch von Frühdrucken aus eigenem Besitz zum gleichen Zweck benutzt; man legte sie Freunden und Bekannten zu Einträgen vor, die zunächst nur aus der Jahreszahl, oft mit eingeschobenen Buchstaben, einem kurzen Motto bzw. einer Devise[28] und dem Namen bestanden. Ein extremes Beispiel ist die Fernberg-Dietrichsteinsche Handschrift des ‚Jüngeren Titurel' um 1430, ein reich illuminierter Pergamentcodex (Cgm 8470); sie wurde im 16. und 17. Jahrhundert von der Südtiroler Adelsfamilie Fernberger als Stammbuch benutzt und enthält an den Blatträndern des mittelalterlichen Textes rund 1000 Einträge, die auch in einem jüngeren am Schluß beigebundenen Namensregister erfaßt sind.[29] Solche Stammbucheinträge geben Aufschlüsse über das soziale Umfeld des seinerzeitigen Handschriftenbesitzers, auch wenn dessen eigene Person nicht immer identifizierbar ist.

Gelegentlich nennen sich Leser, die mit dem Besitzer des Bandes nicht identisch sind.[30] Auch Ausleihvermerke sind aufschlußreich zur Ermittlung von Vorbesitzern und Interessenten: so geht aus Einträgen in der Kolmarer Liederhandschrift (Cgm 4997) hervor, daß sie um 1550–53 von Kolmar nach Augsburg und Ulm, 1590–91 nach Straßburg ausgeliehen und dort von Interessenten eingesehen wurde.

1.7. Nachträge

Im Lauf der Besitzgeschichte eines Buchs fielen manche Benutzerspuren an, die von seinem Gebrauch Zeugnis ablegen. Auch wenn solche nachträglichen Zutaten anonym bleiben, zeigen sie doch die Interessenschwerpunkte späterer Leser an bestimmten Texten an und sind für deren Weiterleben aufschlußreich.[31] Register wurden nachträglich als

---

[27] Stammbücher des 16. Jahrhunderts, hg. von W. Klose (Wolfenbütteler Forschungen 42), Wiesbaden 1989; darin besonders: H. Henning, Zu Entstehung und Inhalt der Stammbücher des 16. Jahrhunderts, S. 33–50; F. Heinzer, Das Album amicorum des Claude de Senarclens (1545–69), S. 95–124.
[28] Vgl. J. Dielitz, Die Wahl- und Denksprüche, Feldgeschreie, Losungen, Schlacht- und Volksrufe besonders des Mittelalters und der Neuzeit, Frankfurt/M. 1884, Nachdr. Vaduz 1963.
[29] L. Kurras, Die Münchener Titurelhandschrift als Stammbuch des Johann Fernberger von Egenberg, in: Codices manuscripti 12 (1986), S. 82f.; dies., Zwei österreichische Adelige des 16. Jahrhunderts und ihre Stammbücher, in: Stammbücher des 16. Jahrhunderts (Anm. 27), S. 125–135, dort S. 133 weitere Beispiele für Verwendung deutscher Epenhandschriften als Stammbuch.
[30] Zu Lesereinträgen vgl. Fechter (Anm. 2) S. 88; Becker S. 70.
[31] W. Milde, Metamorphosen: Die Wandlung des Codex durch den Leser oder der 3. Aspekt der Handschriftenkunde, ein Überblick, in: Gutenberg-Jahrbuch 70 (1995), S. 27–36.

Benutzungshilfen angelegt;[32] jüngere Nachträge auf freigebliebenen Seiten oder beigebundenen Blättern oder Lagen ergänzten oder aktualisierten den ursprünglichen Text der Handschrift,[33] wie etwa Fortsetzungen von Chroniken bis in die Zeit des Nachtrags hinein, neue Verordnungen zur Ergänzung von Rechtshandschriften oder zusätzliche medizinische Rezepte in Arzneibüchern. Andere Besitzer nutzten die Freiräume zum Aufzeichnen von allerlei Kleintexten, Notae, Segen, Versen und ähnlichem Schriftgut.

Texte wurden nicht nur von Korrektoren, sondern auch von den Besitzern der betreffenden Handschrift gelegentlich verbessert[34] oder, wenn der Codex zum betreffenden Zeitpunkt bereits fragmentarisch vorlag, aus einer anderen Quelle ergänzt. In der Gießener Handschrift 97 von Hartmanns von Aue ‚Iwein' aus dem 2. Viertel des 13. Jahrhunderts ergänzte 1531 ein Leser eine Textlücke auf eingefügten neuen Pergamentblättern; eine defekte Handschrift von ‚Der Heiligen Leben' (Cgm 538) wurde noch 1773 von dem Berchtesgadener Buchbinder und Buchhändler F. A. Loder vervollständigt.

Auch Randnotizen späterer Leser oder deren Hinweise auf Textstellen, die ihnen bemerkenswert schienen, können für die Rezeption eines Textes von Interesse sein[35] und sollten auch in ihrer zeitlichen Abfolge nach Möglichkeit voneinander abgehoben werden. Schließlich sind

---

[32] Dazu vgl. oben S. 163; H. Meyer, Ordo rerum (S. 163 Anm. 178) S. 335–337.
[33] Selbst hochmittelalterliche liturgische Prachthandschriften enthalten häufig Nachträge auf Leerseiten, die meist mit der betreffenden Kirche in Zusammenhang stehen: Schatz- und Reliquienverzeichnisse, Besitz- und Rechtsaufzeichnungen, Namenlisten und chronistische Einträge; vgl. dazu F. M. Bischoff, Systematische Lagenbrüche, in: Rationalisierung der Buchherstellung, hier: S. 98; A. von Euw, Früh- und hochmittelalterliche Evangelienbücher im Gebrauch, in: Der Codex im Gebrauch, hg. von C. Meier, D. Hüpper und H. Keller (Münstersche Mittelalter-Schriften 70), München 1996, S. 21–30.
[34] Nikolaus Cusanus versah die Abschrift lateinischer Texte von Meister Eckhart, die in seinem Auftrag zusammengestellt worden war (Kues, St. Nikolausspital Cod. 21), mit eigenhändigen Textänderungen und Marginalien, überwiegend Hinweisen wie *nota bene* u. ä., um sich selbst den Text übersichtlicher zu machen und Stellen, die für ihn von Wichtigkeit waren, leicht wiederfinden zu können; vgl. J. Koch (Hg.), Meister Eckhart, Lateinische Werke IV, Stuttgart 1956, S. XXI–XXIII.
[35] Vgl. A. R. Deighton, Die Randbemerkungen in den Handschriften des ‚Tristan' Gottfrieds von Straßburg, in: Euphorion 78 (1984), S. 266–274, untersucht die späteren Lesernotizen des 15. Jahrhunderts in den Tristanhandschriften H, B, N und O; H. Lülfing, Textüberlieferung – Marginalienforschung – Literärgeschichte, in: De captu lectoris. Wirkungen des Buches im 15. und 16. Jahrhundert, hg. von W. Milde und W. Schuder, Berlin 1988, S. 189–194 zur Geschichte der Randnotizenerforschung. Zu den mit Kritzeleien und Zeichnungen ausgefüllten Freiräumen in den Handexemplaren von Studenten vgl. A. D'Haenens, Que faisaient les étudiants a partir du XVe siècle des textes qu'on leur imposait a l'université? Le non-textuel dans les manuels des étudiants de l'université de Louvain, in: Manuels, programmes de cours et techniques de l'enseignement dans les universités médiévales, hg. von J. Hamesse, Louvain 1994, S. 401–442 mit Abb.

Einträge über Kaufpreise aus unterschiedlichen Zeiten von Interesse, die in manchen Handschriften aus Privatbesitz meist in den Innendeckeln notiert sind.[36]

1.8. Federproben

Neben solchen für die Geschichte einer Handschrift aufschlußreichen Benutzerspuren weisen zahlreiche Codices weitere Zeichen des Gebrauchs auf, die mit dem Text in keinerlei Beziehung stehen und das betreffende Buch lediglich als Beschreibstoff nutzen: die Federproben. Sie stammen selten von den Schreibern der Handschrift selbst, sondern sind meist von anderen Händen wohl der späteren Besitzer oder Benutzer auf leeren Vor- und Nachsatzblättern und Spiegeln, auch auf freien Stellen innerhalb des Bandes eingetragen worden. Solche Schreibproben zum Prüfen des Federzuschnitts können von der blossen Kritzelei bis zur Aufzeichnung von lateinischen und deutschen Sprüchen und Versen jeglichen Inhalts reichen; beliebt waren auch Brief- oder Urkundenformeln. Ein frühes deutsches Beispiel ist der Eintrag der ‚armen Engelbirne' um die Mitte des 13. Jahrhunderts in die etwas ältere Handschrift der lateinischen und deutschen Ulrichslegenden (Cgm 94): *Probacio penne. Minne ist meister*[37]. Die ursprünglich leeren Anfangs- und Schlußblätter zahlreicher deutscher Pergamenthandschriften des 13. Jahrhunderts in Privatbesitz wurden im 14. und 15. Jahrhundert mit solchen Federproben bekritzelt, aus denen sich selten konkrete Anhaltspunkte über Ort und Zeit ihrer Entstehung herauslesen lassen; am ehesten können noch die in Urkundenformeln gelegentlich genannten Namen oder Orte auf einen bestimmten Umkreis deuten.

---

[36] Die in den Handschriften genannten Bücherpreise sind allerdings wenig aussagekräftig, da meist der Zeitpunkt der Eintragung nicht genau bestimmt werden kann; zudem ist über die Kaufkraft der unterschiedlichen Währungen zu verschiedenen Zeiten wenig bekannt, vgl. Brandis, Handschriften- und Buchproduktion (S. 69 Anm. 128) S. 187f., S. 195f. weitere Literatur; Wolf S. 118f. Anm. 227; Belege für Bücherpreise bei Wattenbach S. 545–553; zu den Herstellungskosten von Handschriften in Frankreich im 14. und 15. Jahrhundert vgl. Bozzolo/Ornato S. 19–48; in Karlsruhe Cod. Don. 97 des ‚Rappoltsteiner Parzival' (1331–36) sind die Verfasser- und Schreiberhonorare in den Schlußversen genannt, vgl. Schneider, Got. Schr. II, S. 140; Belege für Preise, die die Weseler Fraterherren für ihre im Auftrag kopierten Handschriften erzielten, bei T. Kock, Theorie und Praxis (S. 72 Anm. 138) S. 204–208.

[37] Dat. Hss. München I, Abb. 222; weitere Beispiele von Versen aus literarischen Texten als Federproben bei K. Gärtner, Der Anfangsvers des *Gregorius* Hartmanns von Aue als Federprobe in der Trierer Handschrift von Konrads von Würzburg *Silvester*, in: Literatur-Geschichte-Literaturgeschichte, FS für V. Honemann, hg. von N. Miedema und R. Suntrup, Frankfurt/M. 2003, S. 105–112.

Neben reinen Federproben finden sich auf ursprünglich leergebliebenen Blättern und Spiegeln häufig auch Schreibübungen, Probe- und Musteralphabete oder Zitate und Sprüche;[38] manche solcher Übungsblätter aus dem Schulbetrieb, die für die Geschichte des Schreibunterrichts aufschlußreich sind, fielen als ursprüngliche Einzelblätter auch als Makulatur für Buchbindezwecke an und wurden z. B. als Spiegel verwendet, stehen also mit der Handschrift selbst in keiner Beziehung.

1.9. Sammlungen deutschsprachiger Handschriften in mittelalterlichen Privatbibliotheken

Deutschsprachige Handschriften weltlichen wie religiösen Inhalts finden sich in manchen Bibliotheken des 15. und 16. Jahrhunderts im Besitz adeliger oder bürgerlicher privater Büchersammler.[39] Ihr ehemaliger Bestand ist heute meist nur noch durch erhaltene Bücherverzeichnisse bekannt und danach teilweise rekonstruierbar, jetzt aber zerstreut und nur in Resten erhalten wie die aus dem ‚Ehrenbrief' bekannte Sammlung des Jakob Püterich von Reichertshausen,[40] die Tiroler Adelsbibliothek des Anton von Annenberg,[41] die Bibliothek der Grafen von Manderscheid auf Schloß Blankenheim in der Eifel, die zu Ende des 18./Anfang des 19. Jahrhunderts aufgelöst wurde,[42] die Frundsbergische Bibliothek mit einem hohen Anteil an mittelalterlichen Handschriften.[43] Andere Privatsammlungen mit mittelalterlichem Grundbestand blieben durch die Jahrhunderte weitgehend erhalten: erst 1980 ging die Bibliothek der Fürsten zu Oettingen-Wallerstein,

---

[38] B. Bischoff, Elementarunterricht und Probationes pennae in der 1. Hälfte des Mittelalters, in: ders., Mittelalterliche Studien I, Stuttgart 1966, S. 74–87, mit einer Zusammenstellung gängiger lateinischer Sprüche und Verse, die als Schreibübung dienten; vgl. auch Spilling, Schreibkünste S. 106–108.

[39] Becker S. 194–221 zu den Privatbibliotheken mit Handschriften höfischer Epik; H. Gier, Kirchliche und private Bibliotheken in Augsburg während des 15. Jahrhunderts, in: Literarisches Leben in Augsburg (S. 69 Anm. 127) S. 97f.

[40] K. Grubmüller, ²VL 7,918–923; die einzige Handschrift des Ehrenbriefs, eine späte Abschrift um 1590, nach Stationen in Herzogenburg und Malibu heute in München, Cgm 9220; Faksimile in: Bayerische Staatsbibliothek. Jakob Püterich von Reichertshausen: Der Ehrenbrief (Kulturstiftung der Länder, Patrimonia 154), München 1999.

[41] Von den ursprünglich ca. 250 Bänden (Handschriften und Inkunabeln) sind noch 27 erhalten, vgl. F. Fürbeth, Die spätmittelalterliche Adelsbibliothek des Anton von Annenberg, ihr Signaturensystem als Rekonstruktionshilfe, in: Sources (S. 144 Anm. 125) S. 61–78.

[42] A. R. Deighton, Die Bibliothek der Grafen von Manderscheid-Blankenheim, in: Archiv für Geschichte des Buchwesens 26 (1986), S. 259–283, mit einem Verzeichnis der erhaltenen 69 Handschriften nach ihren heutigen Standorten S. 277–281.

[43] F. Geldner, Die Bibliothek der Herren von Frundsberg auf der Mindelburg, in: Archiv für Geschichte des Buchwesens 9 (1969), S. 239–294.

deren Kernbestand Familienbesitz des 15. Jahrhunderts war,[44] durch Kauf an die Universitätsbibliothek Augsburg über; ebenfalls vor kurzem wurde auch die gräflich Ortenburgische Bibliothek auf Schloß Tambach aufgelöst.[45] Die bedeutenden spätmittelalterlichen Privatbibliotheken des Hartmann Schedel[46] und der Fugger,[47] die neben überwiegend lateinischen auch deutsche Handschriften enthielten, kamen durch Verkauf an andere Besitzer; Johann Jakob Fuggers Bibliothek mit der inkorporierten Schedelschen Sammlung ließ Herzog Albrecht V. von Bayern 1571 für seine Hofbibliothek ankaufen.[48] In den Grundstock der Wiener Nationalbibliothek ist die alte Sammlung deutscher Handschriften der Habsburger auf Schloß Ambras eingegangen,[49] die Bibliotheca Palatina zu Heidelberg enthält auch die älteren deutschen Handschriften der pfälzischen Kurfürsten und ihrer Ehefrauen.[50] Ein relativ kleiner Kern mittelalterlichen Familienbesitzes, dazu ein Teil der Sammlungen der Grafen von Zimmern und von Helfenstein hatte sich in der Fürstlich Fürstenbergischen Bibliothek zu Donaueschingen erhalten, die erst 1992/93 durch das Land Baden-Württemberg angekauft wurde und deren deutschsprachige Codices jetzt überwiegend in der Badischen Landesbibliothek Karlsruhe liegen.[51]

---

[44] Alte Bücherverzeichnisse des 15. Jahrhunderts abgedr. von P. Ruf, MBK III S. 157–161, Nr. 50–52.
[45] Mittelalterliche Bücherliste abgedr. MBK IV,1, S. 15f.; 40 Handschriften und Fragmente der Sammlung wurden 1993 von der Staatsbibliothek zu Berlin angekauft, vgl. P. J. Becker und T. Brandis, Eine Sammlung von 40 altdeutschen Handschriften für die Staatsbibliothek zu Berlin (Kulturstiftung der Länder, Patrimonia 87), Berlin 1995.
[46] Schedels Bibliothekskatalog abgedr. von P. Ruf, MBK III, S. 805–839; zu seiner Bibliothek vgl. R. Stauber, Die Schedelsche Bibliothek, Freiburg/Br.1908; B. Hernad (S. 159 Anm. 167), bes. S. 16, 33–37; W. Milde, Über Anordnung und Verzeichnung von Büchern in mittelalterlichen Bibliothekskatalogen, in: Scriptorium 50 (1996), S. 269–278, hier: S. 276f.
[47] Die Schedelsche Bibliothek ging 1552 in den Besitz der Fugger über. Zu den Sammlungen der verschiedenen Mitglieder der Familie Fugger P. Lehmann, Eine Geschichte der alten Fuggerbibliotheken, Bd. 1–2, Tübingen 1956.
[48] O. Hartig, Die Gründung der Münchener Hofbibliothek durch Albrecht V. und Johann Jakob Fugger (Abhandlungen der K. Bayerischen Akademie der Wissenschaften, phil.-hist. Kl. 28,3), München 1917.
[49] H. Menhardt, Verzeichnis der altdeutschen literarischen Handschriften der Österreichischen Nationalbibliothek Bd. 1, Berlin 1960, S. 14f.
[50] E. Mittler, Die Bibliotheca Palatina, in: Mit der Zeit, Wiesbaden 1986, S. 7–50, hier besonders: S. 13–15.
[51] F. Heinzer, Zur Geschichte der Fürstlich Fürstenbergischen Handschriftensammlung, in: ‚Unberechenbare Zinsen', Ausstellungskatalog Stuttgart-Karlsruhe 1993, S. 5–13; der Hauptbestand der deutschen mittelalterlichen Zimmernschen Handschriften gelangte allerdings durch Schenkung 1576 in die Ambraser Sammlung, vgl. ebd. S. 7f.; ders., Die neuen Standorte der ehem. Donaueschinger Handschriftensammlung, in: Scriptorium 49 (1995), S. 312–319.

2. Handschriften im Erstbesitz von Klöstern und geistlichen Institutionen

Die meisten der oben genannten Benutzerspuren gelten nicht ausschließlich für Codices in weltlichem Privatbesitz. Leser- und Vorbesitzereinträge, Register, Nachträge, Randnotizen, Federproben, Ausleihvermerke und andere Zeugnisse des Gebrauchs finden sich ebenso in den zahlenmäßig unter den deutschsprachigen Handschriften viel stärker vertretenen Büchern in ursprünglichem Klosterbesitz.

2.1. Bibliotheksvermerke

Solche Bände geben ihre Provenienz häufig durch einen alten Besitzvermerk zu erkennen, der von einem Kloster zum anderen in der Formulierung variiert und der meist den Ort, den Klosterpatron und den Orden nennt.[52] Er wurde auf Spiegel-, Vor- oder Nachsatzblättern oder direkt über dem Textanfang, gelegentlich auch an mehreren Ober- oder Unterrändern im Buchinnern eingetragen und stammt überwiegend von der Hand des jeweiligen Bibliothekars oder der Buchmeisterin des betreffenden Konvents. In der Sprache richtet sich der Besitzvermerk meist nach dem Inhalt der Handschrift; auch spielt bei der Formulierung eine Rolle, ob der Codex einer eigens aufgestellten Sammlung deutschsprachiger Bücher angehörte oder als vereinzelter deutscher Text einer lateinischen Klosterbibliothek inkorporiert war.[53] Die Besitzvermerke deutschsprachiger Nonnenbibliotheken sind fast immer deutsch formuliert; selbst die lateinischen liturgischen Handschriften des Nürnberger Katharinenklosters, die nicht in der allgemeinen Klosterbibliothek, sondern im Chor zum Gottesdienst separat aufgestellt waren, tragen meist deutschsprachige Besitzvermerke. Zahlreich sind unlokalisierte Einträge; die Augsburger Dominikanerinnen zu St. Katharina kennzeichneten ihre Handschriften nur mit dem Vermerk *Das buech gehordt in das buechampt*. Solche anonymen Stand-

---

[52] Z. B. Nürnberg, Katharinenkloster: *Daz puch gehort in daz closter zu sant Kathrein in Nurenberg prediger orden*; München, Pütrich-Regelhaus (Terziarinnen): *In die gemain des regelhaus der Pitterich*; Tegernsee (Benediktiner), Sammlung der libri vulgares: *Das puch ist Tegernsee; Das puchlein gehort zu dem closter Tegernsee; Das puch ist des closters sanndt Quirein des martrers zu Tegernsee* u. ä.; Rebdorf (Augustinerchorherren), Laienbrüderbibliothek: *Das puch gehort den leyenbrüder zu Rebdorff in das gemein* u. ä.

[53] W. Milde, Deutschsprachige Büchertitel in mittelalterlichen Bibliothekskatalogen, in: Latein und Volkssprache im deutschen Mittelalter 1100–1500, Regensburger Colloquium 1988, hg. von N. Henkel und N. F. Palmer, Tübingen 1992, S. 52–61.

2. Handschriften im Erstbesitz von Klöstern

ortbezeichnungen lassen sich nur im Vergleich mit lokalisierbaren Bänden der gleichen Bibliothek identifizieren.

Speziell in Frauenklöstern gab es auch Bücher in Privatbesitz: neben bestimmten Liturgica, deren Besitz den Schwestern direkt vorgeschrieben war,[54] waren ihnen vielerorts zur persönlichen Andacht eigene Bücher gestattet, die sie mit ihrem Namenseintrag als ihr Eigentum bezeichneten. Im Nürnberger Katharinenkloster wurden die zahlreichen Bücher im Privatbesitz der Schwestern, überwiegend Gebet- und Andachtsbücher, in einem eigenen Katalog verzeichnet[55] und auf diese Weise auch als dem Kloster zugehörig erfaßt; sie fielen nach dem Tod der Besitzerin, wenn sie nicht an eine Mitschwester vererbt wurden, an die allgemeine Klosterbibliothek. Solche eigenen Handschriften zur privaten religiösen Erbauung, entweder aus Familienbesitz mit ins Kloster gebracht oder dort selbst geschrieben, besaßen Angehörige der verschiedensten Orden, sie waren z. B. üblich bei den Drittordensschwestern des Münchner Pütrich-Regelhauses oder bei den Zisterzienserinnen von Kirchheim im schwäbischen Ries.

2.2. Signaturen

Neben den alten Besitzeinträgen, die bei Besitzerwechsel nicht selten übermalt, radiert oder überklebt wurden, weisen auch die alten Bibliothekssignaturen auf klösterlichen Vorbesitz. Das Signieren der Handschriften größerer Bibliotheken stand wohl meist im Zusammenhang mit der Erstellung eines Bibliothekskatalogs.[56] Bibliothekssignaturen kamen im deutschsprachigen Raum verhältnismäßig spät auf und sind fast nur mit Beispielen des 15. Jahrhunderts zu belegen;[57] die älteren Klosterbibliotheken kamen noch ohne diese Standortbezeichnung aus, obwohl sich schon in den frühen Bücherverzeichnissen seit

---

[54] Vgl. S. 55 und Anm. 95.
[55] Nürnberg StB Cent. VII 92, zwischen 1451–57 erstellt, danach nicht mehr weitergeführt, listet über 100 deutsche Handschriften im Privatbesitz der Schwestern auf; abgedr. von P. Ruf, MBK III,3 S. 578–596.
[56] Quellensammlungen mittelalterlicher deutscher Bibliothekskataloge, bisher vor allem Süddeutschlands und der Schweiz (darüber hinaus bis jetzt nur für Erfurt; Köln in Vorbereitung) sind abgedruckt in den MBK, letzter erschienener Band: IV,3 (2009). Dort sind neben Klosterkatalogen auch Ausleihlisten, private Bücherverzeichnisse, testamentarische Büchervermächtnisse u. a. abgedruckt. Die österreichischen Kataloge sind vollständig herausgegeben: Mittelalterliche Bibliothekskataloge Österreichs, Wien 1915ff. – Allgemein zu den alten Bibliothekskatalogen vgl. Boyle Nr. 1306–1338; A. Derolez, Les catalogues de bibliothèques (Typologie des sources du moyen age occidental 31), 1979; zur bibliothekstechnischen Organisation deutscher Handschriften vgl. C. Bauer, Geistliche Prosa im Kloster Tegernsee (MTU 107), 1996, S. 29–39 mit weiterer Literatur.
[57] Bauer (Anm. 56) S. 38.

dem 9. Jahrhundert eine gewisse Systematik in der Aufstellung der Handschriften erkennen läßt.[58] Die Signaturen wurden auf Papier- oder Pergamentschildchen auf dem Vorderdeckel angebracht, auch gelegentlich im Vorderdeckel eingetragen, selbst innerhalb der gleichen Bibliothek nicht immer in einheitlicher Form. Das geläufigste Signiersystem orientierte sich daran, daß in den alten Klosterbibliotheken für jedes Fachgebiet ein Pult oder ein Schrank mit mehreren Fächern vorgesehen war,[59] der meist mit einem Großbuchstaben bezeichnet wurde. Die Anordnung der einzelnen Fachgebiete begann mit der Bibel und ihren Kommentaren und reichte über die Schriften der Kirchenväter und Autoritäten, die juristische und medizinische Literatur bis zu den Artes. Innerhalb des Fachs wurden die Handschriften laufend durchgezählt; diese zweiteilige, aus Buchstabe und Zahl zusammengesetzte Signierung vom Typ A 1 ff. wurde im 15. Jahrhundert am häufigsten verwendet.[60] Signaturen dieses Typs trugen z. B. die Handschriften des Nürnberger Katharinenklosters;[61] die Schwestern befolgten damit die Vorschriften zur Ordnung von Dominikanerbibliotheken, die in Johannes Meyers Ämterbuch von 1454 für Frauenklöster des Ordens formuliert sind.[62] Zweiteilige Signaturen dieses Typs, aus Großbuchstaben und arabischen oder römischen Zahlen kombiniert, waren auch in anderen Orden zur Kennzeichnung der lateinischen Handschriften üblich, z. B. in den Benediktinerklöstern St. Egidien/Nürnberg,[63] St. Mang/

---

[58] K. W. Humphreys, The early medieval library, in: Paläographie 1981, S. 59–70, hier: S. 68; Überblick über Geschichte, Bestand, alte Kataloge und Systematik in den mittelalterlichen Klosterbibliotheken der verschiedenen Orden im deutschsprachigen Raum bei L. Buzas, Deutsche Bibliotheksgeschichte des Mittelalters (Elemente des Buch- und Bibliothekswesens 1), Wiesbaden 1975, S. 17–94, Literatur S. 163–168.

[59] Vgl. E. Lehmann, Die Bibliotheksräume der deutschen Klöster im Mittelalter, Berlin 1957, S. 8–19 und Abb. 56 des Bibliotheksraums von St. Peter und Walpurga in Zutphen mit erhaltenen alten Pulten.

[60] W. Milde, Über Anordnung und Verzeichnung (Anm. 46) S. 269–278. B. Schnell, Zur Bedeutung der Bibliotheksgeschichte für die Überlieferungs- und Wirkungsgeschichte, in: Überlieferungsgeschichtliche Prosaforschung (Anm. 1) S. 221–230 weist darauf hin, daß die Position einer Handschrift in einer bestimmten Fachgruppe einer Bibliothek für ihren Stellenwert aussagekräftig ist.

[61] Alter Katalog (Nürnberg StB Cent. VII 79) abgedr. von F. Jostes, Meister Eckhart und seine Jünger, Freiburg/Schweiz 1895, Neudr. mit Nachwort von K. Ruh, Berlin 1972, S. 113–160; P. Ruf, MBK III,3, S. 596–637.

[62] Kapitel ‚Von dem ampt der buchmeistrin, und wie man alle buch der liberie des closters eigenlichen zeichnen sol' abgedr. von K. Christ, Mittelalterliche Bibliotheksordnungen, in: ZfB 59 (1942) S. 25 f.; zur Quelle von Meyers Vorschriften, ‚De instructione officialium' von Humbertus de Romanis, vgl. Bauer (Anm. 56) S. 38 Anm. 42; A. Walz, Vom Buchwesen im Predigerorden, in: Aus der Geisteswelt des Mittelalters, FS für M. Grabmann, Münster 1935, S. 111–127, hier: S. 124.

[63] MBK III,3 S. 430–503.

2. Handschriften im Erstbesitz von Klöstern

Füssen,[64] der Stiftsbibliothek St. Gallen,[65] im Augustinerchorherrenstift Rebdorf[66] oder in den Kartausen Mainz[67] und Buxheim.[68] Doch es waren auch andere Signierweisen in Gebrauch: zwei Großbuchstaben (AA, AB etc. – PE) bei den Nürnberger Franziskanern,[69] dreiteilige mit einem Buchstaben (L für das Fach der deutschsprachigen Bücher) zwischen 2 arabischen Zahlen (z. B. 7.L.4) auf rhombenförmigem Schildchen bei den Benediktinern von St. Ulrich und Afra/Augsburg.[70] Das Zisterzienserkloster Altzelle verwendete verschiedene Farben für die Signaturen der einzelnen Fachgebiete.[71]

In den Bibliotheken der Männerklöster standen im allgemeinen im lateinischen Handschriftenbestand nur vereinzelte deutschsprachige Handschriften.[72] In einigen Konventen wurden die volkssprachigen Bücher von der allgemeinen Bibliothek separiert, eigens signiert und in gesonderten Verzeichnissen katalogisiert. Diese Praktik ist bei Klöstern festzustellen, die vor allem im 15. Jahrhundert nach den Ordensreformen eigene kleine deutschsprachige Bibliotheken für ihre Laienbrüder schufen,[73] z. B. die Benediktiner von St. Emmeram/Regensburg[74] oder die Augustinerchorherren in Rebdorf.[75] In diesen beiden Sammlungen wurden die deutschen Bücher mit einfachen Großbuchstaben signiert; das Alphabet reichte für die wenigen Bücher der lateinunkundigen Laienbrüder aus. Die umfangreiche Bibliothek deutscher Handschriften des Klosters Tegernsee, die wohl ebenfalls für die klö-

---

[64] Vgl. G. Hägele, Lateinische mittelalterliche Handschriften in Folio der UB Augsburg I, Wiesbaden 1996, S. 18f.

[65] Im Katalog von 1461, vgl. J. Duft, Die Handschriften-Katalogisierung in der Stiftsbibliothek St. Gallen vom 9. bis zum 19. Jahrhundert, in: Die Handschriften der Stiftsbibliothek St. Gallen, Cod.1726–1984, bearb. von B. M. von Scarpatetti, St. Gallen 1983, hier: S. 28*-36*.

[66] MBK III,2 S. 264–316.

[67] H. Schreiber, Die Bibliothek der ehemaligen Mainzer Kartause, ZfB Beiheft 60 (1927), Nachdr. Wiesbaden 1968, S. 20–31, 35.

[68] Katalog um 1450: MBK III,1 S. 91–101.

[69] Katalog um 1448: MBK III,3 S. 755–765.

[70] R. Schmidt, Reichenau und St. Gallen. Ihre literarische Überlieferung zur Zeit des Klosterhumanismus in St. Ulrich und Afra zu Augsburg um 1500, Sigmaringen 1985, S. 68 und 79f. zum Schrank L mit deutschsprachiger Literatur.

[71] Vgl. Buzas (Anm. 58) S. 146.

[72] Aufzählung solcher vereinzelter deutscher Handschriften in alten Bibliothekskatalogen bei Bauer (Anm. 56) S. 33f. Anm. 25.

[73] K. Schreiner, Gebildete Analphabeten? Spätmittelalterliche Laienbrüder als Leser und Schreiber wissensvermittelnder und frömmigkeitsbildender Literatur, in: Wissensliteratur im Mittelalter Bd. 13, Wiesbaden 1993, S. 296–327, bes. S. 314f.

[74] Alter Katalog der St. Emmeramer Laienbrüderbibliothek abgedr. von C. Ineichen-Eder, MBK IV,1 S. 381–383; vgl. K. Schneider, Deutsche mittelalterliche Handschriften aus bayerischen Klosterbibliotheken, in: Bibliotheksforum Bayern 9 (1981) S. 51f.; Liste der Handschriften bei Bauer (Anm. 56) S. 36 Anm. 32.

[75] Zusammenstellung der Rebdorfer Laienbrüderbibliothek von Bauer (Anm. 56) S. 211–240.

sterlichen Laien bestimmt war, wurde um 1500 im Katalog des Konrad Sartori in der Abteilung ‚Vulgares libri' unter den Buchstabensiglen OO und PP, jeweils mit laufender Nummer verbunden, zusammengestellt.[76] Die deutschen Handschriften der Mainzer Kartause waren ebenfalls gesondert unter der Signatur X aufgestellt.[77]

Erschwert wird die Identifizierung einzelner alter Bibliothekssignaturen durch den Umstand, daß die Signiersysteme innerhalb eines Klosters im Lauf der Jahrhunderte, sogar bereits im 15. Jahrhundert mehrfach geändert wurden und sich überlagerten. Die Handschriften der Nürnberger Kartause wurden bereits zu Ende des 15. Jahrhunderts umsigniert und die alten Schildchen überklebt;[78] eine Neusignierung fand noch im 15. Jahrhundert in der Basler Kartause statt,[79] die spätmittelalterlichen Signaturen von St. Peter in Salzburg sind durch ein barockes System großenteils getilgt.[80] Vier verschiedene Signiersysteme zwischen dem Ende des 15. und dem 18. Jahrhundert überlagern sich in der Bibliothek von St. Emmeram/Regensburg.[81] Am ehesten lassen sich alte Signaturen ohne sonstige Besitzvermerke einem bestimmten Kloster zuordnen, wenn eine größere Anzahl von Handschriften aus der gleichen Bibliothek geschlossen erhalten geblieben ist, wie dies für größere Teile der Bibliotheken des Nürnberger Katharinenklosters, der Handschriften von St. Peter in Salzburg und generell der bayerischen Klöster in der Bayerischen Staatsbibliothek der Fall ist.[82]

2.3. Weitere Provenienzhinweise

Als Besitz eines bestimmten Klosters sind gelegentlich Handschriften bereits im Schreiberkolophon gekennzeichnet, wenn es sich um Auftragsarbeiten handelt, die von einem Konvent an einen Berufsschreiber ausgegeben wurden. Vor allem lateinische Standardwerke wurden im

---

[76] Bauer (Anm. 56) S. 42, Zusammenstellung des Bestands S. 44–118.
[77] Schreiber (Anm. 67) S. 46–49; ein mittelalterlicher Katalog ist nicht erhalten.
[78] Die Handschriften der StB Nürnberg II,1, Wiesbaden 1967, S. XII.
[79] M. Burckhardt, Bibliotheksaufbau, Bücherbesitz und Leserschaft im spätmittelalterlichen Basel, in: Studien zum städtischen Bildungswesen des späten Mittelalters und der frühen Neuzeit, hg. von B. Moeller, H. Patze und K. Stackmann (Abhandlungen der Akademie der Wissenschaften in Göttingen, phil.-hist. Kl., 3. Folge 137), Göttingen 1983, S. 33–52, hier: S. 35–37.
[80] G. Hayer, Die deutschen Handschriften des Mittelalters der Erzabtei St. Peter zu Salzburg, Wien 1982, S. XII.
[81] E. Wunderle, Die Handschriften aus St. Emmeram (S. 167 Anm. 190) S. XX f., Konkordanz S. 445–448.
[82] Heutige Standorte größerer Bestände von Klosterbibliotheken sind in MBK bei den jeweiligen alten Bibliothekskatalogen nachgewiesen sowie bei S. Krämer, Handschriftenerbe des deutschen Mittelalters (MBK Erg.bd. I), München 1989; Registerband von S. Krämer und M. Bernhard, München 1990.

15. Jahrhundert häufig von Klosterbibliotheken auf diese Weise beschafft.

Der Augsburger Berufsschreiber und Kalligraph Heinrich Molitor arbeitete in der 2. Hälfte des 15. Jahrhunderts für die Klöster Tegernsee und Scheyern;[83] die Nürnberger Dominikaner ließen ganz überwiegend ihre Handschriften, teilweise auf Kosten privater Stifter, außerhalb des Klosters von Berufsschreibern anfertigen.[84] In viel geringerem Ausmaß sind vereinzelt auch deutschsprachige Handschriften als Auftragsarbeiten für Klöster von ihren Schreibern gekennzeichnet: ein Chunrad Welker schrieb einen ‚Großen Tauler' i. J. 1458 (Cgm 627) für das Augustinerchorherrenstift Rebdorf im Auftrag des Priors Johannes, obwohl im Kloster selbst deutsche Handschriften hergestellt wurden; Heinrichs von St. Gallen Passionstraktat und Johannes Hartliebs Brandanlegende wurden 1457 im Auftrag des Priors von Schäftlarn geschrieben (Cgm 689, Teil I). Der Berufsschreiber Johannes Clingenstamm in Weilheim war mehrfach für das Benediktinerkloster Wessobrunn tätig,[85] ein Wolfgang Klammer arbeitete für Tegernsee.[86]

Neben den alten Besitzeinträgen, Bibliothekssignaturen oder auch Kauf- und Schenkungsvermerken können weitere Indizien helfen, Handschriften als Eigentum bestimmter Klöster zu erkennen. Das Identifizieren von einzelnen Händen als Angehörigen eines bestimmten Skriptoriums anhand ihres Schreibstils ist im allgemeinen nur für frühmittelalterliche Handschriften möglich; bei Codices des späten Mittelalters gelingt eine solche Skriptoriumsbestimmung nur, wenn Vergleichsmöglichkeiten mit anderen, gleichzeitig im selben Konvent entstandenen Codices gegeben sind, also vor allem dann, wenn größere Klosterbestände geschlossen bis heute erhalten geblieben sind. Hier läßt sich das Zusammenwirken gleichzeitiger klösterlicher Schreiber oder Schreiberinnen in einem bestimmten Skriptorium nachvollziehen und auch zeitlich eingrenzen, wie etwa im Nürnberger Katharinenkloster nach der Ordensreform. Auch Einträge von Lesern, die sich als Angehörige eines bestimmten Konvents nennen, helfen zur Provenienzbestimmung.[87]

Ein anderes Indiz für Erstbesitz eines bestimmten Konvents können die Einbandstempel bekannter Klosterbuchbindereien liefern.[88] Auch die verwendete Einbandmakulatur kann, falls sie aus Urkunden und

---

[83] Schneider, Berufs- und Amateurschreiber (S. 69 Anm. 127) S. 12 f., S. 24 mit weiterer Literatur.
[84] Die Handschriften der Stadtbibliothek Nürnberg Bd. II,1 S. X f.; II,2 S. XIII f.; II,3 S. VIII f.
[85] G. Steer, Hugo Ripelin von Straßburg (Anm. 22) S. 329–332 mit Abb. 29.
[86] Dat. Hss. München I S. 36 f. mit Literatur und Abb. 215 f. aus Cgm 618.
[87] Lesereinträge u. a. von Laienbrüdern in Tegernseer Handschriften sind zusammengestellt von Bauer (Anm. 56) S. 25–28, 251 Anm. 10.
[88] Vgl. S. 174.

Archivmaterial eines bestimmten Konvents stammt, in viel größerem Ausmaß als bei den Handschriften in Privatbesitz, auf die richtige Spur führen. Z. B. ist in ein lateinisch-bairisches Vokabular ohne Provenienzeintrag (Cgm 681) als Nachsatz ein Blatt aus einem Aldersbacher Bibliothekskatalog des 14. Jahrhunderts verarbeitet, der vermutlich im eigenen Kloster makuliert wurde.[89]

2.4. Heiligenfeste

Aus den Texten mancher herkunftsmäßig nicht näher bestimmbarer Handschriften läßt sich zumindesten die Ordenszugehörigkeit und gelegentlich auch das Bistum der erstbesitzenden Institution erkennen; die Ordensregeln oder Consuetudines oder gar Archivalien wie Anniversarien oder Nekrologe bestimmter Klöster bedürfen hier keiner besonderen Erwähnung. Gute Lokalisierungshilfen sind oft die Kalendarien, die dem Brevier oder dem monastischen Psalter, auch den Stundenbüchern vorangestellt sind, ebenso wie die Heiligenlitanei, die häufig auf die in Gebetbüchern viel überlieferten Bußpsalmen folgt. Die Kalendare enthalten neben den allgemeinen Kirchen- und Heiligenfesten gebräuchlicherweise auch die in einem Orden oder Bistum speziell verehrten Heiligen, eventuell auch das Datum des lokalen Kirchweihfestes (dedicatio ecclesiae), die meist mit roter Tinte hervorgehoben werden; solche Rubriken sind stets bedeutungsvoll und sollten beachtet werden. Die einzelnen Ordens- und Bistumskalender sind bei Grotefend[90] aufgelistet, sollten allerdings mit Umsicht benutzt werden, da sie in Spezialfällen nicht immer weiterhelfen. F. Heinzer[91] empfiehlt, Ordenskalendarien zur näheren Provenienzbestimmung nach Möglichkeit mit zeitgenössischen Basistexten zu vergleichen[92] und von dem ordensüblichen Grundstock dann zur Datierung die neu kanonisierten Ordensheiligen und zur Lokalisierung die zusätzlich genannten Bistumsheiligen abzuheben. Schwieriger gestaltet sich die Beurteilung von Kalendarien und Litaneien in privaten Psalterien oder Stundenbüchern, die nicht an die liturgische Ordnung gebunden sind.

Sind Orden und Bistum anhand eines Kalendars oder einer Litanei eindeutig zu ermitteln, so kann die Frage weiter verfolgt werden, welche Klöster in diesem Bereich als Entstehungsorte und Erstbesitzer

---

[89] Vgl. S. 185 mit weiterem Beispiel.
[90] Vgl. S. 145 Anm. 127; chronologische Tafeln der Heiligenfeste der verschiedenen Orden auch bei V. Leroquais, Les bréviaires manuscrits des bibliothèques publiques de France Bd. I, Paris 1934, Introduction.
[91] F. Heinzer, Aspekte der Katalogisierung liturgischer Handschriften, in: Codices manuscripti 10 (1984), S. 98–105.
[92] Für den Dominikanerorden war z. B. das Ordinarium des Humbertus de Romanis im Spätmittelalter maßgeblich, hg. von F. M. Guerrini, Rom 1921.

2. Handschriften im Erstbesitz von Klöstern 211

möglich sind. Ohne nähere Anhaltspunkte, etwa die Nennung eines Kloster- oder Altarpatroziniums, wird es hier allerdings oft bei Vorschlägen und Vermutungen bleiben, wenn nicht etwa die Möglichkeit besteht, eventuelle gleichzeitige Codices aus dem betreffenden Konvent zum Vergleich heranzuziehen.

Die Ordenszugehörigkeit eines deutschsprachigen Gebetbuchs oder Legendars läßt sich auch an speziellen Heraushebungen von Ordensheiligen ablesen; Gebete etwa *von unserm heiligen vater sant Bernhart* weisen auf Zisterzienser, *unser heiliger vater s. Franciscus, unsere heilige mutter s. Clara* auf Angehörige eines Franziskaner- oder Drittordens, Thomas von Aquin oder Petrus der Prediger werden von den Dominikanern verehrt. Bistums- oder Stadtheilige wie die Heiligen Ulrich, Afra und Narcissus in Augsburg, Kaiser Heinrich, Bischof Otto und Kunigunde in Bamberg oder St. Sebald in Nürnberg weisen ebenso auf Provenienz.

Gebetbücher aus anonymem Vorbesitz lassen gelegentlich wenigstens den Namenspatron des Vorbesitzers oder der ursprünglichen Eigentümerin erkennen. In dem Salzburger Gebetbuch Cgm 4685 wird an zwei Stellen der in Salzburg nicht speziell verehrte hl. Gabinus (*Gabein*) angerufen; er könnte der Namenspatron des Vaters der Nonnberger Äbtissin Ursula Trauner gewesen sein, das Gebetbuch wäre demnach möglicherweise für Gabein Trauner (Pfleger zu Salzburg, †1516) geschrieben worden, bevor es an das Benediktinerinnenkloster Nonnberg kam. Cgm 4701 enthält Gebete zu den Heiligen Emmeram, Dionysius und Wolfgang, den Klosterpatronen von St. Emmeram/Regensburg, und ist damit speziell für diesen Konvent von Bedeutung.

Gebete, die für weibliche Betende formuliert sind (*ich arme/ ellende / unwirdige sunderin* u. ä.), weisen nicht in allen Fällen zwingend auf Erstbesitz von Frauen. Vor allem wenn in ein und demselben spätmittelalterlichen Gebetbuch unmotivierter Wechsel zwischen männlichen und weiblichen Formulierungen festzustellen ist, muß auch mechanisches Kopieren aus verschiedenen Vorlagen in Betracht gezogen werden. In Cgm 4688, einem ostschwäbischen Gebetbuch, wechseln Formulierungen wie *din arme dinerin* mit *din armer diner*; die von einer einzigen Hand geschriebene Handschrift, für die ein *schreiber* verantwortlich zeichnet, läßt sich nicht eindeutig als Frauengebetbuch einordnen. Ein in St. Emmeram/Regensburg von Ordensgeistlichen geschriebenes Gebetbuch (Cgm 4701) enthält einige Gebete zu weiblichen Heiligen, die für Beterinnen formuliert, also wohl aus einem Frauengebetbuch unverändert übernommen wurden.

3. Handschriftenwanderungen

Nicht wenige deutschsprachige Codices enthalten außer einem Hinweis auf ihre Bibliotheksheimat im 16.–18. Jahrhundert keinerlei Aufschlüsse über ihren Erstbesitzer und die Stationen ihrer Geschichte, die sich in einem solchen Fall kaum mehr aufklären lassen. Eine Handschrift kann, muß aber nicht zwingend einem bestimmten Kloster angehört haben, wenn sie nur dessen Bibliothekseintrag des 16., 17. oder 18. Jahrhunderts trägt. Solche vor allem in der älteren Literatur, z. B. Handschriftenkatalogen der Vorkriegszeit anzutreffende Verallgemeinerungen sind heute einer kritischeren Sehweise gewichen.[93] Tatsächlich waren für viele deutschsprachige Handschriften die Klosterbibliotheken nur späte Aufbewahrungsorte; häufig fielen sie aus privatem Vorbesitz erst beträchtliche Zeit nach ihrer Entstehung einem bestimmten Konvent zu. Das betrifft weniger die Handschriften weltlicher Literatur, die kaum je ursprünglich – und auch nur selten in späterer Zeit – in Klosterbesitz waren.[94] Doch auch die im 15. Jahrhundert so zahlreich entstehenden Codices volkssprachiger Erbauungsliteratur, die Traktate, Legendare, katechetischen oder didaktisch-moralisierenden Werke, Psalterien und Gebetbücher oder auch Fachliteratur juristischer oder medizinischer Art waren, selbst wenn sie einen jüngeren Klostereintrag enthalten, zu einem sehr großen Teil ursprünglich im Besitz von Laien.[95]

Handschriften des späten 13. und des 14. Jahrhunderts, die deutsche religiöse, vielfach mystische Texte, Predigten oder Gebete enthalten, lassen nur sehr selten erkennen, ob sie ursprünglich in Klöstern entstanden oder für Laien angefertigt waren, da sie bestenfalls klösterliche Bibliothekseinträge des 15. Jahrhunderts tragen. Zu den wenigen Ausnahmen mit bekannter Erstprovenienz gehören die Einsiedler Codices 277–278 aus der 2. Hälfte des 14. Jahrhunderts mit Mechthilds von Magdeburg ‚Fließendem Licht der Gottheit' und mystischen Predigten, die aus dem (Erst-?)Besitz der Basler Bürgerin Margareta zum Goldenen Ring nach 1400 den Waldschwestern zur Vorderen Au zufielen und erst zu Anfang des 19. Jahrhunderts in die Stiftsbibliothek zu Einsiedeln kamen.

Solche Wanderungen von Büchern aus Privat- in Klosterbesitz konnten auf verschiedenen Wegen geschehen. Am häufigsten finden sich Belege dafür, daß Ordensfrauen eigene deutschsprachige Handschriften bei ihrem Eintritt ins Kloster mitbrachten oder von ihren

---

[93] Bereits 1935 warnte W. Fechter (Anm. 2) S. 25 davor, den letzten Fundort einer Handschrift mit deren Erstbesitzer gleichzusetzen.

[94] Vgl. oben Anm. 5.

[95] K. Schneider, Klosterbibliotheken (Anm. 74) S. 44–56.

Verwandten und Freunden während ihres Klosterlebens zum Geschenk erhielten. Je nach Stand und Reichtum der betreffenden Personen fielen solche Bücherschenkungen einfacher oder umfangreicher aus.

Die Dominikanerinnen des Nürnberger Katharinenklosters, die überwiegend aus dem Patriziat und reichen Nürnberger Familien stammten, brachten dem Konvent aus Privatbesitz teilweise beträchtliche Handschriftensammlungen zu, deren ursprüngliche Provenienz im alten Bibliothekskatalog jeweils vermerkt wurde; etwa die Hälfte der umfangreichen Klosterbibliothek kann als Schenkung von außen her nachgewiesen werden. 26 Codices oder Handschriftenteile stammten von der reichen Witwe Katharina Tucherin, die als Laienschwester ins Katharinenkloster eintrat und die mit der Aufzeichnung ihrer Visionen und religiösen Erlebnisse auch literarisch tätig wurde.[96] 19 Handschriften gehörten ursprünglich in die Privatbibliothek der Kunigunde Schreiberin, verschiedene zum Teil wertvolle Codices erhielt Klara Keiperin aus Privatbesitz zum Geschenk.[97] Über private Bücherschenkungen von Verwandten an die St. Galler Dominikanerinnen Justina und Agnes Blarerin unterrichtet die Klosterchronik.[98] Eine eigene Privatbibliothek mit Handschriften und Inkunabeln, die an Kostbarkeit z. T. die Bücher der Frauen aus der Nürnberger Oberschicht weit übertrafen, brachte die Herzogin Kunigunde von Bayern, Tochter Kaiser Friedrichs III. und Schwester Maximilians, dem Münchner Pütrich-Regelhaus zu, in das sie sich 1508 unmittelbar nach dem Tod ihres Gemahls, des Herzogs Albrecht IV. von Bayern zurückzog.[99] Auch Bibliotheken von Männerklöstern wurden durch mitgebrachte Handschriften aus dem Privatbesitz ihrer Konventualen bereichert, unter denen sich auch vereinzelte deutschsprachige Bücher finden, z. B. erhielt Tegernsee deutsche Handschriften von den ins Kloster eingetretenen Benediktinern Chrysogonus Krapf, Leonhard Estermann und Heinrich Crinner.[100]

Auch durch Schenkung, Stiftung oder testamentarische Verfügung ihrer privaten Eigentümer wanderten viele deutsche Handschriften

---

[96] K. Schneider, Die Bibliothek des Katharinenklosters in Nürnberg und die städtische Gesellschaft, in: Studien zum städtischen Bildungswesen (Anm. 79), S. 70–82, hier: S. 73–75; U. und W. Williams-Krapp, Die ‚Offenbarungen' der Katharina Tucher (S. 65 Anm. 117), zu ihrem Bücherbesitz S. 13–23.

[97] Schneider, Bibliothek des Katharinenklosters (Anm. 96), S. 75–79.

[98] W. Fechter, Wer war Justina Blarerin? in: ZfdA 108 (1979), S. 430–442, hier: S. 434f.

[99] F. Geldner, Vom Bücherbesitz der Herzogin Kunigunde von Baiern († 6. 8. 1520), in: Bibliotheksforum Bayern 3 (1975), S. 117–125; K. Schneider, Die deutschen Handschriften der Bayerischen Staatsbibliothek München Bd. 7 (1996), S. 9.

[100] U. a. Cgm 644, 731, 1131, 4284; vgl. G. Glauche, MBK IV,2 S. 740–746; K. Schneider, Klosterbibliotheken (Anm. 74) S. 49.

aus Laien- in Klosterbesitz.[101] Solche Bücherschenkungen sind wie andere fromme Stiftungen wohl meist als sog. Seelgerät zu sehen, als Vorsorge für das eigene Seelenheil nach dem Tod. Das Kloster nahm auf Wunsch den Stifter in sein Anniversarium auf und gewährte ihm zum Dank einen Jahrtag, an dem für ihn eine Seelenmesse gelesen wurde. Gelegentlich wurde statt des Buchs nur der Geldbetrag gestiftet, um ein gewünschtes Werk für die Klosterbibliothek anfertigen zu lassen. In manchen Bänden wurde der Name des Stifters vermerkt, der die Handschrift zum Nutzen des Konvents *geschafft, geoffert* oder auch *gezecht* (lat.*obtulit*) hatte. Die Engelberger Handschrift 243 von ‚Der Tugenden Buch', 1381 geschrieben, wurde 1383 von Heinrich von Gerlingen *dur got* den Klosterfrauen von Engelberg gestiftet.

Vereinzelt vererbten sich Handschriften in privatem Familienbesitz fort, bis ein letzter Erbe sie einer Klosterbibliothek schenkte oder auch verkaufte. Der Bücherbesitz des Augsburger Humanisten Konrad Peutinger wurde erst 1715 von einem letzten Familienmitglied dem Augsburger Jesuitenkolleg vermacht.[102]

Während das Ausleihen von Handschriften von einem Kloster zum anderen während des gesamten Mittelalters die übliche Art der Vorlagenbeschaffung war, ist der Besitzwechsel von Codices zwischen verschiedenen Klosterbibliotheken eine seltenere Form der Handschriftenwanderung, die sich auch nicht in allen Einzelfällen nachvollziehen läßt. Eine der Ursachen solcher Besitzveränderung waren im 15. Jahrhundert die Ordensreformen: die mit der erforderlichen Literatur gut versehenen Reformklöster gaben aus eigenem Bestand Handschriften an die von ihnen betreuten Konvente ab, wie das Nürnberger Katharinenkloster an die Dominikanerinnen von Altenhohenau, Bamberg oder Medingen.[103] Doch lassen sich, neben der Ausleihe von Vorlagen, auch Bücherschenkungen zwischen befreundeten Klöstern unterschiedlicher Orden nachweisen.[104]

Manche Klöster, die durch Brand- oder Kriegskatastrophen ihre mittelalterlichen Bibliotheken eingebüßt hatten, suchten im 17. und

---

[101] Zu solchen Legaten vgl. Powitz, Libri inutiles, in: Powitz, Handschriften und frühe Drucke, S. 91–95.

[102] E. König, Peutingerstudien, Freiburg/Br.1914, S. 152; Die Bibliothek Konrad Peutingers. Edition der historischen Kataloge und Rekonstruktion der Bestände, bearb. von H.-J. Künast und H. Zäh, Bd. I–II, Tübingen 2003/2005.

[103] K. Schneider, Beziehungen zwischen den Dominikanerinnenklöstern Nürnberg und Altenhohenau im ausgehenden Mittelalter, in: Würzburger Prosastudien II, K. Ruh zum 60. Geb., hg. von P. Kesting, München 1975, S. 211–218; dies., Deutsche mittelalterliche Handschriften der Universitätsbibliothek Augsburg, Wiesbaden 1988, S. 15.

[104] Z. B. zwischen den Dominikanerinnen in St. Gallen und den Augustiner-Chorfrauen in Inzigkofen, vgl. Fechter, Justina Blarerin (Anm. 98) S. 437–440.

18. Jahrhundert durch Ankäufe von Drucken und auch von Handschriften ihre Bestände wieder zu vervollständigen, wie das Benediktinerkloster Elchingen bei Ulm, das kaum im eigenen Haus entstandene deutsche Codices, dafür aber mehrere aus umliegenden schwäbischen Frauenklöstern in seiner Bibliothek bis zur Säkularisation enthielt.[105] Der bibliophile Abt Philipp Jakob Steyrer von St. Peter im Schwarzwald erwarb in der 2. Hälfte des 18. Jahrhunderts den gesamten heutigen Bestand an Handschriften der Klosterbibliothek aus verschiedenen Quellen, meist aus anderen Klosterbibliotheken;[106] die zum Zeitpunkt der Säkularisation beachtliche Bibliothek des Augustinerchorherrenstifts Polling kam zum großen Teil durch Ankäufe des Propstes Franz Töpsl zustande, der auch mittelalterliche Codices erwarb, darunter zahlreiche deutschsprachige.[107]

Der Weg von Handschriften aus Kloster- in Privatbesitz ging dagegen kaum je freiwillig vor sich, sondern fiel fast immer mit der Aufhebung des betreffenden Klosters zusammen.[108] Nur selten scheinen Konvente im 17. und 18. Jahrhundert Teile ihres mittelalterlichen Handschriftenbestands veräußert zu haben.[109] Vor allem durch die Reformation kamen viele mittelalterliche Codices aus den aufgelösten Klosterbibliotheken auf den Markt, soweit die Büchersammlungen der städtischen Konvente nicht im ganzen durch den Magistrat übernommen und in städtische Bibliotheken umgewandelt wurden.[110] Doch scheint sich in dieser Umbruchszeit auch für private Interessenten reichliches Handschriftenmaterial angeboten zu haben.[111] Manche

---

[105] K. Schneider, Die deutschen Handschriften der Bayerischen Staatsbibliothek München Bd. VII (1996), S. 9f.
[106] F. Heinzer und G. Stamm (S. 55 Anm. 95) S. XXII–XXX.
[107] R. van Dülmen, Propst Franziskus Töpsl (1711–96) und das Augustiner-Chorherrenstift Polling, Kallmünz 1967; F. Dressler, L. Buzas, H. Wiese, Zur Geschichte der Pollinger Bibliothek (Pollinger Drucke 4), Polling 1978.
[108] 52 deutsche mittelalterliche Handschriften des 1802 aufgehobenen Augustiner-Chorfrauenstifts Inzigkofen sind heute auf 14 Bibliotheken verstreut, vgl. Fechter, Inzigkofen (S. 55 Anm. 96). Über die Zerstreuung der Handschriftenbestände aus schweizerischen Frauenklöstern vgl. A. Bruckner, Weibliche Schreibtätigkeit im schweizerischen Spätmittelalter, in: FS für B. Bischoff, hg. von J. Autenrieth, Stuttgart 1971, S. 441–448, hier: S. 442–446.
[109] Kloster Weihenstephan verkaufte 1782/83 ca. 50 Handschriften an die Klöster Polling (vgl. Anm. 107) und Tegernsee, vgl. G. Glauche, MBK IV,2 S. 648, 746.
[110] B. Moeller, Die Anfänge kommunaler Bibliotheken in Deutschland, in: Studien zum städtischen Bildungswesen (Anm. 79) S. 136–151, hier: S. 145–148 mit weiterführender Literatur.
[111] Aus der bedeutenden Bibliothek des Nürnberger Predigerklosters, die im Jahr 1488 600 Bände, nach einer Liste von 1514 ca. 735 Bände enthielt, kam nach der Auflösung des Konvents nur ein knappes Viertel in die Rats-, heute Stadtbibliothek Nürnberg, vgl. I. Neske, Die Handschriften der Stadtbibliothek Nürnberg IV, Wiesbaden 1997, S. X–XIII.

Sammler erwarben größere Handschriftenbestände gleicher Provenienz, die sich auf diese Weise relativ geschlossen bis heute erhalten konnten. Aus dem 1592 aufgehobenen Straßburger Dominikanerinnenkloster St. Nicolaus in undis gelangten viele deutschsprachige Codices mystischen und erbaulichen Inhalts in den Besitz des Sammlers Daniel Sudermann (1550-ca. 1631)[112] und nach seinem Tod überwiegend geschlossen an die kurfürstlich Brandenburgische Bibliothek zu Berlin. Deutsche Handschriften überwiegend erbaulichen Inhalts aus aufgelösten schwäbischen Frauenklöstern sammelte David Gottfried Schöber (1696–1778), dessen Sammlung von 30 deutschen Codices für die fürstlich Oettingen-Wallersteinsche Bibliothek 1779 unter Fürst Kraft Ernst ersteigert wurde.[113]

In Deutschland beendete seit 1803 die Säkularisation die eigenständige Existenz der meisten Klosterbibliotheken, nicht immer jedoch die weitgehend geschlossene Erhaltung ihrer Bestände. Die Handschriften der bayerischen Konvente wurden größtenteils vom bayerischen Staat übernommen und blieben in der Bayerischen Staatsbibliothek München erhalten,[114] gleiches gilt für die preußischen bis 1803 noch bestehenden Klosterbestände in der Staatsbibliothek zu Berlin, die württembergischen Klosterbibliotheken (Weingarten, Zwiefalten, Dombibliothek Konstanz) in der Stuttgarter Landesbibliothek und die badischen (St. Peter, St. Georgen, Lichtenthal, Ettenheimmünster) in Karlsruhe, wo auch ihre Signaturen noch ihre ursprünglichen Provenienzen anzeigen. Auch die Staats- und Universitätsbibliotheken Bamberg, Erlangen, Würzburg erhielten größere Bestände von Säkularisationsgut umliegender ehemaliger Klöster.

Verglichen mit diesen großen Besitzverschiebungen ist die Anzahl der Handschriftenbestände relativ gering, die seit ihrer Entstehung durch die Jahrhunderte bis heute dort zusammen blieben, wo sie bereits im Mittelalter standen. Das ist der Fall bei den Klosterbibliotheken, die ihre angestammten Bestände bis in die Neuzeit zum größten Teil erhalten konnten, in erster Linie diejenigen großen österreichischen Benediktinerabteien, die nicht von der Aufhebung von 1782 betroffen waren, wie z. B. Admont, Kremsmünster, Melk, St. Florian und die an deutschen Handschriften reichen Salzburger Bibliotheken von St. Peter und Nonnberg, oder die Schweizer Konvente St. Gallen, Ein-

---

[112] H. Hornung, Der Handschriftensammler Daniel Sudermann und die Bibliothek des Straßburger Klosters St. Nicolaus in undis, in: Zeitschrift für die Geschichte des Oberrheins 107, NF 68 (1959), S. 338–399.

[113] K. Schneider, Deutsche mittelalterliche Handschriften der Universitätsbibliothek Augsburg, Wiesbaden 1988, S. 11 f.

[114] Lebendiges Büchererbe. Säkularisation, Mediatisierung und die Bayerische Staatsbibliothek (Bayerische Staatsbibliothek, Ausstellungskataloge 74), München 2004.

siedeln, Engelberg oder Schaffhausen.[115] In Deutschland haben sich deutsche mittelalterliche Handschriften in den norddeutschen Klöstern Ebstorf, Wienhausen und Lüne erhalten, die nach der Reformation als evangelische Damenstifte bestehen blieben. Lateinische angestammte Codices besitzen noch heute manche Dom-, Kirchen-, Stifts-, bischöfliche und erzbischöfliche Ordinariatsbibliotheken und Ordensarchive; auch die 1803 säkularisierte, aber 1842 wieder errichtete Klosterbibliothek der schwäbischen Benediktinerabtei Ottobeuren enthält noch einen alten Restbestand.

---

[115] Vgl. Mazal S. 252 mit weiteren Beispielen.

PERSONEN-, ORTS- UND SACHREGISTER

Abkürzungen S. 39, 86–91
Abkürzungslisten, mittelalterliche
  S. 87
Ablaßtafel S. 192
‚Ackermann‘ → Johannes von Tepl
Adelsbibliotheken S. 202 f.
Aderlaßtafel S. 191
Admont (Benediktiner), Stiftsbibliothek S. 216
Afra, hl. S. 211
Aicher, Laurentius, Prior von St.
  Emmeram/Regensburg S. 187
Akzente S. 95 f.
Albert von Schmidmüln, Abt von St.
  Emmeram/Regensburg S. 41
  Anm. 75
Albrecht: Jüngerer Titurel S. 134,
  137 und Anm. 99, 199
Albrecht III., Herzog von Bayern
  S. 108
Albrecht IV., Herzog von Bayern
  S. 106, 108, 213
Albrecht V., Herzog von Bayern
  S. 203
Albrecht, Frater in St. Emmeram/
  Regensburg S. 180
Albrecht von Eyb: Ehebüchlein
  S. 83 Anm. 175
Aldersbach (Zisterzienser), Bibliothekskatalog S. 210
Allianzwappen S. 196
Alphabet: als Schreibübung S. 143,
  202
  als Lagenbezeichnung S. 124
  als Signatur S. 206 f.
  am Schnitt S. 166
  mit zusätzlichen Abkürzungszeichen S. 87 und Anm. 188
  fremdartige Alphabete S. 99 f.
    und Anm. 232
  → hebräisch
Altenhohenau (Dominikanerinnen)
  S. 42 Anm. 76, 126, 149, 214

Althochdeutsche Texte S. 21 f., 133,
  138
  fragmentarische S. 186
Altzelle (Zisterzienser) S. 207
Ambras, Bibliothek S. 203
  ‚Ambraser Heldenbuch‘ (Wien
    NB ser. nova 2663) S. 81, 134
Angelsächsische Schrift → Insulare
  Schrift
Anglicana S. 62
Annalen S. 36
Annenberg, Anton von –, Bibliothek
  S. 202
Anniversarium S. 108, 210, 214
Archivalien S. 36
  auf Pergament S. 108
  auf Papier S. 110
  Schriftraum S. 131
  als Einbände S. 176, 183
  als Makulatur S. 170
  in Rollenform S. 189
  → Anniversarium, Briefregister,
    Kopialbuch, Nekrolog, Rechnungsbuch, Reliquienverzeichnis, Traditionscodex, Urbar,
    Urkunden
Arnpeck, Veit: Bayerische Chronik
  S. 154
Arzneibuch S. 160, 162 f., 176, 181,
  184, 197, 200
  → Speyerer Arzneibuch
von Arx, Ildefons, Stiftsbibliothekar
  in St. Gallen S. 162
Asbacher Benediktinerregel (München Cgm 91) S. 42 f. und Abb. 7
Auftraggeber von Handschriften
  S. 40 f., 194
Auftragsarbeiten S. 72 und
  Anm. 138, 208
Augsburg S. 111, 146, 161, 185, 211
  ‚Augsburger Rotunda‘ S. 82
  St. Ulrich und Afra (Benediktiner)
    S. 158, 207
  → Pfister, Wagner

Personen-, Orts- und Sachregister

St. Katharina (Dominikanerinnen) S. 204
Jesuiten S. 214
Staats- und Stadtbibliothek S. 9
‚Augsburger Bibel' (2°Cod. 3) S. 165
Universitätsbibliothek S. 9, 203
einzelne Handschriften → Handschriftenregister
Ausleihe von Handschriften S. 199, 204, 214
Auszeichnungsschrift S. 39, 56, 81, 144
Autographen: Johann von Viktring S. 111
   Otloh von St. Emmeram S. 23 f. und Abb. 2
   Wolfgang Walcher S. 142
   autographe Korrekturen S. 151
Autorennnamen: rot im Text S. 155
   am Rand wiederholt S. 167
Avignon S. 62 Anm. 112, 66

‚Bärenhaut' (Zwettl Stiftsarchiv Hs. 2/1) S. 96 Anm. 220
Bamberg S. 211, 216
   Dominikanerinnen S. 214
‚Bartholomäus' S. 163
Basel: Dominikanerinnen S. 71
   Kartause S. 208
   Universitätsbibliothek S. 9
   einzelne Handschriften → Handschriftenregister
Bastarda S. 66–80, Abb. 15 und 17
   böhmische S. 66 f., 72, 76 Anm. 147
   burgundische S. 68 und Anm. 124
   ‚Devoten –' S. 73
   Kanzlei – S. 77–79 und Abb. 18
   regionale S. 79 f.
   schleifenlose S. 72–76 und Abb. 16
   späte S. 84
Baumgartner, Hieronymus, Pfleger der Stadtbibliothek Nürnberg S. 195

Behaim, Albert, Domdekan in Passau S. 110
Beheim, Michel: Liedersammlung S. 151, 162
‚Belial' S. 108, 140
Benediktbeuern (Benediktiner):
   Buchbinderwerkstatt S. 174
   Fragmente aus – S. 185
Benediktiner S. 71, 192
   -regel → Asbacher, St. Galler, Zwiefaltener Bendiktinerregel
Berlin:
   ‚Berliner Eneit' (mgf 282) S. 123, 133, 135, 198
   Staatsbibliothek S. 6 f.
   einzelne Handschriften → Handschriftenregister
   → Handschriftenarchiv
Bern: Inselkloster (Dominikanerinnen) S. 84 Anm. 180
   ‚Berner Liederhandschrift' (Burgerbibliothek Cod. 260) S. 162 f.
   ‚Berner Parzival' (Burgerbibliothek Cod. AA 91) S. 197
Bernhard von Clairvaux S. 211
Berthold: Rechtssumme S. 162, 166
Berthold von Regensburg: Predigten S. 124, 184
Berufsschreiber → Schreiber
Beschläge an Einbänden S. 171
Besitzeinträge: klösterliche S. 204 f., 208 f.
   laikale S. 194 f., 197 f.
   Sprache S. 201
   → Bibliotheksvermerke
Beutelbuch S. 176 f.
Bibel S. 39, 120, 150
   deutsche – S. 4, 109, 147, 154, 206
   dreispaltig S. 133 f.
   Druck S. 82
   kleinformatig S. 120
   Kolumnentitel in – S. 165
   Korrektur von – S. 150
   → Evangelien, Psalter; Augsburger, Camper, Grillinger -, Hei-

sterbacher, Wenzel-, Würzburger Dominikanerbibel
Bibliothekar, Kloster − S. 204
→ von Arx, Niklasin, Sartori, Schwerzenbeck
Bibliotheken, mittelalterliche Laien − S. 202 f.
→ Adelsbibliotheken; Frundsberg, Fugger, Helfenstein, Manderscheid, Oettingen, Schedel
Kloster − S. 71 f., 167, 204–217
Bibliothekskataloge, mittelalterliche S. 205 und Anm. 56, 213
Aldersbach S. 210
Nürnberg, Katharinenkloster S. 181, 206
Privatbibliotheken S. 202 f.
in Tafelform S. 192
Bibliotheksvermerke S. 204 f., 212
Bildbeischriften S. 39, 164
Bildervorzeichnungen S. 154
Bilderzyklen S. 157
Bildhausen (Zisterzienser) S. 41
Binio S. 120
Blarerin, Agnes und Justina, Dominikanerinnen in St. Gallen S. 213
Blattweiser S. 166
Blattwerkinitiale → Initiale
Blattzählung → Foliierung
Bleistiftliniierung S. 120, 130
Bock, Gregorius, Schreibmeister S. 56 Anm. 99
Böddeken (Augustiner-Chorherren) S. 72
Böhmen → Bastarda, böhmische
Boethius S. 21
Bogenverbindung S. 30, 34, 36, 38, 42, 45
Bollstatter, Konrad, Schreiber S. 82, 100 Anm. 233, 159, 181
Bologna S. 40 f. Anm. 75, 112
Brechung S. 29, 31, 45 f., 51, 66
doppelte − S. 29, 38, 46, 51
Brevier S. 55, 177, 210
‚Brevier Friedrichs III.' (München Cgm 67–68) S. 108

Brief: als Federprobe S. 201
− register → Kopialbuch
→ Liebesbrief
Brüder vom gemeinsamen Leben S. 72, 150
‚Buch der Rügen' S. 137
‚Buch von geistlicher Armut' S. 84 Anm. 180, 151
‚Buch von Troja' S. 181
Buchbinderwerkstätten → Werkstätten
Buchdruck S. 2, 110
− und Berufsschreiber S. 82
− und Handschriftenproduktion S. 82 f.
→ Drucke, Druckbögen, Druckgraphik, Drucktypen
Buchmaler S. 154
→ Martinus Opifex; Werkstätten
Buchschmuck S. 2, 53, 104, 151–160
Kataloge illuminierter Handschriften S. 152
Literatur, Terminologie S. 152 f., 157
Technik S. 157
Eingeklebte Illustrationen S. 158 f.
→ Bilderzyklen, Buchmaler, Deckfarbenmalerei, Druckgraphik, Federzeichnung, Fleuronnée, Initiale, Lombarden, Profilfratzen, Randstäbe, Rubrizierung, Werkstätten
Buchstabenformen:
a: cc-a, frühkarolingisch S. 22 f.
mit schrägem Schaft S. 22 f.
mit aufgerichtetem Schaft S. 23
zweistöckig (Textualis, ältere Kursive) S. 44 f., 47, 60
überhöht S. 46 f., 60
kastenförmig S. 51
einbogig (jüngere Kursive, Bastarda) S. 46, 63, 66
mit Schleife (Kurrentschrift) S. 86
→ Ligatur ae
b: mit Schleife S. 57 f., 66, 72

d: mit verdicktem Oberschaft S. 22
  mit aufrechtem Schaft S. 22f.,
    26, 34
  runde Form S. 23, 26, 34
  mit Schleife S. 57, 72
  → Ligatur de
e: Form der Kurrentschrift S. 86
  e-caudata S. 26, 33
f: unter die Zeile verlängert S. 22f.,
    30f. (karolingisch), S. 57, 63, 66
    (Kursive, Bastarda)
  auf der Zeile umgebrochen (Textualis) S. 30f., 58
  Schaft dolchförmig S. 60, 63
  Schaft als Schlinge S. 57
  verkürzt S. 77
  stark verlängert S. 79, 84
  auslautend mit Zierstrich S. 44f.,
    51
g: Unterbogen offen S. 22, 63, 65
  an Kopfteil angeschlossen S. 23,
    34
  verkürzt S. 46, 50, 55, 60
  humanistische Form S. 81
  auslautend mit Zierstrich S. 45,
    51
h: Bogen auf der Zeile endend
    S. 22, 36
  unter die Zeile verlängert S. 33,
    34
  Bogen nach rechts umschwingend
    S. 50, 60, 65
  Bogen mit Schleife S. 77, 84f.
  Kurzform S. 77
  Schaft mit Schleife S. 57, 66, 72
i: mit übergesetztem Strich S. 26,
    34, 36, 95
  mit Punkt S. 50, 95
  mit Häkchen S. 44, 50f., 55
m, n: girlanden- oder zickzackförmig
    S. 65
  Schlußschaft mit Fußstrich S. 26
  Schlußschaft unter der Zeile nach
    rechts umgebogen S. 60, 65
  → Ligatur nt
r: unter die Zeile verlängert S. 22f,
    26, 30, 33, 36

auf der Zeile umgebrochen
    S. 30f.
  kursive gespaltene Form S. 57,
    63
  x-Form S. 76
  Form der Kurrentschrift S. 86
  mit Zierstrich S. 33f., 36
  mit Häkchenverzierung S. 44, 51
  Majuskel-R am Wortende S. 36
  → Ligatur rt
2 (rundes r): S. 44, 51, 55, 77
ſ: auslautend gebraucht S. 34
  unter die Zeile verlängert S. 22f,
    30, 33, 36, 45 (karolingisch),
    S. 57f., 63, 66 (Kursive, Bastarda)
  auf der Zeile umgebrochen
    S. 30f., 58 (Textualis)
  Schaft dolchförmig S. 60, 63
  Schaft als Schlinge S. 57
  verkürzt S. 77
  stark verlängert S. 79, 84
  → Ligatur ſt
s: S. 23, 34
  überhöht S. 46, 77
  brezelförmig S. 46, 58, 77
  schleifenförmig S. 57
  Rücken-s S. 77
  liegende Form S. 77
  mit Häkchenverzierung S. 51
t: auslautend mit Zierstrich S. 44,
    47
  mit Schleifenverzierung S. 45, 51
  → Ligatur tt
u: mit übergesetztem Schrägstrich
    als Diphthong- oder Umlautbezeichnung S. 94
  mit übergesetztem Haken S. 95
  → Ligatur us
v: mit Schleife S. 63, 76
  mit übergesetztem Schrägstrich
    als Diphthong- oder Umlautbezeichnung S. 94
  mit aufgesetztem Zierstrich S. 36
w: uu-Schreibung S. 22
  vv-Schreibung S. 26, 45
  zusammengeschoben S. 26

mit einer oder zwei Schleifen
  S. 65, 76
  mit aufgesetztem Zierstrich S. 36
 x: kursive Schleifenform S. 58, 65
 y: unter der Zeile nach rechts umgebogen S. 60
  mit einem oder zwei übergesetzten
   Punkten S. 95
 z: h-förmig S. 26, 33, 45
  halbhohe Form S. 33, 36, 45
  geschwänzte Form S. 44
  unter der Zeile nach rechts umgebogen S. 50, 60, 65
  Unterbogen mit Schleife S. 77,
   84f.
  mit aufgesetztem Häkchen S. 51
Bücherfluch S. 142f., 194
Bünde S. 168–170
Bursfelder Reform S. 84
Bußpsalmen S. 210
Buxheim (Kartause) S. 207

Camper Bibel (Berlin Ms. Diez,
  C. fol. 64) S. 165
Cantionale S. 124
Capitalis S. 19
  frühhumanistische S. 82
Capitulatio S. 164
‚Carmina burana‘ (München Clm
  4660) S. 96, 133, 136, 158, 164
Carolino-Gotica S. 31
Catenatus → Kettenband
‚Cato‘ S. 138, 185
Choralnotation, gotische S. 97
Chronik S. 176, 198, 200
  → Weltchroniken
Chroustsche Lagenformel S. 126
  und Anm. 63
Cisioianus S. 134
Clara, hl. S. 211
Clingenstamm, Johannes, Schreiber
  S. 140, 209
Cologny/Genève, Bibliotheca Bod-
  meriana S. 9
  einzelne Handschriften → Hand-
   schriftenregister
Compert S. 176 Anm. 212

→ Koperteinband
Crinner, Heinrich, Benediktiner in
  Tegernsee S. 213
Cusanus, Nicolaus S. 200 Anm. 34

Darmstadt, Hessische Landesbiblio-
  thek S. 9
Datenbanken:
  Handschriften – S. 10
  Einband – S. 174
  Wasserzeichen – S. 114 Anm. 36
Datierung S. 140, 143, 144–147
  nach Heiligen- und Festtagen
   S. 146
  moderne S. 145
  römische S. 145f.
  rote S. 155
  aus der Vorlage kopierte S. 147
  von Einbänden S. 175
Datierte Handschriften, Kataloge
  S. 15
David von Augsburg S. 131
  Anm. 79
dc-Kürzung S. 90
Deckfarbenmalerei S. 157
Dessau, Stadtbibliothek S. 9
Devise S. 199
‚Devotenbastarda‘ → Bastarda
Diepold von Waldeck S. 198
Diessenhofen, St. Katharinental
  (Dominikanerinnen) S. 42
  Anm. 76
  Diessenhofener Liederblatt
   S. 191
Dionysius, hl. S. 211
Diphthonge, Schreibungen S. 94
Diphthongierung, neuhochdeutsche
  S. 94
  schwäbische S. 94
Diplomatische Minuskel S. 22, 28,
  36
Docen, Bernhard Joseph S. 187
Dominikaner S. 71, 211; Domini-
  kanerinnen S. 41f.
Donaueschingen, ehem. Fürstl. Für-
  stenbergische Bibliothek S. 6, 8,
  203

einzelne Handschriften → Handschriftenregister (Karlsruhe)
Drittorden S. 211
Drolerien S. 155
Druckbögen, unaufgeschnittene S. 128
  verdruckte – als Makulatur S. 184
Drucke: mit Handschriften zusammengebunden S. 83, 181
  Vorlagen für Handschriften S. 83
  → Buchdruck, Einblattdruck
Druckgraphik → Holzschnitt, Kupferstich, Metallschnitt, Teigdruck
Drucktypen: Antiqua S. 22
  Rotunda S. 82
  Textura S. 56
Durchstreichung S. 149

Eberhardsklausen (Augustiner-Chorherren) S. 118
Ebersberg (Benediktiner), Buchbinderwerkstatt S. 174
Ebran, Elisabeth, Gebetbuch der – S. 157
Ebstorf (Benediktinerinnen) S. 217
  Ebstorfer Liederbuch (Ebstorf Hs. VI 17) S. 117
Eckhart, Meister S. 200 Anm. 34
Egloff, Jacob: Schreiblehrbuch S. 83 Anm. 176, 84–86, 99 Anm. 231, Abb. 19
Eigenbesitz von Büchern im Ordensleben S. 55, 205
Eilhart von Oberg S. 34
Einband S. 167–176
  → Holzdeckelband, Koperteinband, Lederüberzug, Maroquin, Stempel, Werkstätten
Einblattdruck S. 191
Einfügungszeichen S. 150
Einsiedeln (Benediktiner) S. 31 Anm. 54, 216f.
Einzelblätter, beigebundene S. 122, 125–127
  mit Illustrationen S. 122f.
  → Schaltblättchen

Einzelblattüberlieferung S. 191, 202
Einzelfaszikel → Faszikel
Einzelstempel → Stempel
Elchingen (Benediktiner) S. 215
‚Elefantenrüssel' S. 79
Emicho, Bischof von Freising S. 131 Anm. 80
Emmeram, hl. S. 211
Engelberg (Benediktiner), Klosterbibliothek S. 214, 217
  Skriptorium S. 31 Anm. 54, 128f.
  → Frowin, Abt von –
Engelbirne, Schreiberin S. 201
Engelthal (Dominikanerinnen) S. 42 Anm. 76
England: gotische Schrift S. 28, 39
  Kursive S. 62
  Kolumnentitel in Bibeln S. 165
  Faltbücher S. 177
  deutsche Handschriften in – S. 8
  → Anglicana; Insulare Schrift
Enikel, Jans S. 121, 154
Epenhandschriften S. 21, 33f., 36, 46, 87, 121, 130, 132–137, 149, 186, 194, 198–200
  fragmentarische Überlieferung S. 186f.
Epistolar S. 111
Erentrudis, hl. S. 195
Erlinger, Johannes, Schreiber S. 145
Ernst der Hunchovaer, Schreiber S. 40
Erstbesitzer von Handschriften:
  Privatbesitz S. 194–199, 212–214
  Klöster S. 204–211
Estermann, Leonhard, Benediktiner in Tegernsee S. 213
Et: Kürzungszeichen S. 22, 93
  et cetera am Textschluß S. 93
  → Ligatur
Ettenheimmünster (Benediktiner) S. 216
Etymachietraktat S. 157
Evangeliar S. 107
Evangelien, deutsch: S. 166
  Verse S. 111

Wien-Münchener Evangelien-
übersetzung   S. 188
Evangelienharmonie   S. 111
→ ‚Klosterneuburger Evangelien-
werk'
Evangelistar   S. 180
‚Exhortatio ad plebem christianam'
S. 22 und Abb. 1
Exlibris   S. 195
Expungieren (Unterpungieren)
S. 149

Faksimile   S. 16
Faltbuch   S. 177
Falzstreifen   S. 182f., 185
Familienchronik   S. 197f.
Farben: Rezepte   S. 118
    Verwendung verschiedener –
    S. 139
    → ‚Liber illuministarum'
‚Farbenbüchlein, Trierer' (Trier Hs.
1957/1491.8°)   S. 118
Fastnachtsspiel   S. 194 Anm. 7
Faszikel, einzelne   S. 10, 118, 175,
178–181
Feder   S. 30, 119
Federmesser   S. 119
Federproben   S. 197 Anm. 24, 201f.,
204
Federzeichnung   S. 157, 196
Federicus, Schreiber   S. 140
Federwerk   S. 156 Anm. 159;
    → Fleuronnée
Fernberger, Johann, von Egenberg
S. 199
Feuerwerksbuch   S. 172, 197
Fisch: Initialen in -form   S. 156
Flavius Josephus   S. 106
Flechtbandinitiale → Initiale
Fleuronnée   S. 156
Flügelfälze   S. 182f.
Foliierung   S. 160–162, 179
    auf den Versoseiten   S. 161
    aus Zahlen und Buchstaben kom-
    biniert   S. 161
Folio → Format

Format: Großfolio, Folio, Quart,
Oktav   S. 106, 112
    außergewöhnliches – (Quer-,
    Rund-)   S. 107
    Pergament –   S. 106f.
    Papier –   S. 112, 115 Anm. 38,
    116
    Wasserzeichenstellung in ver-
    schiedenen Formaten   S. 113,
    116, 126
Formierte Schrift → Geformte
Schrift
Forster, Konrad, Dominikaner in
Nürnberg, Einbände des –
S. 174f.
Fragmente   S. 186–189
Fraktur   S. 80f., 83
Frankenthal (Augustiner-Chorher-
ren)   S. 131f.
Frankfurt/Main, Stadt- und Univer-
sitätsbibliothek   S. 9
    ‚Frankfurter Dirigierrolle' (Ms.
    Barth. 178)   S. 190
    weitere Handschriften → Hand-
    schriftenregister
Frankreich: gotische Schrift   S. 28,
39
    Kursive   S. 62
    Bastarda   S. 68
    Pergament   S. 107
    Papier   S. 110
    Lagen   S. 120
    Reklamanten   S. 125
    Spalten   S. 133
    abgesetzte Verse   S. 135f.
    Kolumnentitel   S. 165
    Schließen   S. 171
    Kauf französischer Handschriften
    S. 41 Anm. 75
Franziskaner   S. 211
Franziskus, hl.   S. 211
Fraterherren: Schrifttyp   S. 72;
    → ‚Devotenbastarda'
    Auftragsarbeiten der –   S. 72 und
    Anm. 138, 201 Anm. 36
Frauenschriften   S. 41, 53 Anm. 93,
65, 69–71, 84

→ Klosterskriptorien, Schreiberinnen
Freiburg/Br., Universitätsbibliothek S. 9
Freidank S. 185
Friburger, Jörg S. 197
Friedrich III., Kaiser S. 213
  Bibliothek – S. 55
  Brevier – (München Cgm 67–68) S. 108
  Kanzlei S. 79
Friker, Johannes, Stadtschreiber von Luzern S. 65
Frowin, Abt von Engelberg S. 128 f.
Frühgotische Minuskel S. 33–36, Abb. 6
Frühkarolingische Minuskel S. 22 f., Abb. 1
Frundsberg, Bibliothek S. 202
Füetrer, Ulrich: Bayerische Chronik S. 108
  Buch der Abenteuer S. 106, 108, 137
Fürstenfeld (Zisterzienser) S. 185
Füssen, St. Mang (Benediktiner) S. 206 f.
Fugger, Johann Jakob, Bibliothek S. 203
Fulda (Benediktiner) S. 19, 175

Gabinus, hl. S. 211
Gaming (Kartause) S. 119 Anm. 48
Gebetbuch S. 53 Anm. 93, 106, 108, 117, 149, 159, 180, 205
  als Beutelbuch S. 176
  als Rolle S. 189
  als Einzelblatt S. 191
  Heiligenbestand in – S. 211
Geformte (formierte) Schrift S. 18, 21
Geheimschrift S. 99 f.
Geheimtinte S. 119
‚Gemahelschaft Christi mit der gläubigen Seele' S. 126, 149 Anm. 137
Gesamtindex der Handschriftenkataloge S. 10

Geschäftsschriften S. 16, 18, 39 f., 45, 56 f.
Gesicht in Initialen S. 156
‚Gesta Romanorum' S. 181
Glockendon, Werkstatt in Nürnberg S. 70, 81 Anm. 162, 108
Glossar S. 21, 106, 134
Glossen: althochdeutsche S. 21, 28, 134
  Griffel – S. 119 f.
  Rötel – S. 120
  interlineare – S. 39, 138
  in Geheimschrift S. 99
Glossenschrift S. 28, 31, 39
Gossembrot, Sigismund S. 151, 197 Anm. 21
Gotische Schrift S. 28–31, 38 f.
  → karolingisch-gotische Übergangsschrift, frühgotische Minuskel, Textualis, Textura, Halbkursive, Kursive, Bastarda, Fraktur
Gottfried von Straßburg: Tristan S. 34, 36, 121, 149, 160, 184, 200 Anm. 35
‚Graf Rudolf' S. 34, 135
Gregor von Falkenstein S. 40
Griffel S. 119 f., 130, 192; → Glossen
Grillinger-Bibel (München Clm 15701) S. 165
Grimlaicus S. 176
Grimm, Jakob und Wilhelm S. 3, 187
Groß, Erhard S. 151
Großfolio → Format
Grundzinsbuch S. 108
Guido de Arezzo S. 96
Guido de Columna S. 53
Guilelmus Durandus S. 121
Gundaker von Judenburg S. 135
‚Die gute Frau' S. 185
Gutenberg, Johannes S. 82, 174

Hadamar von Laber S. 121, 137
Hände am Blattrand, Federzeichnungen S. 166 f.

Hätzlerin, Klara, Schreiberin S. 69
Hagen, Johann von S. 56 Anm. 99
von der Hagen, Friedrich Heinrich
  S. 3, 187
Halbkursive S. 58 f.
Halblederband S. 170
Halle, Universitäts- und Landesbibliothek S. 9
Haller, Anton S. 194 Anm. 7
Handel: Pergament – S. 106, 108
  Altpergament – S. 185
  Papier – S. 117
  mit vorliniierten Lagen S. 131
  → Kauf, Preise
Handschriftenverluste S. 181–184, 186 f. und Anm. 233
Handschriftenarchiv der Berlin-Brandenburgischen Akademie der Wissenschaften S. 8
Handschriftenkatalogisierung S. 6–10
Handwechsel S. 53, 100–102
Hans von Degenberg S. 185
Hans von Stauff zu Ehrenfels S. 108
Hans von Winterthur S. 194 Anm. 7
Hartlieb, Johannes: Alexander
  S. 108, 198
  Brandan S. 209
Hartmann von Aue S. 34
  Gregorius S. 201 Anm. 37
  Der arme Heinrich S. 185
  Iwein S. 132, 200
Hartwig von dem Hage S. 137
Hausbuch S. 58
  → Michael de Leone
Hauszeichen S. 196
Hebräisch: Alphabet S. 100
  einzelne Buchstaben S. 158
Heidelberg, Bibliotheca Palatina
  S. 9, 203
  Universitätsbibliothek S. 6 f.
  ‚Heidelberger Liederhandschrift A' (cpg 367) S. 137, 164
  ‚Heidelberger (Manessische) Liederhandschrift C' (cpg 848)
  S. 3 Anm. 1, 41, 45 Anm. 83, 96, 121, 137, 163, 190

  weitere Handschriften → Handschriftenregister
‚Der Heiligen Leben' S. 162, 165, 200
Heiligenfeste S. 146 f., 210 f.
‚Der heimliche Bote' S. 191
Heinrich II., Kaiser, hl. S. 211
Heinrich von Gerlingen S. 214
Heinrich von München S. 41, 133, 145, 165
Heinrich von St. Gallen S. 209
Heinrich von Veldeke S. 34, 135
  → ‚Berliner Eneit'
Heisterbacher Bibel (Berlin ms. theol. lat. fol. 379) S. 165
Heldenbuch → Ambraser Heldenbuch
Helfenstein, Grafen, Bibliothek
  S. 203
‚Heliand' S. 21, 133, 186 Anm. 234
Helmarshausen, Skriptorium S. 107
Herbort von Fritzlar S. 130
Hersfeld, Skriptorium S. 19
‚Herzog Ernst' S. 157
Hexameter, Aufzeichnungsart S. 137
Hildebrandslied S. 21 f.
Hinricus Gloyesten, Schreiber S. 41
Hoffmann von Fallersleben, August Heinrich S. 187
Holzdeckeleinband S. 168–170
Holzrücken S. 176
Holzschnitte, eingeklebte S. 159
  eingedruckte S. 159
  Exlibris – S. 195
Hornplättchen S. 175 f.
Hüllenbuch S. 176 f.
Hufnagelschrift S. 97
Hugo von Langenstein S. 121
Hugo von Trimberg S. 136, 155, 160
Humanistenschrift S. 15, 17, 22, 81 f.
Hybrida S. 73

Igler, Hans S. 195 Anm. 9
Ikonographie → Buchschmuck
Indiktion S. 147
Initialen S. 92, 153–157

Personen-, Orts- und Sachregister

Abschnitts – S. 133, 164
  am Rand vorgegebene – S. 153
  eingeklebte – S. 158 f.
  Typen (historisierte, figurierte, Blattwerk-, Flechtband-, Fleuronnée-, Rankeninitialen) S. 157
  → Kadellen, Lombarden
Insulare Schrift S. 19, 22
Interlinearglossen S. 39, 138
Interlinearversion S. 138
Interpunktion S. 91–93
  Punkt S. 91 f.
  Doppelpunkt S. 92 Anm. 210
  Strichpunkt (punctus elevatus) S. 91
  Fragezeichen S. 91 f. Anm. 210
  Isolierungspunkte S. 93 Anm. 214, 95
  → Reimpunkt, Schrägstrich
Intervalltafel S. 134
Invokationsformel S. 139 f.
Inzigkofen (Augustiner-Chorfrauen) S. 179, 214 Anm. 101, 215 Anm. 108
Italien: Schrifteinflüsse S. 39, 66, 82
  → Rotunda
  Datierung S. 145
  Einbände S. 171
  Papier S. 110, 112
  Reklamanten S. 125
  Zeilenfüllsel S. 158
  Kauf italienischer Handschriften S. 40

Jacobäa, Herzogin von Bayern S. 198 und Anm. 26
Jacobus Gaietani Stefaneschi S. 62 Anm. 112
Jacobus de Verona S. 157
Jacobus de Voragine S. 161
Jäck, Anna, Schreiberin S. 55 Anm. 96
Jena, Universitätsbibliothek S. 9
  Jenaer Liederhandschrift (Ms. El. f. 101) S. 41, 45 Anm. 83, 96, 131, 137, 164

Jörgmair, Ulrich, Schreiber S. 148
Johann, Herzog von Oldenburg S. 41
Johannes von Frankenstein S. 121
Johann von Hagen, Schreibmeister S. 56 Anm. 99
Johannes von Indersdorf S. 157
Johannes von Tepl: Ackermann S. 181
Johannes von Viktring S. 111
Johannes, Prior von Rebdorf S. 209
Judocus, Schreiber S. 111
„Jüngerer Titurel' → Albrecht

Kadellen S. 156
Käbitz, Jakob, Schreiber S. 99 Anm. 229, 143
Kaiserchronik S. 21, 34, 149, 186 Anm. 235
Kaisheim (Zisterzienser) S. 41 Anm. 75
  Einbandstempel S. 174
Kalbspergament S. 107 f.
Kalender S. 108 f., 134, 145 f.
  als Faltbuch S. 177
  Ordens-, Bistums- S. 210 f.
  römischer – S. 145 f.
  Kalenderbilder S. 157
  Kalenderverse S. 138
„Kalocsa-Codex' (Cologny, Cod. Bodmer 72) S. 41, 46 Anm. 84, 163
Kantenbleche S. 171
Kanzlei S. 22, 36, 62, 68, 79, 102
  Reichs- S. 79
  – Ludwigs des Bayern S. 60 Anm. 108
  Prager – Karls IV. S. 66
  päpstliche – in Avignon S. 66
  – der Grafen von Tirol S. 110
Kanzleischreiber → Schreiber
Kanzleischriften S. 16, 60, 62, 66, 77–79, 83 Anm. 176, 110
  Kanzleibastarda S. 77–79, 84, Abb. 18
  französische und italienische – S. 62, 66

Der Kanzler S. 190
Kapitelübersicht (Capitulatio)
  S. 164
Karl der Große S. 19f.
Karl IV. S. 66
  → Kanzlei, Prager
Karolingische Minuskel S. 19–28
  frühkarolingische – S. 22f.,
    Abb. 1
  des 10./11. Jahrhunderts S. 23,
    Abb. 2
  Abkürzungen der – S. 87
  Händescheidung S. 101
  Erneuerung durch Humanisten
    S. 81
  → Schrägovaler Stil
Karolingisch-gotische Übergangs-
  schriften S. 31–33, Abb. 4
Karlsruhe, Badische Landesbiblio-
  thek S. 8
  einzelne Handschriften → Hand-
    schriftenregister
Kartäuser S. 150
  → Utrecht
Kataloge: Handschriften S. 6–11
  älterer Handschriften S. 20
  deutscher Handschriften des 11.–
    12. Jahrhunderts S. 21
  datierter Handschriften S. 15
  illuminierter Handschriften S. 33
    Anm. 58, 151
Katechismustafel S. 192
Kathedrales S. 69
Kauf von Handschriften S. 40f. und
  Anm. 75, 121
  Produktion zum Verkauf S. 69
    und Anm. 129
  – vermerke S. 209
  → Handel, Preise
Kettenband (Catenatus) S. 171
Kettenbibliotheken S. 171
Kettenstichband S. 176
Kirchheim/Ries (Zisterzienserinnen)
  S. 205
Kirchweihe S. 210
Klammer, Wolfgang, Schreiber
  S. 209

‚Klosterneuburger Evangelienwerk'
  S. 96 Anm. 220
Klosterskriptorien S. 19–22, 41f.,
  70–72, 100, 118, 180, 209
  Frauen – S. 1, 41, 117
  → Brüder vom gemeinsamen Le-
    ben, Fraterherren
Köln, Schreibort S. 161
  Stadtarchiv S. 8
  einzelne Handschriften → Hand-
    schriftenregister
‚König Rother' S. 34 135
Königsberg, ehem. Staats- und Uni-
  versitätsbibliothek S. 9
‚Kolmarer Liederhandschrift' (Mün-
  chen Cgm 4997) S. 97, 100, 137,
  162
  Ausleihe der – S. 199
Kolophon S. 28, 141–144
  rot S. 144, 155
  nennt Auftraggeber S. 194, 208
Kolumnentitel S. 165
Kolumnenzählung → Spaltenzäh-
  lung
Kommentar, Aufzeichnungsarten
  S. 139; → Glosse
Konrad, Priester: Predigtbuch
  S. 132
Konrad von Ammenhausen S. 155
Konrad von Butzbach, Schreiber
  S. 163
Konrad von Heimesfurt S. 135
Konrad von Lüzelnheim, Schreiber
  S. 40
Konrad von Megenberg S. 133, 162,
  166, 187, 198
Konrad von St. Gallen, Schreiber
  S. 45 Anm. 83, 96 Anm. 219
Konrad von Würzburg S. 190, 201
  Anm. 37
Konstanz, Dombibliothek S. 216
  Konzilsakten S. 171
Koperteinband S. 175f., 183
Kopialbuch S. 108
Korner, Hermann S. 162
Korrektor S. 150f., 200
Korrekturen S. 148–151, 166

Personen-, Orts- und Sachregister

– späterer Leser S. 200
→ Durchstreichungen, Einfügungszeichen, Expungieren, Rasur, Tilgung
Krapf, Chrysogonus, Benediktiner in Tegernsee S. 213
Krauter, Heinrich S. 151
Kremsmünster, Stiftsbibliothek S. 216
Kunigunde, Kaiserin, hl. S. 211
Kunigunde, Herzogin von Bayern S. 131, 213
Kupferstich S. 159
Kurrentschrift S. 84–86, Abb. 19
Kursive S. 18, 45 f., 50, 56–58
  Halb – S. 58 f., Abb. 12
  ältere gotische – S. 60–62, 65, Abb. 13
  jüngere gotische – S. 63–65, 72, Abb. 14
  – im 15. Jahrhundert S. 65
Kustoden S. 123 (Lagenzählung), S. 124 Anm. 59 (Reklamanten)

Lachmann, Karl S. 3
Lagen S. 120–128
  Lagenbestimmung S. 125–128, Abb. 21–22
  Lagenfoliierung S. 125
  Lagenformel S. 126
  → Chroustsche –
  Lagenstärken (Binio, Quaternio, Quinternio bzw. Quinio. Sexternio bzw. Senio, Septernio usw.) S. 120–123
  ungebundene – S. 178
  unaufgeschnittene – S. 128
  verbundene – S. 169
  Lagenzählung S. 123 f., 169
  → Kustoden, Reklamanten
Laienbrüder S. 72, 180, 204 Anm. 52, 207
Laienschreiber → Schreiber
Landrecht, Oberbayerisches S. 60, 161 f., 185, Abb. 13
Landsberg/Lech S. 111, 185
Langstich S. 176

Langzeilen S. 134
Lauber, Diebold, Schreiber- und Malerwerkstatt S. 69 und Anm. 129, 166
Layder, Johannes, Schreiber S. 146
Lederschnitt S. 174
Lederüberzug S. 170
Leerstellen in Handschriften S. 148, 157
  nachträglich gefüllt S. 159
Legendare → ‚Der Heiligen Leben‘ Verslegenden S. 34
‚Lehrsystem der deutschen Mystik‘ S. 118
Leipzig, Universitätsbibliothek S. 9
  einzelne Handschriften → Handschriftenregister
Lektionar S. 101, 121, 166, 198
Lesefähigkeit von Laien S. 40, 70
Lesereinträge S. 199, 204
Lesezeichen S. 178
‚Liber illuministarum‘ (München Cgm 821) S. 99, 118 f. und Anm. 49, 181
Lichtenthal (Zisterzienserinnen) S. 216
Liebesbrief: als Einzelblatt S. 191
  als Rolle S. 190
Liederhandschriften: als Rollen S. 190
  → Berner, Ebstorfer, Heidelberger A und C, Jenaer, Kolmarer, Mondsee-Wiener, Weingartner, Wiltener, Würzburger Liederhandschrift, Diessenhofener Liederblatt
Lieftinck, Gerard Isaak: Nomenklatursystem S. 16 f., 38 Anm. 61, 58, 73
Ligaturen S. 19 und Anm. 25, 21–26
  ae S. 33, 45
  ct S. 21
  de S. 30, 36, 45
  et S. 21 f., 26, 81
  nt S. 21 f., 26
  or S. 21, 42
  rt S. 21 f.

st S. 21 f., 26
tt S. 44
us S. 26
Liniierung S. 128–133
　Techniken S. 128–130
　Blind – S. 130 f.
　Bleistift – S. 120, 130
　rote, mehrfarbige S. 131
　→ Schriftraum, Zeilen
Litanei, Heiligen – S. 210 f.
Littera bononiensis S. 40
Littera formata S. 18 Anm. 23
Liturgische Handschriften S. 39, 50, 55, 108, 120, 205
　Korrektur von – S. 150
　deutsche Rubriken in – S. 155
　Makulatur von – S. 184
　Nachträge in – S. 200 Anm. 33
　→ Brevier, Cantionale, Epistolar, Evangeliar, Evangelistar, Lektionar, Matutinale, Missale, Prozessionale, Rituale
Lochamer-Liederbuch S. 191
Loder, F. A., Buchbinder S. 200
Lohnschreiber → Schreiber
Lombarden S. 155–157
Ludwig der Bayer, Kaiser S. 60 Anm. 108
Ludwig I. von der Pfalz S. 108
Ludwigslied S. 134
Lüben (Lubin), Kirchenbibliothek S. 171
Lüne (Benediktinerinnen) S. 217
‚Lumen animae' S. 67 f., Abb. 15
Lyon, Schreibort S. 110

‚Macer floridus' S. 163
Mänhardus, Schreiber S. 143 Anm. 119
Maihingen, Bibliothek → Oettingen-Wallerstein
‚Mainauer Naturlehre' S. 121
Mainz, Skriptorium S. 19
　Kartause S. 207 f.
Mair, Hans, von Nördlingen S. 140
Majuskeln: zu Versanfängen S. 136
　verziert S. 36, 44

rot gestrichelt S. 155
mit ‚Elefantenrüssel' beginnend S. 79
Malanweisungen S. 153–155
Manderscheid, Grafen zu Blankenheim, Bibliothek S. 202
Manessische Liederhandschrift → Heidelberger Liederhandschrift C
Mannheim, Kurfürstliche Bibliothek S. 168
Margareta zum Goldenen Ring S. 212
Margaretenlegende S. 179
Marginalien → Randnotizen
Marienlob, Rheinisches S. 136
Der Marner S. 190
Maroquineinband S. 168
Marquard von Lindau S. 63
Martin von Troppau S. 73
Martinus Opifex, Maler S. 55
Maßmann, Hans Ferdinand S. 187
Matutinale S. 106
Maximilian I., Kaiser S. 80, 84, 213
　Lehrbücher des – S. 80
　Kanzlei S. 79
Mechthild von Magdeburg S. 121, 212
Medingen (Dominikanerinnen, Bistum Augsburg) S. 214
Medingen (Zisterzienserinnen, Bistum Verden) S. 53 Anm. 93, 109
Meinhard, Graf von Tirol S. 110
Meisterliederhandschriften → Kolmarer, Wiltener –
Meisterlin, Sigismund S. 146
Melk (Benediktiner), Klosterbibliothek S. 216
　Rotunda in – S. 82
Membra disiecta S. 188
Merowingische Schriften S. 19
Metallschnitt S. 159
Mettener Predigtsammlung S. 132
Meyer, Johannes S. 150, 206
Michael de Leone, Hausbuch des – (München 2° cod. ms. 731) S. 143 Anm. 119, 163

Personen-, Orts- und Sachregister

Millstätter Psalter (Wien NB Cod. 2682) S. 138
Millstätter Sammelhandschrift (Klagenfurt, Geschichtsverein Hs. 6/19) S. 34, 135
Minuskel S. 19
→ frühkarolingische, karolingische, romanische, frühgotische, diplomatische –
Missale S. 109
Missalschrift S. 55
Mitüberlieferung S. 5, 9, 180
‚Modus legendi abbreviaturas' S. 87
‚Modus punctuandi' S. 91
Mönch von Salzburg S. 97, 162
→ Mondsee-Wiener Liederhandschrift
Molitor, Heinrich, Schreiber S. 82, 146, 209
Mondsee-Wiener Liederhandschrift (Wien Cod. 2856) S. 97
Morphologie der Buchstaben S. 101
Mülich, Georg und Hector, Schreiber S. 145, 198
München:
  Bayerische Staatsbibliothek S. 6f., 9
  einzelne Handschriften → Handschriftenregister
  Pütrich-Regelhaus (Terziarinnen) S. 84 Anm. 180, 204 Anm. 52, 205, 213
  Stadtrecht von – S. 161f.
  → Weltgerichtsspiel
Münster, Fraterherren, Skriptorium S. 72
Muspilli S. 21

Nachsatzblatt S. 183
  Einträge auf – S. 201, 204
Nachträge, jüngere in Handschriften S. 10, 199–201, 204
Narcissus, hl. S. 211
Nasalstrich S. 87f.
Neigungswinkel S. 101
Nekrolog S. 210

Neudörffer, Johann d. Ä., Schreibmeister S. 83 Anm. 176
Neumen S. 96
Nibelungenlied S. 34, 41, 132, 137 Anm. 98, 186 Anm. 235
  Handschrift A (München Cgm 34) S. 137 Anm. 98, 149
  Handschrift C (Karlsruhe BL Don. 63) S. 132, 137 Anm. 98, 158
  Fragment Q (Rosenheim StA) S. 184
Nicolaus de Lyra S. 121, 139
Niederdeutsche Handschriften, Katalog S. 8
  Textualis in – S. 55f.
Niederlande: Textura, Textualis S. 55f.
  Hybrida S. 73
  Urkundenschriften S. 57 Anm. 101
  Interpunktion S. 92 Anm. 211
  Notation S. 97
  Stundenbücher S. 56, 108
Niklasin, Kunigunde, Schreiberin und Bibliothekarin S. 154
Nomenklatur von Schriften S. 16f., 28, 31, 38, 58, 65, 73
→ Lieftinck
Nomina sacra S. 89
Nonnberg → Salzburg
Nota am Blattrand S. 166
Notationskunde S. 2, 96f.
→ Choralnotation, Hufnagelschrift, Neumen, Quadratschrift
Notenliniensystem S. 96
Notizen späterer Besitzer S. 197f., 200
Notizenschrift S. 39, 57
Notker III. (der Deutsche) von St. Gallen S. 21, 182
  Akzentsystem des – S. 95
Notula S. 65
Nürnberg: S. 57 Anm. 101, 145, 176 Anm. 212, 195, 211
  St. Egidien (Benediktiner) S. 206

Dominikaner S. 150, 174f., 209, 215 Anm. 111; → Forster, Rosenbach
Katharinenkloster (Dominikanerinnen) S. 65, 71, 109, 150, 154, 169f., 175, 181, 204–206, 208f., 213f.; → Niklasin, Bibliothekskatalog
Franziskaner S. 207
Kartause S. 208
Papiermühle S. 112
Stadtbibliothek und Germanisches Nationalmuseum S. 9
einzelne Handschriften → Handschriftenregister

Oetenbach/Zürich (Dominikanerinnen) S. 23 Anm. 76
Oettingen-Wallerstein: Kraft Ernst, Fürst zu – S. 216
Bibliothek S. 168, 202, 216; zeitweise in Maihingen S. 182
Oktav → Format
Orden S. 210f.
→ Benediktiner, Dominikaner, Franziskaner mit Drittorden, Fraterherren, Kartäuser, Zisterzienser
Ordensarchive S. 217
Ordensreformen S. 55, 71, 84, 150, 214
Ordensregeln S. 39, 108, 210
→ Asbacher, St. Galler, Zwiefaltener Benediktinerregel
Ortenburg, Grafen, Bibliothek S. 203
Ortolf von Trenbach S. 185, 197
Osterspiel von Muri S. 190
Oswald von Wolkenstein S. 97
Otfried von Weißenburg S. 21, 133f., 151, 186 Anm. 234
Otloh von St. Emmeram, Schreiber S. 23, Abb. 2
Ottheinrich, Pfalzgraf S. 195
Ottheinrich-Bibel (München Cgm 8010/1–8) S. 92 Anm. 210, 106, 165

Otto, Bischof von Bamberg, hl. S. 211
Otto von Passau S. 157f., 166
Ottobeuren, Klosterbibliothek S. 217
Oxford S. 183 Anm. 228

Paginierung S. 162
Palimpsest S. 109
Papier S. 50, 58, 105, 110–112
Papiermühlen S. 112
Quantitäten und Formate S. 115 Anm. 38
als Makulatur S. 184
→ Wasserzeichen, Handel
Pappe S. 183f.
Paragraphenzeichen S. 92f., 104
rote S. 155
Paris S. 4 Anm. 75
Passion, Bilderzyklus zur – S. 157
,Passional' S. 131 Anm. 81
Pechlinger, Michael, Schreiber S. 68, Abb. 15
Pecien S. 100, 180
Pergament S. 105–109
mit Papier gemischt S. 109
als Makulatur S. 110, 176, 181–185
→ Fragmente, Handel
Pestregimen S. 191
Petrus der Prediger, hl. S. 211
Peuntner, Thomas S. 140
Peutinger, Konrad S. 214
Pfeiffer, Franz S. 187
Pfister, Narcissus, Benediktiner in Augsburg, Schreiber S. 158
Phelkofer, Thomas, Benediktiner in Oberaltaich, Schreiber S. 115
Philipp, Bruder: Marienleben S. 111, 121, 135, 187
Philippe le Bon, Herzog von Burgund S. 117
Pillenreuth (Augustiner-Chorfrauen) S. 161
Plattenstempel → Stempel
Polling (Augustiner-Chorherren) S. 215 und Anm. 209

Personen-, Orts- und Sachregister

→ Töpsl, Propst von –
Prag, deutsche Handschriften in –
   S. 8
Predigthandschriften   S. 34, 62, 87,
   162, 166
   → Berthold von Regensburg,
      Priester Konrad; Mettener,
      Rothsche, St. Georgener Pre-
      digten, Speculum ecclesiae
Preise: Buch –   S. 201 und Anm. 36
   Bezahlung von Berufsschreibern
      S. 69 Anm. 128, 201 Anm. 36
   Papier –   S. 110
Profilfratzen   S. 156
Prozessionale   S. 55
Psalter   S. 55, 166, 212
   als Beutelbuch   S. 177
   mit Kalendar   S. 210
   Psalmenübersetzung Notkers
      S. 21
   → Millstätter, Windberger Psal-
      ter; Bußpsalmen
Püterich, Jakob von Reichertshausen
   S. 202
Punktierinstrumente   S. 129 f.
Punkturen   S. 128 f.
Puntschuch   S. 143
Putsch, Ulrich   S. 68

Quadrangeln   S. 29, 51
Quadratnotation, römische   S. 96
Quart → Formate
Quaternio   S. 120–122
   als Einzelfaszikel   S. 178
Quinternio   S. 120–122

Radiermesser   S. 119, 149
Randnotizen   S. 28, 39, 53, 166 f.,
   200, 204
Randstäbe   S. 155
Ranken   S. 158
Rankeninitialen → Initialen
‚Rappoltsteiner Parzival'   S. 201
   Anm. 36
Rastede (Zisterzienser)   S. 41
Rasur (Tilgung)   S. 149
Ravensburg, Papiermühlen   S. 112

Rebdorf (Augustiner-Chorherren)
   S. 109
   Bibliothek   S. 204 Anm. 52, 207,
      209
   Buchbinderwerkstatt   S. 174
   → Johannes, Prior von –
Rechnungsbuch   S. 110
Rechtshandschriften   S. 200
Rechtwinklig zusammengesetzte
   Buchstaben   S. 47, 51
Recto   S. 160 f.
Reformation   S. 215
Regensburg   S. 40, 55
   St. Emmeram (Benediktiner)
      S. 41 Anm. 75, 110, 167, 180,
      190 f., 207 f., 211
   → Otloh von –, Aicher, Prior;
      Albert von Schmidmüln, Abt;
      Albrecht, Frater
Regimen sanitatis   S. 138 f.
Register   S. 163 f. und Anm. 178
   auf Pergament   S. 109
   mehrspaltig   S. 134
   unfoliiert   S. 161
   nachträglich erstellt   S. 199, 204
Regler, Quirin, Abt von Tegernsee
   S. 162
Reimpaare: Anvers vorgerückt
   S. 136
   verklammert   S. 136 f., 155
   Latein und Deutsch wechselnd
      S. 138
Reimpunkt   S. 92, 135
Reinmar von Brennenberg   S. 191
Reinmar von Zweter   S. 190
Reklamanten   S. 124 f., 169
Reliquienverzeichnis   S. 108, 189,
   200 Anm. 33
Renaissanceschriften   S. 81 f.
Repräsentanten   S. 153 Anm. 152
Rezepte: Tinten- und Farb –
   S. 118 f.
   medizinische und Haus –   S. 99
      und Anm. 229, Anm. 231, 162
   → Arzneibuch
   pyrotechnische   S. 99 Anm. 228

Ried, Johann, Schreiber S. 81
   Anm. 163
Ripelin, Hugo von Straßburg S. 166
Rituale S. 55
Rötel S. 120
Rolandslied S. 21, 34, 135, 186
   Anm. 235
Rolle (Rotulus) S. 105, 189f.
   Totenrotulus S. 189
Rollenstempel → Stempel
Romanische Minuskel S. 28, 31
Rosenbach, Johannes, Dominikaner
   in Nürnberg S. 150f.
Rosenheim, Stadtarchiv S. 184
Roßtauscher, Wilhelm, Schreiber
   S. 158
Roth, Karl S. 187
‚Rothsche Predigtsammlung' S. 34–
   36, Abb. 5
Rotulus → Rolle
Rotunda S. 39f.
   Einfluß der – S. 39, 82, 140, 146
   als Drucktype S. 82
Rubrikator S. 153–155, 158, 166
Rubriken, deutsche – in lateinischen
   Liturgica S. 55, 155
   in Kalendern S. 210
Rubrizierung S. 153–158
Rudeger de Capella S. 40
Rudolf von Ems: Weltchronik,
   St. Galler Handschrift (Ms. 302
   Vad.) S. 96 Anm. 219, 107, 121,
   124, 127, 131, 149
   weitere Handschriften S. 111,
      121
   Barlaam S. 194 Anm. 7
   Willehalm von Orlens S. 154
Runen S. 22
Runkelstein bei Bozen S. 41
‚Ruodlieb' S. 183

Sachsenspiegel S. 39, 41, 139, 187
Sächsische Weltchronik S. 132
Säkularisation S. 7, 216
Sänftl, Hans S. 197
Salzburg S. 9
   St. Peter (Benediktiner) S. 208,
      216
   Nonnberg (Benediktinerinnen)
      S. 195, 211, 216
   Universitätsbibliothek S. 9
   einzelne Handschriften → Hand-
      schriftenregister
St. Florian, Stiftsbibliothek S. 216
St. Gallen, Stiftsbibliothek S. 82,
   162, 207, 216; → von Arx
   St. Katharina (Dominikanerin-
      nen) S. 84 Anm. 180, 213
      Anm. 101, 214; → Blarerin
   St. Galler Benediktinerregel
      (Cod. 916) S. 138
   Kantonsbibliothek (Vadiana), St.
      Galler Weltchronik → Rudolf
      von Ems
St. Georgen im Schwarzwald (Bene-
   diktiner) S. 216
   St. Georgener Predigten S. 62,
      111, 121, 176, 185
St. Katharinental → Diessenhofen
St. Peter im Schwarzwald (Benedik-
   tiner) S. 171, 215f.; → Steyrer,
   Abt
‚St. Trudperter Hoheslied' S. 84
Sartori, Konrad, Benediktiner in Te-
   gernsee, Bibliothekar S. 181, 208
Schachbuch S. 197
Schäftlarn (Prämonstratenser)
   S. 209
Schaffhausen, Ministerialbibliothek
   S. 168, 217
Schaltblättchen S. 123
Schatzverzeichnis S. 200 Anm. 33
Schedel, Hartmann S. 145, 151, 159,
   162, 181, 194 Anm. 7, 203
Schedel, Johannes, Schreiber S. 145
Scheinfeld, Stadtarchiv S. 184
Schenkung von Handschriften
   S. 209, 213
Schenkungsvermerk S. 209
Scheyern (Benediktiner) S. 106, 146,
   209
   Fürstentafel von – S. 192
‚Schlacht von Alischanz' S. 182

Schleifen, kursive an Oberschäften
S. 36, 45, 57 f., 66, 72, 76, 80, 84
→ Buchstabenformen
schleifenlose Bastarda → Bastarda
Schließbänder S. 176
Schließen S. 170 f.
Schlösser an Handschriften S. 172
Schlußzeichen S. 94
Schmeller, Johann Andreas S. 7
Schmid, Hans S. 197 Anm. 24
Schnitt S. 169
   gefärbter, dekorierter, mit Titel beschriebener S. 169
   mit Besitzerwappen S. 196
Schöber, David Gottfried S. 216
Schrägovaler Stil S. 26, Abb. 3
Schrägstrich S. 92, 155
Schreiber: geistliche S. 21, 33, 40
   → Klosterskriptorien
   frühe Laien- S. 21, 41
   Kanzlei- S. 33, 36, 40, 68 f. Anm. 126
   Berufs-, Lohn- S. 21, 41, 55, 65, 68 f., 143 f., 208
   Stadtschreiber S. 22 Anm. 68
   → Kathedrales, Stuhlschreiber, Werkstätten
   Amateur- S. 70 f.
   - und Buchdruck S. 83
   literarisch tätige S. 41
   textexterne Zutaten der - S. 139-151
   → Bollstatter, Clingenstamm, Erlinger, Ernst der Hunchovaer, Federicus, Friker, Gloyesten, Jörgmair, Judocus, Käbitz, Klammer, Konrad von Butzbach, Konrad von Lüzelnheim, Konrad von St. Gallen, Lauber, Layder, Mänhardus, Molitor, Mülich, Otloh, Pechlinger, Pfister, Phelkofer, Puntschuch, Ried, Roßtauscher, Schedel, Sentlinger, Spitzweg, Wagner, Weber, Welker

Schreiberhände, Unterscheidung S. 100–102
Schreiberin, Kunigunde, Dominikanerin in Nürnberg S. 213
Schreiberinnen S. 1, 21, 41 f., 71, 84, 117
   → Frauenschriften, Klosterskriptorien; Engelbirne, Hätzlerin, Jäckin, Niklasin
Schreiberspruch → Kolophon
   in Geheimschrift S. 99 Anm. 228, Anm. 231
Schreiberwerkstätten → Werkstätten
Schreibgeräte S. 119 f.
Schreibkenntnisse: von Geistlichen S. 41
   von Laien S. 65, 70
Schreiblehrbuch S. 83 Anm. 176, Abb. 19
   → Egloff, Jacob
Schreibmeister S. 38, 56, 83
   → Beck, Hagen, Neudörffer
Schreibtempo S. 147 f.
Schreibübung S. 143, 202
Schreibunterricht S. 70 f., 202
   → Schule
Schriftraum S. 128–133, 179
   Regeln für - S. 130
Schriftrolle S. 190
Schule S. 40, 70, 111
Schultexte S. 138; als Lesetafeln S. 192
Schwabenspiegel S. 39 f., 131 Anm. 81, 158, 161 f., 187
Schwerzenbeck, Ambrosius, Benediktiner in Tegernsee, Bibliothekar S. 175
Sebald, hl. S. 211
Seehundsfell als Einbandüberzug S. 170
Seelgerät, Handschriften als - S. 214
Segen S. 191, 200
Seifrit: Alexander S. 181
Seitentitel S. 155, 165 f.
   Kapitelzahlen als - S. 166
Seitenzählung → Paginierung

Senio → Sexternio
Sentlinger, Heinz, Schreiber S. 41, 145
Septernio S. 122
Sexternio (Senio) S. 120–122
‚Sieben weise Meister' S. 79, Abb. 18
Sigmund, Herzog von Bayern S. 108
Sigmund von Gebsattel S. 198
Signakel → Blattweiser
Signaturen, mittelalterliche S. 205–208
    neuzeitliche S. 6
Skriptorien → Klosterskriptorien
Spalten S. 128, 133 f.
    zwei – S. 133, 139
    drei – S. 133 f., 139
    mehr – S. 134
    Zusatz- S. 133, 136
Spaltenzählung S. 162
‚Spamers Mosaiktraktat' S. 124, 156, 166
Spanien: Pergament S. 107
    Reklamanten S. 125
Spaun, Claus S. 181
‚Speculum ecclesiae' S. 31, Abb. 4
‚Speculum humanae salvationis' S. 51, 124, 155, 157, Abb. 10
Speyerer Arzneibuch S. 160
Spiegelblätter S. 170, 182
    Einträge auf – S. 198, 201, 204
Spiele, geistliche → Frankfurter Dirigierrolle, Osterspiel von Muri, Münchener Weltgerichtsspiel
Spitzweg, Wolfgang, Schreiber S. 80
Spruchband S. 39
    Reklamanten in – S. 125
Stabreimdichtung S. 21
Stammbucheinträge S. 198 f.
Statuten S. 39
    Ordens – S. 108
    – des Großmünsters Zürich S. 121
Stempel, Einband- S. 172–174, 209
    Einzel – S. 172 f.
    Platten – S. 172, 195
    Rollen – S. 172
    in Goldprägung S. 172 f.

Steyrer, Philipp Jakob, Abt von St. Peter im Schwarzwald S. 215
Straßburg, St. Nicolaus in undis (Dominikanerinnen) S. 8, 84 Anm. 180, 216
Streicheisenlinien S. 172
Strichelung, rote S. 92 f., 155
Der Stricker: Karl der Große S. 124, 127, 149
    Gedichtsammlung S. 163
Stromer, Ulman S. 65, 112
Strophen, Aufzeichnung S. 137
Stuhlschreiber S. 69 und Anm. 128
Stundenbuch S. 56, 108, 210
Stupff, Hans S. 196 Anm. 15
Sturm, Martin S. 194 Anm. 7
Sudermann, Daniel S. 216
Supralibros S. 195

Tabellen, astronomische S. 134
Tafeln S. 192
Tafelwerke, paläographische S. 15 f., 20
Tagesbezeichnungen, mittelalterliche S. 144–147
Tauler, Johannes S. 121, 149 Anm. 137, 159, 209
Tegernsee (Benediktiner) S. 41 Anm. 75, 72, 82, 134, 146, 158, 204 Anm. 52, 207 f., 209, 213, 215 Anm. 109
    Tinten- und Farbrezepte aus – S. 118, 181
    → Liber illuministarum
    Einbände aus – S. 167, 169, 174 f., 181, 183, 185
    → Crinner, Estermann, Krapf, Regler, Sartori, Schwerzenbeck
Der Teichner S. 62
Teigdruck S. 159
Telos S. 142
Terminologie → Nomenklatur
Ternio S. 120
Textnumerierung am Rand S. 163
Textualis S. 38–56, Abb. 9–10
    Textualis currens, cursiva S. 58
    Textualis formata S. 38 f.

Textura S. 38 und Anm. 63, 42, 44–47, 53–56, Abb. 11
  als Drucktype S. 56
  → Durchstreichung, Expungieren, Rasur
Thomas von Aquin S. 178, 211
Thomasin von Zerklaere: Der welsche Gast S. 166 Anm. 186
Thor von Eurasburg S. 196 Anm. 14
von Thurn, Familie S. 198
Tilgung S. 149
Tinte: Rezepte S. 118 f.
  rote S. 118, 153, 161
  Gold- und Silber- S. 118
  Geheim- S. 119
  Tintenliniierung S. 130
Tirol S. 121
Tischlesung S. 109, 150
Titel: auf dem Buchdeckel S. 175
  am Schnitt S. 169
  Titelschilder S. 175
‚Titurel, Jüngerer‘ → Albrecht
Töpsl, Franz, Propst von Polling S. 215
Totenrotulus → Rolle
Traditionscodex S. 36, 110
Trauner, Gabein und Ursula S. 211
Trier, Stadtbibliothek S. 9
  → Handschriftenregister
Trithemius, Johannes, Abt von Sponheim S. 84
Tucher, Hans S. 108
Tucher, Katharina S. 65, 213
‚Der Tugenden Buch‘ S. 214
Turnier S. 198

Überschriften, rot S. 154, 164
Übersetzung, deutsche mit lateinischem Text S. 138
Ulrich von Pottenstein S. 163 Anm. 178
Ulrich von dem Türlin S. 47, Abb. 8
Ulrich, hl. S. 211
  - legende S. 135, 201
Umlaut, Schreibungen S. 94 f.
Ungarn, deutsche Handschriften in - S. 9

Universitäten, Schreibbetrieb S. 40, 62, 87, 100, 131, 180, 200 Anm. 35
  → Pecien, Vorlesungsnachschrift
Unterscheidungszeichen S. 26, 34, 95
Unziale S. 19
Urbar S. 36, 108
Urkunden: bis 800 S. 20 Anm. 31
  deutschsprachige S. 40
  Pergament- S. 105
  als Makulatur S. 181, 183–185, 196 f., 209 f.
  -anfänge als Federproben S. 201
Urkundenschrift S. 16, 18, 22, 28, 36, 45 f., 57 und Anm. 101, 60, 79
  Tafelwerke S. 16
  → diplomatische Minuskel, Kanzlei
Urspring (Benediktinerinnen) S. 185
Utrecht, Kartause S. 72, 131

Verschließbare Handschriften
  → Schlösser
Verklammerung → Reimpaare
Verse, Aufzeichnung S. 134–137
  Versanfänge vorgerückt S. 136
  rot gestrichelt S. 155
  Zeilenfüllsel am Versende S. 158
Verso S. 161
Verzierungen S. 34, 36, 44 f., 51, 55, 66, 80
  → Buchstabenformen
Vintler, Niclas S. 41
Vitaspatrum S. 158
Vocabularius S. 58, 115, 162, 166, 181, 210, Abb. 12
  – Ex quo S. 65 Anm. 120, 71, 75, 134, Abb. 17
  – sancti Galli S. 134
Vorauer Sammelhandschrift (Vorau, Stiftsbibliothek Cod. 276) S. 34, 135
Vorgabebuchstaben → Initialen
Vorlesungsnachschrift S. 87
Vorsatzblatt S. 161, 183
  Einträge auf - S. 201, 204

Wachstafel S. 119, 192f.
Wagner, Leonhard, Benediktiner in Augsburg, Schreiber S. 56 und Anm. 99, 83, 192
Walcher, Wolfgang S. 142
Walther von Rheinau S. 155
Wappen S. 195f.
  -stempel S. 174
  Stadt- S. 195
  -rolle S. 189
Wasserburger Codex (Karlsruhe, Cod. Don. 74) S. 149
Wasserzeichen S. 112–118, 126, 179
  als Datierungshilfe S. 53, 80, 115–118
  Findbücher S. 114f.
Weber gen. Jung, Lienhart, Schreiber S. 68 Anm. 126
Weihenstephan (Benediktiner) S. 215 Anm. 109
Weingarten (Benediktiner) S. 216
  Weingartner Liederhandschrift (Stuttgart HB XIII,1) S. 41, 137, 164
Weissenfelder, Familie S. 196 Anm. 14
Welker, Chunrad, Schreiber S. 209
Weltchroniken S. 50, 136, 140, 165
Weltgerichtsspiel, Münchner (Cgm 4433) S. 81 Anm. 161
Welczli, Ulrich S. 55
Wenzelbibel (Wien NB cod. 2759–2764) S. 106, 124, 165
Werder, Jorg S. 194 Anm. 7
Werkstätten: Schreiber- S. 33, 41, 50, 69f., 100, 180
  Maler- S. 69f., 158
  Buchbinder- S. 172–175, 181–185, 209
  → Glockendon, Lauber
Wernher: ‚Maria' S. 34
Wesel, Fraterherren in – S. 72 Anm. 138, 201 Anm. 36
Wessobrunn (Benediktiner) S. 209
‚Wessobrunner Glaube und Beichte' S. 26, Abb. 3

‚Wessobrunner Schöpfungsgedicht' S. 21f.
Wien: alte Hofbibliothek S. 168
  Österreichische Nationalbibliothek S. 6, 8
  einzelne Handschriften → Handschriftenregister
Wienhausen (Zisterzienserinnen) S. 53 Anm. 93, 217
‚Wigamur' S. 109
Wilhelm IV., Herzog von Bayern S. 198 Anm. 26
Williram von Ebersberg S. 21, 139, 186 Anm. 234
Wiltener Meisterliederhandschrift (München Cgm 5198) S. 137, 164
Windberger Psalter (München Cgm 17) S. 133, 138
Windesheimer Kongregation S. 73, 84
Wirnt von Grafenberg S. 111, 135
Wolfenbüttel, Herzog August Bibliothek S. 8
  einzelne Handschriften → Handschriftenregister
Wolfgang, hl. S. 211
Wolfram von Eschenbach: Parzival S. 3 Anm. 1,34, 41, 62, 123, 149, 186, 197, Abb. 6
  Willehalm S. 34, 41, 47, 121, 133f. und Anm. 87, 186, 197 Anm. 24
Worttrennung am Zeilenende S. 50, 93
Würzburger Dominikanerbibel (Würzburg M. p. th. f. m. 9) S. 165
Würzburger Liederhandschrift (München UB 2° cod. ms. 731) S. 45 Anm. 83, 137, 143 Anm. 119, 162

Zahlen: arabische S. 97f., 123, 145, 161, 206, Abb. 20
  römische S. 97, 123, 145, 160, 163, 206

Zauberformeln S. 99 und Anm. 229
Zeilen S. 128–132, 179, 188
   obere beschrieben S. 132
Zeilenfüllsel S. 158
Zierleiste S. 158
Zierstriche und -haken → Verzierungen, Buchstabenformen
Zimmern, Grafen von S. 203
Zisterzienser S. 211
Zürich, Schriftwesen S. 90, 121
   Zürcher Richtebrief S. 41

Statutenbücher des Großmünsters S. 121
Zürcher Wappenrolle S. 189
Zwettl (Zisterzienser) S. 72
Zwiefalten (Benediktiner) S. 216
Zwiefaltener Benediktinerregel (Stuttgart cod. theol. 4° 230) S. 138

HANDSCHRIFTENREGISTER

Aarau, Aargauische Kantonsbibliothek
  Ms. Mur F 31a (Osterspiel von Muri) S. 190
Admont, Stiftsbibliothek
  Hs. 538 S. 81 Anm. 161
  Hs. 797 S. 111
Augsburg, Staats- und Stadtbibliothek
  2° Cod. 3 (Augsburger Bibel) S. 165
  2° Cod. 152 S. 148
  2° Cod. 168 S. 100 Anm. 232
  2° Cod. 290 S. 158
  2° Cod. 342c S. 158
  2° Cod. 568 S. 192
  2° Cod. 572 S. 172
  Tabula S. 192
Augsburg, Universitätsbibliothek
  Cod. I.3.2° III–IV S. 108
  Cod. I.3.2° 4 S. 179
  Cod. I.3.2° 23 S. 182
  Cod. I.3.8° 5 S. 159
  Cod. III.1.2° 31 S. 157
  Cod. III.1.2° 35 S. 139
  Cod. III.1.2° 38 S. 161 Anm. 175
  Cod. III.1.4° 22 S. 148
  Cod. III.1.4° 26 S. 195 Anm. 9
  Cod. III.1.4° 33 S. 169
  Cod. III.1.8° 31–32 S. 179
Basel, Universitätsbibliothek
  A N IV 6 S. 81 Anm. 161
  B VIII 27 S. 121
  F III 15a–f, V 33 und 37 S. 175 Anm. 211
Berlin, Staatsbibliothek zu Berlin – Preußischer Kulturbesitz
  mgf 282 (‚Berliner Eneit') S. 123, 133, 135, 198
  mgf 470 S. 137 Anm. 99
  mgf 474 S. 137 Anm. 98
  mgf 475 S. 137 Anm. 99
  mgf 623 S. 121
  mgf 681 S. 137 Anm. 98
  mgf 737 S. 135
  mgf 855 S. 137 Anm. 98
  mgf 902 S. 130
  mgf 1063 S. 45 Anm. 83, 133
  mgq 284 S. 160
  mgq 1526 S. 111, 160
  mgo 138 S. 137
  mgo 676 S. 187 Anm. 239
  ms. theol. lat. fol. 379 S. 165
  ms. Diez. C. fol. 64 S. 165
  Fragm. 95–98 S. 187 Anm. 239
Bern, Burgerbibliothek
  Cod. 260 (Berner Liederhandschrift) S. 162 f.
  Cod. AA 91 (Berner Parzival) S. 197
Bernkastel-Kues, Bibliothek des St. Nikolausspitals
  Hs. 21 S. 200 Anm. 34
Cologny-Genève, Bibliotheca Bodmeriana
  Cod. Bodmer 59 S. 166
  Cod. Bodmer 72 (Kalocsa-Codex) S. 41, 46 Anm. 84, 163
  Cod. Bodmer 83 S. 135
  Cod. Bodmer 117 S. 137 Anm. 98
Donaueschingen, ehem. Fürstlich Fürstenbergische Bibliothek
  → Karlsruhe, Badische Landesbibliothek, Cod. Don.
Ebstorf, Klosterbibliothek
  Hs. VI 17 (Ebstorfer Liederbuch) S. 117
Einsiedeln, Stiftsbibliothek
  Cod. 277–278 S. 121, 212
Engelberg, Stiftsbibliothek
  Cod. 243 S. 214
Erlangen, Universitätsbibliothek
  Cod. B 4 S. 47, 160, Abb. 9
Frankfurt/Main, Universitätsbibliothek
  Ms. Barth. 115 S. 161
  Ms. Barth. 146 S. 73 Anm. 145

Handschriftenregister

Ms. Barth. 178 (Frankfurter Dirigierrolle) S. 190
Ms. Carm. 10 S. 73 Anm. 145
Ms. germ. fol. 2 S. 76 Anm. 149
Ms. germ. oct. 27 S. 190 Anm. 246
Ms. Praed. 91 S. 76, 79, Abb. 18
Freiburg/Br., Universitätsbibliothek
  Hs. 41 S. 121
  Hs. 490 S. 179
Gießen, Universitätsbibliothek
  Hs. 97 S. 200
Gotha, Forschungsbibliothek
  Ms. Memb. I 90 S. 132
  Ms. Memb. II 39 S. 45 Anm. 83
Halle, Universitäts- und Landesbibliothek
  Q. Cod. 81 S. 45 Anm. 83
Hamburg, Staats- und Universitätsbibliothek
  Cod. 18 in scrin. S. 131 Anm. 78
Hannover, Niedersächsische Landesbibliothek
  Ms. I 1 S. 120
  Ms. I 78 S. 109
  Ms. I 81 S. 123, 136
  Ms. IV 489 S. 137 Anm. 99
  Ms. XIII 757 S. 162
Heidelberg, Universitätsbibliothek
  Cpg 112 S. 135
  Cpg 141 S. 137 Anm. 99
  Cpg 146 S. 111
  Cpg 214 S. 160
  Cpg 336 S. 154f.
  Cpg 341 S. 41, 46 Anm. 84
  Cpg 350 S. 131 Anm. 77
  Cpg 357 (Heidelberger Liederhandschrift A) S. 137, 164
  Cpg 383 S. 137 Anm. 99
  Cpg 390 S. 132
  Cpg 397 S. 132
  Cpg 848 (Manessische/Heidelberger Liederhandschrift C) S. 3 Anm. 1, 41, 45 Anm. 83, 96, 121, 137, 163, 190
Hildesheim, Dombibliothek
  Ms. 728 S. 107 Anm. 12
Innsbruck, Tiroler Landesarchiv
  Hs. 277 S. 110
Innsbruck, Universitätsbibliothek
  Wolkenstein-Codex (ohne Signatur) S. 97
Jena, Universitätsbibliothek
  Ms. El. f. 101 (Jenaer Liederhandschrift) S. 41, 45 Anm. 83, 96, 131, 137, 164
Karlsruhe, Badische Landesbibliothek
  St. Peter 2, 3, 3a, 12, 87, 121, 123 S. 171 Anm. 196
  St. Peter perg. 29 S. 134, 137 Anm. 99, 194 Anm. 5
  St. Peter perg. 85 S. 124, 156, 166
  St. Peter perg. 120 S. 121
  Cod. Don. 63 (Nibelungen C) S. 132, 137 Anm. 98, 158
  Cod. Don. 74 (Wasserburger Codex) S. 149
  Cod. Don. 97 (Rappoltsteiner Parzival) S. 201 Anm. 36
  Cod. Don. 738 S. 40 und Anm. 70, 131 Anm. 77, 158
  Cod. Don. 739 S. 40 und Anm. 69
Kassel, Murhardsche und Landesbibliothek
  2° ms. theol. 4 S. 140
  2° ms. theol. 169 S. 134
Klagenfurt, Geschichtsverein für Kärnten im Kärntner Landesarchiv
  Hs. 6/19 (Millstätter Sammelhandschrift) S. 34, 135
Köln, Stadtarchiv
  W* 6 S. 135
Kues → Bernkastel-Kues, St. Nikolausspital
Leipzig, Universitätsbibliothek
  Ms 34 S. 166
  Ms 59 S. 139, 148
  Ms 365 S. 171
  Ms 560 S. 151
  Ms 760 S. 162
  Ms. 1095 S. 176

London, British Library
    Add. 30984 S. 137 Anm. 99
München, Bayerisches Hauptstaatsarchiv
    Hochstift Freising, Literalien 7
        S. 131 Anm. 80
München, Bayerische Staatsbibliothek
    Cgm 1 S. 106, 108, 137 Anm. 100
    Cgm 14 S. 133
    Cgm 17 (Windberger Psalter)
        S. 133, 138
    Cgm 19 (Parzival G) S. 3, 36, 96
        Anm. 219, 123, 130, 133,
        Abb. 6
    Cgm 21 S. 131 Anm. 81
    Cgm 24 S. 108
    Cgm 25 S. 133
    Cgm 29 S. 157
    Cgm 31 (Nibelungen D) S. 137
        Anm. 98
    Cgm 34 (Nibelungen A) S. 137
        Anm. 98, 149
    Cgm 38 S. 133
    Cgm 39 (Speculum ecclesiae)
        S. 31–33, Abb. 4
    Cgm 43 S. 108
    Cgm 48 S. 108
    Cgm 51 (Tristan) S. 36, 123, 149
    Cgm 55 S. 46 Anm. 84
    Cgm 61 S. 149
    Cgm 63 S. 154
    Cgm 67–68 (Brevier Friedrichs
        III.) S. 108
    Cgm 87 S. 145
    Cgm 88 S. 132 f.
    Cgm 91 S. 42–44, Abb. 7
    Cgm 94 S. 135, 201
    Cgm 101 S. 149
    Cgm 105 S. 159
    Cgm 132 S. 131 Anm. 79
    Cgm 179 S. 137
    Cgm 189 S. 190
    Cgm 193/I S. 135
    Cgm 193/III S. 132
    Cgm 202 S. 157
    Cgm 205 S. 173 Anm. 200
    Cgm 210 S. 143
    Cgm 223, 224 S. 157
    Cgm 237 S. 147, 166
    Cgm 242 S. 166
    Cgm 255 S. 157
    Cgm 282 S. 159
    Cgm 284 S. 161
    Cgm 285 S. 158
    Cgm 291 S. 151, 162
    Cgm 298 S. 157
    Cgm 300 S. 198
    Cgm 309 S. 100 Anm. 232
    Cgm 312 S. 99 f. Anm. 230,
        Anm. 233, 173 Anm. 200
    Cgm 316 S. 72 f., Abb. 16
    Cgm 339 S. 162
    Cgm 341 S. 165
    Cgm 342 S. 140
    Cgm 367 S. 181
    Cgm 374 S. 148
    Cgm 375 S. 185, 197
    Cgm 379 S. 143
    Cgm 389 S. 66–68, Abb. 15
    Cgm 398 S. 138
    Cgm 399 S. 172, 197
    Cgm 401 S. 196 Anm. 15
    Cgm 402 S. 173 Anm. 200
    Cgm 409 S. 145
    Cgm 415 S. 181
    Cgm 424 S. 63 f., Abb. 14
    Cgm 431 S. 143
    Cgm 439 S. 181, 194 Anm. 7
    Cgm 440 S. 140
    Cgm 444 S. 139
    Cgm 445 S. 143
    Cgm 452 S. 131
    Cgm 461 S. 143
    Cgm 468 S. 157
    Cgm 477 S. 198
    Cgm 484 S. 145
    Cgm 506 S. 139
    Cgm 508 S. 140 Anm. 110
    Cgm 514 S. 143, 194 Anm. 7
    Cgm 515 S. 148
    Cgm 517 S. 139
    Cgm 518 S. 126
    Cgm 519 S. 149 Anm. 137

Handschriftenregister

Cgm 523	S. 148	Cgm 721	S. 181
Cgm 526	S. 185	Cgm 724	S. 124
Cgm 531	S. 73 Anm. 145	Cgm 725	S. 163
Cgm 532	S. 111	Cgm 728	S. 198
Cgm 534	S. 195 Anm. 13	Cgm 731	S. 175, 213 Anm. 100
Cgm 538	S. 200	Cgm 734	S. 99 Anm. 228, 172
Cgm 544	S. 145	Cgm 738	S. 98, Abb. 20
Cgm 552	S. 173 Anm. 200	Cgm 739	S. 175
Cgm 555	S. 196 Anm. 14	Cgm 746	S. 179
Cgm 559	S. 147	Cgm 765	S. 123
Cgm 562	S. 76 Anm. 149	Cgm 778	S. 179
Cgm 564	S. 140 Anm. 110	Cgm 779–780	S. 185
Cgm 566	S. 145	Cgm 782	S. 151
Cgm 568	S. 145, 173 Anm. 200	Cgm 810	S. 162
Cgm 574	S. 62, 161	Cgm 811	S. 99 Anm. 229, 143
Cgm 579	S. 181	Cgm 821 (Liber illuministarum)	
Cgm 581	S. 145, 198		S. 99 Anm. 228, 118 f. und
Cgm 584	S. 99 Anm. 230		Anm. 49, 181
Cgm 585	S. 198	Cgm 824	S. 99 Anm. 229
Cgm 586	S. 140 Anm. 110	Cgm 851	S. 65
Cgm 587	S. 196 Anm. 15	Cgm 1111	S. 144 Anm. 123, 155
Cgm 591	S. 162	Cgm 1114	S. 145
Cgm 604	S. 140 Anm. 110	Cgm 1115	S. 97
Cgm 612	S. 140 Anm. 110	Cgm 1116	S. 144 Anm. 123
Cgm 616	S. 196 Anm. 14	Cgm 1131	S. 195 Anm. 9, 213
Cgm 617	S. 195 Anm. 13		Anm. 100
Cgm 623	S. 151	Cgm 1138	S. 185
Cgm 624	S. 124, 166	Cgm 1146	S. 131
Cgm 627	S. 209	Cgm 1506	S. 60 Anm. 109
Cgm 629	S. 173 Anm. 200	Cgm 1527	S. 185
Cgm 641	S. 181	Cgm 1585–1586	S. 181
Cgm 644	S. 213 Anm. 100	Cgm 2150	S. 60–62, Abb. 13
Cgm 645	S. 161	Cgm 2155	S. 161
Cgm 651	S. 75 f., Abb. 17	Cgm 2290–2291	S. 196 Anm. 20
Cgm 654	S. 145	Cgm 2517	S. 185
Cgm 655	S. 185	Cgm 2518	S. 68 Anm. 126
Cgm 664	S. 162	Cgm 2817	S. 154
Cgm 666	S. 181	Cgm 3384	S. 161
Cgm 668	S. 115	Cgm 3656	S. 184
Cgm 678	S. 166	Cgm 3724	S. 181
Cgm 679	S. 145	Cgm 3890	S. 198
Cgm 681	S. 210	Cgm 3966	S. 139
Cgm 684	S. 181	Cgm 3970	S. 155
Cgm 689	S. 209	Cgm 4200	S. 83 Anm. 176, 84–
Cgm 715	S. 97, 162		86, 99 Anm. 231, Abb. 19
Cgm 716	S. 125, 161	Cgm 4284	S. 213 Anm. 100
Cgm 717	S. 111	Cgm 4286	S. 158

Cgm 4288   S. 169
Cgm 4358   S. 83 Anm. 175
Cgm 4393–4394   S. 142
Cgm 4433   S. 81 Anm. 161
Cgm 4482   S. 173 Anm. 200
Cgm 4542   S. 99 Anm. 231
Cgm 4666   S. 157
Cgm 4685   S. 211
Cgm 4688   S. 211
Cgm 4698   S. 180
Cgm 4701   S. 211
Cgm 4718   S. 117
Cgm 4884   S. 176
Cgm 4997 (Kolmarer Liederhandschrift)   S. 97, 100, 137, 162, 199
Cgm 5019   S. 163 Anm. 178
Cgm 5067   S. 124
Cgm 5141   S. 176, 185
Cgm 5146   S. 184
Cgm 5198 (Wiltener Meisterliederhandschrift)   S. 137, 164
Cgm 5233   S. 118
Cgm 5248/5   S. 26 f., Abb. 3
Cgm 5249/2b   S. 135
Cgm 5249/3e   S. 62
Cgm 5249/4a   S. 131 Anm. 78
Cgm 5249/4e   S. 197 Anm. 24
Cgm 5249/6   S. 47, Abb. 8
Cgm 5249/20   S. 182
Cgm 5249/21   S. 194 Anm. 7
Cgm 5249/27   S. 191
Cgm 5249/28   S. 109
Cgm 5249/29b   S. 133, 185
Cgm 5249/44a   S. 51 f., Abb. 10
Cgm 5249/54   S. 137
Cgm 5249/71   S. 135
Cgm 5249/75   S. 184
Cgm 5249/76   S. 191
Cgm 5250/1   S. 188
Cgm 5250/3c   S. 161 Anm. 175
Cgm 5250/24a-b   S. 191
Cgm 5250/32b   S. 163
Cgm 5250/33a, 34b   S. 191
Cgm 5256   S. 34–36, 90, Abb. 5
Cgm 5937   S. 161
Cgm 6617   S. 145
Cgm 7330   S. 41 und Anm. 71, 133, 145
Cgm 7364   S. 133
Cgm 7369   S. 131 Anm. 81
Cgm 7377   S. 133
Cgm 8010/1–8 (Ottheinrichbibel)   S. 92 Anm. 210, 106, 165
Cgm 8043   S. 131 Anm. 81
Cgm 8470   S. 137 Anm. 99, 199
Cgm 9110   S. 108 Anm. 18
Cgm 9220   S. 202 Anm. 40
Clm 2566   S. 143
Clm 2574b   S. 110
Clm 3061   S. 158
Clm 4350   S. 58 f., 111, Abb. 12
Clm 4660 (Carmina burana)   S. 96, 133, 136 f., 158, 164
Clm 6242   S. 133
Clm 6244   S. 22, Abb. 1
Clm 7755   S. 130
Clm 7792   S. 191
Clm 8498   S. 76 Anm. 149
Clm 14490   S. 23, Abb. 2
Clm 14992   S. 110
Clm 15701   S. 165
Clm 17401   S. 106
Clm 17403–17404   S. 106
Clm 18100   S. 158 Anm. 165
Clm 18140   S. 134
Clm 19486 (Ruodlieb)   S. 183
Clm 22107   S. 111
Clm 23972   S. 195 Anm. 9
Clm 27419   S. 151 Anm. 144
Clm 28841   S. 136
Clm 28961   S. 190 Anm. 246
München, Universitätsbibliothek
2° cod. ms. 47   S. 124
2° cod. ms. 67   S. 162
2° cod. ms. 134   S. 161
2° cod. ms. 147   S. 158
2° cod. ms. 314   S. 165
2° cod. ms. 487   S. 146
2° cod. ms. 731 (Hausbuch des Michael de Leone, Würzburger Liederhandschrift)   S. 45 Anm. 83, 143 Anm. 119, 163
4° cod. ms. 488   S. 125

8° cod. ms. 276   S. 143
6° cod. ms. 279   S. 176
Nürnberg, Germanisches National-
  museum
  Hs. 2261   S. 161
  Hs. 6146   S. 65 Anm. 115
  Hs. 42531   S. 161 Anm. 175
Nürnberg, Stadtbibliothek
  Cent. III,40–41   S. 154
  Cent. IV,6   S. 139
  Cent. IV,30   S. 169
  Cent. IV,37   S. 140
  Cent. VI,57   S. 65 und Anm. 117
  Cent. VI,91   S. 181 Anm. 223
  Cent. VII,79   S. 206 Anm. 61
  Cent. VII,92   S. 205 Anm. 55
  Cent. VII,94   S. 151
  Hert. Ms. 2   S. 120
Oldenburg, Landesbibliothek
  Cim. I 410   S. 41
Oldenburg, Niedersächsisches
  Staatsarchiv
  Best. 23–1, A 6.1   S. 170
Oxford, Bodleian Library
  Ms. germ.b 3   S. 188
Paris, Bibliothèque Nationale
  Ms. all. 115   S. 194 Anm. 5
  Ms lat. 5931   S. 62 Anm. 112
Pommersfelden, Graf von Schön-
  born Schloßbibliothek
  Hs. 345   S. 198 Anm. 26
Salzburg, Erzabtei St. Peter
  b IV 20   S. 99 Anm. 228
Salzburg, Universitätsbibliothek
  M I 36   S. 164
St. Gallen, Stiftsbibliothek
  Cod. 488   S. 81 Anm. 162
  Cod. 625   S. 108
  Cod. 825   S. 95 und Anm. 218
  Cod. 857 (Nibelungen B, Parzival
    G, Willehalm D)   S. 3 Anm. 1,
    41, 137 Anm. 98, 153f., 194
    Anm. 5
  Cod. 913   S. 134
  Cod. 916   S. 138
St. Gallen, Kantonsbibliothek, Va-
  diana

Ms. 302 Vad. („St. Galler Welt-
    chronik' Rudolfs von Ems,
    Stricker: Karl d. Gr.)   S. 45
    Anm. 83, 90 Anm. 205, 96
    Anm. 219, 107, 124, 126f., 131,
    149, Abb. 21–22
St. Lambrecht, Stiftsbibliothek
  Hs. 433   S. 81 Anm. 162
Schaffhausen, Stadtbibliothek
  Cod. Gen. 8   S. 96 Anm. 220
  Min. 81   S. 161
Soest, Stadtarchiv
  Cod. 24   S. 97 Anm. 223
Stuttgart, Württembergische Lan-
  desbibliothek
  HB IV 33   S. 73 Anm. 145
  HB V 52   S. 146
  HB XIII 1 (Weingartner Lieder-
    handschrift)   S. 41, 137, 164
  HB XIII 5   S. 111
  Theol. 4° 230   S. 138
  Theol. 8° 144   S. 155
  Theol. et phil. 2° 283   S. 149
    Anm. 137
Trier, Stadtbibliothek
  Hs. 1935/1432.4°   S. 143 Anm. 116
  Hs. 1957/1491.8°   S. 118
Uppsala, Universitätsbibliothek
  C II   S. 171
Valenciennes, Bibliothèque munici-
  pale
  Ms. 150   S. 134
Vorau, Stiftsbibliothek
  Cod. I   S. 73 Anm. 145
  Cod. 276 (Vorauer Sammelhand-
    schrift)   S. 34, 135
Wien, Österreichische Nationalbi-
  bliothek
  Cod. 1646   S. 161 Anm. 175
  Cod. 2221*   S. 73 Anm. 145
  Cod. 2368   S. 80 Anm. 160
  Cod. 2524   S. 163
  Cod. 2670   S. 121
  Cod. 2675   S. 137 Anm. 99
  Cod. 2677   S. 121
  Cod. 2682   S. 138
  Cod. 2684*   S. 132

Cod. 2685   S. 149
Cod. 2687   S. 151
Cod. 2691   S. 121
Cod. 2702   S. 62, 111, 121
Cod. 2705   S. 163
Cod. 2707   S. 121
Cod. 2720   S. 121
Cod. 2733   S. 121
Cod. 2735   S. 121
Cod. 2759–2764 (Wenzelbibel) S. 106, 124, 165
Cod. 2765   S. 121
Cod. 2773   S. 53–55, Abb.11
Cod. 2775   S. 133
Cod. 2777   S. 97
Cod. 2783   S. 121
Cod. 2786   S. 60 Anm. 109
Cod. 2856 (Mondsee-Wiener Liederhandschrift)   S. 97
Cod. 2888   S. 137 Anm. 100
Cod. 2901   S. 62
Cod. 3037–3038   S. 137 Anm. 100
Cod. 3041   S. 137 Anm. 99
Cod. 3502   S. 91

Cod. 4250   S. 73 Anm. 145
Cod. 4868   S. 148
Cod. 13711   S. 137 Anm. 99
Cod. 15071   S. 143 Anm. 119
Cod. 15225   S. 135
Cod. 15478   S. 137 Anm. 98
Ser. nova 249   S. 188
Ser. nova 2617   S. 80 Anm. 160
Ser. nova 2663 (Ambraser Heldenbuch) S. 81 und Anm. 163, 134, 137 Anm. 98

Wolfenbüttel, Herzog August Bibliothek
   Cod. Guelf. 1.16. Aug. 2° S. 41 und Anm. 71
   Cod. Guelf. 23.8. Aug. 4° S. 46 Anm. 84

Würzburg, Universitätsbibliothek
   M. p. th. f. m. 9   S. 165

Zürich, Zentralbibliothek
   C 10a–b   S. 121

Zwettl, Stiftsarchiv
   Hs. 2/1 (‚Bärenhaut') S. 96 Anm. 220

www.ingramcontent.com/pod-product-compliance
Lightning Source LLC
Chambersburg PA
CBHW030438300426
44112CB00009B/1056